经济学名著译丛

Monopoly Capital: An Essay on
the American Economic and Social Order

垄断资本

论美国的经济和社会秩序

〔美〕保罗·巴兰
保罗·斯威齐 著

杨敬年 译

Monopoly Capital: An Essay on
the American Economic and Social Order

Paul A. Baran and Paul M. Sweezy

MONOPOLY CAPITAL

An Essay on the American Economic and Social Order

Monthly Review Press, New York and London 1968

根据 Monthly Review Press 出版社 1968 年版译出

译 者 的 话

美国经济学家保罗·巴兰和保罗·斯威齐合著的《垄断资本》一书，初版于1966年。十年来，它经多次重印，并被译成多种文字，在各资本主义国家大量出版发行。

保罗·巴兰出生于俄国，祖籍波兰。20世纪20年代，他离开苏联转到德国。后为逃避纳粹党迫害，于20世纪30年代离德到美国定居。他以所谓"马克思主义经济学家"的身份，在美国斯坦福大学担任了14年的教授职位，已于1964年去世。他的《增长的政治经济学》一书（1957年出版），曾被吹捧为是对经济思想的一大贡献，实际上这是最先用"经济剩余"概念歪曲、篡改马克思剩余价值理论，散布"分配决定论"的一部著作。

保罗·斯威齐一向以左翼经济学家和美国激进政治经济学派的领袖著称。1949年创办《每月评论》以来，他一直任该杂志主编，颇多论著。随着美国激进政治经济学派势力的增长，近几年来，他任康奈尔大学、斯坦福大学和新型社会研究学院的经济学巡回教授。1974年，他被选为美国经济学协会理事。1974年9月，他同哈里·马格多夫（《每月评论》主编之一）来我国访问期间，态度友好。他的《资本主义发展论》一书（1942年出版），一直被西方许多经济学家捧为是对马克思经济理论的"经典解说"，实则他在该书中的"解说"和阐述,存在着不少错误和歪曲!

作者在《垄断资本》一书中,试图以美国为基础,论述垄断资本统治的特征及其经济规律。它揭露和分析了战后美帝扩军备战,大搞国民经济军事化,充当世界"反动堡垒",以及美国政治经济、文化教育和社会生活各方面的矛盾与腐朽没落情况。最后表明应为反对和推翻美国的垄断资本主义制度而斗争。作者的这种尝试和努力,以及在本书中提供的一些情况和统计资料,引起了广泛的注意。《垄断资本》这本书,被认为是美国激进政治经济学派或所谓"新马克思主义"学派的重要代表著作。现予翻译出版,供进行有关研究工作时批判参考。

本书出版以来,西方各主要资本主义国家的一些经济学家,各派社会科学家,纷纷发表评论及阐释性的论文或专著。有人竟宣称:《垄断资本》一书是继马克思的《资本论》和列宁的《帝国主义是资本主义的最高阶段》之后的另一部"杰作"。"它表现出第一次认真努力要把马克思的竞争资本主义的模型扩展到垄断资本主义的新情况。"这显然系浮夸虚妄,根本不符合事实!谓予不信,且看作者如下观点:

第一,《垄断资本》所论述的主题是,"在垄断资本主义条件下,经济剩余的产生和吸收。"所谓"经济剩余",作者说它的"最简短的定义,就是一个社会所生产的产品与生产它的成本之间的差额"。由这个差额形成的"经济剩余"的要素是:全部财产收入(利润、利息、地租等),买卖过程中的浪费,某些其他广告费用,金融与法律服务部门从业人员的报酬,以及由政府吸收的剩余。作者就是这样用"经济剩余"来代替马克思的"剩余价值"的。他认为,马克思的"剩余价值"等于"利润+利息+地租"的总和,而其他项目,如国家和教会的收入,商品转变为货币时的支出,非生产性工人的工资等,被马克思"看作是次要因素,并将其排除在他的基本理论图式之外。"作者断言,在垄断资本主义条件下,这样做已"不再是恰当的了"。不仅如此,作者还竟宣称,尽管列宁对垄断统治"给予了足够的重视",却"不曾企图去探究"垄断统治对于资本主义经济的运动规律所造成的后果。可见,作者的根本立场和出发点,是明显地放弃、背离了马克思列宁主义的基本理论阵地的。

第二,作者认为,"经济剩余"在垄断资本主义时期,不仅其绝对量,而且作为国民收入(或总产量)的份额(百分比)都趋于增长。也就是说,存在着"剩余增长趋势规律"。作者声称,用这个规律代替马克思的"利润率下降趋势规律",才能从理论上表明由竞争资本主义向垄断资本主义过渡的本质。

第三,作者认为,在"经济剩余"总量中,寻找投资出路的那部分比重,在垄断资本主义时期日益增大。因为公司留存的未分配的利润,其绝对量和相对数都扩大了,但垄断资本主义制度却"没有提供消费和投资的出路",因而,剩余的吸收就成为日益突出且越来越困难的问题。垄断资本主义经济势将由此而陷于停滞。

第四,作者还认为,工业无产阶级起来革命,推翻资产阶级统治这种"马克思主义的正统观念",已"不再具有说服力了"。他声称,垄断资本主义这种"不合理的制度",只能在"世界革命"中被推翻。

作者从上述方面所要实现的"理论转变"和所得出的政治结论,存在着明显的、极大的错误,是根本违背马克思列宁主义基本原理的。

首先,作者用"经济剩余"取代剩余价值,这不是对剩余价值理论的具体运用,而是一种"修正"。列宁指出:"**剩余价值学说是马克思经济理论的基石。**"①马克思的剩余价值论科学地阐明了剩余价值是由雇佣工人的无偿劳动创造的,它具有利润、利息和地租三种基本的转化形式,这三者之和等于剩余价值总量。其他各种形式的收入,都不过是国民收入的再分配,都是由剩余价值转化成的。作者错误地把剩余价值总量称为"全部财产收入"(纳税后),列作所谓"经济剩余"的一项,完全掩盖了这些剥削收入的根源和实质。同时,作者把属于国民收入再分配过程的项目,特别是把由国家控制和调节的日益增大的再分配项目,划在剩余价值之外,作为"经济剩余"的其余部分。从而,他用扩大了的、混沌的"经济剩余"概念来包括他所谓的全部"剩余"。其实,所谓"经济剩余",都是根源于剩余价值,抛弃后者来谈前者,是完全错误的。

背弃剩余价值,作者立即陷入困境,无法说明不断增大的所谓"剩余"到底是从哪里来的。作者既宣称本书的主题是论述"剩余的产生和吸收",本应首先集中研究和回答"剩余"及其"不断增长"的源泉问题。奇怪的是,作者完全避开了这个根本问题,并且把资本主义的"劳动过程"只作为一个具体研究题目而有意予以"忽视"。他只一般地从数字上来确定整个社会的"剩余"总量,即只探究"剩余"的纯数量关系;并仅仅从追求利润、促进技术革新、导致降低成本以及维持垄断价格、想方设法推销、膨胀广告费用等方面

---

① 《马克思主义的三个来源和三个组成部分》,《列宁选集》第2卷,第444页。

来表面地说明"剩余的产生"及其"不断增长",根本没有接触到资产阶级残酷剥削无产阶级创造的剩余价值这一最本质、最关键的问题。

恩格斯指出,马克思的重要发现之一,"**就是彻底弄清了资本和劳动的关系,换句话说,就是揭露了在现代社会内,在现存资本主义生产方式下资本家对工人的剥削是怎样进行的。**"[①]因此,只有马克思的剩余价值学说才第一次彻底揭开了资本主义剥削的秘密,深刻阐明了无产阶级受剥削、受压迫的经济根源,从根本上说明了无产阶级同资产阶级生死对抗的必然性,从而科学地揭示了资本主义的基本矛盾及其运动规律,成为无产阶级革命最锐利的思想武器。作者完全撇开了社会生产关系的阶级实质,抹杀雇佣劳动和资本之间的对立,完全不去说明所谓"剩余"究竟是怎样在资本主义生产劳动过程中"产生"出来的,因此,所谓"经济剩余"增长规律,不仅是无源之水、无本之木,而且完全背弃了剩余价值这一科学理论,掩盖和抹杀了资本主义社会无产阶级和资产阶级互相对抗的阶级结构和尖锐的阶级斗争。关于这一点,有的资产阶级评论家也曾指出:《垄断资本》提出了剩余增长趋势这种垄断资本主义的矛盾,却看不出解决这种矛盾的力量,因而只不过是真空中的运动。这种评论是不无道理的。作者最近也不得不承认,在他们的"经济剩余"概念同马克思的"剩余价值"的关系上,已引起误解和混乱。问题当然不是什么"误解和混乱",而是要不要以及如何坚持并正确地运用马克思的剩余价值论去研究垄断资本主义

---

① 《卡尔·马克思》,《马克思恩格斯选集》第3卷,第42页。

的经济、政治问题。

其次,作者认为利润率下降趋势规律,在垄断资本主义条件下已不能从理论上说明问题,这也是完全错误的。马克思揭示的资本主义利润率下降趋势的规律,实际上是资本积累一般规律的另一种表现形式。资本积累引起资本量的增大,使剥削到的劳动量绝对地增加,从而使利润量不断增长。但资本积累必然引起整个社会资本平均有机构成的提高,因而在剩余价值率不变,或者剩余价值率提高幅度慢于资本有机构成提高幅度的条件下,平均利润率会趋于下降。利润率的下降和利润量的增加,是资本积累这同一个过程的两个方面,都意味着资本主义剥削的加重和资本主义基本矛盾的加深。马克思指出,资本主义生产方式的绝对动机是追求不断增加的剩余价值,而用以增加利润量的种种剥削手段,这终将导致资本有机构成的提高和利润率趋于下降。因此,利润率下降趋势规律是由资本主义生产方式的本质决定的,它一方面是资本主义基本矛盾及由它规定的各种矛盾的表现,另方面它又促使这些矛盾日益尖锐化。马克思揭示的这个规律,即使由于垄断资本主义阶段各种反作用因素的加强而有所削弱,也并没有失效,而且在长时期内使垄断统治下的剧烈矛盾和斗争更趋激烈,更难克服。所以,作者用所谓"剩余增长趋势规律"取代"利润率下降趋势规律",不但是没有根据的,而且是对资本主义基本矛盾及由此引起的各种深刻矛盾的否定,是对资本主义内在运动规律及无产阶级与资产阶级之间不可调和的阶级斗争的否定。

再次,作者着重强调所谓"剩余吸收"的困难,并由此引出垄断资本主义处于停滞状态和垄断资本主义"不合理性"的论断,也是和马列主义理论观点严重相悖的。背弃剩余价值理论，回避所谓"剩余"增长的源泉问题，回避对资本主义生产劳动过程及其矛盾的分析，光强调"剩余"不断增长和"剩余吸收"日益困难之间的矛盾，那至多也不过是看到在流通、分配领域的一些现象。我们知道，流通、分配过程的性质和矛盾是由生产过程的性质和矛盾决定的，反映在资本主义流通、分配领域的种种矛盾，都是由榨取剩余价值这一资本主义生产方式的本质，由资本主义基本矛盾、无产阶级和资产阶级之间的矛盾和斗争决定的。作者离开这一切来论述"剩余吸收"的困难，很明显不过是在分配上兜圈子，不过是强调"剩余吸收"要致力于创造必要条件来刺激新的需求。一些激进派经济学家指出，本书作者对垄断资本主义经济停滞趋势的研究方法，在好些方面同凯恩斯主义的有效需求不足论相类似。他们说，作者提出的"'剩余吸收'与维持总需求的凯恩斯主义公式两者间是一致的。"这个评论，确也多少看出了本书作者在观点上的错误。

列宁全面地、深刻地分析了帝国主义的本质特征和历史地位，得出帝国主义是垄断的、腐朽的、垂死的资本主义，是无产阶级社会革命的前夜这一科学结论；并指出资本帝国主义的一切"困难"及其趋于腐朽停滞，是资本积累的必然产物，是由垄断统治这一帝国主义经济实质所决定的必然趋势，是资本主义基本矛盾及帝国主义阶段各种矛盾激化的必然结果。所以它不根源于所谓"剩余吸收"的困难，也绝不是靠什么"剩余的吸收"所能解决的。在关于垄断资本主义问题的分析上，作者直接违背了列宁的科学论断，坚持否定金融资本的统治，这就决定了作者不可能正确地认识帝国主义的反动本质和发展趋势。

至于作者从"剩余吸收"的困难,从资产阶级"自由"处理"剩余"的范围和方式(包括浪费)等来断定垄断资本主义制度的"不合理性",其根本错误在于无视资本主义的剥削关系,看不到正是由于生产资料的资本家私有制和金融资本的统治,决定了垄断资产阶级有任意处理"剩余"的"自由"。资本主义的"不合理性"不决定于"剩余"的处理和吸收;我们的任务也不是要用资产阶级理性原则来评判垄断资本主义,不能设想通过"剩余社会化"或"投资社会化"来使资本主义改变得"合理"。我们的任务应该是揭示资本主义的基本矛盾及其运动规律,指明阶级斗争和无产阶级革命的必然性,促进资本帝国主义的灭亡和社会主义的胜利。

最后,作者虽然正确地看到了国际范围内的阶级斗争,谈到不发达国家贫苦大众解放斗争的革命性,然而却错误地否定美国无产阶级必将逐步觉醒,起来推翻资产阶级统治的革命性。作者说什么垄断资本主义制度下的"特殊牺牲品"并不是产业工人,而是失业者、到处漂流的农场工人、中途辍学者、没有技能而难于就业者、靠养老金生活的老年人等"局外人"。由于这些集团太杂、太散,不能组成坚强的社会力量,于是作者认为,只有通过"世界革命",才能推翻垄断资本主义制度。这种论断是根本违反马克思列宁主义原则的。随着资本积累和垄断的发展,无产阶级所受的剥削、奴役和压迫越来越重,无产阶级贫困化日益加深,他们的阶级觉悟和革命斗争意志正在逐步提高,他们必将完成作为资本主义掘墓人和社会主义建设者的历史使命。这个规律即使在今天的美国,也不会变成例外。伟大领袖和导师毛主席指出:"在美国人中间,虽然有许多人现在还没有觉醒,但是坏人只是一小部分,绝大多数是好人";在美国,无产阶级同资产阶级"**敌强我弱这种形势,完全是暂时的现象,它一定会向相反的方向起变化。**"①历史的发展已经证明并将继续证明毛主席的科学预见。所以,任何低估和否定美国无产阶级的革命性和革命领导作用的观点,都是非常错误的。

此外,本书还持有其他一些错误观点,请读者注意分析批判。至于本书把我国领土台湾说成是一个国家,把"苏修"当作社会主义国家的典范来赞扬的错误,作者现已改正。

综上可见,《垄断资本》一书并不是一部什么"杰作",更不是什么运用马列主义原理研究垄断资本主义新情况的什么"经典"。毛主席教导我们:"**真理是同谬误对立的。……有比较才能鉴别。有鉴别,有斗争,才能发展。真理是在同谬误作斗争中间发展起来的。**"②翻译出版《垄断资本》这本书,目的在于为专业理论工作者提供一种参考材料,便于大家在研究垄断资本主义问题时,了解国外研究的状况及其基本观点,从而在学习马克思列宁主义,毛泽东思想的过程中,通过对本书的比较、鉴别,来提高识别真理和谬误的能力,在同谬误作斗争中更好地弄通马克思列宁主义政治经济学。

---

① 转引自《红旗》,1959 年第 3 期。
② "在中国共产党全国宣传工作会议上的讲话",《毛主席的五篇哲学著作》第 219 页。

目　　录

序 …………………………………………………………… 1
一、导言 ………………………………………………… 6
二、巨型公司 …………………………………………… 19
三、剩余增长的趋势 …………………………………… 61
四、剩余的吸收：资本家的消费与投资 ……………… 90
五、剩余的吸收：销售努力 …………………………… 124
六、剩余的吸收：政府民用支出 ……………………… 155
七、剩余的吸收：军国主义和帝国主义 ……………… 191
八、论垄断资本主义的历史 …………………………… 234
九、垄断资本与种族关系 ……………………………… 265
十、论垄断资本主义社会的性质 ……………………… 301
十一、不合理的制度 …………………………………… 361

附录　经济剩余的估计 …………约瑟夫·D.菲利浦斯　396

附　　表

表 1　非金融公司若干财务数字,1953—1962 年 …………… 114
表 2　资本输出和收入,1950—1963 年 ……………………… 118

表 3	政府支出,1903—1959 年	159
表 4	公司利润占国民收入的份额	161
表 5	政府支出,1929—1957 年	164
表 5a	政府支出,1929—1939 年	172
表 6	美孚石油公司的子公司	208
表 7	国外和国内制造厂销售额和商品输出的增长,1957—1962 年	211
表 8	铁路资本的增长:年度平均数	243
表 9	商业周期的格局,1890—1914 年	244
表 10	失业率,1900—1963 年	248
表 11	设备利用率,1920—1929 年	253
表 12	设备利用率,1930—1939 年	258
表 13	利润和国民收入,1929—1938 年	260
表 14	设备利用率和失业率,1950—1963 年	263
表 15	从以前参加南部邦联的 11 个州移出的黑人,1870—1960 年	273
表 16	白人和非白人的失业率,1940—1962 年	278
表 17	非白人在政府中的就业人数,1940—1962 年	287
表 18	经济剩余中的利润收入因素	413
表 19	非公司化企业利润收入估计	414
表 20	其他各种财产收入	415
表 21	政府吸收的剩余	416
表 22	经济剩余合计及其主要成分	417

附 图

图1 假想的赢利变动线 …………………………………… 96
图2 美国钢铁公司:开工率和股东投资纳税后的收益率,
    1920—1940年,1947—1950年,1953—1960年 ………… 98
图3 失业率,1900—1963年 …………………………………… 249
图4 小汽车:工厂销售数和登记数,1911—1962年 ………… 252
图5 剩余对国民生产总值的百分比 ………………………… 409

序

1962年年初,当时在其兄弟的政府中担任司法部长的罗伯特·F.肯尼迪,以美国友好使者的身份,旅行世界各地。归来以后,他在美联社一年一度的午餐会上致辞。他在刊登于4月24日《纽约时报》的演说中,提到下面这件事情:

在印度尼西亚,我被介绍给另一个很大的学生团体,当我演说完毕时,一个学生站起来提出了一个问题。他在提问中,把美国说成是一种垄断资本主义制度的国家。在他说出了这个名称时,有半数学生鼓掌赞成。

于是我说:"好吧,好吧,我倒想要弄个明白。我在这里是美国的一个代表。你所说的垄断资本主义究竟是什么?这个名称在美国所明确表示的是什么?你使用这个词是出于贬义。这个名称在美国具体指的是什么?你所说的垄断资本主义究竟是什么意思?"

然而他没有回答。于是我又说:"那么,好吧,我要请问任何一个曾经鼓掌的人,任何一个当这位先生说出那个名称时表示赞成的人——你所理解的垄断资本主义究竟是什么意思?"然而他们当中没有一个人肯出面回答。

如果罗伯特·肯尼迪认为他的听众拒绝同他辩论垄断资本主义这个题目是表示他们缺乏知识,那他肯定是大错特错了。印度尼西亚的学生,像全世界不发达国家的学生一样,非常了解垄断资本主义,他们在自己的切身体会中,看到了它的最丑恶的面目,尝到了它的全球政策的苦果。但是,如果他们觉得这是一个十分严肃的题目,不适于对它下圆滑的定义,或做卖弄小聪明的辩论,那是毫不足怪的。

可是,罗伯特·肯尼迪提出的问题依然在那儿,而且我们可以向他致敬,因为他假定这些问题反映了为他的大多数国人所同具的一种真正无知的状况。本书是为他们之中任何一个这样的人而写的:他对这些问题的答案真正感兴趣,并且为了对这个极端复杂而困难的题目获得某种理解而愿意付出必要的时间和精力。我们还希望,本书对于印度尼西亚以及其他不发达国家的学生们在对一个他们已经认识到其重要性的现实做更全面更透彻的理解时有所裨益。

有一种批评我们愿意预先答复。我们可能会被谴责为夸大其辞。对于这种指控,我们欣然接受。从一种非常真实的意义来说,科学和艺术两者的任务就是要夸大其辞,只要所强调的是真理而不是捏造的。任何一个想要主张说我们逾越了这个限制性条款的限界的人,必须准备对今天美国社会的真实性质提供他自己的说明。我们欢迎做出这种努力。至于其他,则真理的最后标准不是任何人的主观判断,而是历史的客观进程。

本书经历了一个异常漫长的酝酿过程——从做出初步提纲到刊行问世,几乎是整整十年。供说明和叙述之用的实际材料是按照需要来搜集和使用的,但并未做出系统的努力使之成为最新的,也不曾企图去考虑已经刊行的与我们的问题的这一方面或那一方面有关的一切重要著作。这是一篇普通论文,如本书副标题所示,而不是一篇专题论著,它并不自命为无所不包。

我们在理智方面得到的启示,大多数从本书正文和脚注中便可看出,毋需在此特别提到。在细心的校订以及对表达和文体做无数的改进方面,我们要感谢约翰·拉克利夫,就像我们两人在过去的许多场合一样。

*　　　　　*　　　　　*

以上是根据我们在大约两年前就想要包括在序言中的东西匆匆做成的笔记改写的。使我深感悲痛的是,现在不得不由我来加上一个附笔——并在序言上单独签名。保罗·巴兰已于1964年3月26日与世长辞。①

虽然巴兰不能见到交付打字员和印刷工的最后手稿,我必须着重指出,这丝毫也不减少本书的合作性质。远在初步提纲写在纸上以前,我们就开始连续不断地交换意见,共同商定本书的想法和结构。我们之中一个人起草的东西,都由另一个人详细地加以评论,并且在绝大多数情况下曾经不止一次地重新起草和重新评

---

① 在他逝世一年以后,《每月评论》(*Monthly Review*)出版了一期纪念专刊(1965年3月号),名为《保罗·A.巴兰:一个集体的画像》(*Paul A. Baran: A Collective Portrait*),由利奥·休伯曼和我自己合编,后来又印成专书。这本书包括3篇挑选的巴兰著作,2篇关于他的工作和生平的论文,38篇全世界各地人士发表的声明和1篇他的作品目录。

论。现在写在书中的一切东西，都在巴兰去世前通过了这样的程序。除了把整个手稿变成出版形式之外，我所做的唯一事情就是留下另外两章没有发表。这两章在他去世时已初步草成，但对每一章他或我都提出了重大的疑问，尚有待于讨论和解决。既然这两章对整个论文的主题均非必不可少的，最好的解决办法似乎是完全省去它们。由于即使省去这两章，本书也比我所预期的或我们当初设想的篇幅要长，因此我就更容易得出这个结论。

保罗·M.斯威齐
纽约市
1966年1月1日

真理就是整体。
——黑格尔

两个世纪前,一个欧洲的旧殖民地决定要赶上欧洲。它是如此成功,以致美利坚合众国变成了一个怪物,在其中,欧洲的污点、病症和残酷无情发展到了骇人听闻的程度。
——弗朗茨·法伦

一、导言

今天美国社会科学界的情况是自相矛盾的。研究工作者和教师的人数迅速增加。他们所受的训练和对于自己学科的造诣,包括运用精确的数学推理和复杂的统计方法的能力,都远远超过了甚至是一个世代以前他们的前人所达到的水平。各个大学、基金会和各级政府以空前的规模组织研究计划和发放津贴。书籍、报告和论文源源不断地涌现。然而所有这一切力量强大的学术活动,对于我们社会的运转方式及其前进方向,却很少提供什么重大的新鲜见识。

的确,我们知道,我们社会的运转是根本不好的。然而,仅仅在几年以前,在 C.赖特·米尔斯习于称呼的"伟大美国庆典"之中,社会科学家向我们保证,一切事情都好极了。事实恰好相反——闲散的人们和闲置的机器与国内的剥夺和国外的饥饿同时并存,贫穷随着富裕的增长而增长,大量的资源被浪费在无益的并且常常是有害的用途之上,美国变成了全世界反动势力的象征和保护人,我们从事于几场战争并且显然是向着更多更大的战争前进的——对于这一切以及更多的事情的认识,不是源于社会科学,而是源于对不可逃避的事实的观察。人们甚至可以说,社会科学家长期以来向我们保证,在他们认为是可能有的最好的世界中,一切都在朝着最好的方向发展,他们这样做,是在尽最大努力阻止我们去正视现实。

有着更多的和受过更好训练的社会科学家,而又日益明显地不能说明社会的现实,我们怎样才能解释这种矛盾呢?

答案的一部分无疑是存在于明摆着的机会主义中。谁出钱,谁点戏;人人知道谁是出钱的人和他们喜欢的是什么戏。在资本主义社会,有效的需求总是能造成它自己的供给的。

但是只说到这里,那是既不正确又不公平的。在美国的社会科学家中,有着高度正直的男人和妇女,他们的动机是真正渴求真理。如果他们也不能阐明我们时代的重大社会问题,其原因就不是机会主义,而是他们的观点和方法的内在局限性。这些局限性一部分是由过去承袭而来,一部分是由他们自己的环境形成的。这种环境首先是日益增长的复杂性,要求在每一种类中和每一水平上有越来越多的独立专业。遵循这条道路,社会科学变得越来越专业化,它的从业人员变成了日益狭隘的专家——在他们各自的"领域"是受过极好训练的专门人才,但是对于其他专业所知道的、所能理解的却越来越少。至于整个社会——这在过去是伟大社会思想家的主要的全神贯注对象,因为它超越一切专业——简直是从社会科学的范围内消失了。它被认为是当然的事情,没有人去注意它。

然而我们选择作为本书引语的黑格尔的格言,"真理就是整体",依然保留着它的不可磨灭的正确性。诚然,还有着无限多的小真理,这些是美国社会科学家孜孜不倦地追求的,并且常常得到成功。读者将会发现,我们大量地引用了他们的研究成果,我们绝不愿意轻视他们。但是,正是由于全体总是多于部分的总和,所以,关于社会的各个部分和各个方面的许多小真理的堆积,绝不能提供关于社会秩序本身的大真理——这种社会秩序怎么变成它今天这个样子的,它对于在它底下生存的人们有什么作用,它向着什么方向发展。这些大真理有权要求必须为了它们本身的缘故去加以追求。而在这方面,资产阶级社会科学已经放弃了它的全部责任。

2

对于马克思主义的社会科学却不能说是这样。它集中注意于整个社会秩序,而不是其各个部分;它包含一种方法论和一种理论,也许更正确地说是若干理论,它很能说明我们社会是怎样运转的,正在向何处去。但在这里也有不能令人满意的地方。近年来,重要的马克思主义社会科学著作已经少见。马克思主义者常常过分满足于重复人所熟知的表述,仿佛自从马克思和恩格斯的时代以来——或者最晚自从列宁的时代以来,并没有发生什么真正新鲜的事情。结果,马克思主义者不能说明重大的事态发展,有时甚至不能辨认它们的存在。20世纪30年代的大萧条是同马克思主义理论极端吻合的,这次大萧条的出现自然是大大加强了这种信念:同样的灾难性的经济崩溃在将来是不可避免的。然而,使许多马克思主义者大为惊奇的是,自从第二次世界大战结束以来,20年已经过去了,严重的萧条并未重新出现。对于我们了解所谓"富裕社会"的某些主要特征——特别是它的造成私人的和公共的浪费的巨大能量,以及从这个制度的这种特点所产生的深刻的社会、政治和经济后果,马克思主义者也不曾做出重大的贡献。

马克思主义社会科学的停滞不前,它的落后的生命力和成效性,不能用任何简单的假设来说明。既包含客观的原因,也包含主观的原因,要把两者分解开来,恰如其分地加以估计,是一项困难的任务。但是有一个重要因素,我们相信是能够识别出来、隔离开来并从而(至少在原则上)予以消除的:马克思主义对资本主义的分析归根到底依然停留在竞争经济这个假设上。

熟习列宁的理论著作的人们,不论其为马克思主义者与否,可能觉得上面的说法令人诧异。因为正是列宁写道:"如果必须给帝国主义下一个尽量简短的定义,那就应当说,帝国主义是资本主义的垄断阶段。"① 毫无疑问,列宁在分析以第一次世界大战而告终的时期的国内和国际政治时,对于发达的资本主义国家中垄断所占的统治地位给予了足够的重视。这的确是马克思主义理论中的一个决定性的进步,足以充分说明马克思主义在其列宁主义的形式中所具有的巨大威力和永不磨灭的中肯性。然而这依然是事实:不论是列宁还是他的任何一位信徒,都不曾企图去探究垄断统治对于作为其基础的资本主义经济的运转原理和"运动规律"所造成的后果。在这方面,马克思的《资本论》继续居于至高的地位。

马克思也并不是没有觉察到在他那时代的英国经济——这是

---

① 《帝国主义是资本主义的最高阶段》,《列宁选集》第2卷,人民出版社1972年版,第808页。

他从其中提炼出他的理论模型的真实的历史制度——中存在着垄断。但是像他以前的古典经济学家一样,他不是把垄断当作资本主义的主要因素看待,而是把它看作是封建的和重商主义的过去的残迹,为了对资本主义的基本结构和趋势获得最清楚的概念,必须将其抽去。的确,同古典经济学家不一样,马克思充分认识到竞争经济中所固有的资本积聚和集中的强大趋势:他所想象的资本主义的未来肯定包含了新的和纯粹的垄断资本主义形态。但是他从来没有试图去研究以大规模企业和垄断的盛行为特征的这样一种在当时是假设的制度。部分的原因无疑是,作为这种研究的基础的实际材料还太贫乏,不能做出可靠的总结。但或许甚至更重要的是,马克思曾经预期,远在资本主义展开它的一切可能性以前,即在这个制度的竞争阶段中,它就会被推翻。

马克思逝世后,恩格斯在他自己的一些著作中,以及在他准备付印的《资本论》第二卷和第三卷的编者按语中,对19世纪80年代和90年代中垄断的迅速增长有所评论,但他不曾企图把垄断纳入马克思主义经济理论的体系中。是鲁道夫·希法亭在他1910年刊行的《金融资本》这部重要著作中首先这样做的。但希法亭虽然十分重视垄断,却不曾把它看作资本主义经济中一种在质上是新的因素;更确切地说,他认为垄断只是引起了对马克思主义的资本主义基本规律的主要是量的限制。我们已经指出,列宁——他受到希法亭对垄断的起源和扩展的分析的强烈影响——把他的帝国主义理论直接放在发达的资本主义国家中垄断统治的基础之上。但我们也已指出,不论是列宁还是他的信徒,都不曾在马克思主义经济理论的基本原理中去探索这件事情。在那里,说起来也怪,在可以认为是最直接涉及的领域中,垄断的增长却并未给人以印象。

我们相信,纠正这种情势并且以明白的和根本的方式来这样做的时候已经到了。① 如果我们要追随马克思树立的榜样,并充分运用他的强有力的分析方法,我们便不能满足于对作为他的经济理论基础的竞争模型进行补缀和修改。我们必须承认,作为19世纪英国市场关系的统治形式的竞争,已经不再居于那种地位,这不仅在英国是如此,在资本主义世界的任何其他地方也莫不如此。在今天,资本主义世界的典型的经济单位,不是为无法知道的市场生产一种统一产品的微不足道部分的小商号,而是生产一个甚至几个工业部门的大部分产品的大规模企业,它能控制自己的产品的价格、生产的数量以及投资的种类和规模。换言之,典型的经济单位具有一度认为只有垄断组织才具有的那种特征。因此,在构造我们的经济模型时,不容许忽视垄断而继续把竞争当作一般的情况。在企图了解垄断阶段的资本主义时,我们不能脱离垄断,也不能把它看作一个只起限制作用的因素;我们必须把它放在分析工作的最中心。②

---

① 在我们自己以前论资本主义的著作中,我们两人都曾企图注意垄断对资本主义经济运行的影响。请参阅,例如,保罗·斯威齐:《资本主义发展论》(*The Theory of Capitalist Development*),纽约,1942年,特别是第14章和第15章;保罗·巴兰:《增长的政治经济学》(*The Political Economy of Growth*),纽约,1957年,第3章和第4章。从这种意义上说,本书是我们以前的著作的直接继续。它也应当被解释为反映了我们对自己以前的著作的不满意。

② 在本书中,除特别指明者外,"垄断"一词不仅包括一种没有代替品的商品的唯一销售人,而且包括"寡头垄断"这种更普通的情况,即少数销售人垄断着多少可以互相替代的那些产品的各自市场。

马克思是从研究英国得出他的关于竞争资本主义制度的理论模型的,在他那时代英国是最富有和最发达的资本主义国家。这是必然的和不可避免的。① 按照同一原则,一个垄断资本主义制度的理论模型必须以对美国的研究为基础,就资本主义的发展而言,美国今天远远走在其他国家的前面,就像英国在19世纪一样。

3

本书的意图,在于以最发达的垄断资本主义社会的经验为基础,开始对垄断资本主义进行有系统的分析。可是,这个说法需要加以澄清,因为在科学中,也像在艺术中一样,开端可以有两种:一种是先画出一幅整个概念的草图,然后加以精制和补充;一种是实际上一开始就从事最后的创作。我们所做的努力具有一种草图性质,我们曾通过称之为"普通论文"*来强调这个事实。我们希望,

---

① 回顾起来,使人不能不感到遗憾的是,马克思在一开头不曾十分强调:同英国(以及欧洲和北美的少数其他国家)的发达的资本主义相对应的,是对大部分其他世界国家的剥削,以及因此造成的这些地区的不发达。他是充分意识到这种关系的,下列表述可以证明:"一种和机器生产中心相适应的新的国际分工产生了,它使地球的一部分成为主要从事农业的生产地区,以服务于另一部分主要从事工业的生产地区。"[《资本论》(Capital)第1卷,第4篇第13章第7节。《马克思恩格斯全集》第23卷,人民出版社1972年版,第494—495页。]其次,马克思在论述原始积累时,强调了对殖民地的掠夺在完全成熟的资本主义在欧洲出现中所起的重大作用。但是,我们现在可以看出,马克思未能把他的理论模型扩充到既包括资本主义世界的发达部分,也包括它的不发达部分——如果他能活到完成他的著作,他是很可能弥补这种疏忽的——这就产生了一种不幸的结果,即把注意力过分集中于发达的资本主义国家。只在近年来,发达和不发达的辩证的相互关系的极端重要性才开始被充分认识。

* 本书副标题原文如本书扉页背面所示。英文 essay 一词,有"小品文"和"尝试"两种意义,此处语意双关。——译者

一、导言

我们的成功或失败将据此来判断——不是看在事实或推理的细节中有些什么错误或缺点（虽然我们自然希望对这样的错误或缺点均将以应有的严肃性予以指出和批判），而是看我们是否足够有效地把注意力集中到这样来研究垄断资本主义的必要性上，以及我们是否指出了它的重大问题以及如何可以最有成效地处理这些问题的方式。

我们的草创论文并不自命为无所不包。它是环绕着一个中心论题来组织并获得本质上的统一的：在垄断资本主义条件下剩余的产生和吸收。①

我们相信，这是分析这个制度的纯粹经济作用的最有帮助和最富启发性的方式。但同样重要的是，我们也相信，剩余的利用方式构成了一种不可缺少的机构，它把社会的经济基础同马克思主义者所称的社会的政治、文化和思想意识等上层建筑连结起来。在某些社会中，这种机构相当简单，它的效果是容易分析的。例如，在一个真正的封建社会，剩余是由封建领主从农奴劳动中强迫榨取，并由领主及其家臣直接消费的，没有商人和其他类型的中间人的重大介入。在此种情况下，剩余大小的决定因素，它的使用方式，以及这些事情同社会的政治和文化之间的关系，都是容易理解的。在其他社会，经济现象与非经济现象之间的连结机构就要复杂得多，并在基础和上层建筑两者的运转中可能要起重大的作用。我们相信，垄断资本主义是属于后一种类型的社会，想要去了解它

---

① 关于经济剩余这个概念的讨论，参阅保罗·巴兰：《增长的政治经济学》，第2章。

而又忽略或蔑视剩余的利用方式的任何企图,都是注定要失败的。

我们并不主张,把注意力集中于剩余的形成和吸收就能给这种社会或任何其他社会提供一幅全面的画图。我们特别意识到,像我们所使用的这种方法,结果是几乎完全忽视了在马克思的资本主义研究中占据中心地位的一个题目:劳动过程。我们强调技术的改变在垄断资本主义发展中所起的重大作用,但并没有试图去系统地研究作为垄断资本主义时期特征的某种技术的改变对于工作的性质、工人阶级的构成(和分化)、工人的心理、工人阶级的组织和斗争的形式等等所造成的后果。所有这些显然都是重要题目,在任何对垄断资本主义的详尽研究中都是必须探讨的。

可是,我们对于劳动过程的忽略,并不意味着本书与阶级斗争无关。由于若干原因(其中一些将在第七章中加以分析),我们时代的阶级斗争已经完全国际化了。反对资本主义的革命主动权在马克思的时代是操纵在工业先进国家的无产阶级手中的,现在却落到了不发达国家贫苦大众的手中,他们正为使自己从帝国主义的统治和剥削之下解放出来而斗争。正是这种国际阶级斗争的紧急状态,像我们所企图表明的,在这个主要的帝国主义强国,在剩余如何使用的决定中,从而在社会的整个性质上,起着日益增长的决定性作用。我们在第九章也将探讨美国的种族问题,这是国际阶级斗争与美国国内各种社会势力内部平衡之间的重要纽带之一。

4

经济剩余的最简短的定义,就是一个社会所生产的产品与生产它的成本之间的差额。剩余的大小是生产能力和财富的指标，是一个社会享有多大自由来完成它给自己树立的任何目标的指标。剩余的组成部分表明一个社会是怎样利用那种自由的：它在扩大它的生产能量上投资多少，它以各种形式消费多少，它浪费多少，是怎样浪费的。在每一个国家，在尽可能长的时期内，对剩余的发展具有完全的统计记录，那显然是极为称心合意的。不幸的是，据我们所知，任何国家都没有这样的记录，即使是短时期的。这有各种原因，其中最明显的也许是，对剩余这个概念缺乏了解和缺少可靠的统计。但即使在拥有相当大量统计资料的美国，要对剩余的数量及其各个组成部分做出精确的估计，也是非常困难的。

企图充分说明这些困难，不免为时过早。此刻只要提出这一点就够了：在一个高度发达的垄断资本主义社会，剩余采取多种形式和伪装。① 问题的一部分是要从理论上辨认出这些最重要的形式和伪装，其余部分则是从为完全不同的目的而设置和编制的统计中找出对它们数量的合理估计。在本书中，我们把自己的努力集中于理论分析上，引用数字资料主要是提供说明或例证。然而，提供关于剩余及其组成部分的系统估计，似乎也是很需要的。我们对于自己的关于统计资料来源的知识和避免统计错误的技巧评

---

① 正是由于这个原因，我们采用"剩余"这个概念，而不采用传统的马克思主义的"剩余价值"，因为后者在大多数熟习马克思主义经济理论的人们的心目中，或许等于"利润＋利息＋地租"的总和。诚然，马克思在《资本论》和《剩余价值学说史》(Theories of Surplus Value)的一些分散各处的段落中，表明了剩余价值也包含其他的项目，例如国家和教会的收入，商品转变为货币时的支出，非生产性工人的工资。但是，一般说来，他把这些看作是次要因素，并将其排除在他的基本理论图式之外。我们的论点是，在垄断资本主义制度下，这种程序不再是恰当的了；我们希望，术语的更换，将有助于实现理论见解的必要转变。

价不高,所以请求我们的朋友约瑟夫·D.菲利浦斯来准备这种估计。他在这些方面的知识和能力是我们极为钦佩的。他在阅读了有关各章的草稿并考虑了资料来源的问题以后,得出结论,这个任务是可以完成的,因而接受了我们的邀请。他对1929—1963年间美国的剩余及其主要组成部分的估计,载在本书附录中。我们完全相信,虽然要做一些限制性的和防止误解的说明,但作为有关数量大小顺序的指标,这些估计是可靠的。

所使用的某些统计范畴,只在尚有待于阐述的理论的指导之下才可理解。但有必要先行引述菲利浦斯的两个主要发现,因为它们对于本书的论证方法有所帮助。

第一,1929年,美国的剩余在数量上等于国民生产总值的46.9%。这个数字在大萧条的最初几年中下降了,但在第二次世界大战期间自然又急剧上升。除了这些间隙之外,趋势是稳步上升,1963年达到56.1%。这里显著地表明了剩余作为一个研究题目的重要性。

第二,在同一期间,普通认为等于剩余价值的那一部分剩余(利润+利息+地租=菲利浦斯的"财产收入")则急剧下降了。1929年财产收入为剩余总额的57.5%,而在1963年则仅为31.9%。很明显,不但对于确定剩余总额的各种力量需要加以分析,而且对于影响其分化及其组成部分的不同增长率的各种力量也必须加以分析。

5

马克思在分析他那时代的最先进的资本主义时,着重告诉那些生活在比较不发达的社会中的人们:"这正是说的阁下的事情!"又说:"工业较发达的国家向工业较不发达的国家所显示的,只是后者未来的景象。"① 美国垄断资本主义的分析家今天还需要对资本主义世界比较不发达的国家说同样的话吗?

当我们回顾过去一百年的历史时,我们能够看出,马克思对比较不发达的国家所说的话,实际上只适用于其中的少数几个——这些国家从来没有陷入或是逃避了比较发达的国家的统治,因而能够仿效它们,而不是被它们剥削并使自己的发展受到阻碍和歪曲,以适应居于统治地位的经济的需要。② 同样的限制在今天肯定也是适用的:只有少数国家——西欧的大多数国家(包括英国)、日本、加拿大、澳大利亚、新西兰,也许还有南非——可以设想能够追随美国的脚步。在资本主义世界的其余地区,许多殖民地、新殖民地和半殖民地注定要停留在他们的不发达的和悲惨的落后状

---

① 两处引语均见《资本论》第 1 卷,第 1 版序言(《马克思恩格斯全集》第 23 卷,人民出版社 1972 年版,第 8 页)。

② 马克思的话,也许只是针对一群独立的和实际上正在发展中的资本主义国家。"这正是说的阁下的事情!"是专门对德国人说的,他们可能认为自己的国家能够逃脱英国的命运;至于他说到工业较不发达的国家从工业较发达的国家看到自己未来的景象,他心中设想的也许是按当时的标准才算是发达的国家,只是发达的程度不及英国。他是否把先进资本主义强国附属的不发达的殖民地和半殖民地也包括在工业较不发达的国家之内,似乎是值得怀疑的。

况中。对它们来说,唯一的前进道路就是径直脱离资本主义制度。①

那么,我们的问题归结起来是,美国的经验对于也许是一打左右资本主义发达但不及美国那样发达的国家的关系如何。本书中提出的理论上的考虑是否也适用于这些"第二等级"的资本主义国家?抑或像我们常常听到的,它们已经进入一个"新资本主义"阶段,其特征是,取消了旧的帝国主义纽带;由国家同大企业和有组织的劳工密切合作,实行合理化计划;超越了在美国过去环绕着资本主义的发展所出现的并且现在依然明显可见的那些矛盾和冲突(尽管其形式并不总是人所熟知的那些形式)?

我们不能自称是根据对有关各国最近历史的详尽研究来回答这些问题。但我们可以表示自己所坚持的意见:证明的责任不是落在我们这些预期经济发展处于类似阶段的资本主义国家会有相似经验的人们身上,而是落在那些宣扬一个新的天命的预言家身上。在我们的一生,美国经历了两个时期,在其中,资本主义的问题被广泛相信并由最高权威向全世界宣布已经接近最后解决——20世纪20年代的"新世纪"和20世纪50年代的"美国庆典"。两者都变成了短命的幻想这一事实,应当使其他国家的人民在今天接受类似的保证时务必十分小心。

---

① 这自然不是资产阶级社会科学的见解,自从第二次世界大战以来资产阶级社会科学就忙着宣扬不发达国家的资本主义发展处方。对于许多这种文献的批判,以及证明不发达国家在现存世界体系中实际上不可能有资本主义的发展前途,参阅保罗·巴兰:《增长的政治经济学》,第6章和第7章。该书写成后十年以来发生的一切事情,均证明该书就这个极端重要的问题提出的论据是正确的和中肯的。

二、巨型公司

科学的理解是通过构造和分析所研究的现实的各个部分和方面的模型来进行的。这种模型的目的,不在于对现实提供一个镜中影像,不在于把现实的一切因素均按其实际的大小和比例都包括进去,而只是在于把那些起决定作用的因素找出来,以供进行深入细致的研究之用。我们略去非本质的东西,我们抽去不重要的东西,以便对重要的东西一览无遗;我们加以放大,以便改进我们观察的视野和正确性。一个模型是并且必然是不现实的——就这个词最通用的意义来说。然而,从一种似非而可能是的意义来说,如果它是一个好模型,它就为理解现实提供一把钥匙。

构造模型并无规则可循,而且,正如经济学的文献所证明的,构造一个坏模型要比构造一个好模型容易得多——所谓坏模型就是抽去了本质的东西,因而既不能给人以见识,也不能给人以理解。① 也没有简单的先验标准,可以检验一个模型的好坏。要知道点心的味道,只有尝一尝。我们只能从某种假设和想法开始;我

---

① 杜森贝里说得对:"知道怎样简化我们对现实的描述而又不忽视任何主要的东西,这是经济学家的艺术中的最重要部分。"[詹姆斯·S.杜森贝里(James S. Duesenberry):《商业循环与经济成长》(*Business Cycles and Economic Growth*),纽约,1958年,第14—15页。]

们可以利用这些来把不重要的同重要的区别开来；从剩下的重要东西中，我们可以形成似乎是一种制度的部分和因素；我们可以把这些部分和因素集合起来，在进行过程中加以精炼和润饰。当我们最后得到我们的模型时，我们必须使之通过一种检验：它是否有助于理解现实世界？换言之，它是否有助于使我们看出过去不曾看到的联系，把结果同原因的关系显示出来，用有规律的和必然的东西去代替任意的和偶然的东西？一句话，它是否能帮助我们了解这个世界并在其中采取理智的和有效的行动？

在构造一个垄断资本主义经济的模型时，我们是以上述的想法和目的为指导的。这种模型在于把这样一些特点置于舞台的中心，使之成为注意的焦点：它们尽管千差万别，并处在各种细节的覆盖之下，却是决定一种制度的根本性质的东西。为了达到这个目的，我们从分析典型的大企业单位即现代巨型公司开始，其理由已于上章指出。

再说一遍：我们感兴趣的不是摄影式的现实主义。无疑地，有着非常接近于"理想型"——用马克斯·韦伯的名词——的公司，我们将要接触到；但即使没有这种公司，这种分析也丝毫不会丧失其中肯性。要紧的是，经济中的决定性单位都在清清楚楚地向着一个明确的、可以辨认的模式运动，而这个模式本身比任何同它接近的具体东西更重要得多。以理想型的公司为其主要组成部分的模型，会把在日常经济生活中以难于辨认和容易误解的伪装形式存在的东西明白清楚地表现出来。

2

我们愿意对其集中注意的公司范例具有若干特点,这些特点我们可以列举于下:

(1)控制权掌握在经理部门即董事会加主要行政人员手中。外部利益常常(但并不总是)在董事会有着代表,以便使公司的利益和政策同顾客、供应商,银行家等等的利益和政策取得协调,但实权是操在内部的人——把全部时间都花在公司身上并把自己的利益和事业同公司的命运连在一起的那些人的手中。

(2)经理部门是一个自行永久存在下去的集团。所谓对股东全体负责实际上只是一句空话。每一代的经理吸收它自己的继承人,并根据它自己的标准和评价来训练、培养和提拔他们。公司的事业生涯中,普遍有两种典型的擢升方式:在某一个公司中从较低的职位上升到较高的职位,以及从一个较小的公司向一个较大的公司转移。成功的顶峰是最大公司之一的总经理或董事长。

(3)每一家公司都企图通过内部资金的形成来达到财务上的独立,并且通常都能达到这个目的,这种资金继续处于经理部门的支配之下。作为一种政策,公司仍然可向金融机构借款或通过金融机构去借款,但它通常并不是非如此做不可,因而能够避免那种对金融控制的屈服,金融控制在50年以前的大企业界是十分普通的事情。

在研究这种类型的巨型公司的行为以前,最好先做一些解释和澄清。

第一，在我们描述的公司范例中，并没有包含这样的意思：大量财富、家族关系或是个人或家族持有的大宗股票对于经理部门人员的选拔和提升是无关重要的——例如，戴维·洛克菲勒在大通曼哈顿银行获得一个位置并爬上最高地位，在机会上同任何一个具有相同的个人品质和智力的人是完全一样的。恰好相反，财富和家族关系是极端重要的，并且的确可以认为，这些通常起着决定性的作用是当然的事。我们所指的是某种完全不同的东西：股票持有、财富、家族关系等等，通常并不能使一个人从外部对一个巨型公司实行控制或施展巨大影响。它们不过是进入内部的敲门砖，公司的实权是从内部运用的。米尔斯把主要之点扼要地叙述于下：

> 财富的重要单位，不是大财产，而是大公司，拥有财产的个人依各种方式附属于这种大公司。公司是继续存在的财富权力和特权的来源和基础。所有拥有巨大财富的个人和家族，现在都同他们财产所在的大公司打成一片①。

需要强调的是，权力存在于典型的巨型公司内部而不是存在于它的外部，使得作为资本主义社会结构的基本单位的"利益集团"概念成为过时的了。按照传统的用法，利益集团是处于共同控制之下的若干公司，其权力通常操在一个投资银行或商业银行或

---

① C.赖特·米尔斯（C. Wright Mills）：《权力人士》（*The Power Elite*），纽约，1956年，第116页。

一宗大的家族财产手中①。例如,一家摩根公司过去是投资银行公司——J.P.摩根公司控制之下的一家公司,一家洛克菲勒公司过去是洛克菲勒家族控制之下的一家公司,如此等等。一个利益集团的成员自然要协调它们的政策;在发生冲突时,控制权力(或由控制权力所解释的整个集团)的利益会占上风。

整个一系列的事态发展,使过去将巨大利益集团连结在一起的纽带松弛或打断了。投资银行家的权力,是以早期公司巨人在建立的时候以及在发展初期对外部资金的迫切需要为基础的。后来,当这些公司巨人由于获得大量垄断利润而发现自己日益能够用从内部形成的资金来满足自己的财务需要时,对外部资金来源的需要就降低了重要性或是完全消失了。同时,家族财产的主宰一切的奠基人逐渐死去,把他们持有的股票留给了无数的继承人、基金会、慈善事业、信托基金等,于是,一度对许多企业实行绝对控制的所有权单位变得日益乱七八糟,没有领导。这样,较大的公司逐渐从银行家和占统治地位的股东那里赢得了越来越大的独立性,因而使它们的政策在日益增大的程度上适应于它们各自的利益,而不是服从于一个集团的利益。

当然我们并不是说,在美国经济中利益集团已经消失或不再具有任何重要性。但我们的确认为,它们的重要性正在迅速降低,一个恰如其分的经济模型不再需要去考虑它们。用实际材料来证

---

① 对于20世纪30年代中期美国经济中利益集团的分析,见全国资源委员会的驰名报告《美国经济的结构》(The Structure of the American Economy)第1篇附录13,华盛顿,1939年[转载于:保罗·斯威齐:《作为历史的现在》(The Present as History),纽约,1953年,第12章]。

明这种看法并非本书的目的，尽管这种材料容易找到。但是，既然对利益集团的绝对重要性的信念是左派思想的一个根深蒂固的信条，似乎应当引证一个具体实例，来说明实际影响了一度普遍承认是两个最有势力的利益集团之一——洛克菲勒集团的解体过程。

洛克菲勒利益集团的核心，是原来的美孚石油公司，它于1911年在谢尔曼反托拉斯法之下分裂，变成了若干单独的公司，在国内不同的地区营业。有着充分的证据，证明在整个20世纪20年代，这些公司依然留在一个利益集团中，处在洛克菲勒的坚强控制之下。它们相互尊重各自的推销区域，并且通常采取共同行动来反对迅速兴起的独立公司。1929年，印第安纳美孚石油公司总经理通过代理投票争取股东支持，以便从洛克菲勒家族夺取他的公司的控制权的企图遭到了决定性的失败，而这个未遂的反叛者也就被随随便便地免职了。

在1929年以后的年代中，石油工业发生了巨大的变化：国际卡特尔形成了；丰富的中东油矿开辟了；在国内，萧条造成的比例分配的制度带来了等于是政府强迫执行的垄断价格；30年中汽车的数量增至三倍以及石油广泛地代替煤炭用作燃料，使得对石油的需求和石油的生产猛烈增长。原有的各家洛克菲勒公司是怎样对这种事态发展做出反应的呢？它们是继续作为一个队伍而行动，各自尽最大努力来促成整个集团的利益，像利益集团论会引导我们去期望的那样呢，抑或是每一个公司为了它自己的利益各自去争取利用这些新的机会呢？

历史的记录做出了明确的回答。加利福尼亚美孚石油公司大量参加了中东的石油开采，然而没有足够的销售市场，它在国际上是同德士古公司而不是同"兄弟"公司之一合作,甚至不惜以压低汽油价格为代价,侵入了新英格兰六州的市场,而后者在传统上是泽西和索科尼公司的大本营。其他各家公司随即也效仿加利福尼亚公司;现在,各家美孚石油公司已经完全脱离了1911年划分的推销区域,忙于窃取彼此的市场和窃取非美孚石油公司的市场。

同时,印第安纳美孚石油公司早年完全不参加外国油田的开采(无疑是根据洛克菲勒的命令),现在却渴慕国际石油卡特尔各公司在它们的中东营运中所获得的令人难以置信的巨人利润。于是印第安纳公司和意大利人、日本人以及某些较小的美国独立公司联合起来,提出给予伊朗和其他中东生产人以25—75的利润分成,而不是按50—50的标准平分利润,借此来破坏这个卡特尔。

很可能,各家老的美孚石油公司仍然处于洛克菲勒的影响或许甚至是控制之下;公开发表的材料不能证实情况究竟如何。但是如果它们是那样,人们只能推论说,洛克菲勒们已经决定,促进他们的利益的最好办法,就是容许、也许还鼓励每一家公司去促进它自己的利益。在这种情况下,洛克菲勒的控制问题,就变得与各公司的行为或与它们作为其组成部分的制度的操纵法不相干了。这是我们在构成我们的模型时愿意加以考虑的一点:我们把可能仍然存在于巨型公司世界中的任何外部控制因素抽去了,因为它们对于这个世界的运转方式绝非必不可少的。

这自然并不意味着每一家巨型公司都是孤立地经营的,没有同盟和组合,没有协议和派别。恰好相反,这些行为方式——像它们的对立物竞争和斗争一样——正是垄断资本主义的本质。我们所主张的只不过是:相应的结合不是由对外部控制中心的联系所决定的,而是由内部经理部门的出于理性的深思熟虑所决定的。例如,在石油工业,各家美孚石油公司随时准备并愿意同非美孚石油公司联合起来,或同它们做斗争,就像它们随时准备并愿意同其他的美孚石油公司联合起来,或同它们做斗争一样。一切视最大限度利润在什么地方为转移。

但是我们说得离题太远了。

3

我们从巨大的,由经理部门控制的,财务上独立的公司预期会看到什么样的行为模式呢?

正规的经济理论基本上忽视了这个问题,它继续在这样一个假定上运用,即存在着追求最大利润的个人企业家;在远自亚当·斯密以前直到现在关于资本主义制度的各种理论中,个人企业家占据了中心地位。保留这个假定,实际上等于是做出了另一个假定:在同这个制度的运行有关的一切方面,公司也像个人企业家一样行事。

如果停下来想一想,这似乎从表面一看就知道是不可能的。其次,虽然经济理论家基本上忽视了公司,其他的社会科学家却花了许多时间和精力去研究它。就我们所知,他们当中从来没有人赞成这个提法:现代大公司只是古典企业家的一个放大了的翻版。反之,自从20世纪开头以来,到伯利和米恩斯的名著达到顶点,有着大量的文献极端有力地提出了这种意见:现代公司代表着同个人企业家这种较老的形式在质上的决裂,从现代公司应当期望看到根本不同的行为方式。伯利和米恩斯说:

二、巨型公司

可以设想——如果公司制度想要存在下去,这的确好像几乎是不可避免的——对大公司的"控制"势必发展成为一种纯粹中立的技术统治,它平衡社会中各个集团的不同要求,并根据公共政策而不是根据私人贪欲去把源源不断的收入分配给每个集团一部分。①

伯利和米恩斯在四分之一世纪以前描述为"可以设想"的事情,已被现今的许多商业现场观察家想当然地认为是既成事实。例如,卡尔·凯森在其向美国经济学会1956年年会提出的一篇论文中,把"经理部门承担的范围广阔的责任"说成是现代公司"行为的特征"之一,并继续写道:

经理部门不再是追求投资最大收益的所有主的代理人了,它把自己看作是对股东、雇员、顾客、一般公众,也许最重要的是,对作为一个组织的公司本身负责。……从一种观点来看,这种行为可以称为是负责的:没有表现出贪欲或攫取之心;没有企图把企业的社会成本(the social costs)的一部分去摊在工人或整个社会身上。现代公司是一个有灵魂的公司。②

---

① 《现代公司与私人财产》(*The Modern Corporation and Private Property*),纽约,1932年,第356页。

② 卡尔·凯森(Carl Kaysen):《现代公司的社会意义》(The Social Significance of the Modern Corporation),《美国经济评论》(*American Economic Review*),1957年5月,第313—314页。还可参阅新泽西美孚石油公司总经理 M.J.拉思伯恩在1960年4月16日《星期六评论》(*Saturday Review*)上所说的话:"大公司的经理部门必须协调范围广泛的各种义务:对投资人,对顾客,对供应商,对雇员,对社会,对全国利益。因而,大公司同受到严密控制的小公司相比,做出决定的范围实际上可能要狭窄一些;小公司在公众心目中不那么显眼,因而不那么容易遭到批评。"

根据这种看法(它今天肯定是非常流行的),追求最大限度利润已经不再是商业企业的指导原则了。自行任命并且不对任何外部集团负责的公司经理部门,能够自由选择他们的目的,在一般的场合,它被认为把旧式的对于利润的追求置于各种其他的在数量上较不精确而在质量上则更有价值的目标之下。

这个"有灵魂的公司"学说的含义是非常深远的。事实是,如果接受了这个学说,全部传统的经济理论都必须放弃,而历史悠久的根据经济效率、正义等来为现存社会秩序进行的辩护简直是完全垮台了。这一点已由爱德华·S.梅森极为有力地指出:

> 但是,如果追求最大限度利润不是指导的力量,那么,资源是怎样分配以求得其最有效的利用的呢,价格同相对稀少性有什么关系呢,生产要素是怎样根据它们对生产所做的贡献来给予报偿的呢?假定一种经济是由几百家大公司组成的,每一家都享有很大的推销能力,全都在有"良心"的经理部门领导之下。每一个经理部门都想要尽力为社会做好事,这自然同它尽力为劳工、顾客、供应商和所有主做好事是一致的。在这样一种经济中,价格是怎样决定的呢?生产要素是怎样得到报偿的呢,在报偿与功绩之间有什么关系呢?保证资源有效利用的机构——如果还有的话——是什么,公司经理部门怎样能"正确对待"劳工、供应商、顾客和所有主,而同时又为公共利益服务呢?①

---

① 爱德华·S.梅森:《"经理主义"的辩护》(The Apologetics of 'Managerialism'),《商业杂志》(The Journal of Business),1958年1月,第7页。

二、巨型公司

经济学家没有试图去答复这些问题;的确,就梅森所假设的那种经济——由几百家有灵魂的公司组成或由它们统治的经济而言,提出这些问题究竟还有什么意义是可以怀疑的。价格和收入全是不确定的,也不会有在理论上可以明确表示的走向平衡的趋势。诚然,在这样一种社会中,经济生活可能会固定下来,成为历史学家、社会学家和统计学家能够予以分析的惯例和模式,但今天的经济理论家将无事可做则似乎是相当明显的。

有一派思想——它同卡内基工艺学院赫伯特·A 西蒙的名字特别有联系——似乎已经得出上述结论,并在试图用西蒙所称的"组织理论"去研究大公司以及它的含义。根据这种理论,公司并不企图最大限度地得到什么东西,而只是想要获得"令人满意的"结果。因此,西蒙用他所称的现代公司经理部门的"获得满意结果"的行为去同设想为旧式企业家特色的追求最大限度利润的行为相对照。在1956年美国经济学会年会上,西蒙的一篇阐明这个观点的论文已由威斯康星大学的詹姆斯·厄尔利予以答复,后者若干年来曾以美国成功的大公司为实例,研究经理部门的政策。他总结了大量精心搜集和分析过的实际材料,毫无困难地驳倒了西蒙的理论;从我们的观点看来,更有意义的是,他进一步对现代公司经理部门实际上是怎样行事的提供了最有教益和最富启发性的描述。这篇文章非常之好,却湮灭在美国经济学会的《论文与会议事项》这本没有题目的书中,值得我们将其大部分抢救出来。厄尔利在说明了他同西蒙意见的一些相同之点和某些小小的不同之点以后,进一步叙述如下:

对于看来是西蒙得出的基本经济原理,我有更严肃的保留意见。他的原理是:商业企业只寻求它的问题的令人满意的解决,特别是,只追求令人满意的利润。他的探讨如此直接地得出这一结论,就是特别使我怀疑它是否能令人满意的事实之一。不论对个人或其他类型的组织来说是如何真实,我却不能把西蒙的"求得满意的结果"的行为同大规模的美国商号的行为等同起来。我同意,追求最大限度利润和一般的"使尽可能完善"的传统观念必须加以修正。我坚决认为,他的改变走得太远了。让我简单列举促使我们否定"求得满意结果"这个假定的各种主要证据。

(1)作为我们研究工作的一部分,我钻研了最近的经理文献,包括一般的和专门的,我这样做的假设之一是,这种文献会透露出先进的商业经理部门的观点和惯例。这种文献的一个令人注意的特点是(除了显然以公共关系*为目的者外),它一贯地集中注意于降低成本,扩大收益和增加利润。自然有许多地方提到要建立标准和必须补救不能令人满意的情况。倾向却总是谋求更好而且常常是最好的结果,而不仅仅是好的结果。像塞缪尔·冈珀斯**的理想的工会领袖一样,经理部门的模范人物似乎以"再多一些!"作为至少是他的信条之一。

(2)第二,我对主要的所谓"经理完善"的公司发送了调查

---

* 指对外宣传——译者。

** 塞缪尔·冈珀斯(Samuel Compers,1855—1924年),美国劳工领袖,出生于英国。——译者

表,调查它们的习惯作法和政策,这种研究使我得出了大体相同的结论。我已公布首批研究的主要成果,不想在此重述。①

(3)使我对西蒙关于商号的假定产生怀疑的第三个事实是,我们的较大企业所利用的经济学家、市场分析家、其他各种专家以及经理顾问的人数迅速增多。这些人大多数的主要职责是帮助商号降低成本,找出最好的方法,选择最有利的可供选择的办法,发现新的获得利润的机会。当这些老练的先生们在商业顾问班了中占据势力时——我深信他们将要占据势力——以利润为指导的合理性很可能越来越变成商业行为的典型。

(4)分析技术和经理技术的迅速发展尤其给我以深刻的印象,二者刺激和帮助商号找出费钱最少的做事方式去做最为有利可图的事情。业务研究和数学设计只不过是这种正在成长的技术中比较新颖的东西。还有大大改进了的会计和预算形式,改进了的市场分析方法,商业预测的精心改进,以及各种非数学设计的有趣类型。这些新技术的统一性质是,它们寻求把合理解决问题的原则运用于商业计划和做出决定中。

让我把似乎是从我自己的研究中自然得出的关于商业行为的概念简单描述一下,作为总结。它落在追求最大限度利润这个古老的假定和西蒙的"令人满意的利润"两者之间的某

---

① 作者在此指的是詹姆斯·S.厄尔利(James S. Early),《"经理完善"的公司的边际政策》(Marginal Policies of 'Excellently Managed' Companies),载《美国经济评论》,1956年3月。

一处。它完全承认商号在获取情报和进行计算的能力上具有局限性。它也包含他所提出的"愿望水平"(aspiration level)概念和一种经过修正的"生活力"(viability)原则。我的关于行为方式的假定,最好是简单地描述为"对实际可能的最高利润所做的系统的世俗的追求"。

它所根据的理论可以非常简短地叙述如下:现代大规模商业的主要目的是,高额经理报酬,充分的利润,强固的竞争地位和发展。现代经理部门不把这些目的看作是彼此有严重冲突的,而的确是把它们看作相互不可缺少的。经理部门相信,在今天迅速改变的技术情况和市场情况下,竞争能力,即使是为了存在下去,也要求做出技术革新和重大发展方面的大量开支。既然通过合并来发展是碰运气的事情,并且常常是不可能的,那么大量的连续不断的投资支出就是必不可少的了。由于大家公认的理由,经理部门想要使外部的资金供应减到最小限度,因此,这种支出的大部分资金必须由内部形成。这就要求在支付股息之外,还有大量的和日益增长的利润。对经理部门人员的高额报酬也要求如此。所以,大量的日益增长的利润不但是非常重要的直接目的,而且是一种手段。

考虑到这些目的和需要,先进的经理部门是在一个长时期内来对利润做出设计的,所使用的各种互相配合的计划都包括实际上尽可能长的时期。这些计划所定的利润指标,不但足以支付充分的股息,而且还足以支付必要的革新和发展开支。随着经验的积累和新机会的发现,计划是经常修订的。

追求最大限度利润（即实际可能的最高利润）的趋势,在这种制度中从几方面表现出来。在修改和重订计划的过程中,花钱较多和获利较少的活动被削减或放弃了,而花钱较少和获利较多的活动则加上去了。成本较低的生产过程和获利较多的那部分产品和市场起着标准的作用,预期其他的生产过程或其他部分的产品和市场都要向它看齐,或为它所代替。通过不断地选择有提供较大收益之望的那种方法和那部分产品与市场,这个标准保持在很高的水平之上,并在可能时使之上升。最后,整个企业的全部利润和发展目标随着时间的消逝而日益提高,除非困难的环境不容许这样做。

诚然,这种目标、计划和标准,在任何时候都代表一定的"愿望水平",而满足这种愿望水平的努力则受到极大的注意。但这种愿望水平有两个主要之点:(1)它们很可能是难于达到的;(2)它们普遍是随着时间而向后倾斜的(即变得越来越大)。因此,即使在顺利的时候,公司的愿望水平也是相当严峻的,并且它们的向上弹性是很大的。反之,把利润和其他标准向下调整则遇到极大的阻力,因此,在困难的时候,商号要试图做出更艰苦的努力,去获取实际可能的最高利润。

我完全同意,我所概略地叙述的,是可以称为"模范商号"的行为,而不是在数量上堪称现在商业界的代表商号的行为。但我的主要论点是,能使我的概念变成事实的经理技术和专门知识正在迅速发展,日益使商业界容易获得,并且正在被主要的商号迅速采用。因此,我认为,模范商号将变成未来的代表商号。如果是那样,它的行为将越来越适于而不是不适于

用我们的某些历史悠久的观念去分析,例如追求最大限度的利润……①

这篇极好的文章,有两个方面值得评论。第一,它对厄尔利所称的"追求最大限度利润和一般的'使尽可能完善'的传统观念"提出了一个健全的纠正。这个传统观念是同一个或多或少是明白叙述的假设连在一起的:追求最大限度利润的企业家,对于向他敞开的一切可供选择的办法,以及选定任何几种办法的结合所产生的后果,均具有完全的知识。在此种假设下,他总是能够选择提供绝对的最大限度利润的几种办法的结合。其次,如果假设在变化着的情势面前他的知识依然是同样完全的,那么,合乎逻辑的结论是,他总是能够根据新的情况做出立即的和合适的调整。这里包含了一个假设,即企业家是无所不知的,这个假设自然是荒谬的,它远远不是一种有用的抽象。实际上,经济学家对追求最大限度利润的原则确实常常赋予了比较明智的意义,但是,由于未能明白否定无所不知这个假设,未能清楚说明追求最大限度利润这个假设中所包含的和所没有包含的都是什么,他们就让自己易于受到西蒙所提出的那种攻击。因此,厄尔利的精心考虑过的文章是很有价值的。通过强调"商号在获取情报和进行计算的能力上具有局限性",他说得很明白:并没有包含具有完全知识这种假设,而他的全部论据是建立在否定任何绝对的最大限度或尽可能完善的概念的基础之上的。商号(是个人企业家还是公司,并无差别)总是

---

① 《美国经济评论》,1957 年 5 月,第 333—335 页。

发现自己处于一定的历史条件之下,对于变化着的情况只具备有限的知识。在此种情况下,它所能做的绝不能超过改善它的利润状况。实际上,追求"最大限度"利润只能是追求在一定情况下可能实现的最大的利润增长,自然要服从一个基本的限制性条款:利用今天的获利机会必须不致毁灭明天的获利机会。追求最大限度利润这个原则的全部内容就在于此,但是为了证实"节约"行为模式所必要的东西也恰好尽在于此,这种行为模式是过去两个世纪中全部严肃的经济理论的主要成分。

我们想要加以强调的厄尔利文章的第二个方面,并且是同我们现在的目的最有关系的一个方面是:它令人信服地表明了,大公司如果不是比个人企业家更加以利润为指导(他十分恰当地把这个问题搁起来没有答复),它无论如何比他具有更好的装备,可以实行追求最大限度利润的政策。结果是完全一样的:大公司的经济同过去的小企业家相比,更多地而不是更少地受到追求利润的逻辑的统治。

可能有人认为,这既足以驳倒所谓有灵魂的公司,同时又足以证明这样一些经济学家的传统做法是正确的:他们完全忽视了公司这种企业形式的兴起,继续用个人企业家来进行推理。可是,事实并非如此,这有两个理由:第一,所谓公司具有灵魂,指的不仅是它对待利润取得的态度,而且还有它的对待利润利用的态度,后者尚有待于详细讨论。第二,在个人企业与公司企业之间,无疑地还存在着这样一些差别:它们同追求最大限度利润的目标没有什么关系,但对经济理论来说,仍然是非常重要的。但在我们讨论这些题目以前,对公司经理部门的动机模式和行为模式稍做更为深入的探索,对于我们是有好处的。

4

大公司于19世纪后半叶达到全盛时代,首先是在金融和铁路领域,19世纪末扩大到工业,然后侵入国民经济的大多数其他部门。在一般的场合,早期的巨型公司是由这样一类金融家兼创办人组织起来的(或者是由于合并、倒闭或其他突然事件,不久就落入他们的控制之下的):他们在美国历史中以"强盗大王"、"蒙古暴君"或"大君"闻名——所有这些名称都反映了一般人的感觉,认为那个时期的美国大商人在掠夺习惯和对公共福利的缺少关心方面,是同封建领主相似的。

当时商业界的中心不是公司而是大君,后者一般控制着不同活动领域的若干个公司。① 大君是一个非常富有的人,可是他不相信要把他的资金永久束缚在公司中,即使这些公司是处在他自己的控制之下。公司的资产大部分是"别人的钱",大君为了他自己的利润而不是为了别人的利润管理着这些钱。除了偷盗、欺骗、为了一个公司的利益而压榨另一个公司等等这一类方法(这在当时的丑史中全都是很著名的)以外,他的主要兴趣是,以廉价购入证券,而以高价售出,借以获得资本增长,为了达到这个目的,有时可以创办一个公司,有时又可以使之倒闭。凡勃伦可以说是这种

---

① "大君"一词于19世纪中叶见诸文字,是外国人(不正确地)送给日本幕府的首领的头衔。

商业企业的古典理论家,用他的话来说:

> 随着现代紧密结合的和综合的工业制度的更充分发展,商人的主要注意点已从对某种工业过程(他的生计曾一度与之息息相关)实行的旧式的监督和节制,转到投资的再分配,即把资金机警地从获利较少的投机事业转到获利较多的投机事业上,转到通过精明的投资和同其他商人的联合,来对商业上的紧要关头实行战略控制上。①

现代的公司经理同50年以前的大君是一种非常不同类型的人。在一方面,他代表着回到大君以前的时代,他的主要关怀又回到了"对他的生计与之息息相关的某种工业过程实行监督和调节"。反之,在另一方面,他是古典企业家和大君二者的对立面:后二者是典型的个人主义者,而他却是"组织人"这一类中的主要的一种。

有许多方式可以描写大君和现代经理的不同。前者是巨型公司的父亲,而后者则是巨型公司的儿子。大君站在公司的外面和上面,统治着公司;经理则是一个内部人,为公司所统治。大君效忠于他自己和他的家族(在其资产阶级的形态中,家族在本质上只是个人的扩大);经理则效忠于他所从属的并通过它来表现自己的那个组织。对大君来说,公司只不过是发财致富的手段;而对经理来说,公司的好处变成了一种经济的和伦理的目的。大君从公司

---

① 索尔斯坦·凡勃伦(Thorstein Veblen):《商业企业理论》(The Theory of Business Enterprise),纽约,1904年,第24页。

偷盗,而经理则为公司而偷盗。①

所有这一切,已由一位现代经理巧妙地总结起来,这位经理是过去最有名的企业家之一的孙子。在1955年4月28日向美国报刊发行人协会致词时,亨利·福特第二说:

> 现代的公司或股份冒险资本主义已经主要地代替了大君资本主义。一个人班子的所有主兼经理已经迅速地被一个新的专门职业的经理阶级所代替,这种人更多地是献身于公司事业的促进,而不是为了少数所有主的发财致富。

实际上,经理并不像医师和律师那样的专门职业家——没有公认的标准、训练等等——但就主要之点来说,福特先生无疑是正确的。大君只对自己的发财致富感兴趣,他是一个个人主义者。现代经理献身于公司事业的促进,他是一个"公司人"。②

---

① 一般舆论宽恕经理而不宽恕大君。之所以有这种普遍印象(在对美国现况进行描述和评论的人们心目中,这种印象现在已经变成了自明的真理),大概是因为:今天的商人同半世纪以前他的前人比较,是一个具有高尚道德的人。似乎没有什么充分理由要接受这种观点;的确,已故的E.H.萨瑟兰(E. H. Sutherland)在其重要的但很被人忽视的著作《白领犯罪》(White Collar Crime)(纽约,1949年)一书中所揭露的,经理部门为促进公司的目的而造成的犯罪行为的广泛,显然会使人得出相反的结论。无疑地有了改变的,是经理部门犯罪行为的类型,虽然似乎还没有人(包括萨瑟兰自己)认识到这件事实对于理解最近的美国历史的重要性。还可以参阅J.G.富勒(J. G. Fuller)的《君子型的同谋犯》(The Gentlemen Conspirators)(纽约,1962年);这是重型电机设备工业中有名的确定价格案的故事。

② 福特先生的话后来被一位大企业的主管公共关系的人所借用,并加以润饰。通用电气公司伊万德尔工厂的主管雇员和工厂社会关系的经理J.C.麦奎因,1956年8月29日在辛辛那提公立中小学教师协会第十届年会上发表演说,他不加声明地重复了亨利·福特第二上面这段话中从"现代的公司或股份冒险资本主义"到"专门职业的

二、巨型公司

以上所述，并不包含大君已从美国现场完全消失这个意思。20世纪40年代和20世纪50年代的长期通货膨胀，产生了一大批同大君的社会学类型完全符合的创办人和经营者。但他们现在是在美国经济的边缘和隙缝中活动，被今天的真正大商人即巨型公司的经理们所鄙弃和轻视。在这方面，我们有幸有着这两种类型的直接对抗的记录。现代的大君就是卡什·麦考尔，他是卡梅隆·霍利所著同名小说中的主人公，这位作者自己原来就是一位大商人。公司经理是弗兰克·阿布拉姆斯，按资产列为美国最大的工业公司——新泽西美孚石油公司的退休董事长。对抗是由《商业周刊》安排的，它对不同背景的若干商人提出问题，询问他们对卡什·麦考尔及其经营方法的反应。①

卡什·麦考尔是一个具有几乎是超人的手腕和胆量的人，他拥有确实可靠的迈达斯*的点物成金术。他专门从事购买公司，加以整理，然后将其售出，获得高额利润。为此目的，他有一长串精力充沛的侍从——律师、经理顾问、侦探等。他对于落在他手中的任何财产都没有兴趣去保持或发展，因此之故，他在全书中都被用来同"公司人"（这个名词是霍利创造的）相对照，公司人首先对

经理阶级所代替"一部分，最后一部分则改变如下："这种人献身于为所有对企业的货物和劳务有贡献和有请求权的人的经过平衡的最大利益服务"。（油印稿）在这里，我们又遇到了有灵魂的公司——也可以瞥见它在公共关系界的想象力丰富的心田中的起源。

① 《卡什·麦考尔这位经营者好不好？》（How Good an Operator Is Cash Mc-Call），《商业周刊》（Business Week），1955年12月17日。在被询问的人中，卡什·麦考尔的最热情的拥护者是路易斯·E.沃尔夫森（Louis E. Wolfson），也许是战后十年中真实的卡什·麦考尔们的最好标本。

* 迈达斯，或译米达斯。希腊神话中的弗利治亚国王，贪恋财富，曾由神赐给点物成金的法术。　　译者

自己为之工作的公司效忠,他被描写为越来越变成是标准的美国商人形象。弗兰克·阿布拉姆斯对卡什·麦考尔的意见要点如下(插入语和删节是由《商业周刊》作的):

> 个人主义者(在霍利的书中)似乎是诡计多端的人,他在改组公司中创造奇迹,而公司人则是沉闷苦干的人,他对较大的事物安排很少或没有做出贡献。我的经验完全相反。我发现公司人是乐意尽最大努力去为一项正当事业奋斗的人,并满足于和(他的公司)一道获得成功。个人主义者很可能变成一个追求私利的人……他今天忠诚于这个公司,明天又忠诚于那个公司,他所关心的似乎主要是个人的权力和财富的装饰。
>
> 我的商业经验是……在税收舞弊和创办企业的阴谋诡计方面是没有沾手的,而这些似乎是书中重要人物所主要关怀的事情。也许我同较小的商业生涯中的某些事实是绝缘的,如果是那样,我现在,在退休中,就能够欣赏我过去是多么幸运。

这是一个真正贵族的声音,他在一生中职位牢固可靠,表现出安全而又自信的形象。他以把他自己和他的公司等同起来并分享它的繁荣而自豪。个人主义者对他来说是毫无用处的:他们是不可靠的,而他们的不安全,又使得他们陷入了攫取权力和进行炫耀的鄙俗做法中。尤其是,他意识到他是生存于大商业的世界中,这个世界的统治者们也像古代的封建贵族一样,学会了优雅地生活着,"同较小的商业生涯中的事实绝缘"。

最后一句话充分说明了今天的美国社会。卡什·麦考尔并不

二、巨型公司

是一个渺小的商店老板。他拥有费拉德尔菲亚市最大的旅馆之一,并占住它的整整一层楼;他乘自己的私人飞机旅行并拥有一宗大的乡村地产;他只要凭一时冲动,就可以花费千百万美元。事实上,按照好莱坞的标准,卡什·麦考尔就是大商人的典型。然而对弗兰克·阿布拉姆斯——他的钱可能有也可能没有卡什·麦考尔假定所有的那么多——来说,所有这一切只不过是庸俗的炫耀和卑鄙的诡计。对公司人这个贵族阶级来说,大商业就是美孚石油公司和几十家类似的巨型公司,它们集体控制着全国的经济命运——所有其余的都被随随便便地抛进了"较小的商业"这个垃圾堆中。有一个贵族——匹兹堡玻璃板公司副总经理——写道:"在今天的美国,135家公司拥有工业资产的45%。这些才是值得注意的公司。经理权力就落在这里。"① 很明显,权力的行使同权力的自觉完全是一致的。②

---

① 利兰·哈泽德(Leland Hazard):《经济学家所不知道的关于工资的事情》(What Economists Don't Know About Wages),《哈佛商业评论》(Harvard Business Review),1957年1—2月,第56页。

② 在这里,不能试图去探讨大商人从大君到公司人的转变所带来的各种结果和含义。然而,我们在离开这个题目以前,不能不提一下,这个题目已经对严肃的文献产生了深刻的影响[《卡什·麦考尔》(Cash McCall)应当看作是采取小说形式的当代记录]。戴维·登普西(David Dempsey)写道:"自从弗兰克·诺里斯(Frank Norris)在《地狱》(The Pit)一书中塑造了现代资本家这个典型以来的54年中,美国小说家对待商业界的态度经历了一个完全的改变。诺里斯,以及后来的德莱塞,把公司的兴起看作是一个人的事情;他们的注意中心,是为了自己的目的而统治着商业的个人,但他的行为也影响整个社会。诺里斯书中的小麦投机商柯蒂斯·贾德温(Curtis Jadwin),也像德莱塞书中的19世纪资本家弗兰克·考珀伍德(Frank Cowperwood)一样,是按照牺牲他自己的正直来建立一个王国这种英雄的古典传统来塑造的。既然现在很少有美国公司是由单独一个人统治的,小说家就不得不转变——实际上是颠倒——自己的观点。今天,是公司本身……变成了反派角色;是陷在公司机构中的个人,而不是公众,

5

　　大公司是由公司人来经营的。他们是一种什么样的人？他们企求的是什么，为什么企求这些东西？在美国社会的阶级结构中，他们处于怎样的地位？

　　有一个普遍的印象，并且有许多文献来支持它和宣扬它：大公司的经理部门形成了某种单独的、独立的或者是"中立的"社会阶级。这种观点，我们在伯利和米恩斯的"中立的技术统治"和卡尔·凯森的"有灵魂的公司"中已经看到了它的基本形式；它在詹姆斯·伯纳姆的《经理革命》和伯利的《20世纪的资本主义革命》这一类著作中得到了更详尽的发挥。这种理论的大多数不同版本都在提供有趣的和有启发性的见识方面做出了贡献，但在我们看来，它们有一个共同的缺点：基本观念是错误的。

　　事实上，经理阶层是有产阶级中最活跃、最有影响的一部分。所有的研究都表明，它的成员主要是从阶级结构的中层和上层补充进来的，他们同 C. 赖特·米尔斯所称的"非常富有的人"是部分

变成了牺牲品。……"欧内斯特·帕韦尔（Ernest Pawel）对《来自黑暗之塔》（*From the Dark Tower*）一书的评论，载1957年6月23日《纽约时报》（*New York Times*）（星期日书刊专栏）。

　　在一个重要方面，这种分析从我们看来似乎并不是十分正确的。问题的关键并不在于"现在很少有美国公司是由单独一个人统治的"。有着很多这样的公司，即使是在最大的公司中。要害是，公司人——即使他在自己公司中上升到统治的地位，像常常发生的情况一样——是同旧式的大君非常不同类型的人，并起着和旧式大君非常不同的作用。对大君来说，公司只不过是一种手段；而对公司人来说，公司已变成了一种目的。

一致的;除了少数的不值一提的例外,他们自己本来就是非常富有的人,这同他们由于和公司发生关系而得到的大宗收入和广泛特权毫不相干。① 下面这一点自然是真实的,我们也已经着重指出:在普通的大公司,经理部门是不受股东控制的,从这种意义说,"所有权和控制权的分离"是事实。但是没有理由从这一点得出结论说:一般的经理部门是同一般的所有权不发生关系的。恰好相反,经理们是在最大的所有主当中的;由于他们所处的战略地位,他们的作用是充当所有大规模财产的保护人和发言人。他们远远不是一个单独的阶级,而是实际上构成了有产阶级的领导阶层。

这并不是说,经理们按其经理的身份并没有与别人不同的利益。像有产阶级的其他部分一样,他们是有自己的利益的。但是由此引起的利益冲突是经理们与小财产所有主之间的冲突,而不是经理们与大财产所有主之间的冲突。在这一点上,最明显的例子就是股息政策。

一般假定,经理们要求得到最大数量的公司内部资金(上面已经提到),因而形成了在低股息支付率上的一种利益,而股东们所关心的是获得最大限度的可支配现金收入,因而形成了在高股息支付率上的一种利益。实际上,这种假定未免太简单了。大多数经理本身就是大股东(本公司的和其他公司的),因此,在股息上有着和其他大股东相同的利益。这种利益,既不是最小限度的股息

---

① 到现在为止,对这些题目的最好的阐述见诸 C.赖特·米尔斯的《权力人士》一书,特别是第 6、7、8 章。

支付率,也不是最大限度的股息支付率,而是落在两者之间:持有的股票应当提供合理的现金收入(对经理们来说,作为他们退休以后或死后家庭生活安全的保证,这是特别重要的);另一方面,持有的股票也应当在价值上稳步增长。前者要求支付股息,后者则要求将利润用作再投资。然而,寄托于低支付率上的特殊经理利益确实是存在的,并且无疑是重要的。但需要强调指出的是:这使得经理们成为极大的股东的同盟者,对这些股东来说,最低限度支付率也是绝对必需的。理由自然是,最富有的人无论如何要把他们的一大部分收入储蓄起来;如果他们持有其股票的公司替他们从事储蓄,而不是支付股息去让他们自己储蓄,那对他们是很有好处的。公司储蓄的结果,是增加他们的股票的价值。如果在任何时候他们为了消费或者为了做其他投资而需要现金,他们可将股票的一部分或全部售出,以资本增加的形式实现股票价值的增长,而纳税是按25%的最低税率的。反之,如果他们以股息形式获得更多收入,则必须按适用于他们等级的更高得多的税率纳税,这自然削减了他们的有效储蓄率。

要求较高股息支付率的压力,一般来自小股东。只在很少的场合,这种压力才能通过正式的公司表决机器对经理部门有效地施展出来,但这并不意味着,小股东是没有影响的。从社会方面来说,美国的七百万左右的小股东是一个重要集团:他们很可能是有实力的公民,是具有地方政治影响的舆论领袖。既然有产阶级中的小小的上层(包括有产阶级的领导成分,即大公司的经理们)在政治上总是脆弱的,它自然想要得到小股东们的拥护和效忠。一种适度的,或许更重要的是,一种稳定的股息政策是保证获得这种拥护的最有效的方式。

实际上，股息政策是经理部门和大股东期求低支付率的愿望和小股东期求高支付率的愿望之间的妥协结果。而且，像可以预期的，在一个公司与另一个公司之间有着很大的差异。主要为少数富人或家族拥有的公司，倾向于采取最低的股息支付率；而最高的支付率则可能是既有大量小股东而又处在可以称为"公共关系敏感"的经济领域的公司所采用的。还像可以预期的，经理部门在确定这种妥协的条件时一般都占上风；在大多数由经理部门控制的工业公司中，支付率维持在50%或更少一些。而且，当利润增长时，经理部门故意拖延，不使股息同新利润水平相适应，以便在繁荣之时，实际的支付率（有别于支付率指标）倾向于下降。① 所有这一切均足以证明经理部门同非常富有者的联合权力：两者在事实上结合成为协调一致的利益集团，处在经济金字塔的顶峰。

6

公司人献身于其公司事业的促进。但这并不是说，同在他以前的大君或个人所有主企业家比较起来，在作为经济人方面，在自私方面，在利他方面，有多少不同的程度差别。所有这些概念，从好的方面说，是毫无关系的；从坏的方面说，是引起误解的。问题

---

① 关于更完全的数字资料，参阅约翰·林纳(John Lintner)的杰出的研究：《公司收入在股息、保留利润和税收之间的分配》(Distribution of Incomes of Corporations Among Dividends, Retained Earnings, and Taxes)，《美国经济评论》，1956年5月。

并不是任何一种"心理学"上的问题,而是制度加诸运用这种制度的人员身上的选择作用和陶冶作用的问题。这好像是太基本了,不值得一提,然而很不幸,不可能想当然地认为经济学家具有这种程度的开明。经济理论仍然严重地渗透着19世纪功利主义的"用心理学进行分析"的传统,需要经常提醒经济学家:这种传统只会导致混乱和蒙昧主义。

为了变得繁荣昌盛,一种社会秩序必须向它的成员逐渐灌输这样一种野心:获得按照这种秩序自己的条件所说的成功。在资本主义制度下,最高的成功形式是商业上的成功;而在垄断资本主义下,最高的商业形式是大公司。在这种制度下,对一个野心勃勃的青年的正常压力,必然是努力工作,爬上一个尽可能大的公司的尽可能高的职位。① 当他一旦进入了某一个公司之后,他使自己献身于两个目的:沿着经理的阶梯向上爬;提高他的公司在公司界的相对地位。实际上这两个目的是难以区别的:一个青年人在公司中职位的提高,依存于他对改进公司的地位所做的贡献。这就是事情的关键,这就是为什么我们可以毫无保留地说,公司人是献身于他的公司事业的促进的:他的献身于其公司事业的促进,同他的献身于他自己职位的提高,在程度上是完全一致的。

即使在他达到了某一个公司的顶峰以后,以上所述仍然是真实的。如果他的工作成绩优良,他可能"被邀请"到一个较大的公

---

① "达到伟大和保持伟大的途径,永远是为某种更多的东西而奋斗。"[奥斯本·埃利奥特(Osborn Elliott):《登峰造极的人们》(*Men at the Top*),纽约,1959年,第40页。]这本书包含许多关于美国商业领袖们的有用的情报。

二、巨型公司

司去。即使不是这样,或者没有这种希望,他仍然对改进以他为首的那个公司的地位同样感到兴趣;因为在商业界,名望、威信和权力并不是个别商人的属性,而是他的公司的名望、威信和权力以及他在这个公司中的职位赋予他的。

这些命题在《卡什·麦考尔》一书中得到了生动的说明。格兰特·奥斯汀是书中的主要人物之一,是一个小公司的所有主兼总经理。在第二次世界大战期间,这个公司变得获利异常丰厚,但奥斯汀不久就发现,他在商业界的地位依然未变。"利润跃增到能付给他自己年薪十万美元——这是一个大商业总经理的标志——的水平,但格兰特·奥斯汀从他同华盛顿、纽约和底特律商业界日益增多的接触中知道,萨福克铸造公司被说成所谓小商业的使人感到痛苦的小小实例。他在工业界的名望在社会学上等于是一个地位低下的用谷物交租的佃农。"他的女儿被一个不对外开放的女子学校拒绝入学,借口是没有空缺。"格兰特·奥斯汀知道并非如此。还有些别的人,他们的女儿申请在后,倒都被接纳了。只有一个可能的解释——他还不是一个大得足够算数的人。查德威克学校像他在普尔曼俱乐部汽车中遇到的那么许多人一样——他们从来没有听说过萨福克铸造公司。担任一个小公司的总经理是微不足道的。"格兰特·奥斯汀结婚以来最幸福的一星期是在纽约召开的全国制造商协会大会期间度过的,在那里他和他的妻子举行了一次宴会。"他们的客人都是其他的总经理夫妇,这些人的公司在资产净值上全都超过了他们,但米里亚姆保持着她的尊严。……在她丈夫参加大会的会议期间,她设法结识了两位妇女,她们的丈夫全都是证券在纽约股票交易所挂牌的公司的高级职员。"通过奥斯汀商业生涯的结局,小说用一种讽刺的手法使人了解了主要的论点。他被小商业问题折磨着,弄得灰心丧气,最后决定把公司卖掉了。他比公司的实际资产多得了两百万美元——反而发现,现在突然之间,由于同任何公司都没有联系,即便是在从前把他当作平等者接待的那些商业界,他也是一个无名小卒了。

但是规模大小并不是衡量公司地位的唯一指标:这未免过分简单化了。其他的重要指标是:发展速度以及以信用等级和公司证券价格等为标准来衡量的"力量"。因此,假定规模大小一样,一个公司如果力量更强大些,发展得更快些,它就列在别的公司的前面;并且力量和迅速发展甚至可以抵消规模更大这种差别,如果较大的公司处在停滞状态或正在衰败下去。因此,公司政策的主要目标是——这同时也是,并且不可避免地是公司经理们的个人目标——力量、发展速度和规模。没有一个普遍公式可以用来在数量上确定或者用来结合这些目标——也无须有这种公式。因为它们可以归结到一个统一的共同标准——利润率。利润为扩大提供了内部资金。利润是力量的主要支柱,力量又使公司获得外部资金,如果当需要这种资金的时候。内部扩大,购入和合并是公司发展的方式,而发展乃是通往大规模的道路。因此,利润尽管不是最后的目标,却是达到一切最后目标的必要手段。就以这种资格,利润变成了公司政策的直接的、唯一的、统一的,数量上的目标,公司合理性的试金石,公司成功的尺度。厄尔利所如此卓越地描述的那种追求最大限度利润的行为(见第30—34页),其真正的——社会结构方面的而不是个人心理方面的——解释就在这里。

还没有谈到公司行政人员是否追求使他们的薪金和(或)个人

二、巨型公司

收入达到最大限度。① 可以有把握地假定,他们是这样做的,其理由有二。第一,有一种选择过程在发生作用,它倾向于把那些最有兴趣为商业赚钱的人吸引过来,使对这样做不太感兴趣的人转向别的行业。正如凡勃伦所说,"不以增加财产为目的的人不会走进商业界"②。第二,在任何一定的商业环境中,薪金或收入的相对大小是名望的一个重要标志。小威廉·H.怀特在研究行政人员对待税收的态度时,发现下面的事是实在的:

> 行政人员对高额税收虽然感到不快,但对他们来说,薪金的关键方面,不是它的绝对数量,而是它的相对数量。而相对数量依存于纳税前的收入。看到表示薪金总额的那部分付款存根可能虚伪地哈哈一笑,但那依然是关键性的部分,每年得到3万美元的人,当考虑到他的每年得到3万7千美元的敌手拿到家中去的只比他多892美元时,并不感到多大安慰。③

因而,不可能有任何疑问:公司经理们通常是为使个人收入最大限度化而奋斗的。但是,如果我们做相反的假定,即公司人不关心他们收入的大小,他们进入商业界并且为之艰苦地工作是因为

---

① 二者自然并不是等同的。主要由于纳税的原因,公司界发明了在旧式的薪金和奖金之外,对行政人员做出补偿的各种各样的方法。从行政人员整个的一生来看,这种"小额优惠"可能甚至比薪金更为重要。保证信托公司在1956年11月24日《商业周刊》刊登的一则广告中说:"在今天采用利润分享计划、退休计划和股票购买特权的时代,普通的商业行政人员的现在和将来的资本资产比起他的银行存款和薪金支票所表示的要大得多。"

② 《商业企业理论》,第20页。

③ 《组织人》(The Organization Man),纽约,1958年,第144—145页。

欢喜这样做而不是为了赚钱,这对于公司行为的理论也不会有所改变。肯定有一些商人是这样感觉的;的确他们可能全都属于这种类型,并从而得到报偿,而不致改变他们作为公司人的行为的任何一点。

可以用类比来说明这一点。一个职业的棒球运动员用打球来谋生。他可能憎恶这种生涯,完全是为了金钱而继续打球。或者,他可能爱好这种运动,在必要时没有钱也十分愿意打球。当他去到运动场上时,这一切毫无关系。在那里,他的目标不再受他个人感觉或爱好所支配;这些目标在棒球规则手册中已经给他规定了。不管他喜欢什么和不喜欢什么,不管他内心的强烈欲望如何,他的行动必须指向一个唯一的可以测量的目的,即比另外一队得到更多的分数。如果他不愿意或不能够按照手册从事运动,他就会被从队里开除,失去工作。如果他对他的俱乐部的成功贡献不够,他就会被勒令退出比赛,或降到较小的联合会去。

棒球据说是美国的国民运动。可以更正确地说,商业是美国的国民运动:有着更多得多的人从事于此,而奖励也要更高得多。但是二者是在相同的原则上运用的。在棒球运动中,目标是达到联合会的顶峰;日常的政策是,通过比对抗球队取得更多分数来赢得竞赛;运动员的成绩是根据他们逐日表现的累计数来判定的。在商业界,目标是爬上公司金字塔的顶峰;日常的政策是追求最大可能的利润;像在棒球比赛中一样,人们的成绩是根据他们逐日的表现的累积来判断的。在这两种情况中,拒绝按照规则比赛的人是要被抛弃的。表现达不到标准的人要往底层沉下去。在这两种情况中,个人的动机都是无足轻重的,除非这种动机可能有助于行动的效率;而在这一方面,动机是和许多其他因素——例如体力、智力、技巧、训练等一道发生作用的。

总之,商业是一个秩序井然的制度,它根据人所熟知的标准来进行选择和给予奖励。指导原则是,在一个公司内部,尽可能爬到接近顶峰,而这个公司在公司界中也要尽可能接近顶峰。因此需要有最大限度的利润。因此需要把一经获得的利润用来加强公司的财政力量和加快公司的发展速度。这些事情变成了商业界的主观目的和价值,因为它们是这个制度的客观要求。是这个制度的性质决定着其成员的心理,而不是相反。

这种分析的一个必然的结果需要特别强调。马克思写道:"在资本主义生产方式的历史初期,……致富欲和贪欲作为绝对的欲望占统治地位。……积累啊,积累啊! 这就是摩西和先知们!"① 但是他小心地指出,这种占统治地位的欲望并非出自人性,而是它在其中起着决定性作用的制度的产物:

> (资本家)同货币储藏者一样,具有绝对的致富欲。但是,在货币储藏者那里,这表现为个人的狂热;在资本家那里,这却表现为社会机构的作用,而资本家不过是这个社会机构中的一个主动轮罢了。此外,资本主义生产的发展,使投入工业

---

① 《资本论》第1卷,第22章第3节。(《马克思恩格斯全集》第23卷,人民出版社1972年版,第651—652页。原注199,"据基督教传说,圣经《旧约全书》是摩西和其他先知们写成的。马克思在这里用'摩西和先知们'这句话的意思是:这是主要的东西! 这是第一诫!"——译者)

企业的资本有不断增长的必要,而竞争使资本主义生产方式的内在规律作为外在的强制规律支配着每一个资本家。竞争迫使资本家不断扩大自己的资本来维持自己的资本,而他扩大资本只能靠累进的积累。①

自从资本主义生产在历史上开始出现以来,即使从马克思写下《资本论》算起,我们已经走过一段长远的历程。在现今,一个抓住每一分钱不放、焦急地注视着他的财产增长的贪得无厌的资本家,似乎只是一部19世纪小说的老一套剧情。今天的公司人的态度很不同。诚然,他愿意能赚多少钱就赚多少钱,但是他花钱很慷慨,他从公司得到的退休金和其他额外津贴使得他能对自己的个人储蓄怀抱一种漫不经心的态度。注意到现代商人和他的早期地位相同的人的对照,人们可能匆匆作出结论:旧的推动力已经从这个制度中消逝了,由积累这个动机不断地推动它前进的资本主义这幅古典的画图同今天的状况就是不相符合。②

我们现在可以看出,这是一种皮相之论。今天的真正的资本

---

① 《资本论》第1卷,第22章第3节(《马克思恩格斯全集》第23卷,人民出版社1972年版,第649—650页)。

② 熊彼特正是犯了这个错误。"资产阶级主要是为了投资而工作,资产阶级为之奋斗并在目光短浅的政府面前为之捍卫的,与其说是消费的标准,倒不如说是积累的标准。随着家庭动机所提供的推动力量的削弱,商人在时间上的视野大体上缩短到了他的一生的期望。即使他看到无须担心结果只不过使他的纳税单数字增大,他现在也可能不像过去那样愿意去完成那种赚钱、储蓄和投资的职能。他被驱向一种反储蓄的心理状态,并日益易于接受反储蓄的理论,后者是一种短暂哲学的标志。"[J. A. 熊彼特(J. A. Schumpeter):《资本主义、社会主义和民主》(*Capitalism, Socialism, and Democracy*),纽约,1942年,第160—161页。]熊彼特似乎完全没有看到:这些话一点也不适用于公司资本家。

家不是个别商人,而是公司。商人在他的私生活中做些什么,他对待取得和花费他的个人收入的态度如何——这些同这个制度的运转在本质上无关。重要的是,他在他的公司生活中做些什么,他对待公司收入的取得和花费的态度如何。而在这里,毫无疑问的是,利润的形成和积累,在今天也同在过去一样,居于统治的地位。在今天的宏伟壮丽的公司办公大楼的大门上,也像在一两个世纪以前中等商号的办公室的墙垣上一样,如果看到铭刻着下面的格言,那会是同样合适的:"积累啊!积累啊!这就是摩西和先知们。"

7

个人资本家由公司资本家所代替,构成了资本家职能的制度化。资本家职能的核心是积累:积累一向是这个制度的原动机,是它的冲突的所在地,既是它的胜利的根源,又是它的毁灭的根源。但只在这个制度的幼年时期,才能把积累说成是资本家义务的全部。成功也带来了责任。用马克思的话来说:

> 在一定的发展阶段上,已经习以为常的挥霍,作为炫耀富有从而取得信贷的手段,甚至成了"不幸的"资本家营业上的一种必要。奢侈被列入资本的交际费用。①

---

① 《资本论》第1卷,第22章第3节(《马克思恩格斯全集》第23卷,人民出版社1972年版,第651页)。

这种交际费用在传统上采取的形式,一方面是摆阔气的挥霍浪费,另一方面是慈善事业。两者一向具有今天所称的公共关系目的:一种是用来眩惑和吓唬公众,另一种是用来获取对它的忠心和爱戴。两者都是由资本家以他的私人资格负担的。

近年来美国现场中最惊人的改变之一是:商业界的贵族阶级在两类支出上的显著下降。新港和南安普敦的大地产,摩根们和阿斯特们的豪华游艇,为初进社交界的子女举行的耗资50万美元或更多的宴会——关于这些,人们现在更多地是在历史书中读到,而不是在每日报刊的社交专栏中读到。今天的大商人(得克萨斯的石油商除外,他们也应当如此)的生活,如果说不上是朴素的,至少也还是相当不引人注目的,他最不愿意做的是拿他的财富来做轰动一时的夸耀。同样,个人慈善行为所起的显著作用似乎日益减退——如此之甚,以致全国最大的商人之一在论述公司界的问题时,感到有理由将其中一章题名为"日益消失的慈善事业家"。①

可是,这些事态发展并不意味着,资本的交际费用已经莫明其妙地取消了。也像资本家职能的其他方面一样,支付资本的交际费用的责任已经制度化了。在今天,必须由公司自己来在公众面前维持高度的生活水准,而它是这样来做的:建筑宏伟的总办公处大楼,为它的工作人员准备豪华程度与年俱增的办公室,用公司自

---

① 克劳福德·H.格林沃尔特(Crawford H. Greenewalt):《不平常的人:组织中的个人》(*The Uncommon Man: The Individual in the Organization*),纽约,多伦多,伦敦,1959年,第113页以下。

二、巨型公司

有的成队的喷气式飞机和卡迪雅克牌汽车输送他们,给他们设立不限数目的开支账户,等等。① 其中大多数彻头彻尾是摆阔气的奢侈浪费,同生产效率只有消极的相互关系(如果还有关系的话);然而,认真要求享有大商业名望的公司,没有一个会梦想到忽视它的业务经营的这一方面。规模、成功、力量——公司政策所迫切需求的东西——不仅必须获得,而且还必须显示出来,让全世界都看到。眩惑和吓唬的需要还是同过去一样大,它所引起的支出肯定是随着资本的增长而一同增长了。已经改变的,是挥霍浪费的形式和方法,而不是它的目的或内容。

关于慈善事业,大体也是如此。这也正在制度化;虽然直到现在基金会还在领先,公司本身也正在起着日益增长的重大作用,特

---

① 看一看60层高的大通曼哈顿银行新大楼。该行印行的一个小册子——《纽约的一个新的里程碑》(*A New Landmark for New York*)说:"大通曼哈顿银行大楼高达813英尺,足以使清晨初升的太阳光折回去向它自己照耀,它代表着一种建筑理想的实现和一种现代经理部门的高水平标志。它的设计不仅是为了实用,而且是为了表现——它的耸入云霄的棱角预示着一个新纪元,而不仅仅是一种暂时的需要……当这个建筑物还在酝酿中时,就决定:美术是装饰这个极度简单化的现代建筑的最好陪衬。因此,银行聘请了一个美术专家委员会,来选定各种作为装饰的美术作品,以便建立一个温暖的和令人兴奋的环境,不但雇员们可以在这个环境中工作,而且它同时还可以表示大通对于人们最感亲切的东西的关怀。选定来装饰私人办公室和接待区域的美术作品,从抽象印象派的最新创作到原始的美洲文物,无所不包,蕴含着大通在美国历史中所起的丰富多彩的作用以及它在全球的利益。……大通曼哈顿广场1号真正是许多东西的统一体——它是这样一个时代的产物:遨游太空不再是徒托空谈,而人们穿越大洋的深渊就好像走过街道一般容易——它是建筑史上的水准基点——它是令人惊愕的机器体——它是一个美术馆,同全世界任何的美术馆都不同——它是大通曼哈顿对于历史上有名的金融区的未来深具信心的巍然屹立的标志。"对于这座人们极为珍视的纪念馆,所有的美国人能够分享正当的骄傲,尤其是因为,他们作为纳税人,大约付出了它的一半费用。

别是在为高等教育机关提供私人援助的领域。① 这样一些观察家无疑是正确的：他们在这里看到了一种将要继续到永远的未来的趋势；最终的结局很可能是：差不多一切私人慈善事业的费用，均将由公司直接负担。

正是在这个慈善事业的领域，以及在伴随着它并与之密切相关的公共关系的努力方面，我们发现在"有灵魂的公司"这个概念中具有一点点纯真的实在性。在早先批判这种概念时，我们驳斥了凯森在《现代公司的社会意义》一文中所持的观点，即追求最大限度利润已经不再是公司行为的指导原则。但当凯森谈到现代公司"对一般公众的责任颇为广泛"并列举其中的"领导当地的慈善事业，关心工厂建筑和自然风景美化，对高等教育提供援助，甚至进行纯粹的科学研究"时，我们是没有理由对他吹毛求疵的。公司在获得了最大限度的利润以后，确实感到有责任去从事这种活动，并且差不多可以肯定，它将要在日益增大的程度上这样做。如果这些就是公司灵魂的产物，那么这种超自然的实体的存在可以被

---

① 人们不应当认为，这全是纯粹的慈善事业。教育经费援助委员会主席威廉·M.康普顿写道："商业公司并不是慈善团体。但当考虑到慈善行为对于它们的所有主有利时，商业公司是能够'行善'的。"[《美国大学联合会公报》(*Association of American Colleges Bulletin*)，1954 年 3 月。]康普顿先生从他自己的切身体会中，大概是知道公司对于这种事情是怎样感觉的。或者再引用杜邦公司总经理克劳福德·格林瓦尔特的话：美国工业的继续进步，依存于国家有"一个平衡的研究计划，这意味着，国家必须用一定数量的基本研究去补充它的应用研究，这种基本研究须足以提供一切科学进步所依据的基本情报。……这种研究的很大一部分现在是由工业进行的。可是，主要的责任应当由我们的大学来担负，因为只有大学才能提供使真正的基本科学研究能够蓬勃发展的气氛。问题不是在于劝说，而是在于财政；正是在这一方面，工业通过援助高等院校的基本研究，能够同时为它的股东们服务，并满足一种公共需要"。(《不平常的人》，第 137—138 页。)

认为是事实。然而那是一种人们所熟悉的灵魂,而不是一种新灵魂。它从资本家人道主义者的垂死的躯体中逃离出来,现在移居到了资本家公司中。对整个制度来说,灵魂性并无丝毫增长。

8

我们曾试图表明,今天的巨型公司是追求最大限度利润并把资本积累到至少是早期个人企业家所达到的那样人的限度的发动机。但是它不只是个人资本家的放大了和制度化了的翻版。在这两种类型的商业企业中,有着主要的差别,其中至少有两个对垄断资本主义的一般理论是极关重要的:公司比个人资本家具有更长的时间视野;公司是一个更富于理性的计算者。两者主要是同公司业务的无与伦比的更大规模有关的。

公司在原则上是永远存在的,并且对它的工作人员反复灌输了一种长的时间视野,这不是因为它的特殊的法律形式(归根到底,公司也像个人企业一样,能够很容易结束的),而是因为它"使之公司化的"是一宗巨大的和复杂的资本投资,其价值依存于公司的被保持作为一个业务发达的商号。同样,公司营业的规模迫使经理职能达到了广泛的专业化和合理化。杜邦公司总经理克劳福德·H.格林瓦尔特写道:"总经理职务的最好的类比,也许是交响乐队的指挥,在他的手下,100种左右高度专业化然而又极不相同的技巧变成了一种效能极高的单一的努力。"[①]至于大公司的合理

---

① 《不平常的人》,第64页。

化因素,没有比在前面第30—34页所引证的厄尔利文章中那么强调指出的那些方法——成本会计、预算、资料整理、经理顾问、业务研究以及另外许多其他东西 (以及运用这些方法的人员)的迅速扩展更具有说服力的证据了。

公司的长的时间视野和经理的合理化产生了某种特殊的态度和行为方式。其中最重要的或许是:(1)系统地避免冒风险;(2)对公司界的其他成员采取自己活也让别人活的态度。在这两方面,同旧式的个人企业的改变在量上是如此之大,以致成为一种质的变化。

(1)关于冒风险,所不同的倒不是在于个人资本家生来就比公司具有赌徒的性质(虽然他可能是如此),而是在于他对风险既没有能力也没有习惯去进行预测。他像一个继续玩弄着数字游戏的小赌棍,既不知道也不关心肯定对他不利的机会;而大公司则像一个专门职业的赌徒,仔细研究对他有利的机会。时间视野的因素在这里也起着作用:公司不是迫不得已地要迅速获得利润,又操纵着丰富的资源,它能小心谨慎地应付新的事态的发展,不等到做出了有关的研究和准备之后,就不决定承担义务。最后,具有讽刺意味的是,公司知道怎样利用它从而生长起来的小企业本身的弱点,来达到自己的目的。当一种新工业或营业领域正在开辟时,大公司往往是有意袖手旁观,让个人企业家或小商号去从事主要的开拓工作。许多人失败了,从画图中消失了,但是那些成功的却探索出了一条未来发展的最有希望的路线。正是在这个阶段,大公司走到了舞台的中心。通用电气公司前任副总经理 T.K.奎因在提到他从长期经历中知道得很清楚的电气用具领域时写道:"我从来没有听说最初的产品发明是由任何一个巨型实验室或公司做出的，就连电动剃刀和电气暖身器也不是，只有家用食物研磨机可能是例外。……巨型公司所做的是，偷偷地走进来，购买和吞并较小的创造者。"①虽然在这个题目上似乎没有可供利用的一般情报，但有理由相信，奎因先生的话对许多其他的工业也是适用的。

(2)作为大商业特色的自己活也让别人活的态度，同样是从公司投资额的巨大和从它的经理部门的权衡利害的合理性产生的。大体说来，这种态度是专门用来对待其他大公司的，并不推及于较小的商人。例如，最大的三家汽车制造公司以熊彼特所恰当地称呼的"相互尊重的"②态度彼此对待，而它们对待向公众出售其产品的成千上万的经销商的行为则是臭名昭著地专横和独断的。其理由自然是，每一家大公司承认其他两家大公司的力量和实行报复的能力，作为一种经过审慎考虑的政策，避免去触犯它们。但是相互尊重的行为绝不仅限于竞争者之间。如果一个大公司不是另一个大公司的竞争者，那它就很可能是后者的顾客或供应商；而在这种公司关系的领域中，最高的原则是互惠主义，它要求采取相互尊重的行为，就像在竞争中一样。此外，大商业社会在人数上是很少的，在全国也许只有一万人左右，它的成员是由社会的和经济的

---

① T.K.奎因(T. K. Quinn)：《巨型企业：对民主政治的威胁》(Giant Business: Threat to Democracy)，纽约，1953年，第117页。当本章在《每月评论》(Monthly Review)1962年7—8月号发表后，我们收到了威斯康星州拉西恩市的莫里森·夏普先生的一封来信，其中有一部分如下："奎因先生可以询问他自己的法律部门，或拉西恩商会，甚至是拉西恩的英-辛克-伊拉特公司，后者发明了并改善了家用食物研磨机。普遍都传说，巨型的通用电气公司只在一次长期的胜利的诉讼案得到解决后，才以从英-辛克-伊拉特公司得来的权利，用自己的商标制造这种机器。"哎呀，假象破灭了！

② 《资本主义、社会主义和民主》，第90页脚注。

纽带结成的一个大网连系在一起的。意识到他们在较大的全国社会中的权力和名望,他们自然会发展一种集团的道德观,后者要求在他们中间实行团结和互助,并与外部世界处于共同战线。

在过去,情形并不总是这样。当大商业从小规模竞争的混乱一团的局面中逐渐露出头角的初期,相互尊重的行为的确是少见的。甚至是铁路,也不得不经历一系列的彼此消耗力量的运费战,直到最后,它们才使公司的首脑们体会到,不管证券所有人或竞争的经理部门会发生什么变化,路基、路轨、机车和车厢还是会继续被利用来输送旅客和货物。原始的大君面临着残酷无情的竞争所带来的后果,他通过残忍的垄断化去寻找出路。可是,这个运动的牺牲者是数目众多的,而且也不是没有力量的。通过同心怀不满的农民和工人结成暂时的联盟,他们获得了反托拉斯法的通过,这些法律虽然远远未能达到其所宣称的保持(或恢复)自由竞争的目的,却在完全垄断化的道路上设置了真正的路障。由于这个理由,以及其他的技术上和经济上的理由,很少有这种情况,一个公司甚至一个财团对一个整体市场建立起有效的控制。

正是在这种情况下,大商人开始学习相互尊重行为的品德。这种学习过程由于高度个人主义化的大君从现场消失,公司人逐渐取代他的位置成为公司商业的典型代表而加速了。今天,真正的垄断组织比在20世纪初所有的也许要少一些,但是残酷无情的竞争更是要少得多。而这就把我们直接带到了公司巨人的相互影响的问题。

三、剩余增长的趋势

垄断资本主义是由巨型公司所组成的一种制度。这并不是说,在这个制度中没有其他的成分;也不是说,在研究垄断资本主义时,把一切的东西都抽去,只留下巨型公司,是有益的。比较现实和比较富于启发作用的做法是,从一开始,就把或多或少是广泛存在的较小的商业部分连同公司垄断部分一起包括进去,其理由是,较小的商业通过许多途径,进入大商业的计算和策略中。把较小的商业抽去,无异是在研究领域中把大商业行为的某些决定因素除外。

可是,我们必须小心,不要陷入这种错误:假定大商业和较小的商业两者在质上是均等的,或者说它们对于这个制度的运用方法具有同等的重要性。起决定作用的因素,也就是主导的力量,是组织在巨型公司中的大商业。这些公司是最大限度利润的追求者和资本的积累者。它们是由公司人经营管理的,后者的命运同公司的成败是结合在一起的。他们——在这里,这个代词既指公司,又指公司人——向前看着,小心地计算着。正是由于他们的创始,这个经济才被推动起来;正是由于他们的力量,这个经济才运转不息;正是由于他们的政策,这个经济才陷入困境和遭受危机。较小的商业处于被动的一方,只能对大商业所施展的压力做出反应,在某种程度上决定这种压力的进展并为之开辟道路,但没有实在的力量去对抗它,更没有力量去发挥自己独立的主动性。从垄断资本主义理论的观点来看,较小的商业,严格来说,应当看作是大商业从中活动的环境的一部分,而不是舞台上的一个演员。

2

在公司的内部,关系是直接的、有等级的、官僚主义的。在这里,真正的计划性占着统治地位,命令是从上而下的,责任是自下而上的。可是,从整个制度来说,这种关系并不存在。甚至最大的公司,所生产的也只不过是社会总产品的极小一部分。以通用汽车公司为例,按销售量说,它是全国最大的工业公司。1957年该公司的工资、一般管理费用和利润总计(这同该公司对国民生产总值的贡献大体一致)只不过稍稍超过40亿美元,约占该年度国民生产总值的百分之一。几个巨型公司常常协同行动,这诚然是实在的,但它们这样做是为了达到它们各自的目的,而不是为了影响(更不要说控制)整个制度的运转。

总的说来,垄断资本主义同它的前身竞争资本主义一样,是无计划的。大公司彼此之间的关系,它们同消费者、劳工和较小的商业的关系,主要是通过市场。这个制度的运转方式,仍然是组成它的无数单位关心自己利益的行动所始料不及的结果。由于市场关系实质上就是价格关系,所以对垄断资本主义的研究,也像对竞争资本主义的研究一样,必须从价格机构的运用开始。

两者之间的主要区别是众所周知的,可以总结在下述命题中:

三、剩余增长的趋势

在竞争资本主义之下,个人企业家是"价格的接受者",而在垄断资本主义下,大公司是"价格的决定者"。[①] 但结合整个制度的运用来对这种区别的含义所进行的研究,其贫乏是令人吃惊的。关于各个商品或各个特定工业部门的产品的价格形成,有着理论方面的和实际方面的大量文献,但是关于垄断价格制度的运用和后果的文献,则非常之少。

在对这个制度的各个部分的分析与对它的整体的分析之间——即在今天通常所称的微观经济学与宏观经济学之间——如此缺乏联系,并不是各种较老的竞争经济理论的特色。不论他们是从商号和工业部门的角度来研究这种事情,像马歇尔那样;或是从把这种制度看作一个整体的观点开始,像瓦尔拉那样;他们都试图表明:竞争的价格制度怎样趋向于产生一种平衡状态,在其中,资源得到分配,产品从而生产出来,收入按照清楚说明的原则实行分配。其次,当这种竞争模型由于引进资本积累(储蓄和投资)而"具有动力"时,这个理论被扩充到可以表明,如果做出合适的假设,价格机构(包括利息率)怎样会调节资本供应的数量,以适应人口增长和技术进步的要求,同时又能保持现有生产资源的充分利用。

显然,这样一种关于和谐地发展着的制度的模型,并不是资本主义现实的忠实反映。因此,又增加了一种关于商业循环的补充理论,它从宏观经济的水平出发,并且主要地停留在这个水平上。

---

① 这种恰当的名称,是由蒂博尔·西托夫斯基(Tibor Scitovsky)采用的,见《福利与竞争:充分就业经济的经济学》(*Welfare and Competition: The Economics of a Fully Employed Economy*),芝加哥,1951年,第18、20页。

商业循环及其有关的各种现象,被看成是对一种正常发展进程的干扰,这种干扰,是由于在构造和谐运转的模型时曾予抽去的某些因素造成的。这些因素中最常被强调的是:货币与信用制度,商人心理的变动不居,技术变革的不平衡。通过强调不同的因素,或把这些因素按不同的方式结合起来,就产生了若干不同派别的商业循环理论。从我们现在的观点来看,重要的是:这些理论中,没有一种对价格制度运用的性质或方式曾经做出了新的假设或结论。

当20世纪30年代初期琼·罗宾逊和E.H.张伯伦对传统的价格理论进行首次大进攻时,情况就是如此。他们并没有否认,这种理论按照它自己所做的假设来看,是正确的;但是他们着重否认了这些假设具有一般的恰切性,他们坚持:大多数工业部门既不具有传统意义的竞争性,也还不具有完全的垄断性(这种情况,在过去被看作是一般规律的有趣例外,但并无普遍意义)。罗宾逊和张伯伦分别提出的"不完全竞争"和"垄断竞争"理论,后来由许多其他作家做了发挥和补充,现在可以说,涉及各个商品和各个工业部门的数量众多的价格模式已经被或多或少充分地研究过了。

可是,所有这些工作都停留在微观经济的水平上,对于分析整个制度的运用所产生的影响是微乎其微的。过去30年中,这个领域的最大进展自然是同凯恩斯的名字联系在一起的,他的杰作《就业、利息和货币通论》刊行于1936年。虽然这已经是在罗宾逊和张伯伦向传统价格理论开火几年之后,凯恩斯却没有表现出曾经受到这些新理论的影响的痕迹。他的著作以及他的信徒们的著作(包括罗宾逊夫人自己的著作,这是很矛盾的),依然停留在正统的商业循环理论的传统中,假设存在着竞争的价格制度,并试图在宏

三、剩余增长的趋势

观经济的水平上探索某些新的、在许多方面更现实和更恰切的假设所产生的结果。

微观理论和宏观理论之间这种日益明显的分离,其理由应从资产阶级经济学的辩护性中去寻找。我们将要看到,把两种分析水平彻底重新结合起来——用垄断价格制度代替传统的竞争制度,并分析它对于整个经济的含义——其效果简直可以说是将要摧毁这样一种主张,即把资本主义看成是能促进其成员的福利和幸福的一种合理的社会秩序。由于资产阶级经济学的主要任务长期以来就是支持这种主张,经济学家们自然不热心于遵循一条以表明这种主张的虚伪性而告终的路线。

自然有些例外,但在这种场合,他们的著作照例很少得到应有的注意。把微观理论和宏观理论重新结合起来的先导者是迈克尔·卡勒基,他不仅"独立地发现了〔凯恩斯的〕《通论》",[1]而且还是第一个把他所称的"垄断程度"包括在他的综合的经济模型之中。[2] 在同一方向继续走出一大步的(这在很大程度上是受了卡勒基的影响),是约瑟夫·斯坦德尔的《美国资本主义的成熟与停滞》(1952年)。任何熟悉卡勒基和斯坦德尔著作的人都很容易看出,本书作者得益于他们是非常之大的。如果我们没有更频繁地引用他们的话,或没有更直接地利用他们的理论表达,其原因是,

---

[1] 琼·罗宾逊(Joan Robinson):《经济哲学》(*Economic Philosophy*),伦敦,1962年,第93页。

[2] 卡勒基(Kalecki)的独辟蹊径的著作《有关经济波动理论的论文》(*Essays in the Theory of Economic Fluctuations*)与《经济动态学研究》(*Studies in Economic Dynamics*)分别刊行于1939年和1943年;他的《经济动态学理论》(*Theory of Economic Dynamics*)(伦敦,1954年),是把早期两部著作结合起来的修正第2版。

为了我们的目的,我们已经找到了一种更方便和更合用的不同的处理方式和表达形式。

3

当我们说巨型公司是价格的决定者时,我们的意思是,它们能够选定而且事实上在选定对它们的产品应该索取的价格。它们做出这种选择的自由当然是有限度的:在某种价格以上,或在某种价格以下,最好是完全停止生产。但是一般说来,选择的范围是广阔的。是什么东西决定着在这个范围之内来索取某种价格呢?

最简单的回答是由传统的垄断理论提出的。给垄断者下的定义是:一种没有代替物的商品的唯一出售人。当他从高往低调整他的价格时,人们将要购买更多的他的产品,但这并不损害一个竞争的出售人的同类产品。既然没有其他出售人直接受到垄断者价格变动的影响,就不会有人受到任何刺激去做出反应或进行报复。在这种情况下,垄断者的问题的解决是简单的,他将把他的价格降低到这样一点:出售一个额外单位产品带来的收益增加(考虑到所有以前的单位产品的价格也将下降),与生产一个额外单位产品的成本增加恰好相等。在达到这一点之前,生产和出售一个额外单位产品会比成本的增加带来更多的收益;在超过这一点之后,情况完全相反。因此,这一点规定着使垄断者的利润达到最大限度的价格和产量。

可是,一般巨型公司并不是一个这种意义的垄断者。相反,它

三、剩余增长的趋势

是生产或多或少可以彼此适当代替的诸种商品的几个公司之一。当其中一个公司调整它的价格时,其影响将被其他的公司立即感受到。如果甲商号降低它的价格,可能会激起某种新的需求,但主要的效果是把顾客从乙商号、丙商号和丁商号吸引过来。这些商号不愿意让甲商号把生意抢去,必将用降低自己的价格来进行报复,甚至还要用削价来同甲商号抢生意。甲商号原先的举动是期望增加自己的利润,而其最后结果可能是使所有的商号处于更糟糕的境地。

在这种情况下,单独一个公司不可能知道什么价格将使它的利润达到最大限度,即使它对于对整个工业的产品的需求以及它自己的成本拥有最完全的情报。它所能售出的,不仅依存于它自己的价格,而且还依存于它的竞争者们所索取的价格,而后者它是无法预先知道的。因此,一个商号对于获取最大限度利润的价格可能要做出越来越仔细的估计,但在缺乏关于竞争者如何反应的知识的情况下,这种估计只有偶然才能命中。一次关于竞争者反应的错误猜测可能使整个算计全部推翻,必须做出重新调整,这又会激起竞争者采取进一步的行动,如此等等,整个过程完全可能落到相互毁灭的价格战。

这样一种不稳定的市场情况在垄断资本主义的早先各阶段是非常普通的,而且现在仍然不时产生,但对今天的垄断资本主义来说,已经没有代表性了。它显然是大公司所强烈谴责的,大公司十分爱好向前看,小心地计划着,只在确有把握的事情上打赌。因此,避免发生这种情况变成了公司政策的首要任务,对于有秩序的有利可图的商业经营是一种绝对必要条件。

这个目的是用一个简单的办法来达到的:禁止把削价作为经济战的合法武器。① 这自然并不是一下子发生的,也不是自觉地做出的决定。像其他强大有力的戒律一样,反对削价的戒律是从长期的并且常常是痛苦的经验中逐渐成长的,而它之所以具有力量,是因为它符合社会中各种强大势力的利益。只要它被接受并被遵守,危险的不确定性就从最大限度利润的合理化追求中消除了。

在价格竞争被禁止以后,某一种商品或其最接近的诸种代替品的出售人,就会注意使价格或各种价格的确定,务必能使整个集团的利润达到最大限度。他们可能会为这些利润的瓜分而斗

---

① 较小的商人有时无意中泄露了他们的更具公共关系自觉性的大哥哥们所谨慎地保持着的秘密。下面一段是从联邦贸易委员会审理锁链协会(锁链制造商联合会)案件的记录中摘来的,它为商人对待削价几乎是普遍采取的态度提供了确实可靠的说明。证人在对锁链协会的普通会议程序加以说明之后,就继续说道:"但是,在我们处理了一大堆这样的东西以后,……于是我们就开始聊天。可能有某人对你说:'你这个坏蛋狗娘养的,你对比尔·琼斯干了些什么?'于是某人骂某人是撒谎鬼,等等,然后他可能会说:'我有证据可以证明你在撒谎,你是个撒谎鬼',于是你就会同这个家伙打起来,你知道,首先是一些旁的人会围拢来,倾听这种谈话,然后会有六个人在那儿,他们会责骂你——我不是说责骂我,而是责骂那些削价的人,你知道。……我可以向你保证,当骂起来时,我有一部不可思议的词汇,而这是协会的每一个成员都试验过的,当我骂一个家伙是一个卑鄙的、下流的坏蛋削价者时,他知道他已经被宣布是一个削价者。我要坦白说,如果你想把我钉死在十字架,我要加上这几句:我要告诉他,如果他不停止这种该死的削价勾当,我会让他看看怎样来削价,我曾经多次削价,当我削价时,如果削的是你的价,你会知道我的厉害,老兄,你知道你的价被削减了。我可以继续不断地说下去——但是我想要说,当任何两个商人碰到了一起,不论那是一次锁链协会的会议,或是一次圣经讲习会,如果他们恰巧属于同一个工业部门时,一当祈祷文读过以后,他们就开始谈论这个工业的状况,它(这个谈话)肯定会落到这个工业的价格结构上。还有什么别的东西可以谈的呢?"[联邦贸易委员会:《有关锁链协会以及其他》(*In the Matter of Chain Institute, Inc., et al*),审议记录第4878号,第1096—1098页。]

争——这个题目我们马上就要谈到——但是没有人愿意看到为之斗争的利润总额更小一些而不是更大一些。这就是确定一般大公司的价格政策和策略的决定性因素。而这就意味着,对于这样的公司所统治的经济来说,合适的一般价格理论是古典经济学和新古典经济学的传统的垄断价格理论。经济学家直到现在还当作特殊情况看待的东西,在垄断资本主义条件下已经变成了普通的情况。这种观点在今天的经济学家中或许会得到相当广泛的赞许,虽然至今还很少有人做出努力去把它的含义充分发挥。①

如果追求集团的最大限度利润构成垄断资本主义制度下价格形成过程的内容,那么,它的形式可能随特殊的历史条件和法律条件而有广泛的差异。在某些国家,出售人被准许甚至被鼓励去联合起来,协调他们的政策。结果可能出现一系列不同的安排,从规定价格和产量的严密的卡特尔(同纯粹垄断的情况非常接近),到遵守某种价格一览表的非正式协定(本世纪初期美国钢铁工业中著名的"加里聚餐会"可以作为例证)。在美国,由于历史的原因,尽管有垄断化的事实,竞争的思想意识依然很强烈,所以反托拉斯法律有效地制止了出售人之间这种公开的串通。秘密的串通无疑是很普通的,但是这样做有它的缺点和危险,很难把它说成是一个典型的寡头垄断工业所倾向的准则。② 似乎很清楚,这种准则是

---

① 参阅,例如,杜森贝里(Duesenberry)的话:"……在寡头垄断的条件下,价格对成本的一般关系同在垄断条件下存在的关系没有什么很大的不同。"(詹姆斯·S.杜森贝里:《商业循环与经济成长》,纽约,1958年,第113页。)

② 关于最近一个广泛宣传的串通案件的描写,参阅《惊人的电气阴谋》(The Incredible Electrical Conspiracy),《财富》(*Fortune*)杂志,1961年,4月、5月。

一种心照不宣的串通,这在所谓"价格领导"中达到了它的最发达的形式。

根据伯恩斯的定义,"当一个工业部门中大多数的单位在决定售价时都采用它们中间一个单位所宣布的价格时,这就存在着价格领导"①。领导者通常是这个工业部门中最大的和最有力量的商号——例如美国钢铁公司或通用汽车公司②——其他单位接受它的支配作用,不仅是因为这样做对于它们自己有利,而且还因为它们知道,万一发生价格战,领导者会比它们更能忍受因此造成的困难境况。

从这种严格意义讲的价格领导,只是更大的一类中主要的一种。例如,在纸烟工业,各个大公司轮流发动价格变动;在石油工业,不同的公司在不同的区域市场并且在一定的限度内在不同的时间带头行动。只要维持着某种相当规则的模式,这些例案就可以称为价格领导的变形。但还有许多其他场合看不出有这种规律性:由哪个商号带头做出价格变动,似乎是任意行事的。这并不是说,心照不宣的串通的基本要素并不存在。带头行动的商号可能只是向这个工业的其他商号宣布:"我们认为,为了我们大家的利益而提高(或降低)价格的时候到了。"如果其他商号同意,它们就会跟着做。如果它们不同意,它们就坚持不变,于是做出建议的公

---

① 亚瑟·R.伯恩斯(Arthur R. Burns):《竞争的衰落:美国工业发展研究》(*The Decline of Competition: A Study of the Evolution of American Industry*),纽约,1936年,第76页。

② 参阅第85届国会第一次会议,参议院司法委员会,凯弗维尔反托拉斯小组委员会的两个出色的报告:《管理价格:钢铁》(*Administered Prices: Steel*)(1958年3月);《管理价格:汽车》(*Administered Prices: Automobiles*)(1958年10月)。

三、剩余增长的趋势

司就会撤销它所提出的价格变动。① 正是这种在提议改变价格得不到附和时就予以撤销的意愿,使心照不宣的串通局面同价格战的局面有所区别。只要所有的商号都接受这种惯例——这实际上只不过是禁止价格竞争的一种必然结果——这一整个集团为确定能取得这个工业部门的最大限度利润的价格而探索道路就变得相当容易了。所要求的只不过是:改变的倡议者在行动时不但要想到它自己的利益,而且要想到这个集团的利益;其他的商号要随时准备用跟随或坚持不变去表示它们的同意或不同意。如果这些条件能够满足,我们可以有把握地假定,在任何时候所确定的价格都是理论上的垄断价格的合理近似值。

把这种情况同严格的价格领导区别开来的是:在后者,所有的商号实际上是预先同意接受它们中间一个商号的决定,而在前者则是它们全都在每一次遇到提出变动问题时才做出决定。从政治学上借用一个类比,我们可以说,在一种场合我们看到的是"独裁",在另一种场合是"民主"。但两者的目的都是一样——追求整个集团的最大限度利润。"独裁"自然倾向于在一个商号比其他商号要大得多和强得多的那些工业部门——如钢铁和汽车——出现,而"民主"则很可能是在那些起支配作用的商号在规模和力量

---

① 我们不知道有对这类价格行为的研究,但阅读商业报纸若干年来,我们深信它一直在扩大,现在已经十分普遍,像下面这样的新闻是常常遇到的:"凯泽铝和化学品公司昨天撤销了它在星期四宣布的就铝锭每磅增价1美分的决定。这个行动是在美国铝公司前此声明它不打算在此时提高它的铝锭价格之后采取的。……铝价原先已于10月2日由这种金属的第二号最大的生产者雷诺兹金属公司提高每磅半美分。这次铝价从每磅22.5美分增至每磅23美分,已由整个工业迅速采用,包括外国供应商在内。"(《纽约时报》,西方版,1963年12月7日。)

上更接近于平等的工业部门出现。

　　对于上面的分析似乎需要做一种限制。在"纯粹的"垄断场合,价格适应改变着的状况而向上移动或向下移动是同样容易的,完全随增价或减价是否能改善利润状况为转移。在寡头垄断下,情况已不完全是这样。如果一个出售人提高他的价格,这不可能解释为进攻的举动。对他能够发生的最坏的事情,也只是其他的人坚持不动,因此他不得不撤销自己的提议(或者接受市场的较小份额)。反之,在削价的场合,总是具有进攻是有意做出的这种可能性,削价者企图通过违反关于价格竞争的戒律,来扩大自己的市场份额。如果竞争者确实是这样来解释最初的举动,就可能造成所有的人同遭损失的价格战。因此,每一个有关的人对于降低价格比对于提高价格可能更为小心谨慎。换言之,在寡头垄断下,价格在下降方面比在上升方面倾向于更不易动;这个事实使得垄断资本主义经济中一般价格水平具有明显的上升偏向。《商业周刊》的名言是合乎真理的:今天美国的价格制度是一种"只向一个方向运动——上升"的制度。①

　　还有一个限制:虽然价格竞争在寡头垄断的情况下通常是被禁止的,这并不是说,它已经被完全排除了,或者它从来不起重大作用。相信能从进攻性的价格战术中永远获得好处的任何一个公司或一群公司,是会毫不迟疑地使用这种战术的。这样一种情势,在一个新工业部门中特别可能发生,在那里所有的商号都在运用一切手段去加强自己的地位,市场份额的合理稳定布局尚未形成

---

① 《商业周刊》,1957年6月15日。

三、剩余增长的趋势

（所有的工业部门自然都必须经历这个阶段）。在这种情况下，成本较低的生产者可能牺牲可以立即获得的利润去达到增加他们市场份额的目的。成本较高的生产者经不住这种考验，可能被迫按不利条件而同意合并，或者被完全挤出市场。按照这种方式，这个工业部门经历一种调整过程，最后，若干商号使自己处于极为牢固的地位，并表明它们有能力从激烈的斗争中得到生存。达到这个阶段以后，留下的商号会发现，进攻性的价格战术不再给人以用长期利益去抵销短期利益的希望。因此，它们追随较老的工业部门的榜样，放弃用价格作为竞争武器，并发展一种心照不宣的串通制度，这是与它们的新情况相适合的。

由于在任何一定的时候都可能有若干工业部门处于发展中的调整阶段，所以总是可以指出在经济中存在着这样的一些领域，它们远远不是竞争的（从这个词的传统的原始的意义来说），然而在其中价格竞争是很普遍的。但这些实例并不能证明下面的命题不能成立：寡头垄断价格能够通过传统的垄断价格理论得到最好的解释。这些实例只不过提醒我们：稳定的寡头垄断是需要时间才能出现的，组成它的公司要形成一种合适的追求最大限度利润的行为模式也需要有一定时间。

调整时期的结束自然并不意味着争取较大市场份额斗争的结束；它只意味着在那种斗争中用价格竞争作为武器的结束。斗争本身仍在继续进行，不过使用的是其他的武器。这就说明了为什么，虽然传统的垄断价格理论只要加些小小的限制就能适用于巨型公司的经济，然而这种经济的运转并不表明它好像是由纯粹的垄断组织构成的。

4

有一些工业,其中有非常重要的工业,不适用上述理论上的考虑。这些工业包括"天然的"垄断组织:电力,电话以及其他公用事业(铁路过去通常属于这一类,但它们现在受到运货汽车和飞机的严重竞争)。它们还包括采掘工业如原油生产以及农业。从一种意义上说,这两类工业处于两个对立的极端:公用事业是严密的垄断组织,它们的产品是必不可缺的,所以它们易于收取这样一种价格——它会提供比普通的巨型工业公司所享有的更高得多的利润;而采掘工业则具有异常之大的竞争性,并且是无利可图的。换言之,如果听其自然,这些工业用大商业的准则来衡量,一种是获利过多的,一种是无利可图的。

现在在垄断资本主义下,这一点就像在马克思的时代一样真实:"现代的国家政权不过是管理整个资产阶级的共同事务的委员会罢了。"[①]而整个资产阶级的共同事务中,就包括这样一种关怀:在经济中起重大作用并涉及巨大财产利益的那些工业部门,既不应获利太多,也不应获利太少。额外的大量利润的获得,不仅会牺牲消费者的利益,而且也会牺牲其他资本家的利益(例如,电力和电话服务是一切工业部门的基本成本)。此外,这种利润还可能刺激、而且在政治不稳定的时候也确实刺激起了采取真正有效的反

---

① 《共产党宣言》,《马克思恩格斯选集》第 1 卷,人民出版社 1972 年版,第 253 页。

垄断行动的要求。反之，像农业这样一个主要经济部门的利润过低，会损害一个大的和在政治上强有力的财产所有主集团的利益，这些人能够通过施加压力以及和其他资本家讨价还价，去谋求必要的支持，来采取补救行动。因此，在垄断资本主义下，国家有责任尽可能保证，在有特殊情况的实业部门中，使价格和利润边际纳入巨型公司一般情况下所通行的范围以内。

这就是产生成为今天美国经济特色的无数调节计划和机构——公用事业的委员会调节、石油生产的比例分配、农业中的价格支持和播种面积控制等——的背景和理由。在每一种场合，自然都是假定为某种有价值的目的服务——保护消费者，保持自然资源，拯救以家庭为单位的农场——但是只有天真的人才会相信，这些听起来冠冕堂皇的目的不像春天盛开的鲜花那样对于这些场合毫不相干。事实上有着大量的文献，大部分以官方文件和统计为根据，证明调节委员会是保护投资者而不是保护消费者，石油生产比例分配是浪费自然资源而不是保持自然资源，家庭单位农场比美国历史上任何一个以往的时刻正在迅速地衰落。[①] 对于所有这一切，一旦掌握了下述基本原则，就是完全可以理解的：在垄断资本主义下，国家的职能就是为垄断资本的利益服务。自由竞争的两个卫护士说得极为真实："随着垄断向更大的经济势力和更普遍的社会认可每前进一步，联邦政府就变得更加顺从它，更加依赖

[①] 大量的有关材料在下面一书中被合适地收集到一起并得到总结：沃尔特·亚当斯（Walter Adams）和霍勒斯·M.格雷（Horace M. Gray），《美国的垄断：作为扶植者的政府》（*Monopoly in America: The Government as Promoter*），纽约，1955年。（译者按：本书有中译本即《美国政府是垄断势力的扶植者》，生活·读书·新知三联书店，1958年。）

它,更加趋向于用给予特权、保护和补助去优待它。"①

因此,政府干预经济的市场机构的后果,不管这种干预的表面上的目的如何,就是使这个制度的运用更多地而不是更少地像一个完全是由巨型公司组成的制度,这些公司按照本章和上章分析过的方式行动,并互相影响。

5

加强垄断和调节它的运用,自然并不是在垄断资本主义下政府的唯一职能。在后面,特别是在第六章和第七章,我们将比较详细地分析:国家怎样通过它的税收和支出活动,以及通过它对世界其余部分的政策,在这个制度的运用方式中起着决定性作用。因此产生了一个问题:如果一开始就采用这样一个名词,提起对国家在这种制度中所起的作用的注意并加以强调,岂不是更好吗?有着这样做的充分先例。在《国家与革命》(1917年)中,列宁谈到了"垄断资本主义发展到国家垄断资本主义的时代",现今在共产主义世界,公认的观点是:先进的资本主义国家早已经历了这个过渡阶段,进入了国家垄断资本主义阶段。

我们决定不遵循这个先例,宁愿使用"垄断资本"和"垄断资本主义"二词,不加限制,这样做有两个理由:国家在资本主义的发展中一向起着重大作用;虽然这种作用在量上肯定是增加了,我们觉

---

① 沃尔特·亚当斯和霍勒斯·M.格雷:《美国的垄断:作为扶植者的政府》,第1页。

得证明近几十年来它在质上有所改变的证据是不能令人信服的。在这种情况下,如果特别强调国家在现阶段垄断资本主义中的作用,徒然使人误会,以为国家在资本主义历史初期中的重要性是微不足道的。更重要的是,像"国家资本主义"和"国家垄断资本主义"这样的名称,几乎不可避免地带着这种涵义:国家大概是一种同私人商业并行的独立的社会力量;这个制度的运用不仅是由这两种力量的合作所决定的,而且是由它们的矛盾和冲突所决定的。这从我们看来,似乎是一种引起严重误解的观点——实际上,看来似乎是商业与政府之间的冲突只不过是统治阶级内部冲突的反映——我们认为最好是避免使用会使这种观点流行起来的名称。

6

放弃价格竞争并不意味着一切竞争的终结:竞争采取新的形式并以日益增长的强度激烈地进行着。在这种新的竞争形式中,大多数可以归入我们所称的销售努力的一类,下章专门讨论这个问题。在这里,我们只限于注意与生产成本直接有关因而与剩余的大小直接有关的那些竞争形式。

如果像我们所主张的寡头垄断成功地获得了与理论上的垄断价格非常接近的近似值这一点是真实的,如果它们的永不止息的降低成本的努力——像詹姆斯·厄尔利所那么强调的[①]——一般地获得了成功,那么,不可避免地要得出这个结论:剩余必定具有

---

① 本书前面,第30—34页。

强大的和持久不断的增长趋势。但在这个结论能被接受以前,我们必须要问:寡头垄断制度是否产生迫使公司经理们降低成本和提高效率的压力?我们知道在竞争的资本主义制度下是具有这种压力的,正如马克思所说:"竞争使资本主义生产方式的内在规律作为外在的强制规律支配着每一个资本家。"①这对于巨型公司之间所存在的那种竞争来说,也是真实的吗?抑或我们必须像亚当·斯密谈股份公司(他把它和垄断等同起来)那样来谈巨型公司:"垄断是良好经理的大敌,如果不是在自由的、普遍的竞争迫使每一个人为了自卫而求助于它时,决不能普遍确立。"②

这些问题对于理解垄断资本主义都是极端重要的,我们必须小心谨慎地回答,对于公司组织本身所发表的文献,不能信以为真。我们知道,巨型公司的经理们以及他们的代言人对于突出技术进步和组织效率的形象具有充分的兴趣。我们也知道,这种形象只不过是据理推出的空想。需要予以确定的,不是公司经理部门想要使我们相信的东西,而是这个制度本身的运用所强加于他们的行为方式。

由我们看来,价格以外的竞争似乎有两个方面在这里具有决定性的重要意义。第一个方面是关于可以称为市场分享的动态学的。第二个方面是关于在生产生产资料的部门中销售努力所采取的特殊形式的。

---

① 《资本论》第1卷,第22章第3节(《马克思恩格斯全集》第23卷,人民出版社1972年版,第649—650页)。

② 《国富论》第1编,第11章第1部分。(请参阅中译本,商务印书馆,1972年版,第140页。——译者)

三、剩余增长的趋势

首先,在争取市场份额的斗争中,成本较低和利润较高的商号比成本较高的竞争对手享有各种有利条件。(这个事实似乎基本上被经济学家忽视了,[①]但商人是看得十分清楚的。)成本最低的商号高举着拿鞭子的手;它有能力实行进攻,甚至以价格战相威胁,而在极端场合,竟至突然发动价格战。它可以安然无事地采用一种战略(特别折扣,有利的信用条件,等等),这种战略如果虚弱的商号也采用时,就会惹起报复。它有能力对新的产品品种和额外的服务等刊登广告,进行研究和试产,这些都是为市场份额而斗争的通常手段,它们总是会按所花费的款项的比例来提供成果的。还有一些其他不太看得见的因素,它们很容易逃脱经济学家的视网,但在商业界却起着重大的作用。成本低、利润高的公司享有特殊的声誉,这使得它能招徕并保持住顾客,把有出息的行政人员从竞争的商号拉过来,招收工程学校和商业学校最能干的毕业生。由于这一切理由,在一个寡头垄断工业部门中的大公司具有强大的积极的推动力,不仅要追求继续不断地降低自己的成本,而且要追求比它的竞争对手更快地降低成本。

在这里,亚当·斯密所认为十分重要的自卫因素起着作用。任何一个在降低成本的竞赛中落在后面的公司不久就陷入困境。它的回击进攻的力量被暗中破坏了,它采取机动行动的自由被剥夺了,它运用进行竞争的正规武器的能力被削弱了。它起着越来越被动的作用,发现自己的处境日益恶化,最后面临着某种不愉

[①] 杜森贝里是例外;参阅他的《商业循环与经济成长》,特别是第124—125页。

快的然而又是不可避免的抉择：它可以同一个更强的商号实行合并，①自然是按照不利的条件；它可以试图改组和恢复原有地位，通常在新的经理部门领导之下进行，并加入新的资本；它还可以关门大吉，把地盘让给它的更成功的竞争对手。这种事情在商业界经常发生，每一个经理都知道无数的实例，他生活在经常的恐惧之中，生怕他的公司在成本竞赛中落在后头，因而使他遭受同样的命运。因此，在寡头垄断制度中，也同在竞争资本主义制度中完全一样，失败的大棒与成功的胡萝卜是相辅而行的。

还有一个理由（我们认为是重要的，但却被人忽视了），可以说明为什么产生成本下降的趋势是整个垄断资本主义经济的流行病，甚至包括这样一些领域在内：它们如果听其自然，在技术上将是停滞的。这是从生产生产资料的工业部门的非价格竞争的迫切需要产生的。在这里，也像在生产消费品的工业部门一样，出售人必须永远追求把某种新产品投入市场。②但是他们与之打交道的，不是这样的买主：这些买主的主要兴趣，是时新式样，或者邻居和朋友们有的东西他们也要有。他们与之打交道的，是关心增加利润的精明买主。因此，向未来买主提供的新产品的设计，必须有助于增加他们的利润，这一般意味着有助于降低他们的成本。如

---

① 这个更强的公司可能是在同一工业部门，也可能是一个完全不同行业中的成功的公司，它有资本可以投出，因而正在注意寻找机会在别的工业部门进行购入，在那里，一个经营完善的子公司预期能为它开辟一条有利可图的蹊径。由于经营不善以致倒闭的公司，它们的证券价值即使同它们资产的清理价值相比，也常常是大大被低估的，这些正是这种扩充计划的理想工具。近年来许多横跨一打以上工业部门的混合性大公司帝国，正是按照这种方式建立起来的。

② 我们在下章讨论这一点在消费品领域中的含义。

果制造商能说服其顾主,使之相信自己的新工具、新材料或新机器将为他们省钱,这些东西差不多就会自动地销售一空。

关于生产资料制造商的技术革新活动所导致的降低成本的效果,最明显的例子也许可从农业中找到。正如加尔布雷斯指出的,"如果不是由于政府津贴所进行的研究,辅之以设计并向农民出售产品的公司所进行的研究,在农业中就会很少有技术发展,也不会有很大的进步"①。毫无疑问,正如这段话所包含的,政府研究是造成过去 20 年中农业成本惊人降低的主要因素;但农业机器、肥料、农药等的渴望推销的制造商在研究过程中也起了重要的作用。同样,机床、电子计算机和计算系统、商业机器、自动控制设备、装货和传递机器、新的塑料制品和合金以及许许多多其他各种生产资料的生产者,都在忙着研制能使他们的顾主——简直是包括整个商业界——生产成本更低因而获利更大的产品。一句话,生产资料的生产者由于帮助别人获得更多的利润而使自己获得更多的利润。这种过程具有自行加强和累积的作用,大有助于说明形成发达的垄断资本主义经济特色的技术和劳动生产率的异常迅速的发展和提高。

因此,我们可以得出结论:垄断资本主义经济强加在它的成员身上的成本纪律,同它的前身竞争资本主义经济是同样严厉的;此外,它还产生了新的和强大的从事技术革新的推动力。所以,对于垄断资本主义下生产成本下降的趋势不可能有任何怀疑。

---

① J.K.加尔布雷斯(J. K. Galbraith):《美国资本主义》(*American Capitalism*),波士顿,1952 年,第 95—96 页。

表面看来,这个论据似乎把垄断资本主义看成是一种合理的和进步的制度。如果能够用什么办法把它的成本降低倾向从垄断价格形成中分解出来,并且能够想出一种办法利用生产能力日益提高的成果为整个社会谋利益,这种论证的确会是一种强有力的论证。但这自然恰恰是不能办到的。降低成本的整个动力是增加利润,而垄断资本主义的市场结构使得公司能够直接以更大利润的形式把生产能力增长的成果的最大份额攫为己有。这就是说,在垄断资本主义下,成本的日益降低意味着利润边际的不断扩大。① 而利润边际的不断扩大又意味着利润总额不仅在绝对数上而且在所占国民产值的份额上都在增长。如果我们暂时使利润总额同社会的经济剩余相等,我们就可以把剩余随着这个制度的发展而在绝对数上和相对数上增长的倾向表述为垄断资本主义的一个规律。②

这个规律马上引起了同古典马克思主义的利润率下降趋势规律的比较,这是应当的。我们不必分析后者的各种不同说法,就能

---

① 据报道的有关全国最大的公司——美国电话电报公司的真实情况,对于统治这个经济的巨型公司是真正有代表性的:"关于美国电话电报公司的效率和急剧发展的显著证明是:它现在的问题是降低费率而不是提高费率。一般说来,该公司不再要求收取较高的费率;它只是想要委员会(联邦交通委员会)让事态自然发展,听任利润率上升。换言之,'话铃系统'现在是规模如此之大,效率如此之高,以致它的投资利润几乎会自动增长,除非通过削减费率使之降低。"(《商业周刊》,1965年1月9日,第70页。)对于大多数的巨型公司来说,并没有什么委员会要劳他们烦心的。

② 事实是,统计记录上所载的利润,远远没有包括整个经济剩余。利息和租金也是剩余的形式;我们将要看到,在垄断资本主义下,还有其他的剩余形式具有决定性的重要意义。可是,直到此刻,我们使用的"利润"一词单指售货收入和生产成本之间的差额,而按这种意义说的利润总额,就是经济剩余这一充分发展的概念的初步合理近似值。

三、剩余增长的趋势

够说:它们全都预先假定有一个竞争制度存在。因此,用剩余增长的规律去代替利润下降的规律,我们并不是否定或修正政治经济学上的一条历史悠久的原理:我们只不过是估计到这个毋庸置疑的事实,即从这个原理制定以来,资本主义经济已经经历了一个根本的变化。关于从竞争资本主义向垄断资本主义的结构改变的最本质的东西,在这个代替中获得了它的理论表现。

但在我们探讨剩余增长规律的含义以前,必须考察——尽管是简单地——已经提出或可能提出的用来否定这样一种趋势存在的一些论据。

7

反对垄断资本主义下剩余增长趋势这个理论的论据之一,可以用熊彼特的有名的"终年不断的创造性毁灭狂风"这个观念作为根据,这个观念最初是在第一次世界大战以前提出的,但只是近年来才在垄断资本主义理论家中间受到广泛宠爱。这个论据认为,从长远的观点看来,价格竞争是比较不重要的;即使不存在价格竞争,垄断利润也只是一种暂时的现象。用熊彼特的话来说:

> 但是在资本主义现实中,同它在教科书的画图中不同,那种竞争(价格竞争)并没有什么重要性,重要的是来自新商品、新技术、新供给来源、新组织形式(例如最大规模的控制单位)的竞争,这种竞争在成本或质量方面具有决定性的有利条件,它不仅冲击现有商号的利润边际和产量边际,而且冲击这些

商号的基础和它们的存在本身。这种竞争比其他竞争更为厉害的程度,就像用炮轰和用强力敲开大门相比一般,它是这么更为重要,以致普通所说的竞争发生作用是更快一些还是稍慢一些变成了比较无关重要的事情;在长时期内扩大产量和降低成本的强大杠杆,无论如何是由其他的材料制成的。①

当这种理论在20世纪初期首次提出时,毫无疑问是有些理由可以为它辩护的。突然出现的巨型公司——即熊彼特所称的"最大规模的控制单位"——事实上是在摧毁它们的较小竞争者的基础,常常是在这个过程中来扩大生产和降低成本。但在今天高度发达的垄断资本主义下,这种现象的重要性已经不大了。一旦由"最大规模的控制单位"接管以后,"新商品、新技术、新供应来源、新组织形式"全都会被少数巨型公司所垄断,这些公司彼此之间用熊彼特自己所说的"相互尊重"②的态度来对付。这些相互尊重的公司,正如他所熟知的,并不习惯于威胁彼此的基础或生存——甚至也不威胁彼此的利润边际。它们所从事的那种非价格竞争,同垄断利润的永久存在及其随着时间而不断增长绝不是不相容的。

我们绝不是主张说,所有的或者几乎所有的技术革新都是来源于少数巨型公司。在上章已经指出,确有理由相信,许多巨型公司采取一种蓄意的政策,让较小的商号去试验新想法和新产品,然后对证明是成功的东西加以抄袭或将其接收过来;毕竟,这样做省

---

① J. A. 熊彼特:《资本主义、社会主义和民主》,第84—85页。
② 同上书,第90页脚注。

三、剩余增长的趋势

钱,也合乎只在确有把握的事情上打赌的原则。但即使这种政策不是蓄意采取的,即使人们同意 T.K. 奎因的意见,认为小公司生来就更能从事技术革新,巨型公司还是能够走进去,购买和吞并较小的创造者。的确,被购买和被吞并常常是小商业的最大野心。

所有这一切意味着,熊彼特的终年不断的创造性毁灭的狂风已经减弱成偶然才吹起的和风,它对大公司的威胁,并不比它们自己对彼此的相互尊重的行为更大。人们能够理解,为什么熊彼特在他自己的理论变得陈腐以后还坚持不放,但是这种理论在近年忽然流行起来却是另外一回事。如加尔布雷斯所说,"现今一代的美国人,如果它要生存下去,就必须从少数公司的这一家或那一家购买自己需用的钢、铜、黄铜、汽车、轮胎、肥皂、食油、早餐食品、咸猪肉、纸烟、威士忌酒、现金出纳机和棺材,正是这些公司现在供应着这类主要商品。稍加思索即可断定,几十年来供应这些产品的商号并没有多大变动"①。事情应当可以说是一清二楚的了,这应当可以说是把任何由技术革新产生的创造性毁灭理论驳得体无完肤了。

对于剩余增长理论的第二种反对意见,是由卡尔多这样陈述的:

> 马克思主义经济学家也许会主张说……不仅劳动生产率,还有生产的集中程度,都可以预期会随着资本主义的进步而不断增长。这就使得竞争的力量不断地削弱,其结果是,利润的份额不断上升,以致超过足以满足投资需要和资本家消

---

① 《美国资本主义》,第39页。

费的那一点。因此,根据这个理由……这个制度不再能产生足够的购买力,去使增长的机构发生作用。

对于上述主张的明白回答是,直到现在,无论如何这种情况并未发生。虽然在巨型商号手中的生产日益集中是依照很像马克思所预言的方式进行的,这却没有伴随着利润份额的相应增长。恰好相反,所有的统计材料表明,在各个主要的资本主义国家,例如美国,近几十年来利润在收入中所占份额呈现下降的趋势而不是上升的趋势,并且显然落在19世纪末叶的水平之下;尽管20世纪30年代的萧条异常严重和持久,"实现剩余价值"的问题在今天似乎不比在马克思的时代更为严重。①

在这篇文章中,卡尔多同意,伴随着资本主义的发展的是竞争力量的削弱和劳动生产率的提高,他并不否认,这些力量将逻辑地引导到利润份额的增长。换言之,他显然并不否定他所归于马克思主义经济学家的理论。但是,他随后在实际上断言,不管这个理论多么正确,它已被统计记录所驳斥。我们认为,这不是处理这件事情的令人满意的方式。必定有什么东西是错误的,要不是理论,就是统计记录。

卡尔多错误的地方,第一,是在把利润的记录同理论上的"利润份额"等同起来。后者实际上是我们所说的剩余,即全部产品和

---

① 尼古拉斯·卡尔多(Nicholas Kaldor):《一个经济增长的模型》(A Model of Economic Growth),《经济学杂志》(*The Economic Journal*),1957年12月,第621页。

生产全部产品的社会必要成本之间的差额。在某种假定下,这将等于利润总额;但是,正如已经指出的,在现实的垄断资本主义经济中,产品和生产成本之间的差额只有一部分作为利润表现出来。因此,卡尔多的论据一部分是由于观念上的混乱产生的。

但是,在他的论据中,还有第二个甚至是更重要的缺点。他所说的"利润的份额不断上升,以致超过足以满足投资需要和资本家消费的那一点"的过程,依其性质来说是自我限制的,它在统计记录上是不能作为利润(当作总收入的一份)的实际不断上升出现的。凯恩斯及其信徒,包括卡尔多自己在内,已经使人理解这一点:即既不用来投资又不用来消费的利润,根本不是利润。可以合理地谈论潜在的利润,即如果有更多的投资和资本家的消费时就会获得的利润,但是这种潜在的利润在统计记录上是找不到的——毋宁说,它们在统计记录上只在失业和设备能力过剩这种荒谬的形式中留下痕迹。如果卡尔多曾经在美国统计中寻找利润增长趋势的这一类指标,他的研究就不会是白费的。毕竟,"30年的萧条异常严重和持久"并不是偶然的事,而近年来失业率的持续上升为下面这个观点提供了强有力的证据:实现剩余价值的问题在今天的确是比在马克思的时代更为严重。其实的情况似乎是:除了在战争中以及与战争有关的繁荣时期,停滞现在是美国经济的正常状态。①

对于利润增长理论的最后一个反对意见,可以比较简短地予以说明:工会现在是强大有力的,能够把由成本不断下降和垄断价

---

① 这些是以下四章的中心题目。

格形成两者结合所产生的利润额,攫归其会员所有。例如,这是约翰·斯特雷奇在其《当代资本主义》一书中所持的立场,它当然也是工会运动中的共同观点。

工会在货币工资的确定中确实起着重大作用,而在组织比较强大的工业部门中的工人,一般比在组织不那么强大的经济部门中的工人能为自己谋得更多的好处。可是,这并不是说,整个工人阶级已经能够侵占剩余,甚至把剩余的增长额攫为己有,这种剩余增长额如果能够实现,它会有利于资本家阶级而不是有利于工人阶级。① 理由是,在垄断资本主义下,雇主能够而且确实在以较高的价格形式把较高的劳动成本转嫁出去。换言之,他们在面临较高的工资(和小额优惠)时,有能力保障他们的利润边际。的确,近年来在许多场合,他们能够把工资的增长纳入他们的垄断价格形成政策中,使这种价格比在采用其他办法时能够更迅速更密切地接近于理论上的垄断价格。就钢铁工业来说,这一点已经由凯弗维尔委员会在它的意见听取会中,特别是在它的关于各大钢铁公司定价办法的重要报告中②,令人信服地用文件证明了;没有理由假定,20 世纪 50 年代中期钢铁的经验是独一无二的。而且,不管利用工资增长作为提高利润边际的口实这种做法是否普通,垄断

---

① 如果工会拥有斯特雷奇所说的那种力量,那就不明白,为什么它们会满足于采取一种只不过是防止资本家去把总收入的更大份额攫为己有的政策;斯特雷奇主张说,自从马克思制定了他的资本主义理论以来,在一百年左右中,工会已经成功地做到了这一点。人们会期望它们能为工人攫取一个不断增长的份额。它们没有这样做,就是一个明显的证据,证明它们对收入的阶级分配在事实上并不具有任何决定性的影响,而这种分配是由各种力量的联合所确定的,其中公司的行动和政策比工会的行动和政策起着更加重要的作用。

② 《管理价格:钢铁》。

公司毫无疑问地有力量去阻止工资增长造成利润边际的降低。莱文森说得很恰当:"虽然集体的经济力量在提高劳动价格中可能有效,但是,只要生产者可以继续自由地调整他们的价格、技术和就业,以便保护他们的利润状况,那么,重新分配利润的潜在可能性就是非常之小的。"①

---

① H.M.莱文森(H. M. Levinson):《集体议价和收入分配》(Collective Bargaining and Income Distribution),《美国经济评论》,1954年5月,第316页。

四、剩余的吸收:资本家的消费与投资

上章已经表明,在垄断资本主义下,由于巨型公司价格政策和成本政策的性质,有一种强大的和规则的趋势,即剩余在绝对数上和作为总产品的份额均在增长。我们现在来讨论剩余的吸收或利用问题。

一般来说,剩余的吸收有下列各种方式:(1)它可以被消费掉;(2)它可以用来投资;(3)它可以被浪费掉。在本章,我们集中注意于垄断资本主义通过私人消费和投资来吸收剩余的能力。

2

资本家消费掉的剩余是多少,可供投资的数量也就相应地减少多少。因而,通过对资本家的消费做出合适的假定,就总是能够得出可以维持的投资率。假定有充分就业,生产率的提高也是一定的,那就可以认为:总收入(或总产量)——包括工人和资本家所消费的数量——增长之快,足以使资本家未消费的那部分剩余用作投资。剩余吸收问题就能这样解决——在纸面上。至于资本家的消费在实际上是否能提供任何解决办法,那就完全是另外一个

四、剩余的吸收：资本家的消费与投资

问题了。

人们不必去仔细计算，就可以有把握地说，如果资本家未消费（因而要求用作投资）的剩余数量相对于总收入而有所增长，我们就不能沿着上述线索去找出解决办法。我们已经看到，剩余实际上是相对于总收入而有所增长的。因此问题可以归结为：资本家的消费，作为剩余中的一份，也倾向于增长吗？如其不然，那么寻找投资出路的那部分剩余就必定相对于总收入而有所增长，而通过资本家的消费来解决问题的可能性就不存在了。

让我们假定，资本家把分配的利润全部消费掉。这自然不是真实的，但是如果能够证明，即使在此种场合，作为剩余的一份的资本家消费也不倾向于增长，那么因此得出的结论，在资本家从其所分配的利润中进行储蓄的场合就更不容置疑地是正确的了。

问题现在只不过是，当剩余本身扩大时，分配的剩余份额（股息）事实上是否有增长、不变或下降的趋势。在这里，证据已经明确地提出了答案。① 大多数大公司定有股息支付率指标，在长时期内显然是保持不变的（50％似乎是最普通的数字）。可是，当利润增长时，它们并不立即调整股息，去维持股息支付率指标。例如，假定一个公司在某一时期每股赚得 2 美元，分配股息 1 美元，再假定它现在每股赚得 4 美元，股息提高到 2 美元不是在一年内实行，而是在几年之内实行。此时，实际支付率将落后于支付率指标。如果坚持这个模式——有着充分的迹象表明，这是公司行为

---

① 这样得出的命题是根据约翰·林纳：《公司收入在股息、未分配收益和税收之间的分配》（Distribution of Incomes of Corporations Among Dividends）一文，《美国经济评论》，1956 年 5 月。

的根深蒂固的一面——其结果是,收益的不断增长会伴随着股息支付率的同样不断下降。

在此种情况下,资本家的消费在绝对数上将会增加,这自然是可以预期的,但它作为剩余的一部分将会下降,而作为总收入的一部分则会下降得更多。既然这些结论对于资本家就他们的股息收入进行储蓄来说更加站得住脚,那就很明显,从这方面是不能期望得到剩余吸收问题的解决的。

3

可见,不仅是剩余,而且还有寻找投资出路的那部分剩余,在总收入中所占的百分比都倾向于增长。可是这种趋势能否实现是另外一个问题。在企图回答它时,我们首先必须确定:这个制度普遍所提供的投资出路,是否大到足够吸收日益增长的剩余中一个日益增长的份额?

这种情况的必然结果是:如果总收入按加速的速度增长,那么就有越来越大的一个份额必须用于投资;反过来说,如果有一个越来越大的份额用于投资,总收入就必定会按加速的速度增长。①可是,从经济学的观点来看,这一点所包含的意思是荒谬的。它意味着,必须把数量越来越大的生产资料生产出来,其唯一目的就是供在将来生产数量更加越来越大的生产资料之用。消费在产量中所占的比例会越来越小,而股本的增长同消费的实际扩大或可能

---

① 参阅埃夫塞·多马(Evsey Domar):《经济成长理论论文集》(Essays in the Theory of Economic Growth),纽约,1957年,第127—128页。

四、剩余的吸收：资本家的消费与投资

扩大则完全没有关系。①

完全撇开这种爆炸性的增长过程或迟或早会要超过任何一种可以设想的经济的物质可能性这一事实不说，根本就没有理由假定：在现实世界中，任何像这样的事情曾经发生过或可能发生。生产资料制造商并不能对彼此的产品相互提供无限扩大的市场，他们也知道这一点。尤其是，设想在垄断资本主义下小心谨慎和精心算计的巨型公司，会对这种情况所预先假定的那种滚雪球式的扩张计划进行设计并予以执行，那纯粹是幻想。

如果加速增长被当作完全不现实而予以排除，我们就会得出一个不可避免的结论：相对于收入而增加的一定数量剩余的实际投资，必然意味着这个经济的生产能力比它的产量增加得更快。这样一种投资模式肯定是不可能的；诚然，这在资本主义的历史上常常出现过。但不可能的是：它会无限期地持续下去。或迟或早，多余的生产能力会变得如此之大，以致阻拦进一步的投资。当投资下降时，收入和就业也会下降，因而剩余本身也会减少。换言之，这种投资模式是自我限制的，必定会以经济趋向下降而告终——即衰退或萧条的开始。

直到此刻，我们一直是默然假定这个经济是在它的全部生产能力水平或者接近这个水平上运转的。成为注意中心的剩余增长趋势是来源于垄断的价格政策和成本政策，而不是以产量对生产能力的比例大小为转移的。但是我们一经承认有低于生产能力的

---

① 这主要是杜冈-巴拉诺夫斯基在他的批驳所有消费不足的经济危机理论的著名尝试中所分析的情况。关于有关的参考文献，以及对杜冈理论的讨论，参阅保罗·斯威齐，《资本主义发展论》，纽约，1942年，第10章第2节。

生产可能性，就还有几点需要说明。

在利润与开工率之间无疑具有密切的关系，后者的定义是实际生产与生产能力之比。如果我们假定一个公司的生产能力是在一定的成本和价格之下提供最大限度利润的产量，那么，开工率的降低，不论是由于产量的减少或生产能力的增加或由于二者的某种结合，必然也造成利润的降低。而且，利润的降低比产量降低的比例还要大些，因此，在某种具体的产量上，利润将完全消失，这在商业用语中普通称为"损益两平点"(The "break-even point")——在这一点上，收入恰好补偿成本，既无利润，亦无亏损。利润之所以有这种表现，是由于存在着——这尤其是大公司的特色——管理费用，它不随同产量一起变动。产量增加，分摊在单位产品上的管理费用就降低。如果价格保持同一，如果单位产品的可变成本在相应的范围内是不变的，那么，单位产品的利润将会增长，也像作为产值的一个份额的总利润一样。

下面这个引自凯弗维尔委员会对汽车工业的研究的数学实例，将有助于说明这一点。① 1957 年，通用汽车公司生产 340 万辆汽车，平均每辆以 2,213 美元的价格售出。可变成本(主要是按时工资和材料)每辆 1,350 美元，剩下 863 美元为管理费用和利润。管理费用共计 18.7 亿美元，按 340 万辆平均，每辆 550 美元。因此，利润每辆为 313 美元，共计 10.68 亿美元。现在生产如果下降 25%，每辆的利润将下降 58%，实际为 130 美元；如果生产增加

---

① 《管理价格:汽车》，第 129 页，生产量见第 107 页。

25%，利润将跃增35%，实际为423美元。在产量约220万辆，即该年度实际产量的65%时，利润将完全消失。①

对通用汽车公司来说是真实的事情，对其他大公司乃至对整个制度来说也是真实的：当生产降至生产能力以下时，剩余的减少相对更为迅速。而且，由于股息支付率在下降方面也像在上升方面一样落在后面，寻找投资出路的那部分剩余甚至缩小得更快。反之，如果经济从低于生产能力的位置向上移动时，剩余和寻找投资出路的剩余部分两者在绝对数和相对数上均将扩大。

在这里讨论的关系问题可以表述如下。假定成本和价格结构不变，我们可以划一条"赢利变动线"，把利润率（按销售量或按投入资本计算）同开工率（产量与生产能力之比）联系起来。图1中的 AA′线表示这样一种假想的赢利变动线。它从利润率的负值开始，通过损益两平点的零，上升到充分生产能力水平的最大限度利润。在 AA′之上的 BB′线表明，当价格上涨和（或）成本下降时，赢利变动线怎样上升：此时损益两平点移向左方，在任何一定的开工率上，相应的利润率上升了。当我们在第三章和本章开头谈到利润（或剩余）增长趋势时，我们所指的是由普通的公司价格政策和成本政策所造成的整个赢利变动线的上升。在以前所述剩余大小变动的原因之上，我们现在增加另一个原因：即在一定的价格和成本下开工率的变动。对于垄断资本主义下剩余波动的任何令人满意的

---

① 应当注意，这并不是上面所说的损益两平点。1957年的生产仅为1955年产量的74%，而即使在1955年，汽车工业也许没有按充分生产能力生产。凯弗维尔委员会的结论是："似乎可以合理地假定……该公司现在的损益两平点是在实际生产能力的40%至45%之间。"（《管理价格；汽车》，第112页。）

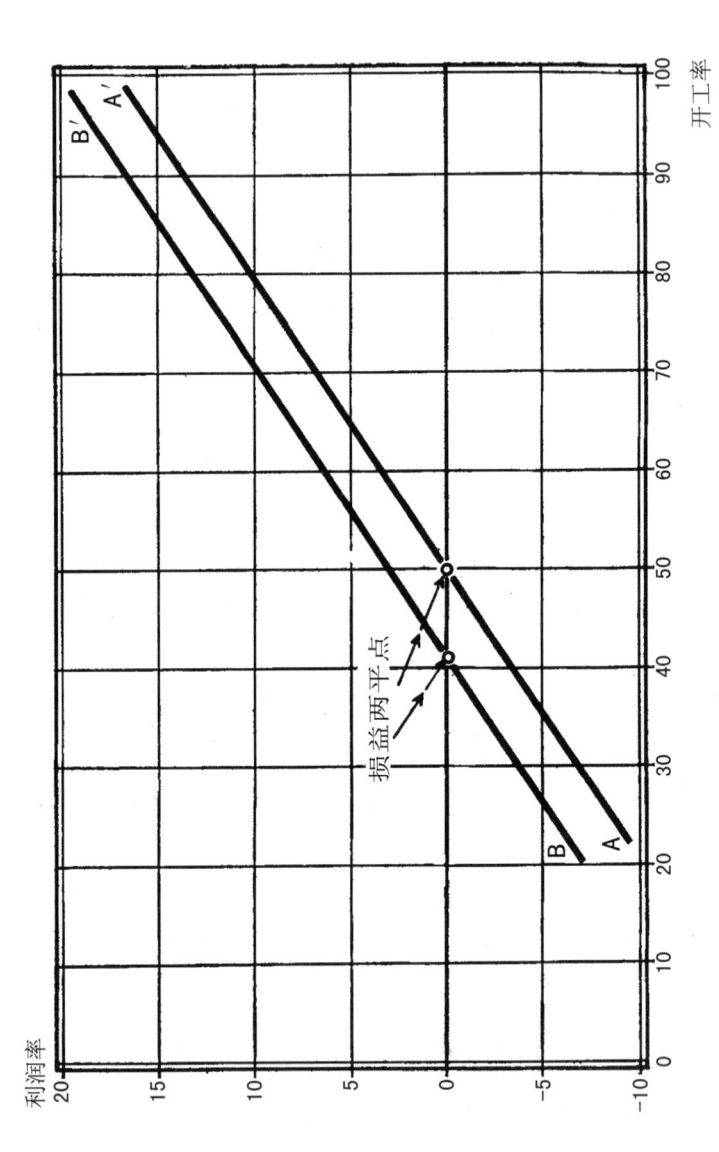

图 1 假想的赢利变动线

四、剩余的吸收：资本家的消费与投资

分析，必须注意这条变动线本身的位置移动和沿着这条变动线的运动。两者可以设想为反映了确定剩余大小的长期力量和短期力量。

经济学家们很少注意到赢利变动线的研究，但有一个对于美国钢铁公司的研究，它清楚地表明了这两种运动。① 在图 2 中，每一点表明某一年度美国钢铁公司的利润率和它的开工率的关系。② 这个图包括 1920—1960 年，略去了战争年代——当时的状况是没有代表性的。在 1954 年以前的所有年份，都接近于这样一条线，它表明损益两平点约为生产能力的 38%，最大限度利润率 13% 是在 100% 的生产能力上达到的。③ 但从 1955—1960 年，这种关系不再存在了。反之，所有的观察都接近于新线（我们已通过检验把这条线绘入图中），将近与旧线平行，约在它之上 4%。例如，在 1960 年，开工率为 65%。在旧的关系下，预期的收益率会比 6% 略低；而 1960 年的收益率实际上是 9.4%。可见，从 1920—1955 年，美国钢铁的价格和成本结构都是极其稳定的，因而赢利变动线也是极其稳定的。从 1955 年起，价格和成本有了改变，它把赢利变动线提到了一个新的和高得多的水平。在这种发展中或许包含有两个主要因素：第一，采用了新的和更加自动化的炼钢技术；第二，价格随着工资的增长而增长，但比例更大。正如

---

① 约翰·M. 布莱尔（John M. Blair）：《管理价格：寻求理论的一种现象》（Administered Prices: A Phenomenon in Search of a Theory），《美国经济评论》，1959 年 5 月，第 442—444 页。布莱尔先生好意地给我们提供了 1958—1960 年的补充资料。很不幸，这种相互关系不能推广到 1960 年以后，因为在这一年钢铁工业停止公布开工率，以后不久，税收立法和行政的变动使得利润同以前几年相比低报得很厉害。

② 这里的利润率是股东投资在纳税后的收益率。

③ 1920—1956 年的相关系数是 +0.94。

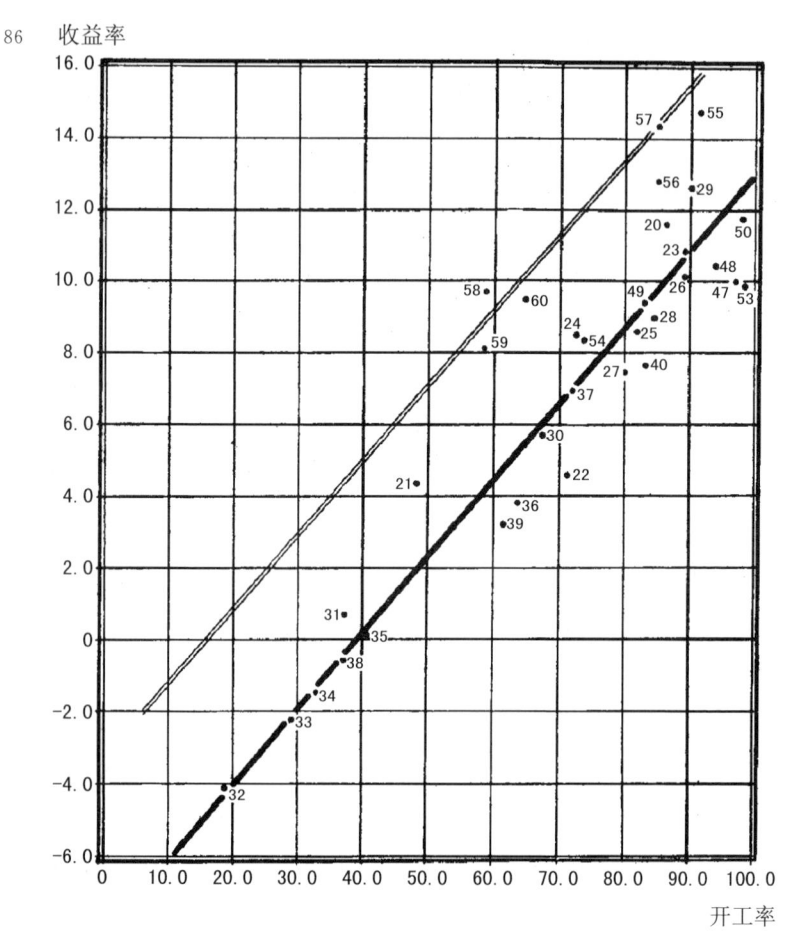

图 2 美国钢铁公司：
开工率和股东投资纳税后的收益率，
1920—1940 年,1947—1950 年,1953—1960 年

我们在上章所见到的,两者都是垄断公司政策的典型产物。

这个例子说明了正在这里阐释的理论的两个方面:整个赢利

四、剩余的吸收:资本家的消费与投资　　　　　　　　**99**

变动线随着时间向上移动的趋势;在一定的生产能力基础上,当产量向上或向下移动时利润的可变性。① 两者对于理解垄断资本主义的动态都是非常重要的。赢利变动线的上升表明,当生产能力被充分利用时,剩余怎样增长。而变动线的形态本身表明,当找不到投资出路和总需求下降时,剩余怎样迅速减少。当剩余减少时,它的寻找投资出路的部分在比例上减少得更多。换言之,当剩余下降时,消费对剩余和总产量两者的比例就上升,这就或迟或早会使收缩停止。当寻找投资出路的剩余数额恰好为现有的投资出路所吸收时,即达到了下部转折点。在这一点上,暂时的平衡达到了,其特点是,存在着多余的生产能力,存在着失业工人。事情的相反一面是:当剩余上升时——不管是如何发动的——剩余的绝对数量和相对数量同样迅速地增长。一旦寻找投资出路的剩余部分超过了现有的投资出路时,扩张即行终止。应当记住,这个上部转折点在生产能力的充分利用或劳动的充分就业实现以前,可能早已达到了。②

4

我们上面所分析的,可以称为——追随斯坦德尔及其他的人——"内源的"投资:投资导向从这个制度的内部机构产生的出路。我们已经看到,这些机构倾向于使寻找投资出路的剩余供应

---

① 自然并没有包含这样的意思:像1955年美国钢铁赢利线的突然跃增是具有代表性的。发生作用的力量通常会使赢利线逐渐上升。然而美国钢铁公司的例子是具有高度启发性的,因为突然的跃增比逐渐的增长更能清楚地说明典型变动的性质与方向。

② 关于垄断资本主义历史中的这种关系的讨论,参阅本书第八章,特别是第259—260页。

不断增长,而按其性质,它们又不能使投资出路的大小得到相应的增长。因此,如果内源投资是现有的唯一出路,垄断资本主义就会陷入永久的萧条状态中。同存货的扩张和收缩有关的那种波动还会出现,但只在相当狭窄的范围内发生,其上限会远远低于这种经济的潜力。剩余增长的趋势在实际上会转化为不断增长的失业。

但并非所有的投资都是内源的。还有"外源的"投资,即不随这个制度的正常运转所产生的需求因素为转移的全部投资。例如,发明了某种新的生产技术,它能使某种商品更廉价地投入市场;于是,即使对于这种商品的需求没有发生变动,也可发生对应用这种新技术的设备的投资。在经济学文献中,有三种外源投资居于突出的地位:(1)用于满足人口增长所产生的需要的投资;(2)用于新生产方法和新产品上的投资;(3)国外投资。它们预期能在多大程度上单独地或者联合地提供为吸收日益增长的剩余所需要的那种投资出路呢?

(1)人口。近年来,经济学家对投资与人口增长的关系提出了彼此直接相反的看法。根据汉森所讲:"这是一个明摆着的事实:在19世纪,一笔数量十分庞大的资本被吸收了,其理由不外是人口增长率大得惊人。"[①]反之,卡勒基却主张说:

> 重要的事情……在这一方面不是人口的增长,而是购买力的增长。赤贫人数的增加并不能使市场扩大。例如,人口增加不一定意味着对住房需求的增长;因为,如果购买力不增

---

① A.H.汉森(A. H. Hansen):《完全恢复还是停滞?》(*Full Recovery or Stagnation?*),纽约,1938年,第313页。

加,结果很可能是更多的人挤住在现有的住宅中。①

汉森的主张似乎既前后倒置,又把资本迅速形成的条件同它的形成的原因混同起来了。这样说会更加接近于事实:19世纪的高度投资率刺激了高度的人口增长率;而后者通过它对劳动力的影响,又使高度投资率的继续成为可能。

然而,卡勒基似乎又走得太远了,他否认人口增长对于投资的需求有任何影响。就他所举的住宅而论,由于人口增长而造成的拥挤,可能导致人们需求较多的住宅和较少的其他各种货物;既然住宅建筑要求相当大的资本投资,这就会导致投资总额的扩大。其次,投机的建筑商可能以人口统计为指导来做出他们的投资决定,某些其他的生产者特别是公用事业也可能是如此。但在这一方面,有关系的不是全体人口的增长,而是在某一区域或某一地点的人口增长。后者在很大程度上又是由于新工业和运输方式的兴起所推动的国内移民的结果——一句话,是由同总人数的增长只有间接关系(如果还有关系的话)的力量所造成的。

可见,虽然没有理由否认人口增长本身确实能创造某种投资出路,但也没有理由赋予这个因素以巨大的重要性。美国在20世纪40年代和20世纪50年代的人口增长率比起20世纪30年代的降低了的增长率来是急剧上升的,这种经验强有力地支持着下述理论——古典经济学家所持的理论:人口增长是一种附随的变数而不是一种独立的变数。是战争导致的繁荣促进了出生率的增

---

① M.卡勒基:《经济动态学理论》,伦敦,1954年,第161页。

长;较高的出生率对投资出路的相应影响肯定是造成这个时期的繁荣的一个因素,但并不是决定性的因素。至于将来,如果(不问原因如何)人口继续以较高的速度增长,同时其他的投资出路又在减少,其结果很可能是失业水平的提高而不是持久的投资景气。

我们可以确有把握地说,认为人口增长所造成的外源投资对解决剩余吸收问题能做出很大的——更不要说决定性的——贡献的想法,是没有根据的。

(2)新方法和新产品。我们在这里不考虑这样一些划时代的革新,如18世纪的蒸汽机,19世纪的铁路,20世纪的汽车。它们每一个都在经济史上统治了整个时代,渗透到社会生活的每一方面,直接地和间接地创造了大量的投资出路。在此刻的分析中略去它们,并不是否定它们的极端重要性;只不过是为了给予这种观点以理论上的表现:它们每一个都可以说是独特的历史事件,并且必须这样来处理。我们将在第八章回到这个题目上来,在该章我们将对美国垄断资本主义的发展作简单的历史分析。

我们在这里所讨论的可以称为"正常的"技术革新,即在整个资本主义时期源源不断地涌现的那种新方法和新产品[①]——二者常常是不可区分的,因为一个生产者的新产品可能是另一个生产者的新方法。多年来有一大部分投资体现在生产资料的改良品种

[①] "现代工业从来不把某一生产过程的现存形式看成和当作最后的形式。因此,现代工业的技术基础是革命的,而所有以往的生产方式的技术基础本质上是保守的。现代工业通过机器、化学过程和其他方法,使工人的职能和劳动过程的社会结合不断地随着生产的技术基础发生变革。这样,它也同样不断地使社会内部的分工发生革命,不断地把大量资本和大批工人从一个生产部门投到另一个生产部门。"[马克思:《资本论》第1卷,第13章第9节(《马克思恩格斯全集》第23卷,第533—534页。)]

四、剩余的吸收：资本家的消费与投资

或全新品种中。这是否意味着，技术进步能为寻找投资出路的剩余自动地提供出路，任何的出路缺乏都在原则上能由技术进步速度的适当加快而得到克服呢？

在经济学家中间早就常常这样主张，仿佛这些的确都是不言而喻的命题。汉森在20世纪30年代中期十分担心人口因素和地理因素对于投资出路会有严重的不良影响，他想当然地认为："我们正在迅速进入这样一个世界，在其中，我们如果想要找到足以维持充分就业的私人投资机会，就必须求助于技术比过去更快的进步。"[①]而在近年来，随着"研究与发展"运动的兴起，几乎也是同样普遍地假定：技术变革的速度已经或即将达到这样一点，在这里任何关于投资出路短缺的谈论严格说来都是一种时代错误。有一位著名的物理学家有心去理解科学与工业之间正在改变着的关系，他发现他所称的"革新工业"的兴起在经济和商业思想中带来了一个重要的变革：

> 在《纽约时报》或《幸福》杂志中，你很容易读到新的课文：今天经济的推动力量是直接的、有利可图的、制度化的对新奇事物的研究。这里有着无穷无尽的边疆，不仅有理想的边疆，而且有赢利的边疆。这就是对于"利润率下降"、"消费不足倾向"、需要新的投资出路的回答。读一读彼得·德鲁克或萨

---

① A.H.汉森：《技术进步与人口增长的下降》(Economic Progress and Declining Population Growth)，《美国经济评论》，1939年3月。在美国经济学会的一个委员会选编的《商业循环理论读本》(Readings in Business Cycle Theory)中重印，费城，1944年，本段在该书中见第378页。

默·斯利克特,甚至是更专门的技术文献,收尾的复唱词都是一样的。①

这些关于更迅速的技术变革会对经济运行产生有利影响的观点,来源于对竞争制度的传统分析。根据这种理论,在竞争制度下发生的普遍情况是:某些特别有进取心的商号在技术革新上进行投资(在熊彼特的模型中,这些商号是为此目的特别组成的),它们在一个时候享受着额外利润。其他想要分享它们的幸运的商号也就跟着做。于是供应马上大量扩张,价格开始跌落。在这些其余的商号中,有些采用新方式是为了保卫它们的利润地位;其他的商号行动太慢或者力量太弱,无力回答这种挑战,它们被排挤掉了,它们的旧设备变成了一堆废铁。在这个过程中——它一再重复发生,其步伐是由技术进步的速度所决定的——许多新资本投入了,许多旧资本毁灭了。② 逻辑的必然结论是:任何技术变革的加速必定会开辟新的投资出路,并提高经济增长的速度。

在垄断资本主义下,这个理论不再适用了。革新的技术一般

---

① 菲利浦·莫里森(Philip Morrison):《革新的工业》(The Innovation Industry),《每月评论》,1959 年 7—8 月号,第 103 页。在某些场合,通过"研究与发展"传来的救世福音是用极大的热情来传布的。金融专栏作家西尔维亚·波特在评论一项麦格劳-希尔的工业研究支出计划的调查时说:"这将是美国整个发明和革新史中新事物和新服务的最大涌现……这将不断地灌输这个崇高的启示:我们现在正处在我们的日常生活中发生根本变革的前夜,我们将促使我们的增长速度大大超过近年来的迟缓步伐,我们将在同苏联的增长竞赛的紧要关头中恢复速度。"[《旧金山纪事报》(San Francisco Chronicle),1961 年 5 月 1 日。]

② 熊彼特因此谈到"创造性毁灭的过程"——他的《资本主义、社会主义和民主》一书第七章的标题。值得注意的是,由于资本被创造了,也被毁灭了,股本的净增加额甚至从来就不是竞争经济中新投资的近似尺度。

四、剩余的吸收：资本家的消费与投资

是由巨型公司采用的（或不久就接收的）。它们不是在竞争压力的强迫下行事，而是根据追求最大限度利润的方针小心计算地行事。在竞争场合，没有一个商号能够——甚至实行革新的商号自己也不能——控制一般采用新技术的速度，而在垄断场合，情形不再是这样了。很明显，巨型公司不是以单独考虑的新方法的赢利为指导，而是以采用新方法对商号的全部赢利的最后影响为指导。而这就意味着，一般来说，采用革新技术的速度比在竞争的标准下慢一些。

为了证明这一点，让我们假定有一项新的生产技术可供利用，如果通过做出新投资来采用它时，可提供12％的利润。在竞争情况下，只要利息率低于12％，这项新投资将立即做出。可是，如果想要使垄断资本家立即采用这项新方法，他就必须采取两种办法之一：或者是降低他的价格，以便诱使市场吸收用新旧两种方法生产的产品；或者是停止使用一些旧设备，借以避免把更多的产品投入市场。既然垄断资本主义具有反对削价的强烈偏向，可以确有把握地把第一种办法排除。至于第二种办法——停止旧设备去为新设备让路——只在下述情况下才对垄断资本家有吸引力：用新设备可以获取的利润同用旧设备实际获得的利润之差，大于采用任何其他可供利用的投资办法所能获得的利润。假定旧方法实际提供10％的利润，而新方法可以提供12％的利润。在这种情况下，只在利息率低于2％时（又没有获得比2％更多的其他投资可能性），垄断资本家才会立即决定投资。琼·罗宾逊用稍微不同的措词来发挥这个论据：

有时候有人主张说，一个垄断者面对着一项新技术的蓝图时,如果用新技术生产的他的垄断商品,平均单位成本比用他的现有设备生产时的主要成本更低的话,他就会……(安装)新设备。这种主张看来是错误的。垄断者没有必要因为发明了一项成本较低的技术就降低他的价格。他的标准是:在一年的产量上主要成本的节约……须足以使新投资所提供的利润率同他用任何其他办法所能得到的利润率一般大。如果他由于某种原因只限于生产这种商品,那么,只要引用新技术的平均成本,包括所需借款的利息,低于旧技术下的主要成本时,他就会感到值得更换所用的设备;但是在普通情况下,垄断者可以让他的旧设备继续运用,而在其他方面随着自己的意愿进行新投资。只在这种商品的成本节约是他所能利用的最吸引人的投资时,他才肯对他的设备在其物质寿命终了以前予以废弃。因此之故,认为垄断并不阻碍技术革新的传播的观点,似乎是没有根据的。①

我们的结论是:从垄断资本家的观点来看,当采用新技术会增加他的生产能力时(假定需求不变),他一般就会避免采用。在他的现有设备需要实行更新以前,他宁愿等待,而不去安装新的设备。② 重要的是,要认识这一点所包含的意思和它所没有包含的意思。

它并不意味着,新技术的发明速度必定有任何的减缓。我们

---

① 琼·罗宾逊:《资本积累论》(*The Accumulation of Capital*),伦敦,1956年,第407页。

② 这条规则的一个例外,也许是颇为重要的例外,将在下面第108—109页讨论。

四、剩余的吸收：资本家的消费与投资

已经着重指出，追求最大限度利润的大公司具有强大的推动力，要去发明成本较低的新技术；由于它应用科学和技术的能力比竞争性的小商号大得多，我们实际上应当预期垄断资本主义会加快发明的速度。这个理论也并不意味着，在垄断资本主义下必定有任何压制新技术的趋势。在任何一个大公司，总有一些设备达到了它的有效寿命的终点，它自然会被体现着现有最新和最获利的技术的新设备所代替。这个理论的意思是：在垄断资本主义下，新技术取代旧技术的速度，要比传统经济理论会引导我们去假定的更加缓慢。因此，看来虽然好像是荒谬，我们却必须预期垄断资本主义同时具备两个特点：技术进步的速度是迅速的，可是大量技术陈旧的设备仍然保留使用。我们今天在美国看到的状况恰恰就是这样。麦格劳-希尔出版公司经济学部的成员于1958年对现有厂房设备的陈旧程度进行了一次调查。他们发现，用最好的新厂房设备去代替所有的陈旧设备，至少须费950亿美元。查出的某些详细情节的确是令人吃惊的：

> 我们对美国商业厂房和设备状况（在古老和陈旧程度方面）的调查还表明：其中只有不到三分之一是现代的（从1950年以来真正是新的这种意义来说）。但1950—1958年这些年构成了一个这样的时期：迅速改变着的技术在许多工业部门中已经使较老的设备变为陈旧。……
> 陈旧程度的意义可以从下述事实中窥见一斑：平均来说，一台1958年的金属切削机床比在1948年所能购到的同种机床的生产率大约高45％。把新的运货卡车同现代的货运站

设备结合起来,可以使营业成本降低到 50%。自动地控制化学(或其他原料)过程的进行的新工具,常常可以这样降低成本,使得在一年之内就能偿还控制工具的价值。在较老的设备中,这种节约是很少可能的。①

诚然,某些新技术不太需要在新厂房设备上进行投资,这就没有理由说,它们的引用必须根据旧厂房设备的磨损程度来规定时间。一个典型的实例是注射氧气的炼钢方法。把输氧长管插入现有的炉子中(并加强炉壁以获得更大的热阻力),加热的时间即可锐减,炉子的生产能力可以增加 50% 以上。这里革新的实际是,加快现有厂房设备的生产速度;如果不需大量支出即可达到这个结果,那它自然会同样受到竞争资本家和垄断资本家的欢迎。可是,就整个制度的投资出路的充足与否而论,这一类革新是一种十足的祸害。它们直接吸收的资本很少。又由于它们必然增加现有的厂房和设备的生产能力,就阻碍了用来满足日益增长的需求的

---

① 德克斯特·M. 基泽(Dexter M. Keezer)等:《美国商业中的新力量》(*New Forces in American Business*),纽约,1958 年,第 23 页。作者们对于经济现况是很好的观察家而不是同样好的分析家,他们把这些事实解释为意味着有做出新投资的巨大需要,他们的意思是:由于某种未能说明的方式,这种需要已转化为对投资的需求,即我们所说的投资出路。很明显,他们在这里是在用竞争的理论来解释垄断资本主义的事实。为了避免误解,我们应当补充说:陈旧的设备不仅仅是在垄断的工业部门中可以看到。即使在最完全的竞争条件下,调整到一个更高的技术水平的过程也需一定的时间——撇开这个事实不谈,也还有这样的重大考虑:垄断经济中的竞争工业部门,可能具有这样的特色:过分的拥挤,经常的生产能力过剩,利润率低。在这种情况下,旧设备常常可以按远远低于生产成本的价格购得,这构成了对购买效率更高的新设备的强大阻碍。此外,竞争性的小商号常常发现,要获得供新投资之用的贷款是利息奇昂的,或者甚至是不可能的。这一切说明了,为什么在垄断资本主义下,就在经济由于缺乏足够的投资出路而日益陷入停滞的时候,保留显然陈旧的设备的使用能够如此广泛。

四、剩余的吸收：资本家的消费与投资

新投资。尤其坏到极点的是，由于降低成本，它们使利润增大，从而使寻找投资出路的剩余数量增大。

从上述论证得出了一个极端重要的结论：在垄断资本主义下，在技术进步速度和投资出路大小之间，不存在像在竞争制度下所存在的那样一种必然的关联。技术进步倾向于确定在一定时间内进行的投资所采取的形式，而不是它的数量。①

这并不是一条毫无例外的严格规则。特别是就新产品来说，它和现有产品的新样式不同，可能首先涌向市场，享受一时的不受挑战的垄断地位。麦格劳-希尔的调查说："新产品的一个主要特点是，它们常常带来非常之高的利润边际。当一个公司首先来到战场时，它可以规定相当高的价格……并希望赚得很高的收益——在大多数场合，比市场处于高度竞争状态的标准产品要高得多。因此，有着建立新设备能力以便迅速利用新产品发展的充分推动力。"②可是，对于这一点的重要性不应予以过分夸张，因为

---

① 清楚地看出了这种关系是斯坦德尔（Steindl）的巨大功绩之一〔《美国资本主义的成熟与停滞》（*Maturity and Stagnation in American Capitalism*），第133页〕，但他的错误是，把这种关系表述为适用于资本主义一切阶段的一般命题。在寡头垄断下这是实在的——这一点已由保罗·赛罗斯·拉贝里（Paolo Sylos Labini）在他的富于启发性的《寡头垄断与技术进步》（*Oligopoly and Technical Progress*）（剑桥，马萨诸塞，1962年）一书中加以承认并强调，特别是第148—149页。

② 《美国商业中的新力量》，第34页。一种新产品究竟是怎样有利可图，可以从塞罗克斯公司的成功故事中得到很好的说明。在描写塞罗克斯及其产品的一篇文章中，《新闻周刊》（*Newsweek*）（1964年9月9日）谈到了"在静电誊写器中，等于是垄断的一种惊人的利润潜力。例如，A914的制造成本不到2,500美元。但塞罗克斯将其大部分出租，通过折旧来收回制造成本——每一台出租的机器平均每年收入至少为4,000美元。如果顾客有意购买，定价为29,500美元。甚至威尔逊（塞罗克斯总经理）也说：'当我将要醒来时，我不断地询问自己。'"所说的在销售上获得1000％以上的利润边际，必然是 种打破纪录的事情。

同一项研究在讨论科学发明与经济应用之间的差距时,表明也有从相反的方向发生作用的因素,阻止为引用新产品进行大量投资:

> 由于开始制造新产品所需的支出通常是极小的,所以资本投资特别倾向于缓慢。常常可以把现有的设备或其一部分转为试制新产品之用。为建立一个完全的新厂所需真正大量的开支须在一两年后始行做出。同样,为采用一种新工序的开支,通常要等到有相当大的产量需要这种开支时才真正实施。特别是在我们的重工业部门中,新工序是作为增加新生产能力的成本低廉方式来采用(并——在实际上——设计)的。(换言之,它们仅仅决定着无论如何必须实施的投资的形式。)因此,新产品和新工序的资本支出,总是拖延到严格的科学发展的时间以后,直到销售前景证明有建立大规模设备的必要之时。①

在这个论据适用的范围内,没有必要对新产品和新工序予以区分:两者都是在控制着的方式下采用的,两者都只决定投资采取的形式而不能决定它的数量。新产品取代旧产品,正如新工序取代旧工序一样;没有被熊彼特看作是资本主义经济的主要动力的那种"创造性的毁灭"。

还有一个怀疑技术革新的剩余吸收能力的理由,可以从巨型

---

① 《美国商业中的新力量》,第62页脚注。

四、剩余的吸收：资本家的消费与投资

公司的折旧办法中找到。在为了计算剩余数量而必须从社会总产品中扣除的社会必要生产成本中，自然必须包括为更新厂房设备因通过使用和时间消逝所遭受的磨损的开支。这种开支的确切数量——一般称为折旧——只在不存在一切技术变革的经济中才能精确算出。在这样一种经济中，各种厂房设备的使用年限通过反复的经验可以确定。如果那种经济也是一种竞争的制度，习见的竞争压力会迫使生产者在他们的长期成本核算中把刚刚足以替换旧设备（当其磨损不能再用时）的费用从收入中扣除。实际上，在一种以技术变革和垄断为特征的经济中，无法知道一项资本设备的使用年限是多少，也没有什么竞争压力会迫使巨型公司去进行仔细的估计，来指导它们确定其折旧费用。反之，确有强大的推动力去使公司在税收当局许可的范围内定出尽可能高的折旧率，因为称为折旧的那一部分总收入完全可以免纳公司利润税，同时像未分配的利润一样，可供公司随意使用。很自然，商人总是要求采取立法的和行政的措施，放宽有关折旧提成的规定。近年来，它们特别成功地达到了自己的目的。

这一点，连同先进资本主义各国全部可以实行折旧的厂房设备现在已经达到巨大数量这一事实，意味着在今天的垄断资本主义下，有大量的（和日益增多的）金钱以折旧提成的形式流入公司的金库中。在理论上讲，自然，其中有一部分应当看作是合法的生产成本，有一部分是变相的利润；但是，既然没有人知道，也没有人能够知道，这一个止于何处，那一个起自何处，对于两者就没有办法做出正确的数量划分。人们几乎不得不接受这种通行的惯例：利润（因而也是我们所说的剩余）应当看作是扣除了实际出现在公

司账簿上并向收税人报告的折旧提成以后的净额。①

可是,不能接受的是:这些事实和关系的含义竟被误解或被忽视了。在任何一定的收入水平上,总的投资出路不仅应当足以吸收未消费的那部分剩余,而且还应当足以吸收折旧提成总额。这并不是意味着,公司经理部门必须把恰巧落到他们控制下的那部分折旧提成用于投资:他们可以将其用于任何公司目的。但这确实意味着,对这整个制度来说,在我们能够即使是开始谈论剩余的吸收以前,投资至少必须同折旧一般大。

由于"折旧"一词所具的根深蒂固的含义,人们不免陷入这样的错误:假定更新磨损的厂房设备的要求将为折旧提存自动提供出路,让剩余去满足"新"投资的需要。实际上,那样的情况只有在这种经济下才能发生:生产方法和消费者的爱好均保持不变;新投资的出路完全是同人口的增长和(或)平均每人收入的增长联系在一起的。在现实的资本主义经济中,这些条件是远远不能实现的。生产技术和消费者爱好都在继续改变着(或被改变着),在这种情况下,"更新"和"新"投资的区别变得完全没有意义了。旧资本总

---

① 商务部最近对战后利润进行的一次研究,可以为这里所牵涉到的数量大小提供一个概念。财政部为征税目的而规定的折旧办法在 1962 年大为放宽。"程序的最近改变,连同在第二次世界大战中以及后来在朝鲜战争危机中所批准的加速摊提,以及根据 1954 年《国内税收法》所产生的较大的折旧提成,使 1962 年的公司利润总额比在没有这些法律上的改变时大约低 60—70 亿美元。"[小罗伯特·E.格雷厄姆和杰奎琳·鲍曼(Robert E. Graham, Jr., and Jacquelin Bauman):《公司利润与国民产值》(Corporate Profits and National Output),《商业现况调查》(Survey of Current Business),1962 年 11 月,第 19 页。]用百分比来计算,这意味着:1962 年的公司利润比如果第二次世界大战以前时期的折旧办法仍在实行时的公司利润大约低 15%,关于这个题目,还可参阅本书附录第 399—406 页"超额折旧"部分。

四、剩余的吸收：资本家的消费与投资

在磨损，新资本总在投入，但两种过程之间并无必然的联系。如果一台机器已经磨损，消费者对它本来所生产的那种产品正在失去兴趣，那它就根本不必更新了。如果体现旧方法的设备磨损了，它就将被体现新方法的设备所代替——只要预期未来的需求会高到足以保证生产的继续。从有理性的公司经理部门的观点来看，所有的投资都是新投资，应当严格按照未来的利润前景而根本不是按照既定的模式将其导入这个或那个渠道。我们只能说，在某个一定的时刻，如果要维持现有的产量和就业水平，就有一定数量的总投资必须找到出路，这个总投资等于全部折旧加在该项产量水平上产生的剩余数量，减用于消费的那部分剩余。

现在，我们想要说明的观点只不过是，在折旧数量非常之大的地方，像在今天的垄断资本主义下，很有这样的可能：企业能够单凭这种财源，去供应它认为在技术革新（新产品和新工序）方面有利可图的投资，不会留下什么"技术革新的"出路去帮助吸收要求投资的剩余。换言之，对于通过公司经理部门自己"慷慨的"折旧政策提供给它使用的资金，技术进步只不过形成最为有利的用途。如果情况是这样，技术进步对于解决剩余中要求投资的"可见"部分的出路问题根本不能做出什么贡献；不管要求有多大投资去体现可供利用的革新，它很可能不足以吸收日益增长的折旧提成的高潮。

试图从统计方面来证明这一点并不是本书的目的。然而，鉴于技术进步与投资出路问题基本无关这个观点很可能遭到反对，同时它对垄断资本主义一般理论又是如此重要，似乎应当提出少量综合性的数字来作为它的根据。

表 1　非金融公司若干财务数字,1953—1962 年

(单位:十亿美元)

	研究和发展支出 (1)	厂房和设备支出 (2)	折旧提成 (3)	折旧提成占厂房设备支出的百分数 (4)
1953	3.5	23.9	11.8	49.4
1954	4.0	22.4	13.5	60.2
1955	4.8	24.2	15.7	65.7
1956	6.1	29.9	17.7	59.2
1957	7.3	32.7	19.7	60.2
1958	8.2	26.4	20.3	76.9
1959	9.0	27.7	21.6	78.0
1960	10.5	30.8	23.1	75.0
1961	11.0	29.6	24.8	85.2
1962	12.0	32.0	26.2	81.9

资料来源:研究和发展支出,麦格劳-希尔出版公司,《繁荣的锁钥》,纽约,无日期;《商业周刊》,1961 年 4 月 29 日;麦格劳-希尔出版公司通讯,1963 年 4 月 26 日。厂房设备支出和折旧提成,《商业现况调查》,每年关于公司资金来源和用途的文章。

1953—1962 年这十年是技术迅速进步甚至是加速进步的十年。表 1 中第 1 栏所列的研究与发展支出的惊人增长,可以作为技术进步速度的大略指标。如果这曾经引起大量新投资出路的开辟,它肯定应当在厂房设备支出(第 2 栏)中表现出来。相反,我们看到的是,整个十年中厂房和设备支出的全部增长是在 1953 年至 1957 年间。从 1957 年至 1962 年,虽然研究和发展支出继续猛增,厂房和设备支出却上下波动,平均比 1957 年的水平低 80% 左右。与此同时,折旧提成(第 3 栏)的高潮却不断上涨,结果,在厂房与设备支出中,用折旧偿付的,在 1953 年还不到 50%,1962 年却升到了 80% 以上。

我们并不主张说这些数字就是证据,然而我们确实相信,它们

四、剩余的吸收:资本家的消费与投资

为这个观点提供了强有力的支持:技术革新与投资出路两者的相互关联是很小的,如果还有的话;垄断资本主义日益能够用折旧提成来满足它的投资需要。

有人还可以主张,既然研究和发展支出占厂房和设备支出的三分之一以上,那么研究和发展运动本身就构成了一种极为重要的投资出路。① 如果研究和发展支出是从总利润(折旧加净利润)中支付的,毫无问题地会是那样;假使情况果真如此,研究和发展支出就会同厂房和设备投资处于同等地位。可是,在实际的商业惯例中,研究和发展支出是当作生产成本看待的,在计算总利润以前就已经从售货收入中收回来。因此很明显,研究与发展运动并没有为总利润的投资创造任何出路。

这并不是说,研究和发展支出真正是生产成本。显然并不是。从社会的观点来看,它构成一种剩余利用的形式,可以同——譬如说——教育支出相比拟。从一种外形的意义来说,最好是把它同销售成本相比,后者将在下章进行详细分析。(事实上,在研究和发展一项中有许多只不过是销售术的美化形式,因此两者在实质上和观念上都非常类似。)

最后,我们的结论是:技术进步对于剩余吸收问题的解决,也不能比人口增长做出更为重大的贡献。

(3)国外投资。为了了解今天世界的现状——特别是它的划

---

① 如果我们把非商业组织(政府、大学、基金会)的研究和发展支出也包括在内,根据全国科学基金会的计算,在1959年的这项支出总额共达124亿美元,约占该年度厂房和设备支出的45%。见全国科学基金会:《关于研究和发展数据的评论》(*Review of Data on Research and Development*),编号NSF 61—69,华盛顿,1961年2月,第1页。

分为经济先进地区和不发达地区以及两者相互关系的辩证法——很少有比国外投资更重要的题目了。可是在此刻,这一系列的问题同我们没有关系:我们关心的,只是国外贸易是否能为在垄断资本主义制度的公司部分中所造成的要求投资的剩余提供出路。而在这一方面,它既没有也不可能期望会起重大的作用。的确,除了可能在先进国家资本输出特别高的一些短暂时期之外,必须把国外投资看作是从不发达地区吸取剩余的方法,而不是把剩余导向不发达地区的渠道。

典型的实例是在它的帝国权力处于极盛时期的英国。这可能是真实的:大约在 1870 年以前,当时英国经济还处在竞争阶段,曾经有过大量的净资本输出——从而消耗了英国国内生产出来的剩余。但从 1870 年至第一次世界大战以前的年代中,英国的海外投资收入大大超过了资本输出。据凯恩克罗斯估计,在 1870—1913 年,净资本输出为 24 亿英镑,而从国外投资获得的收入达 41 亿英镑,这样,资本输出只占所获收入的五分之三。① (这些数字自然并不包括以殖民地官僚阶级的薪金和退休金形式从帝国抽取的庞大数目。)从这种贡赋中,英国能够维持世界上最大的有闲阶级和支付一个起着全球警察作用的军事组织。

美国的经验并无本质上的不同。1963 年,美国公司(几乎全都是巨型公司)的国外直接投资达 406 亿美元。但其中有很大一部分——也许是过半数——是购买来的,没有任何来自美国的资

---

① A.K.凯恩克罗斯(A. K. Cairncross):《国内和国外投资,1880—1913 年》(*Home and Foreign Investment*,1880—1913),剑桥,英国,1953 年,第 180 页。

四、剩余的吸收：资本家的消费与投资

本流出。克利奥纳·刘易斯叙述了一个典型的例子：

> 在许多场合，一个公司在国外建立子公司或分支机构时，它所做的贡献大部分是专利权。例如，当一个加拿大人，戈登·麦格雷戈，在1904年建立加拿大福特汽车公司时，把51%的股本让给底特律公司，永久交换福特在加拿大、新西兰、澳大利亚、印度、南非和英属马来亚的全部权利和制作法。随后的年代是极为成功的，虽然付出了很大的股息，用作再投资的收益也是很大的。1912年，一次股息分配使公司的全部股本从12.5万美元增至100万美元；1915年10月，决定支付600%的股息，使公司的全部股本增至700万美元。到1925年年终，该公司在资产负债表上的资本和剩余共达3,100万美元以上。据估计，到1927年，由于购买股票，使美国在该公司的份额增至85%左右。同时，公司付出了大约1,500万美元的现金股息。这样，这宗在加拿大的大投资所费于美国经济的，似乎只是有关的专利权，加上不到所获股息全数的再投资。[①]

即使在输出大量资本的那些场合，随后的扩张一般都是通过利润再投资来进行的；利息和股息的回流（更不用提以支付服务等等形式伪装起来的汇款）不久就超过了原有投资的许多倍——并

---

① 克利奥纳·刘易斯（Cleona Lewis）:《美国在国际投资中的重大利益》（America's Stake in International Investment），华盛顿，1938年，第300—301页。

且还在继续把资本输入美国母公司的金库。因此,毫不奇怪,虽然每年有资本流出国外,投资收入的回流总是要大得多。根据1950年及以后的政府官方统计可以编制的这两个数列,如表2所示。

表2 资本输出和收入,1950—1963年

(单位:百万美元)

	直接投资的资本输出净额	直接投资收入
1950	621	1,294
1951	528	1,492
1952	850	1,419
1953	722	1,442
1954	664	1,725
1955	779	1,975
1956	1,859	2,120
1957	2,058	2,313
1958	1,094	2,198
1959	1,372	2,206
1960	1,694	2,355
1961	1,599	2,768
1962	1,654	3,050
1963	1,888	3,059
共　　计	17,382	29,416

资料来源:美国商务部《商业现况调查》,1954年11月;以后见该刊每年8月号的年度调查文章。

在解释这些数字时——应当记住,其中不包括经理酬金、专利权税和以各种形式掩盖的汇款[1]——重要的是必须记住,根据同

---

[1] "除了以股息、利息、分行利润的形式获得的收入之外,美国母公司还从国外分支机构获得大量的付给各种经理服务的报酬,以及使用专利权、版权和类似的无形财产的费用。到1961年,这种入款接近每年4亿美元,并且比列为'收入'的数额以更快的速度继续增长。"[塞缪尔·皮泽和弗雷德里克·卡特勒(Samuel Pizer and Frederick Cutler):《美国海外投资的扩张》(Expansion in U. S. Investments),《商业现况调查》,1962年8月,第24页。]

一来源,国外直接投资总额从1950年的118亿美元增至1963年的406亿美元,增加了288亿美元。这样看来,在此期间,美国公司能够以收入的形式收进的比它们当作资本输出的要多120亿美元,同时,把它们的国外财产(通过国外所赚利润的再投资,向外国银行和投资人的借款,等等)扩充了288亿美元。

人们只能得出这样的结论:国外投资远远不是国内形成的剩余的出路,相反,它是把海外形成的剩余转移到投资国的最有效的手段。在这种情况下,那就自然很明显:国外投资使剩余吸收问题更为严重,而不是有助于它的解决。

5

不管人们怎样转弯抹角,终究没有办法可以避免得出这个结论:垄断资本主义是一个自相矛盾的制度。它总是形成越来越多的剩余,可是它不能提供为吸收日益增长的剩余所需要的因而是为使这个制度和谐运转所需要的消费和投资出路。既然不能吸收的剩余就不会被生产出来,所以垄断资本主义经济的正常状态就是停滞。在一定的资本总额和一定的成本与价格结构之下,这个制度的开工率不会高过生产出来的剩余数量能够找到必要出路的那一点。而这就意味着现有人力和物力的经常使用不足。或者,把这个论点用稍为不同的措词来说,这个制度的开工率在它的赢利变动线上必须处在这样一点:它低到不使形成的剩余比所能吸收的更多。既然赢利变动线总是在向上移动,"平衡的"开工率就必然会有相应的下降倾向。如果听其自然——即是说,当不存在构成这个制度的所谓"基本逻辑"的一部分的抵销力量时——垄断资本主义会越来越深地陷入长期萧条的泥沼中。

抵销的力量的确是存在的。如其不然,这个制度早就应当自行崩溃了。因此,理解这些抵销力量的性质和含义是一件最关重要的事情,以下三章就是用来完成这个任务的。这里我们只限于说几句开场白。

垄断资本主义的自相矛盾的性质——它的长期无力吸收它所能生产的剩余——以一种独特的方式给予普通公民以深刻的印象。对他来说,经济问题似乎同教科书上所说的恰好相反:不是怎样去更好地利用稀少的资源,而是怎样去处理过多资源的产品。不管他的财富或社会地位如何,都是如此。如果他是一个工人,普遍存在的失业告诉他,劳力总是供过于求。如果他是一个农民,他总是在为漂出生产过剩的海洋面上而奋斗。如果他是一个商人,他的销售量持续地落在他所能有利地生产出来的数量之下。总之是太多了,从来不是太少了。

这种状态是垄断资本主义所独有的。"太多"这个观念本身,在资本主义以前的各个社会形态中都是不可想象的;即使在资本主义的竞争阶段,它也只是描述一种暂时的混乱,而不是一种正常的状况。在一个合理组织的社会主义社会,不管它可能赋有多么丰富的天然资源,具有多么发达的技术和人工技巧,"太多"只不过是一个受人欢迎的信号,使人把注意力转向一个"太少"的领域。只有在垄断资本主义下,"太多"才作为一个在所有的时候影响每一个人的普遍问题出现。

从这个源泉产生了一系列不同的态度和利益,它们对于垄断

四、剩余的吸收：资本家的消费与投资

资本主义社会的性质和运行具有极大的重要性。一方面，有着充满公共机关结构内的顽固的限制主义精神。① 工会的要求资方雇用超过工作需要的人员，亨利·华莱士的把小猪崽埋葬掉，只不过是人所共知的最好例子，证明在商业和政府中几乎是普遍的做法：对供给过剩的最原始的反应就是削减。在20世纪30年代，当"太多"发展到成为普遍灾难的程度时，原始的限制主义在"全国工业复兴法"和"全国复兴署"中获得了官方全国性政策的尊严与威力。

但是把削减用作对"太多"的救济办法，即使对某些集团和个人有利，也徒然使整个局势更为严重。因此出现了一套次要的和更高明的态度和政策，在最初是摸索地和缓慢地出现的，但是随着垄断资本主义的发展，它们的目的性和推进力都在日益增长。它们的理论基础是从这个简单的事实得来的，供给方面的"太多"，其反面就是需求方面的"太少"，它们不去削减供给，而以刺激需求为目的。

这样，刺激需求——创造和扩充市场——就在日益增大的程度上变成了垄断资本主义下商业政策和政府政策的主题。但这个说法尽管是真实的，却容易引起误会。有许多可以设想的刺激需求的方式。例如，如果一个社会主义社会发现，由于某种计划上的错误，有比可能售出的更多的消费品正在生产出来，假定现有的价格和收入结构不变，最简单和最直接的救济办法显然是减价。② 这会减少计划当局所能支配的剩余数量，并相应地提高消费者的

---

① 这就是法国人——用一种不太强的逻辑——所称的"马尔萨斯主义"。
② 参阅卡勒基：《经济动态学理论》，第62—63页。

购买力。供过于求的威胁可以迅速地、毫无痛苦地避免:每一个人的经济境况都会更好一些,而不是更坏一些。在垄断资本主义下这种行动方针显然是无法采取的,在那里决定价格是巨型公司小心翼翼地捍卫着的特权。每一家公司都以追求它自己的最大限度私人利润为目的来做出它自己的决定。除了在全面战争的短时期内——此时通货膨胀的压力威胁着整个的经济和社会组织——之外,并不存在有权管制价格的机构。而且,在和平时期维持或建立这样一种机构的每一次尝试,其结果不是可耻的失败(第二次世界大战后价格管制的可耻下场可以作为见证),就是使"被管制的"工业部门中所实行的垄断价格形成办法披上一层薄薄的合法化伪装。明摆着的事实是:价格形成过程是由垄断资本主义社会中最有势力的既得利益集团所控制的。想象可以为着公共利益来对这种过程加以管制,就会把使这种社会之所以成为这种社会的特征本身都想象掉了。

如果在垄断资本主义的结构内通过减价来刺激需求是不可能的,其他可供采取的方法却不能说也是这样。可以拿广告和有关的销售术形式来作为例子,这将在下章详细分析。每一个巨型公司为它的处境的逻辑所驱使,把越来越多的注意和资源用在销售努力上。而整个垄断资本主义社会具有充分的兴趣,去促进而不是去限制和管制这种创造新市场和扩大旧市场的方法。

同减价和销售术的情形一样,其他刺激需求的形式可能是与构成垄断资本主义社会实质的利益布局、权力结构、思想意识体系相适应的,也可能是与它们不相适应的。相适应的将受到鼓励和提倡;不相适应的将受到忽视和禁止。垄断资本主义的问题不是

四、剩余的吸收：资本家的消费与投资

要不要刺激需求。它必须刺激需求，否则就只有灭亡。

问题是怎样刺激需求。在这里，我们将试图表明，这个制度有它自己的内在选择机构，这种机构对于垄断资本主义社会生活的每一个方面都具有深远的影响。

五、剩余的吸收：销售努力

在分析社会经济剩余——社会总产品与生产它的社会必要成本之差——的利用时，经济理论在传统上集中注意于资本家的消费和私人投资，这是上章所讨论的题目。并不是说其他的利用方式完全被忽略了。国家和教会总是被承认为剩余的共同消费者；古典作家和马克思都认为，除了国家官吏和僧侣之外，还有"非生产"工人的重要一类，其代表是家庭仆役，他们从资本家和地主获得自己收入的大部分或全部。其次，马克思还把他所称的流通费用加在剩余的使用上：

> 一般的规律是：一切只是由商品的形式转化而产生的流通费用，都不会把价值追加到商品上。这仅仅是实现价值或价值由一种形式转变为另一种形式所需的费用。投在这种费用上的资本（包括它所支配的劳动），属于资本主义生产上的非生产费用。这种费用必须从剩余产品中得到补偿，对整个资本家阶级来说，是剩余价值或剩余产品的一种扣除。①

可见，从原则上说，除了资本家的消费和积累以外还有其他的

---

① 《资本论》第2卷，第6章第3节（《马克思恩格斯全集》第24卷，第167页）。

剩余利用方式,这是从来不成问题的。可是,这些其他的方式一般都被当作次要的题目看待。它们被看作只涉及资本家阶级消费支出的再分配或积累率的略为降低,从来没有被看作一种决定性的因素,决定着整个经济制度的运转方式,或建立在这种经济基础之上的社会的性质。

不难理解,为什么在竞争资本主义下流行着这种观点:18世纪和19世纪占统治地位的资产阶级对于把赋税和什一税降到最小限度很感兴趣,结果教会和国家所消费的剩余部分比在封建时代要低得多;当时可以合理地设想,当资本主义社会变得更富有时,这一部分还会继续下降。同样,流通费用同在商人资本对工业资本仍然占据上风的重商主义时期相比亦大为降低,而这似乎也表明,在将来,资本家的消费和积累会日益增多地占用社会的剩余产品。

这两种利用方式是否足以吸收这种经济所能生产的全部剩余——这个问题在经济学文献中早就出现了——曾由马尔萨斯和李嘉图认真地讨论过,并且在西斯蒙第和一系列异端的"消费不足论者"的著作中居于统治地位。这个题目也出现在马克思及其信徒们的著作中,虽则显然处于从属地位。古典作家和马克思之所以未能更多地关心剩余吸收方式的充足与否问题,也许是因为他们深信,资本主义的中心难题集中在马克思所称的"利润率下降趋势"方面。从这个角度去看,资本主义扩张的障碍,好像更多的是在于用来维持积累势头(the momentum of accumulation)的剩余太少,而不是在于利用剩余的特殊方式的任何不足。自然,在新古典经济学家的理论中,由于他们集中注意于市场的平衡机构,整个资本主义的长期趋势的问题在半个世纪以上实际是完全看不见了。

当我们从分析竞争制度转入分析垄断制度时,必须在思想方法上做出根本的改变。由于剩余增长规律代替了利润率下降趋势的规律,由于剩余利用的正常方式显然不能吸收日益增长的剩余,剩余利用的其他方式问题就变得极为重要。必须有这些利用方式,它们应当具有庞大的和日益增长的数量,变成了这个制度的生死攸关的问题。当它们相对于资本家的消费与投资而增长时,它们就日益更多地支配着社会产品的结构,经济增长的速度和社会本身的性质。

其他利用方式之一我们称之为销售努力。从观念上讲,它同马克思的流通费用一样。但在垄断资本主义时代,它在数量上和质量上所起的作用都是马克思未曾想到的。

2

远在资本主义达到最高的、垄断的阶段以前,销售努力就已经出现。在经济和社会领域中,任何现象很少有不呈现预兆而像神仙般突然出现的。各种趋势通常是暂时地出现,在或长或短的时期内停留在微弱和无足轻重的状态中。有一些从来没有超出幼苗的阶段,被起抵销作用的过程所压倒并窒息了。其他的则长成了强壮的大树,最后变成了社会景色的显著特征。① 这样,销售努力作为一种经济和社会秩序,要比资本主义老得多。它在古代就以各种形式出现,在中世纪变得十分显著,而在资本主义时代则在范

---

① 正是把前者同后者分辨开来的能力,构成了对历史过程的理解和经验主义者的历史"事实"堆积两者之间的主要区别。

围和强度上都增长了。它的本质已由桑巴特加以简洁的描述：

> 激发兴趣，博得信心，唤起强烈的购买欲望——这就是幸运的商人所做努力的最高成就。至于采取什么手段来获得这种成就，那是没有区别的。只要是通过内部的强迫而不是通过外部的强迫来达到目的就行了，只要交易的对方不是违反自己的意志而是出于自己的决定来进行交易就行了。商人的目的必然是暗示。内部强迫的手段是多种多样的。①

然而，尽管这种"内部强迫手段"的武库在以往是很大的和多样化的，它只是在垄断资本主义的最发达的阶段——在今天的美国——才达到了巨大的规模。这种扩张深刻地影响了销售努力在整个资本主义制度中所起的作用：原来是这个制度的比较不甚重要的特征，现在已经发展到成为它的决定性神经中枢之一。就其对经济的影响而论，超过它的就只有军国主义了。在社会存在的所有其他方面，它的无孔不入的影响是无与伦比的。

销售努力的惊人发展以及它的势力的显著加强，是由于它经历了一个影响深远的质的变化。价格竞争作为吸引公众惠顾的手段在作用上已经大为降低，并屈从于促进销售的新方式：广告，产品形状和包装的多样化，"人为的商品陈旧"，模型改变，信贷计划，如此等等。

---

① 《资产阶级：关于现代经济人的精神生活》（*Der Bourgeois：Zur Geistesgeschichte des Modernen Wirtschaftsmenschen*），慕尼黑和莱比锡，1913年，第74页。

3

在竞争激烈残酷而竞争者为数甚少以致不适用削价的一种经济制度中,广告在日益增大的程度上变成了竞争的主要武器。广告在商业上的直接目的和效果在经济文献中已经得到详尽的分析,是很容易了解的。在原始竞争的条件下,一个工业部门包含许多出售人,每一个出售人只供给同一种产品的一小部分,这时是没有个别商号刊登广告的机会的。不管它生产的是什么,它可以按现行市价出售;如果它扩大产量,小小的减价将使它能把增产部分售出;即使是小小的涨价,也会促使它的顾客转向它的按原价提供同一产品的竞争者,从而使它自己丧失买卖。诚然,即使在这种情况下,也还可以由生产商协会刊登广告,促请消费者扩大他们对某一类产品的购买额。但是这种呼吁("多饮威士忌"或"多吸纸烟")在广告史上从来不曾起过主导的作用。

当出售人为数甚少,每一个都占一个工业部门的生产量和销售额的很大部分时,情况就完全不同了。这一种相当大的商号,可以通过在它们自己的产品和它们的竞争者的产品之间确立并维持明显的差异,来对它们的产品市场施加强大的影响。这种差异主要是靠广告、商标、牌号、与众不同的包装、产品的多样化来获得的;如果成功的话,它就会导致这样一种状态:从消费者看来,这种差异化的产品不复是可以互相替代的近似代替品了。产品差异化的努力越加有效,差异化产品的出售人就越加接近于垄断者的地位。公众对他的特殊牌号的依恋越强烈,他所须考虑的需求就越少弹性,而他也就越能提高价格,而不致遭受收益的相应减少。

所有这一切首先适用于消费品,但在生产资料领域,也有很大的和日益增长的关系。只要看一看任何一种对商人发行的无数普通的或专门的杂志,就可以相信:即使是消息极其灵通而在技术上又是精明的购买人,也绝不是不受广告影响的。

正如广告及其有关政策能在购买者心中创造对某种产品的依恋一样,也可以制造对一种新的,或表面上是新的产品的需求。E.H.张伯伦在他的独辟蹊径的著作中,关于这个题目所说的是:

> 广告影响需求……是通过改变欲望本身。欲望本身的改变同现有欲望得以满足的渠道的改变的区别,虽然在实际应用上由于两者常常混在一起而弄得模糊不清,但分析起来却是十分明白的。一项广告如果只是说出一种商标或制造商的名字,它可能没有提供什么消息;但是如果能使购买者更为熟悉这个名字,他们就会愿意购买它,而不愿购买未登广告和不熟悉的牌子。同样,有些销售方法,如打动购买者的感情,使用购买者不熟悉的因而无法防御的心理法则,恐吓他,奉承他或消除他的疑虑——所有这一切都不会增加他的知识。它们不是提供消息的,它们是操纵的手段。它们通过重新安排他的动机,来创造一种新的欲望组合。①

很明显,新创造的欲望越强烈,满足这种欲望的产品的价格就可以

---

① 《垄断竞争理论》(The Theory of Monopolistic Competition),剑桥,马萨诸塞,1931年,第119页。(中译本:《垄断竞争理论》,生活·读书·新知三联书店,1958年。——译者)

定得越高,而这种商号的利润也就越大。因此,正如西托夫斯基所说,"广告支出的长期上升是利润边际长期上升和价格竞争衰落的一种标志"①。

4

经济和社会发展领域的统计时间数列虽然常常是意义不明确的,但美国经济中的广告支出经历了一个真正显著的长期上升则是没有疑问的。一个世纪以前,在迎来资本主义垄断阶段的集中和托拉斯化的浪潮之前,广告在产品分配过程中和在影响消费者的态度与习惯上起的作用非常小。有过一些广告,但主要是由零售商刊登的,即便是他们也并不企图去树立不同的牌号或有牌子的商品。制造商本身还没有开始利用广告作为一种手段,来给自己的产品获得最后的消费需求。可是,到19世纪90年代,广告的数量和气氛都改变了。1890年的广告支出达3.6亿美元,为1867年的七倍左右。到1929年,这个数字已增加到将近十倍,达到了34.26亿美元。②

这样,当垄断资本主义达到成熟阶段时,广告进入了"劝说的状态,这是同宣布或反复申说不同的"③。广告刊登人的工作的新

---

① 蒂博尔·西托夫斯基:《福利与竞争》,第401页脚注。
② 《美国历史统计:殖民时代至1957年》(*Historical Statistics of the United States: Colonial Times to 1957*),华盛顿,1960年,第526页。
③ E.S.特纳(E. S. Turner):《骇人听闻的广告史》(*The Shocking History of Advertising*),纽约,1953年,第36页。

五、剩余的吸收：销售努力

阶段,早于1905年就在《油墨》杂志中充分描写过了：

> 这是商标的黄金时代——在这个时候,几乎任何一种有价值的产品的生产者都可以拟定需求的规模,这种需求不仅将随着年代而增长到超出以前所知道的任何范围以外,而且将在某种程度上变成垄断。……到处……有机会带头刊登广告——用有标准商标的产品,来代替无数混杂的、不知名的、不被人承认的布匹、衣着、食品,辅之以全国性的广告,这种广告本身在大众眼中就变成了价值的保证。①

因此,广告业以极大的速度发展着,它的扩大和成功由于经济的日益增长的垄断化和被利用来为它服务的媒介物——特别是无线电,现在尤其是电视——的效率很高而不断地得到了促进。1957年用于广告媒介物上的全部支出增至103亿美元,而在1962年达120亿美元以上。② 连同广告机构和其他专门公司所进行的市场研究、公共关系、商业设计以及其他类似服务,总数现在可能超过200亿美元。而这并不包括生产公司本身所进行的市场研究、广告工作、设计等等的费用。

这种确实可以说是大得难以相信的资源耗费,并不反映公司经理部门的轻率和不讲理性,也不反映美国人民对于无线电和电视中

---

① 戴维·M.波特(David M. Potter):《富有的人》(*People of Plenty*)一书中所引,芝加哥,1954年,第170—171页。

② 《美国统计摘要：1963年》(*Statistical Abstract of the United States：1963*),华盛顿,第846页。

带唱的广告节目,五光十色的广告牌,杂志报纸中连篇累牍的广告具有什么特别的爱好。实际发生的事情是,广告对公司商业这一大部门来说,已经变成了不可缺少的工具。它已被竞相使用,成为公司追求最大限度利润政策的一个组成部分,同时用作保障垄断地位的不可逾越的城垣。虽然公司经理部门最初把广告看作是可惜的成本,应当减到越少越好,可是不久对许多公司企业来说,它就变成了一个广告公司所正确地称呼的"为了生存所必不可少的东西"。①

5

前面已经提到,广告现象并未逃脱学院经济学的注意。艾尔弗雷德·马歇尔已经区别了"建设性的"广告和"竞争性的"广告——赞许前者是用来"提起人们对于购买或出售机会的注意的,他们或许愿意利用这种机会",而谴责后者主要是说服或操纵的工具。② 后来,庇古更进一步提出"可以由国家对竞争性广告征税或予以禁止,来向这种坏事进攻——如果能够把竞争性广告同不是严格的竞争性广告区别开来的话"③。这种处理问题的方法——

---

① 这种"为了生存必不可少"的原则的一个极端的例子,可以从近来由全国最大的制药公司之一所发售的一种称为"康达"的特许专卖药见到。这种药品的广告费估计为"使人吃惊的 1,300 万美元,用在或许从未有过的煞费苦心的药品推销广告之一上。大部分的钱用在电视方面"。关于这笔支出,该制药公司"据说以批发价格从药房售货上得到 1,600 万美元"(《纽约时报》,1964 年 1 月 9 日)。把自然要加在销售成本以及生产成本之上的可观的利润边际算进去,似乎很清楚,生产成本即使在批发价中也只占极小的一部分。当加上零售商的利润边际时,生产成本在消费者所付价格中的份额实际上必然是小得看不见的。

② 《工业与商业》(*Industry and Trade*),伦敦,1920 年,第 305 页。

③ 《福利经济学》(*Economics of Welfare*)第 4 版,伦敦,1938 年,第 199 页。

五、剩余的吸收：销售努力

把广告的"好的"方面和"坏的"方面加以区分，捍卫一个而猛烈抨击另一个——统治了以后大多数专业经济学家的著作，它的确变成了经济学的一个突出部门——所谓福利经济学的特征。

这些经济学家的著作，尤其是采取同样态度的很多社会问题评论家的大量出版物，对我们了解广告做出了很大的贡献。有着这些情报在手，就很难认真主张说，广告在任何可以看到的程度上完成了马歇尔和庇古所说的"建设性"职能，或者导致了其他经济学家所称的"更加消息灵通和更加完全的市场"。的确，今天很少有人会怀疑路易斯·切斯金的话，他是一个推销技术的老资格专家，他说："由于消费者对大多数产品并不了解，他们就专看标签、商标和牌名。"他还说："一种高级产品意味着它在消费者眼里是高级的。它不一定意味着按客观价值或按实验室的标准来说是高级的。"换言之，消费者的爱好，不是通过让他去在真正不同的产品之间进行选择来造成的，而是通过使用日益完善和精心设计的暗示和"洗脑"技术来造成的：这也变成了一种普通常识。再引用切斯金的话，"过去 12 年所进行的研究最后表明，个人受到了广告的影响，但并不觉察到这种影响。个人被一项广告推动他去购买某种货物，但他常常不知道是什么东西推动他去干的"①。还有许多研究同样使人信服地表明：广告诱使消费者付出的价格，比在实质上相同但没有适当的广告技术撑腰的产品所索取的价格要高得多。②

---

① 路易斯·切斯金（Louis Cheskin）：《人们为何购买？》（*Why People Buy*），纽约，1959 年，第 65、54、61 页。显然，谴责所谓诉诸下意识的广告为特别令人讨厌，这很难说是有理由的：所有的广告在本质上都是诉诸下意识的。

② 我们将在后面讨论广告的一个有关的但是独立的职能，即常常这样来欺骗消费者：让他喜欢所买到的东西，而不问其价格或质量如何，或是引诱他去购买一种同广告上所描述的实际不同的产品。

最后,有时提出来为广告辩护的理由是,广告的媒介物能为高质量的音乐和文学节目的演出提供资金——这无异于是为了烤猪肉而去把房子烧掉。不仅由群众宣传工具人为地提供的直接或间接作为广告手段的艺术节目在价值上有着严重的问题;而且无疑地,这些节目的直接提供所费于消费者的,可以比他们被迫通过商业广告付出的费用要无比低廉。

6

试图衡量广告的"好的"方面和"坏的"方面这种推理,导致传统的福利经济学几乎是一致地谴责广告,说它浪费大量的资源,继续不断地消耗消费者的收入,有计划地破坏他在真正的替换物之间进行选择的自由。① 但是这种研究方法始终未能包括真正是最重要的两个问题。一个是,这样来处理广告的问题的一切方面是没有意义的:把广告看作是经济制度中某种讨厌的赘疣,只要"我们"下决心去掉它,它就可以消除。广告是垄断资本主义本身的产

---

① 这并不适用于"新"福利经济学,它也许比经济学的任何一个其他领域更多地反映了垄断资本主义时代资产阶级思想中的理智丧失。以消费者的"表现出来的偏好"作为它的出发点,这种时髦的学说不表示任何的"价值判断"。例如,它的最杰出的发言人之一,保罗·A.萨缪尔森,对这件事根本不表示态度:"广告的辩护者认为它具有许多经济上的优点。能向公众提供有益的消息;能创造大量生产的市场;而作为广告支出的一种副产物,我们有了私人报刊,许多精选的无线电和电视节目,以及厚本的杂志,如此等等。另一方面,有人主张说,许多广告是自相抵销的,对于消费者的有益消息增加很少;配合每一分钟的交响乐,就有半小时闹剧。情况会更加引起争论,如果不是由于盖洛普民意测验所发现的这一令人吃惊的事实:许多人似乎欢喜广告,他们不相信他们所听到的全部东西,但他们还是不期然而然地全都记得住。"[《经济学》(*Economics*),第 5 版,纽约,1961 年,第 138 页。]

物,是价格竞争衰落的必然的副产品,它像巨型公司本身一样,构成了这个制度的组成部分。正如庇古偶然提到的——他没有进一步探讨这个题目——"如果摧毁垄断竞争的条件,就可以把广告完全除去。"① 但是很明显,战胜资本主义——因为这就是摧毁垄断竞争一语在今天应有的含义——并不属于福利经济学的范围,它的任务只在消除或者减轻资本主义的最不幸的结果,以便加强必然生产和再生产这些不幸结果的资本主义制度本身。

福利经济学在研究广告时所具的第二个甚至是更大的弱点是,它明白地或者含蓄地假定了资源的充分利用,这是它的全部推理的基础。用萨伊的定律作为出发点,它把广告(以及一般的销售努力)看作是在经济中造成了某种"歪曲"。首先,既然大家同意,广告和销售费用是由消费者负担的,② 因此就认为,广告的增多造成了收入的再分配:消费者的收入减少了,而刊登广告者和广告媒介物的收入增加了同样的数目。其次,既然公认为广告使消费者从购买一种商品转到购买另一种商品,造成他们根据荒谬的理由来做出自己的购买决定,诱使他们在无价值的或伪造的产品上花费自己的一部分收入,所以广告就被责备为歪曲消费者自由选择的结果,从而干预了消费者的最大限度满足。但是在这种理论中,不是把广告看作改变消费者购买的总量,因而在分析整个资本主义制度的运行原则中不必太多地注意它。

---

① 《福利经济学》,第 199 页。

② "归根到底,这种由消费者负担的费用必须算作销售成本——改变他的需求的成本,而不是生产成本——满足他的需求的成本。"[张伯伦(Chamberlin):《垄断竞争理论》,第 123 页。]

这种处理方法故意地模糊了广告以及和它有关的东西在垄断资本主义经济中的中心职能——对这种职能商人和研究美国经济现实情况的商业分析家了解得更清楚。例如,麦格劳-希尔出版公司经济学部写道:"事实是,下一个广泛的定义——它很可以下这样的定义——把从产品设计经过定价和刊登广告,直到逐户推广和最后出售这一整套推销业务都包括进去,销售或推销不仅是自由社会的象征,而且在日益增大的程度上是我们这个特殊的自由社会的正常必然性。"①在缺乏这一整套推销业务时会使"我们这个特殊的自由社会"遭遇到什么样的困境,在一个显要的纽约投资银行家的严厉的话语中列举如下:"购买衣服将只是为了它的使用价值;购买食物将只是根据它的经济和营养价值;汽车将拆卸得只剩下必要的东西,在其有效寿命的整整 10 年至 15 年中始终由同一个所有人拥有;房屋的建造和维修只是为了聊蔽风雨,不考虑风格或邻居关系。对于一种依存于新模型、新风格、新想法的市场,会出现什么情况呢?"②

这的确是事情的关键。被需求不足所不断苦恼着的市场,究竟会出现什么情况呢?遭受长期消费不足、投资不足和就业不足的经济制度,又会出现什么情况呢?因为广告在经济上的重要性,

---

① 德克斯特·M.基泽及同事:《美国商业中的新力量》,第 90 页。
② 保罗·梅休尔(Paul Mazur):《我们所提高的标准》(*The Standards We Raise*),纽约,1953 年,第 32 页。梅休尔先生似乎没有想到,在选择衣服和食品时,审美的考虑和嗜好会起着作用;不考虑麦迪逊路的所谓"风格",只要完全考虑到建筑艺术,就可以盖房子,并且盖得很好;邻居关系可以既不是"孤傲的",也不是"有限制的",既不是阴郁的地带,也不是贫民窟,而是考虑到自然位置,接近工作地点、公园、运动场所、运输设备,计划得很好的住宅区的一部分。

五、剩余的吸收：销售努力

主要不在于它促使消费者的支出在不同的商品上进行再分配，而在于它对有效总需求的大小，从而对收入和就业水平的影响。这一点很容易为推销术和广告术的教授们以及商业记者们所理解，但除了少数例外，却被经济理论家忽视了。①

这种疏忽的产生，是由于不承认长期停滞趋势是垄断资本主义的特点，以及用来抵销这种趋势的广告在运用方式上的复杂性。因为，虽然重要的是要了解全部广告努力构成了利用经济剩余的一种方式，但是在商业会计上处理它的方式却模糊了这个基本要点。困难是因此产生的：广告支出因为被算作成本，看起来就好像同生产成本完全一样，它自然不列入利润之中。然而，既然它显然与必要的生产和分配成本——不管下怎么广泛的定义——无关，它就只能算作总剩余的一部分。

这一部分剩余具有某些特点。首先，它是由两个不同的成分组成的。第一个成分是通过生产工人所购买的消费品价格的增长来支付的那一部分社会广告及其他销售总支出。生产工人的实际工资减少了这个数目，而剩余——它是净产值总额与生产工人实际工资总额之差——则相应地增加了。另一个成分比较复杂。它是由资本家本身所负担的和由非生产工人通过他们所购商品的涨价来负担的其余一部分广告和销售费用。广告和销售努力支出中的这个成分不是由生产工人负担的，它不构成剩余的增加，只是造成剩余的再分配：某些靠剩余生活的个人被剥夺了自己收入的一

---

① 最值得注意的例外，而且我们相信是头一个，就是 K. W. 罗思柴尔德。参阅他的不幸很少受人注意的文章，《关于广告的一则短文》(A Note on Advertising)，《经济学杂志》，1942 年 4 月。

部分去维持其他靠剩余生活的个人,即从销售"行业"本身所产生的工资,薪金和利润中获得收入的人。

维持销售努力的那一部分总剩余还有一个更为重要的特点,可以称之为它的"自行吸收"的性质。因为,虽然这种剩余中有一些是从生产工人榨取而来,另外一些是从非生产工人扣除的,但整个数额却是用来维持销售努力的。同采取净利润形式的那部分剩余不一样,采取销售成本形式的这一部分剩余却不要求有资本家的消费和投资出路来与之抵销。它可以说是给自己提供了抵销的办法和出路。(这个说法需要做一点限制:广告机构和其他从事销售努力的企业的利润,显然列在利润总额中,必须用资本家的消费或投资或兼用两者来抵销。)

因此,销售努力对于经济的收入结构和产品结构的直接影响,就同政府靠租税收入所做的支出一样。这种影响是用经济学文献中所称的"平衡预算乘数"来测量的,它将把总收入和总产品扩大一个与原来的税收(和支出)同样大的数目。① 自然,总收入的扩大是同广告机构、广告媒介物等等中非生产工人的较高就业率相联系的。

到此为止,我们注意的是广告同收入产生和剩余吸收两者的直接关系。间接的影响也许是同样重要的,是朝着同一方向起作用的。一般说来,间接影响有两种:对于投资机会的具备与否及其性质的影响,对于社会总收入在消费与储蓄之间的划分(即凯恩斯主义者所称的消费偏向)的影响。

---

① 平衡预算原理将在下面,第 156—157 页,详细讨论。

对于投资机会，广告所起的作用与在传统上归之于技术革新的作用相似。广告使得有可能创造对于一种产品的需求，从而鼓励了对厂房设备的投资，不然这种投资是不能发生的。登广告的产品是否真正是新的倒没有什么关系：一种新牌子的旧产品也行。[127] 在这种场合自然是浪费资源；但在存在着失业和生产能力闲置的情况下，这些资源不这样利用也一样会弃置不用：广告造成了投资和收入的净增加额。

对于总收入在消费与储蓄之间的划分，广告的影响是明白的，它虽然无法测量，然而可能是很大的。在这一方面，重要的是要记住，在垄断资本主义时期，国民收入有了很大的增长，而经济剩余的增长甚至更大。这些发展，连同技术上的进步（上述发展既是技术进步的原因，又是它的结果），使得劳动力的职业分布有了重大的改变。狭义的工人阶级内部的阶层划分增多了，产生了许多类型的技术工人和白领工人，他们享有的收入和社会地位在不久以前只有中等阶级的成员才能享有。同时，旧的"食剩余者"阶层的人数已经增多，又加上了新阶层：公司和政府的官僚，银行家和律师，广告撰稿人和公共关系专家，股票经纪人和保险代理人，房地产经纪人和殡仪业者，如此等等，似乎是无止无休的。所有这些类型的人，自然还有C.赖特·米尔斯所称的公司富人和极富有的人，他们的大量收入不但足以使他们过着舒服的生活，而且可以过着不同程度的奢侈生活。他们中的大部分人习惯从自己的收入中储蓄一部分；当他们的收入增加时，他们全都面临着把增加部分消费掉还是储蓄起来的选择。另一方面，这也是实在的：这些类型的人是信用卓著的，在贷款机构增多（这是垄断资本主义的特色）的情况下,他们很容易得到贷款来购买住宅、汽车、游艇或他们灵机一动想要购买的东西。在这种情况下,通常所称的任意做出的开支数额——可以储蓄也可以使用的收入数额加消费者可以得到的贷款——是巨大的,一年达数百亿美元。因此,广告的职能,也许是它今天的主要职能,就是站在消费品的生产者和出售人方面,进行一场无情的战争,反对储蓄,拥护消费。① 完成这个任务的主要手段是:造成式样的改变,创造新的欲望,定出新的地位标准,强迫接受新的礼仪规范。广告在达到这些目的上所取得的公认的成功,大大地加强了它的作用:它既是一种抵销垄断资本主义的停滞趋势的力量,同时又表明它是著名的"美国生活方式"的总设计师。

7

刊登广告者的策略,是在人们的头脑中打进这样的观念:拥有进入市场的最新产品无疑是称心合意的,的确有这样的迫切需要。② 可是,这种策略要能奏效,生产者就必须使"新"产品源源不

---

① 某些广告——储蓄银行、储蓄贷款协会、人寿保险公司等等的广告——自然是从相反的方向起作用,但在数量上同货物和劳务供应商的努力相比是很小的。

② 万斯·帕卡德(Vance Packard)援引《芝加哥论坛报》(*Chicago Tribune*)(它自称是"世界上最大的报纸")研究和推销经理的话说:"传统现在惹得我们厌烦。它不但不是一笔资产,而且对于这样的人民来说实际上是一笔负债:他们期待最新的东西,最新的东西——永远是最新的东西!"[《浪费制造者》(*The Waste Makers*),纽约,1960年,第165页。]帕卡德的许多著作,像现代许多其他的秽闻丑史写作专家的著作一样,为我们提供了大量的有益情报,同时也表现了,用马克思的话来说,"这种批判方法的长处和短处,这种方法知道评论现在,判处现在,却不知道理解现在"[《资本论》第1卷,第13章(《马克思恩格斯全集》第23卷,人民出版社1972年版,第552页脚注)]。

断地涌入市场,没有一个生产者敢落在后面,因为害怕他的顾客为了他的竞争者的"新"将转向后者。

可是,真正新的或不同的产品是不容易遇到的,即使在我们这个科学和技术迅速进步的时代。因此,许多向消费者连珠炮轰般地宣传的所谓新,要不是骗人的,就是对产品的作用或耐久性只有价值不大的改进,而在许多场合甚至是没有改进的。关于骗人的新,全国最大广告公司之一——特德-贝茨广告公司的首脑罗塞·里夫斯出色地描述了一个极好的实例:

> 格劳德·霍普金斯的撰写广告的天赋使他成为广告方面的不朽人物之一,他讲述了他的伟大啤酒广告之一的故事。当他在啤酒厂里参观时,他向麦芽和蛇麻子这些珍品客气地点头,但是当他看到空瓶子是用新汽*来消毒时,他活跃起来。他的委托人抗议说,每一家啤酒厂都是这样做的。霍普金斯耐心地解释说,重要的不是它们做了什么,而是它们在广告上说它们做了什么。他写了一则不朽的广告,宣布"我们的瓶子是用新汽洗涤的!"大烟草制造商乔治·华盛顿·希尔曾经一度刊登纸烟广告,用的是现在驰名的话:"它是烤过的!"的确,每一种其他的纸烟也是这样做的,但是其他的制造商都不够机灵,没有看出这样一个简单的故事所蕴藏着的巨大可能性。霍普金斯又一次获得了广告上的大成功,他写道:"去掉你齿上的薄膜!"的确,每一种牙膏都是这样做的。①

---

* 新汽即直接从锅炉出来的蒸汽。——译者

① 罗塞·里夫斯(Rosser Reeves):《广告中的现实》(Reality in Advertising),纽约,1961年,第55—56页。这本书以成功广告的最精明的指导者驰名。

这种例子自然能够无穷无尽地引申下去。但从我们现在的观点来看,要强调的重要事情不是这种现象的普遍存在,而是它完全只限于推销领域,并不回过来影响到生产过程本身。

第二种新就完全不同。在这里,我们所看到的产品在设计和外形上的确是新的,但它的用途基本上同它所要代替的旧产品一样。不同的程度可以很大,从包装的简单改变直到汽车型式每年的影响深远而又耗费巨大的改变。所有这些产品的变化有一个共同点,就是它们确实反过来影响到生产过程:销售努力一向只不过是生产的附属物,帮助制造商去有利地处理用来满足公认的消费者需要的货物,现在却日益侵入了工厂和车间,指示它们根据销售部及其在广告业中的谘议和顾问定下的标准来生产什么。这种情况由麦格劳-希尔经济学部总结得很好:

> 今天,制造公司的方向越来越面对市场而离开了生产。事实上,这种改变在某些场合已经走得很远,以致通用电气公司——作为一个惊人的实例——现在把它自己看作主要是一个推销组织而不是一个生产组织。这种想法回过来影响到公司的机构,以致市场的需要影响和决定着生产设备的安排和组织。①

万斯·帕卡德补充了一个情报:"每当用具工业的工程师们在20世纪50年代后期聚在一起开会时,他们常常哀叹:他们已经变

---

① 德克斯特·M.基泽及同事:《美国商业中的新力量》,第97页。

成了只不过是推销部的按钮。"他引用消费者协会的话说,"今天的所谓产品研究,许多在事实上是一种促进销售的支出,用来提供这个行业所称的有利的产品混合物(product mix)"①。事情还不止此。《财富》杂志是大商业的数量与效能的忠实记录者,它的研究人员调查了美国各大公司的研究与发展计划,发现这种几十亿美元的努力同可以销售的产品生产的关系比同它的大为吹捧的提高科学技术的任务的关系更为接近。②

就消费者而论,经济重心这样从生产转到销售,其效果完全是消极的。消费者协会是从事消费品的检验与评价的最大和最有经验的组织,它的前任主任德克维特·马斯特斯说:

> 当设计是同销售而不是同生产职能连在一起时(情况日益是这样),当推销策略是以式样的频繁改变为基础时,有着某些几乎是无法避免的结果:使用劣等材料的倾向;健全的产品发展必要时间的缩短;忽视质量和应有的检验。这样一种内在的陈旧的效果是对消费者的变相涨价,其形式为产品寿命更短,并且常常是修理费用更大。③

但对整个经济来说,其效果却肯定是积极的。像美国这样的

---

① 《浪费制造者》,第 14 页。
② 埃里克·霍金斯(Eric Hodgins):《美国研究的奇怪状况》(The Strange State of American Research),《财富》,1955 年 4 月。D. 汉伯格(D. Hamberg)提出了类似的结论,《工业研究实验室中的发明》(Invention in the Industrial Research Laboratory),《政治经济学杂志》(Journal of Political Economy),1963 年 4 月。
③ 万斯·帕卡德:《浪费制造者》,第 127 页所引。

社会拥有大量的耐用消费品,当这种耐用消费品的一部分磨损或被抛弃时必须予以代替,这就构成了对货物和劳务总需求的一个重要组成部分。内在的陈旧增加了磨损的速度,而频繁的式样变化则增加了抛弃的速度。(实际上,正如马斯特斯指出的,两者是不可分割地连在一起的。)最后的结果是,代替的需求在速度上逐渐增加,收入和就业普遍提高。在这一方面,销售努力变成了对垄断资本所陷入的长期萧条状况的趋势的一种抵销力量。

8

销售和生产努力彼此相互渗透以致实际上不可分辨,这种状况的出现,引起了社会必要生产成本的构成以及社会产品本身的性质的深刻变化。在竞争模型中,如果它所依存的一切假定都不变,只有最低限度的生产成本(由通行的工业技术所决定的),连同最低限度的包装、运输和分配(由现存习惯所要求的)成本一道,才能被市场——并由经济理论——承认是向消费者提供一种产品的社会必要成本。这种产品本身——虽然在资本主义下不是以它的使用价值为目的来生产的,而是以它的交换价值为目的当作商品来生产的——可以正当地看作是满足一种真正的人类需求的有用物品。诚然,即使在资本主义的竞争阶段——这个模型大体上可以适用于它——社会必要成本也比在一种比较不是那么无政府状态的生产制度下所需要的更多,但是实际上没有销售成本的问题,肯定没有生产与销售努力互相渗透的问题。社会必要成本可以明确地规定为,至少在原则上可以测定为,一种有用产品的生产与交

五、剩余的吸收：销售努力

付所必不可少的支出——假定生产力和相应的劳动生产率所达到的发展程度不变。一旦成本被规定以后，社会剩余就会很容易看作是总产值与成本之差。①

在寡头垄断和垄断统治之下，事情就完全两样了。凡勃伦是第一个承认并分析垄断资本主义的许多方面的经济学家，他在相当早的阶段就正确地指出了这个关键之点：

> 生产者不断地给予更多的注意于其产品的销路，以致许多在账簿上以生产成本出现的东西应当正式列为销售外观(salable appearances)的生产。工艺与推销二者的区别就这样弄得模糊不清，以致现在无疑地可以说是实在的：为市场而生产的许多产品的工厂成本，主要是供生产销售外观之用，一般都是夸张的。②

这种现象在 20 世纪 20 年代初期是否真正像凡勃伦的话似乎包含的意思那么广泛，是可以怀疑的。但没有争论的是，作为 20 世纪 50 年代和 20 世纪 60 年代的情况的描述，他的话是百分之百正确的。它提出了一个问题，对于把社会必要成本和剩余包括在其基本概念中的任何理论来说，这个问题既是重要的，又是困

---

① 资本主义的会计方法把租金和利息都当作是各个商号的成本。如果社会产品的总成本是把各个生产者的成本加起来计算的，那么租金和利息将会列入成本而不包括在剩余之中。可是，古典经济学和马克思主义经济学都不难透过这个现象来看清实质：租金和利息也同利润一样，是社会剩余的组成部分。

② 索尔斯坦·凡勃伦：《近代的非经营的所有权与商业企业》(*Ownership and Business Enterprise*)，纽约，1923 年，第 300 页。

难的。

这个问题是：当像凡勃伦所说的工艺与推销的区别弄得模糊不清时，社会必要成本是什么呢？只有销售成本时，还不发生这个问题。只要销售"业"和生产企业的销售部是分开的，并不侵犯生产部，样样事情都是一清二楚的。在这种场合，销售成本也像租金和利息一样，可以很容易看出是剩余的一种形式，应从总成本中扣除，以便得出真正的社会必要生产成本。但当销售成本同生产成本确实无法分辨时，像在——例如——汽车工业的情形那样，我们应当怎么办呢？没有人怀疑，生产一辆汽车所费的实际劳动有很大一部分——究竟有多大，我们马上就要研究——不是以制造一种更有用的产品为目的，而是以制造一种更能行销的产品为目的。但汽车一经设计出来，就是一个单位，它由车间和装配线上所有工人的共同努力制造出来。生产工人同非生产工人怎能区别呢？销售成本同生产成本怎能划分呢？

回答是：二者不能以汽车制造公司账簿上所列的任何数字为根据来加以区别和划分。唯一有意义的做法是，把汽车现有的实际成本（包括其全部内在的推销性质）同旨在完成同一职能但用最安全最有效的方式设计出来的汽车应有的成本去比较。于是后者的成本就是汽车的社会必要成本，这种假想的成本与汽车实际成本之差应称为销售成本。如果我们从这个例子引出一般性的结论，那就可以看出，在社会规模上，要辨认代表销售成本因而应当包括在社会剩余之内的那一部分社会产品，就必须把假想的产品混合物的假想成本去同实际的产品混合物的实际成本比较。

记住这一点是有益的：这种比较在原则上是古典政治经济学所完全接受的，虽则由于明显的原因不是用数字去进行的。古典政治经济学的拥护者毫不迟疑地把自由竞争制度下应有的产品结构和成本去同他向其进行思想战和政治战的封建的、重商主义的和资本主义的混合制度下实际生产的产品的结构和成本比较。他们的目的是用理智去同现实对抗，得出必要的结论，以便采取自觉的行动，造成需要做出的改变。而这种对抗不可避免地包括了现实的东西和合理的东西的比较。

现代经济学看问题自然完全不同。对它来说，生产出来并由消费者"自由"选择的东西是唯一有关的产品；在生产过程中负担的一切成本都是一样的，根据定义全都是必要的。从这一点出发，他们把有用产品和无用产品的区别、生产劳动和非生产劳动的区别，社会必要成本和剩余的区别一概否定，将其看作不科学的——这是完全合乎逻辑的。现代经济学满足于一切现状，用不着进行什么思想战或政治战，它不想要用理智去同现实对抗。

这种态度所造成的最可悲的结果是：经济学家和统计学家的精力都不花在这里所考虑的题目上了，尽管这些题目的阐释对于理解垄断资本主义的运用原则显然是极关重要的。诚然，所需进行的研究工作，是充满了难于克服的观念上和实际上的困难的。制订想象的产品混合物的规格并估计它的成本要求很大的独创性和健全的判断力；关于实际生产成本的情报常常是秘而不宣的，至多也只能靠把分散的和不全的片断证据拼凑起来去获得。然而，在这个领域可以完成许多工作，已由富兰克林·M.费希尔、兹威·格雷里希斯和卡尔·凯森对于汽车型式改变的成本所做的卓越的和在方法论上独辟蹊径的研究所证实。[①] 略为讲一下这个研究的内容，就可以把我们所讨论的问题的性质说得更清晰，为其所涉及的数量大小提供某种概念，并指示迫切需要做出的进一步研究可以遵循的路线。

主要的问题——把实际产品的成本和质量去同假想产品的成本和质量进行比较的必要性——的解决，费希尔、格雷里希斯和凯森是以1949年作为他们的出发点，用这一年的型式作为质量和成本的标准。作者们着重指出，选定1949年的型式作为标准，并不是因它有任何特殊优点，而只是因为这是一切必要数据可以获得的最早的一年。从观念上讲，显然可以采用比1949年型式更为合理地设想并构造的型式——操纵起来更安全、更耐用、更有效、更节约的型式——作为标准。这样一种汽车也许在世界上的某个地方实际存在，也许还需要有一个专家小组来为它制订蓝图。从方法论的观点来看，两者均可用来代替1949年的型式，这种代替无疑地会使型式改变的成本估计要高得多。但即使用1949年的不完善产品作为它的尺度，这次调查得出的成本估计在作者本人也认为是"高到令人惊愕的程度"。

他们"集中注意于：如果每年按照1949年型式的长度、重量、马力、联动机件等等来制造汽车，可能节约的资源成本会是多少。

[①] 《1949年以来汽车型式改变的成本》(The Costs of Automobile Model Changes Since 1949)，《政治经济学杂志》，1962年10月。在美国经济学会1961年年会上提出了一份摘要，略去了估计程序的细节，刊载于《美国经济评论》，1962年5月，从第259页起。我们的引文出自后者。

五、剩余的吸收：销售努力

由于在汽车工业中发生了技术变革，(他们)因而不是估计 1949 年型式本身继续生产时可能节约的资源支出，而是估计继续采用 1949 年的规格但按正在发展的技术(按实际的汽车制造成本和性能数据估计的)来生产时可能节约的资源支出"。这些计算表明，型式改变的成本"达到每辆汽车 700 美元(占买价 25% 以上)，在 1956—1960 年间，每年共计 39 亿美元左右"。

事情决不以此为限，因为"还有其他的型式改变成本，不是在汽车制造中花费的，而是在它的整个使用过程中花费的"。在这些成本中包括备用零件的加速陈旧、由于汽车设计和制造的改变所产生的较高的修理成本以及额外的汽油消耗。作者们只对最后一项进行了估计，结果发现：

> 虽然实际的汽油里程在 1949 年每加仑行驶 16.4 英里，十年以后降到 14.3 英里，而在 1960 年和 1961 年又升到 15.3 英里左右，但平均的 1949 年型汽车的汽油英里程每加仑会升到 1959 年的 18 英里，和 1961 年的 18.5 英里。这意味着，平均的 1956 -1960 年型汽车的所有人比继续使用 1949 年型汽车时每行驶 1 万英里会多付 40 美元左右(约占他的全部汽油费的 20%)。

由于型式改变造成的额外汽油消耗，据估计在 1956—1960 年期间平均每年约 9.68 亿美元。此外，作者们估计，"由于这种额外支出在汽车的整个使用期间继续存在……即使 1962 年和以后各年的型式都回到 1949 年的规格，到 1961 年为止已经制成的汽车

（打九折）额外消耗的汽油的 1961 年现有价值（按 1960 年价格计算）也将达到 71 亿美元左右"。

总结型式改变本身的成本以及由于型式改变造成的额外汽油成本，作者们得出结论："我们因此估计，自从 1949 年以来型式改变的成本，在 1956—1960 年期间平均每年约 50 亿美元，未来的汽油费按现行价值为 71 亿美元。如果有什么不同的话，那就是：由于还有些项目没有包括进去，这些数字是低估了的。"

所有这些计算都假定：汽车成本包括巨型汽车制造公司的巨额垄断利润（这些公司的利润在经济中是属于最高一类的），以及零售商的加成——约为消费者买价的 30%—40%。如果把这些从成本中除去，看来似乎是：用 1956—1960 年的技术制造出来的 1949 年型汽车，其实际生产成本会不到 700 美元。如果我们再假定合理设计的汽车会比 1949 年型的成本低——譬如说——200 美元，又假定存在着一种节约的和有效的分配制度，我们就可以得出结论：消费者最后付给一部汽车的买价不必超过 700 或 800 美元。这样节约的全部资源一年会在 110 亿美元以上。根据这种计算，20 世纪 50 年代后期的汽车型式改变耗费了国家的国民生产总值 25% 左右！

出乎意想之外的是，像广告这种销售努力的重要成分只不过每辆汽车 14 美元，占型式改变成本的 2% 左右。虽然汽车无疑是一种极端的例子，可是这也可以表明销售活动和生产活动互相渗透的范围和程度，以及在表面上不是销售成本而在实际上却融合在生产成本之中的销售成本的巨大数量。在汽车制造业以及无疑还有许多其他在这方面类似的工业，销售努力中的最大部分不是由销售人和广告撰稿人这样的明显的非生产工人来进行的,而是由工具和钢型制造人、制图员、机械师,装配线工人这些表面上的生产工人来进行的。

但我们需要特别强调的是:费希尔,格雷里希斯和凯森的研究,明确地肯定了在实际产品和假想产品之间、在生产实际产品中所负担的成本和生产一种比较合理的产品中会要负担的成本之间进行有意义的比较,在原则上是可行的。如果就整个经济来进行,这样一种比较会给我们提供有关对现在由销售努力和生产努力的互相渗透而掩盖起来的那一部分剩余数量的估计。

9

这并不是说,这样一种全面的计算在现在就能充分进行。没有哪一群经济学家,不管他们怎样富于想象力,没有哪一群统计学家,不管他们怎样富于独创性,能够或应当试图去规定只有在一种比较合理的经济秩序下才能有的产品结构。那种结构同我们今天习见的结构肯定会非常不同;但是,像常常见到的,不一定非要能把更合理的东西的细节都提出来,才能清楚看出什么是不合理的东西。人们不一定需要具备关于合理地构造的汽车,计划得很好的邻居关系、美妙的乐曲的具体概念,才能认识到不断强加于我们的汽车型式改变、环绕着我们的贫民窟、喇叭向我们嘟嘟叫的摇摆舞是有损于人类幸福的利用人力物力的方式。人们不一定需要有关于国际合作和共存的详细计划,才能理解战争的恐怖和破坏性。可以肯定地说:消极的说法虽然具有它的消极性,却构成了从政治经济学中能够获得的重大的深远见识之一:由寡头垄断公司的追求最大限度利润政策所决定的产品的数量和组成,既不符合人类的需要,而所付出的人类辛劳和忍受的代价也不是最小的。① 一种合理的社会产品的具体结构及其最令人满意的生产条件,只在社会主义社会中经历充分的时间——通过不断摸索和反复试验的过程——才能予以确定,在这种社会中,经济活动不再由利润和销售来支配,而是以创造人类幸福和全面发展所必不可少的物资丰富为指针。

10

同为剩余利用方式之一的销售努力——至少是其中同生产可以分开的部分——完全一样,还有用在国民收入核算中所列的"金融、保险和不动产"项下的大量资源。② 由于不涉及新的原则问

---

① 《纽约时报》(1964年3月3日)有一篇报道,说明了按照追求最大限度利润的指示设计出来的产品真正是最有害于人类生存的基本需要的。报道说,美国汽车协会发现,汽车制造商为了汽车形体的美化,完全忽视了安全的考虑。全国汽车协会及其马萨诸塞分会的主席罗伯特·S.克雷奇马尔说,有资格的工程师的建议被"形体风格专家和推销商推翻了"。他继续说道:"制造商把汽车看作是'美化商品',不是一种必须使之尽可能安全的机械。"在列举的安全方面的缺点中,有"缺乏自动安全闸,轮胎有缺点,内部设计粗劣,驾驶装置的不完善,架构的脆弱和单薄"。可是汽车工业每年还把数以百万计的美元用在研究和发展上!

② "金融、保险和不动产部分包括下列各个领域中的私人企业组织:金融(银行和信托公司;银行以外的信用机构;持股公司;其他投资公司;有价证券和商品合同中的经纪人和买卖人),保险(保险送达人、保险代理人和经纪人),和不动产(所有人,出租人,承租人,购买人,出售人,代理人和不动产开发人)。"美国商务部:《商业统计,1963年,商业现况调查补编》(Business Statistics 1963, a Supplement to the Survey of Current Business),第235页。

五、剩余的吸收：销售努力

题，就无须对这些活动及其在经济上的意义作详细的讨论。需要强调的仅仅是它们的规模。

1960 年，这一部分经济在收入中共 423 亿美元，等于该年度国民生产总值的 10.2%。① 这几乎同农业、采矿、包工建筑三项加在一起的收入相等。没有人会否认，金融、保险和不动产部分中有一些资源利用应当看作是社会产品的必要生产成本。任何一个以劳动分工和商品买卖为基础的社会都要求有某种银行制度，虽则其职能可以比现在简单得多，因而成本也低廉得多。如果所有各种保险能作为综合的社会保险制度的一部分自动提供给每一个人，那么代理人、经销人、收款人、会计师、保险统计员以及供他们办公之用的巨大建筑物这一切无用的装饰品都可以不要。就不动产来说——按美元数量说，它占这一部分经济收入总数的一半以上（1960 年为 258 亿美元）——一定数量的管理和维修工人显然是必要的，但是整个寄生性的营业如不动产的买卖和投机（在资本主义下这是赚大钱的门路），在一种合理的社会秩序中都没有存在的余地。我们社会在金融、保险和不动产上的支出，大多数只不过是剩余吸收的形式，是一般资本主义的特征，而就其现在的大为扩张的规模而言，特别是垄断资本主义的特征。在很大程度上，它的根源在于公司制度的性质本身，没有比马克思在公司刚刚开始爬上统治地位时描写得更好的了："它再生产出了一种新的金融贵族，一种新的寄生虫——发起人、创业人和徒有其名的董事；并在

---

① 《美国统计摘要：1962 年》(Statistical Abstract of the United States：1962)，第 317 页。

创立公司、发行股票和进行股票交易方面再生产出了一整套投机和欺诈活动。"① 然而,维持这个庞大的投机、诈取和欺骗制度所需资源的全部支出,就像在广告和型式改变上的支出一样,在资本主义的必要生产成本的计算方式中扮演着相同的角色。

也许情形应当就是这样。犹如广告、产品的差异化、人为的陈旧、型式改变以及销售努力中的其他各种手段在事实上促进和增加了销售额,从而成为收入和就业的不可缺少的支柱一样,整个"金融、保险和不动产"机构对公司制度的正常运转是必要的,对收入和就业水平是另一个同样不可缺少的支柱。所有这些活动所吸收的大量资源,在事实上构成了资本主义生产的必要成本。应当看得极其清楚的是:一种竟然以这样的成本为社会必要成本的经济制度,早就不再是社会的必要经济制度了。

---

① 《资本论》第 3 卷,第 27 章(《马克思恩格斯全集》第 25 卷,人民出版社 1974 年版,第 496 页)。

六、剩余的吸收：政府民用支出

上章已经表明，销售努力直接地、间接地吸收了一大部分剩余，否则这部分剩余是不会生产出来的。本章及下一章有两个目的：第一，论证政府在更大的规模上起着同样的作用；第二，论证政府将其吸收的剩余投入的用途，是受垄断资本主义社会性质的严格限制的，并且随着时间的消逝，变得越来越不合理和具有破坏性。

在较早的各种理论中——在这里，我们包括古典和新古典经济学以及马克思主义经济学在内——通常都假定：经济是充分利用其厂房设备的生产能力的，因此，政府从社会总产品中取去的部分，必定是牺牲社会的某些或全体成员的。① 当在这一点之外，又假定实际工资是按传统的最低生活费用来规定从而实际上是不能减少时，结论是：供应政府资金的重担，必然落在得到剩余的各阶级肩上——要不然，他们将用来消费或增加资本的一部分资金，现在却通过赋税归于国家，供维持官吏、警察、军队、济贫等等之用。这就是古典的国家财政理论的核心，并且由于明显的理由，成为维

---

① 在马克思主义理论中，失业（"产业后备军"或"相对人口过剩"）被假定是正常的，它在调节工资率中起着主导的作用。可是，当不存在闲置的厂房和设备时，失业者就不能被驱使去工作，以便生产额外的剩余。

护最好的政府就是统治最少的政府这个原则的强大的堡垒。似乎很清楚,把政府的职能尽可能限制在警察作用的范围内,最能促进富人和有势力的人的利益——这种限制也从实行自我调节的竞争市场理论同样地得到辩护,表面上是为着整个社会的利益。

在垄断资本主义下,事情就完全不同。在这里,正常的状况是生产上的开工不足。这种制度就是不能造成足够的"有效需求"(借用凯恩斯主义者的用语),来保证劳动或生产设备的充分利用。如果这些闲置的资源也能被利用,它们就不仅能为生产者生产出必要的生活资料,而且也能生产出额外数量的剩余。因此,如果政府创造出更有效的需求,就能增加它对货物和劳务的支配,而不致侵占其公民的收入。这种有效需求的创造,可以采取政府直接购买商品和劳务的形式,也可以采取对能够证明自己有某种理由得到特殊待遇的集团实行"转移支付"的形式(对商人和农民的补贴,对失业者的救济,对老年人的养老金等)。

主要是由于凯恩斯及其信徒们的著作,这种可能性在20世纪30年代的萧条中首先开始被人理解。可是,在一个时候,人们广泛地相信,即使在经济学家中间也一样,政府只有这样才能创造额外的需求:它的支出超过收入,并用印刷更多的钞票或向银行借款这种"赤字财政"的形式来弥补收支差额。这个理论认为:总需求(政府的加私人的)的增加会是政府赤字的某个倍数。因此,大家相信,政府刺激的力量不是同政府支出本身的水平成比例,而是同赤字的大小成比例。这样,如果政府支出有同等数量的税收与之相抵,它就不能产生使总需求扩大的影响。

现在普遍承认这种观点是错误的。当存在着失业的劳工和闲置的厂房设备时,政府即使维持平衡预算,也能创造额外的需求。举一个简单的例子即可说明这一点,而并不略去各种主要因素的任何一个。设总需求(=国民生产总值)为一百。设政府在其中的份额为十,而税收亦为十,恰好与之相等。现在政府决定增加它购买商品和劳务——譬如说保持人数更多的军队或数量更大的军火——的支出十,并征收相同的额外税收。增加的支出将使总需求增加十,并且使总产品也增加十(因为有闲置的劳力和厂房设备可供利用)。事情的另一方面是,收入也增加了十,这个数额能通过税收吸入国库,并不影响私人支出的水平。最后结果是国民生产总值扩大十,与政府平衡预算的增长额恰好相等。在这个场合,"乘数"等于一:税收的增加切断了私人需求的任何第二级扩大。

设现在政府决定支出再扩大二,但此时不征收额外税收,因此整个数字代表赤字。① 当政府付出这种新印的钞票时,私人收入增加了,增加收入的一部分用作支出,如此等等。因为在几个回合之后私人支出的增加变得微不足道,如果能知道每次支出增加的成数,就可以计算出私人支出的总增加额。例如,假定这个总增加额为三。于是由于赤字而产生的需求扩大总额为五(政府二,私人三)。可见在此场合,乘数为2.5。

现在来观察整个经济,我们看到,同最初的状况比,国民生产总值从 100 增至 115,私人支出从 90 增至 93,政府支出从 10 增至 22,政府赤字为二。显然,这种状况只在政府继续维持这个赤字时才能持续下去。设决定再使预算平衡。如支出减少二,以便消灭

---

① 要达到这个结果,自然必须在税率上有所降低。

赤字,乘数会从相反方向发生作用,国民生产总值会降到110。反之,如支出不变,税收增加二,私人支出就会减少,而国民生产总值稳定在112。

这些高度简单化的例子,能够使之更加详细和精确。① 可是,主要的原则不会受到影响。这些原则可以总结如下:(1)政府对于有效需求水平的影响,是赤字大小和政府支出绝对水平两者的函数。(2)暂时的赤字产生暂时的影响。(3)即使是持续的赤字,除非它不断地增大,否则不会累积地提高有效需求。

由于我们的注意中心是美国经济,由于美国财政史并不具有持续的和不断增长的赤字的特色,我们可以集中讨论政府支出水平的变动。正是通过全部支出总额的变动,政府对有效需求的大小,从而对剩余吸收的过程施展了它的最大的影响。

2

垄断资本主义时期的政府支出,实际上发生了什么变化呢?② 在官方统计中,政府支出(联邦支出以及州和地方政府支出)和国民生产总值的数字只追溯到1929年,现有的更早年代的数字不是

---

① 参阅丹尼尔·汉伯格:《增长经济的原理》(*Principles of a Growing Economy*),纽约,1961年,第12、17章。

② 这里讲的数字是政府的全部支出,包括"转移支付",而不仅是"政府购买的商品和劳务",后者构成了官方统计国民生产总值中的政府部分。上面已经看到,政府通过把购买力转移给个人和商号,以及通过直接购买商品和劳务,来造成有效需求。可是,在官方的国民生产总值估计中,转移支付被从政府部分扣除,而列入个人和商业部分中。这种程序在统计上为了避免重复计算是必要的,却不应让它模糊了作为有效需求创造者的政府作用的实际规模。

六、剩余的吸收：政府民用支出

严格可比的，也不是十分正确的。但是，知道的东西已经足够，使我们对于有关数量的大小，从而对于总的趋势无须怀疑。表3列举了选定的非战争年份的数字，从本世纪初起。

表3 政府支出，1903—1959年

（单位：十亿美元）

	国民生产总值	政府支出共计	政府支出占国民生产总值的百分数
1903	23.0	1.7	7.4
1913	40.0	3.1	7.7
1929	104.4	10.2	9.8
1939	91.1	17.5	19.2
1949	258.1	59.5	23.1
1959	482.1	131.6	27.3
1961	519.7	149.3	28.8

资料来源：保罗·赛罗斯·拉贝里，《寡头垄断与技术进步》，剑桥，马萨诸塞，1962年，第181页（1903年、1913年数据）；经济顾问委员会，《1962年经济指标补编》，华盛顿，1962年，第3页（以后各年数据）。

政府支出的趋势，不论是绝对数还是占国民生产总值的百分数，在本世纪是不断地上升的。在1929年以前，上升是缓慢的——从1903年占国民生产总值7.4%上升到1929年的9.8%。从1929年起就快得多了，现在的比率是大大超过了四分之一。这种比率上升可以看作是一个近似的指数，表明政府作为有效需求创造者和剩余吸收者所起的作用在垄断资本主义时代的增长程度。[①]

[①] 在政府作为有效需求创造者所起的作用方面，美国绝不是一个极端的例子。下面的数字表明六个先进资本主义国家在选定的最近年份中政府支出总额占国民生产总值的百分比：英国（1953年），35.7%；比利时（1952年），31.2%；西德（1953年），30.8%；加拿大（1953年），26.6%；瑞典（1952年），25.9%；美国（1957年），25.5%。F. M. 贝特（F. M. Bator）：《政府支出问题》(The Question of Government Spending)，纽约，1960年，第157页。

政府支出越来越大的这种趋势,自然并没有告诉我们在它下面的事态发展是合乎需要的还是不合乎需要的。只有对政府吸收剩余所采取的方式——这个题目我们还未讨论到——加以适当注意之后,才能做出这种判断。同时,应当注意,政府吸收更多剩余——在绝对数上以及相当于社会总产值而言——的趋势,并不是垄断资本主义所特有的。这显然是大多数正在发展的经济制度的特征。在一个合理组织的、其生产潜力堪同美国相比的社会主义社会,国家为满足集体欲望和人民需要所吸收的剩余的数量和比例,比起今天美国政府所吸收的数量和比例来,肯定会是更大一些,而不是更小一些。

回到我们的主题:近几十年来为政府所吸收的巨大的和日益增加的剩余数量,并不是——我们重复一遍——从本来可以由公司和个人用于他们私人目的的数目中扣除的。垄断资本主义经济的结构是这样:继续不断地增长的剩余额却不能通过私人的渠道来吸收;如果没有可供利用的其他出路,它根本就不会被生产出来。政府所吸收的,是在私人剩余以外的增加额,而不是从私人剩余之中扣除的。尤有进者:由于更大数量的政府支出把经济推进到更接近于全面开工,由于直到此刻剩余比整个有效需求增长得更快,必然的结论是:剩余中的政府部分和私人部分能够同时增长,而且一般地也的确在同时增长。只是在政府的吸收甚至在达到充分利用以后仍在继续增长时,像在第二次世界大战后期各年中那样,私人剩余才会受到侵蚀。

这种关系可以从近几十年来纳税前和纳税后公司利润的情况得到说明。在第二次世界大战以前,公司所得税相当低。在大战中，税率突然提高，在朝鲜战争期间再一次提高，以后就保持在很高的水平上。可是，公司纳税水平的这种改变，并不意味着纳税后利润数量的任何减少。恰好相反，随着经济的发展，纳税后的利润数量增加了，它在20世纪50年代占国民收入的百分比与20世纪20年代大致相同。

表4　公司利润占国民收入的份额

（百分比）

	纳税前	纳税后
1919—1928年	8.4	6.7
1929—1938年	4.3	2.8
1939—1948年	11.9	6.0
1949—1957年	12.8	6.3

资料来源：欧文·B.克拉维斯，《相对收入份额的事实与理论》，《美国经济评论》，1959年12月，第931页。1929年以后的数字是商务部的官方数字；1919—1928年的数字是库兹涅茨提出的数字，经过克拉维斯调整的。

表4清楚地表明：损害公司纳税后的赢利率（绝对数及相对于经济的其余部分而言）的，不是高额赋税，肯定不是高额政府支出，而是经济萧条。① 政府通过税收获取的是在私人剩余之外的增加额，而不是从私人剩余之中扣除的。此外，由于大规模政府支出使经济的运转能更加接近于全部生产能力，对私人剩余数量的最后影响不但是积极的，而且是很大的。

美国统治阶级，无论如何它的领导阶层——巨型公司的经理

---

① 另一个造成损害的因素应当提到：价格管制。20世纪40年代同20世纪20年代或20世纪50年代比较，纳税后利润占国民收入的份额较低，可以由战时管制得到最有力的说明。这个因素在朝鲜战争期间也在较小的程度上存在，因而影响了20世纪50年代的记录。此外，20世纪50年代的爬行的停滞自然也在纳税前和纳税后公司利润份额的下降趋势中得到反映。

们，通过 30 年的萧条、战争和冷战的丰富经验，接受了这些教训。它对待税收和政府支出的态度经历了一个根本的变化。原有的对政府活动的任何扩张的敌对态度并未消失。在思想意识领域，根深蒂固的态度从来不是迅速消失的。而且，在统治阶级的某些部分——特别是食利生活者和较小的商人——对于收税人的憎恨支配着对待政府作用的感情。但是现代的大商人虽然有时候使用传统的语言，却不再像他的前人那样当真对待。对他来说，政府支出意味着更多的有效需求，并且他意识到可以把大部分的有关赋税向前转嫁给消费者或向后转嫁给工人。① 此外——这一点对理解大商人的主观态度是极为重要的——特别制订来适应所有各种特殊利益集团的需要的税收制度是错综复杂的，它为投机取巧和大发横财提供了无穷无尽的机会。② 总而言之，美国统治阶级中的起决定作用的部分正在日益变成一种虔诚的信徒，相信政府支出的慈善性质。

对于工人和其他低收入集团的人又怎么样呢？既然大公司把

---

① 正如博尔丁教授所说："纳税后利润的相对稳定，足以证明公司利润税在事实上几乎完全被转嫁出去了；政府只是利用公司作为收税人。"[K. E. 博尔丁（K. E. Boulding）：《组织上的革命》(The Organizational Revolution)，纽约，1953 年，第 277 页。]

② 《哈佛法律评论》(Harvard Law Review)上登载的一篇文章是这样开头的："这篇文章的产生，是由于一位华盛顿律师偶然的一句话。他问道：'当我们花费同样的时间和金钱就能修正一项法规时，去提起一件有关税收的法律诉讼还有什么意义呢？'他的说法或许不正确，这肯定是一种极端的说法，但在老练的律师看来，这是毫不为奇的，他每天研究税收手续，以便确定国内税收这床旧被子上有了哪些新补丁。不论他们的努力是采取增加新条款的形式，还是委婉地称之为'技术改变'，今天有一种日益加速的脱离统一和走向差别待遇的趋势。"威廉·L.卡里：《压力集团与税收法典：逝去的税法统一性的挽歌》(Pressure Groups and the Revenue Code: A Requiem in Honor of the Departing Uniformity of the Tax Laws)，《哈佛法律评论》，1955 年 3 月。

六、剩余的吸收：政府民用支出

它们的税收负担转嫁出去了，是不是政府吸收的剩余的增多最后要从凡勃伦所称的处在下层的人口榨取而来呢？这个问题至少已经含蓄地回答过了。如果政府拿来的是它不去拿就根本不会生产的东西，这种东西就不能说是从任何人榨取而来的。政府的支出和税收一向主要是供转移收入之用的机构，现在却大部分变成了把闲置的资本和劳动投入生产来创造收入的机构。这并不是说，在这个过程中没有人受到损害。收入相当固定的那些人（食利金生活者，年金领取人，某些没有组织起来的工人集团），当税收提高并由公司转嫁出去时，肯定遭受到损失。但同直接或间接从政府支出获得就业机会的大部分工人的所得相比，这些集团的损失就是比较小的和次要的了。其次，整个工人阶级的讨价还价力量，从而它的捍卫或改善自己的生活水平的能力，在失业水平较低时自然要大些。因此，在垄断资本主义的结构之内，当政府的支出较大和税收较高时，各低收入阶级整个说来处境要好一些。这就说明了为什么，尽管某些传统主义者表示哀叹，对于近几十年来所特有的政府支出和税收的不断增长，从来没有过任何真正有效的政治反对。既然垄断资本主义无力为它很容易创造出来的剩余提供私人的用途，那就没有疑问：政府不断增加它的支出和税收，对于所有的阶级都是有利的——虽然不是对于它们内部的所有成员都是有利的。

因此，我们必须坚决驳斥这个广泛接受的观念：群众私人利益是反对这种趋势的。不但整个制度的生存依存于这种趋势的继续，而且它的绝大多数成员的个人福利也同样依存于这种趋势的继续。因此，大问题不是要不要有越来越多的政府支出，而是这种支出用在什么上面。在这里，各私人利益集团理所当然地是控制

3

在政府支出增长最迅速的时期(1929年以来),它的构成改变的主要事实,是大家熟知的。表5包括1929年至1957年所列政府支出,按其在国民生产总值中所占的百分比分为三个主要组成部分。① "非国防采购"包括联邦政府、州政府和地方政府供民事用途所采购的全部货物和劳务。"转移支付"包括失业救济金,养老金,退伍军人津贴,等等;政府公债利息;政府企业补助金减盈余。② "国防采购"包括供军事目的所采购的(几乎全是由联邦政府)全部货物和劳务减军用品出售。

表5 政府支出,1929—1957年
(占国民生产总值的百分比)

	1929年	1957年
非国防采购	7.5	9.2
转移支付	1.6	5.9
国防采购	0.7	10.3
共　计	9.8	25.4

资料来源:F.M.巴特,《政府支出问题》,1960年,表1,2。

在1929—1957年期间,全部政府支出从国民生产总值的大约十分之一增至四分之一,其差额的绝大部分所代表的剩余吸收,是

---

① 我们拿1957年作为最近的一年,以便利用巴特的估计,后者是根据商务部的官方数字加以修订的。
② "转移支付"不包括联邦政府对州政府和地方政府的补助金,后者包括在州和地方政府的支出中。

六、剩余的吸收：政府民用支出

如果没有政府支出就本来不会生产的剩余。在这种政府支出对国民生产总值之比的增长中，几乎有十分之九是转移支付和国防采购，只有十分之一稍强是非国防采购。我们怎样来解释这些数字呢？

首先，政府对社会职能和社会福利的直接贡献几乎完全归在非国防采购项下。这里我们有公共教育，道路和公路，保健和环境卫生，资源保护和娱乐，商业和住宅建筑，警察和消防，法庭和监狱，立法机关和行政机关。这里，尽管公路支出由于1929年以来使用的汽车数目增加一倍以上而有了巨大的增长，但相对于整个经济的规模而言扩大是很少的。因此，商品和劳务的非国防采购的增长，对于剩余吸收问题的解决几乎没有做出什么贡献。

反之，转移支付有了很大的增长，从占国民生产总值的不到2%增至将近6%。虽然其中有相当一部分（12%）是由于利息支付的增长（利息主要付给银行、公司及上层收入的个人），大部分则是由于各种形式的社会保险支出的增长（失业，老年和遗孤，退伍军人），这肯定是提高了人数众多的各类贫困公民的福利。一般所说的自从1929年以来这个国家已经变成了"福利国家"，其唯一实在的真理就在这里。在其他方面，涉及人民福利的支出的增长，其速度只是和整个经济的增长速度相同。就剩余的吸收而言，转移支付的增长无疑地做出了重大的贡献。①

理所当然是在国防采购领域支出的增长最大——从国民生产

---

① 如果不是由于社会保险制度的资金供应是同累退的工资税紧密连在一起的，那么这种贡献还会要大些。这只不过是我们在一个简短的概论中不能进行分析的许多复杂现象之一。

总值的不到 1% 增至 10% 以上,占 20 世纪 20 年代以来相对于国民生产总值而言的政府支出增长总额的三分之二左右。① 战备吸收了大量的剩余,这是战后美国经济史中的主要事实。约有六七百万工人,占劳动力的 9% 以上,现在是依靠军事预算获得工作。如果军事支出再一次削减到第二次世界大战以前的规模,美国的经济就会回到深刻的萧条状况,失业率达到 15% 以上,像 20 世纪 30 年代的情形那样。

这一点自然有很多人不肯承认,持不同意见的人主要可分两类:第一类人主张说,如果同时削减税收和军事支出,私人支出就会增长到相应的程度。到此为止,本书大部分是用来说明这个制度为什么不起那样的作用,也不能起那样的作用的,无须在此重复所提出的论据。第二类人承认,军事支出现在是经济的支柱(虽然一般都低估了它的重要性),把它取消会产生严重的后果。他们主张,用其他的政府支出来代替军事支出,就可以避免这种后果。他们说,我们能够而且终究应当建立一个真正的福利国家,来代替一个战争国家。② 他们毫无困难地列举了许多有用的和必需的计

---

① 应当记住:1929 年和 1957 年都是和平年份。在 1943 年和 1944 年,国防支出与国民生产总值之比达到了 41% 的最大限度。在这个水平上,私人剩余受到了很大的侵蚀,这可由下列事实证明:纳税后的公司利润占国民生产总值的百分比,在战争年代中不断下降了(从 1941 年的 7.5%,降到 1945 年的 3.9%)。但即使是政府在战争年代中吸收的大量剩余,大部分也是由于资源的比较充分和比较合理的利用而生产出来的,不是从私人剩余或从工人的实际收入中扣除的。后者事实上在战争中达到了最高峰,在 20 世纪 50 年代中期以前无与伦比。参阅保罗·斯威齐:《工人阶级的状况》(The Condition of the Working Class),《每月评论》,1958 年 7—8 月,第 120—121 页。

② 关于这种立场的简要说明,参阅 J.K.加尔布雷斯:《我们不要军事定货也能繁荣》(We Can Prosper Without Arms Orders),《纽约时报杂志》(The New York Time Magzine),1952 年 6 月 22 日。

划,其所需的政府开支会同现在的军事预算一般大,甚至还要大些。①

认为非国防支出在支持这个经济上和国防支出同样有效,因而"我们"应当用前者去代替后者的论点,用来表示什么是需要的,无疑很正确。但在垄断资本主义社会的结构内,用来表示什么是可能的,它是否同样正确,那就是另一个问题了;这个问题是赞成做出改变的人常常忽视的。然而,对于任何想要了解这个制度实际上是怎样运用的人来说,这显然是事情的关键所在。

为了回答这个问题,必须考虑到垄断资本主义社会中政治力量的形态,尤其是它的特殊的美国形态。由于这是一个大题目,不能在现在这本书中详细讨论,我们只限于提出几点观察和意见。

4

除了在危机时期,资本主义——不论是竞争的还是垄断的——的正常的政治制度是资产阶级民主。投票是政治权力的名义上的来源,而金钱则是政治权力的实际上的来源:换言之,这个制度在形式上是民主政治,而在内容上则是富豪政治。这一点现在已经被一致承认,似乎不需要加以论证。只要提提这一点就够

---

① 例如,雷金纳德·伊萨克斯,哈佛大学城市和地区计划系主任,在替"美国改善我们的邻居关系委员会"进行了广泛的研究以后,得出结论(1958年)说:都市更新所需支出到1970年共计约二万亿美元之谱,"单是必须由联邦政府担任的支出部分即将与国家安全支出相等"。经济发展委员会,雷金纳德·R. 伊萨克(Reginald R. Isaacs):《美国经济发展问题》(Problems of United States Economic Development)第1卷,纽约,1958年,第339页。

了：要开展和执行可以说是构成这个制度的主要特征的一切政治活动和职能——对选民大众进行灌输和宣传，组织和维持政党，举行选举运动——只有靠金钱，靠大量的金钱。既然在垄断资本主义下大公司是大笔金钱的来源，所以它们也是政治权力的主要源泉。

的确，这种制度具有一种潜在的矛盾。① 构成压倒多数的不拥有财产的选举人可能形成他们自己的群众性组织（工会，政党），通过缴纳会费或党费来筹集必要的资金，从而变成一种强大的政治力量。如果他们赢得了正式的政治权力，然后试图以会威胁有钱的寡头统治集团的经济权力和特权的方式来运用它，那么这个制度就面临着一种危机，这种危机只在这个寡头统治集团准备不战而降时，才能按这种制度自己的规则去解决。既然就我们所知，在历史上从来没有过特权的寡头统治集团这样做的实例，我们可以确有把握地摒除这种可能性。代之而发生的是，直接地或通过其委托的代理人控制着全部强迫机关（军队、警察、法庭等等）的寡头统治集团放弃民主的形式，而采取某种直接的权力主义的统治形式。这样一种资产阶级民主的垮台和权力主义统治的实行，也可能由于其他的原因而发生——例如，长期无法形成一个稳定的

---

① 马克思就1848年通过的法国民主宪法写道："但是，这个宪法的主要矛盾在于下面这点：它通过普选权给予了政治权力的阶级正是它要使它们的社会奴役地位永恒化的那些阶级——无产阶级、农民阶级和小资产阶级，而被它剥夺了维持旧有社会权力的政治保证的阶级正是它批准具有这种权力的那个阶级——资产阶级。资产阶级的政治统治被宪法勉强塞进民主主义的框子里，而这个框子时时刻刻都在帮助资产阶级的敌人取得胜利，并使资产阶级社会的基础本身成为问题。"[马克思：《1848年至1850年的法兰西阶级斗争》(*The Class Struggles in France*：1848—1850)，《马克思恩格斯选集》第1卷，第427—428页]。

议会多数,或某些既得利益集团对经济的正常运行所必需的改革进行有效的抵抗。近几十年来的历史,特别富于在资本主义国家用权力主义的政府代替民主政府的实例:20世纪20年代初期的意大利,1933年的德国,20世纪30年代末期的西班牙,1958年的法国,以及许多其他的例子。

可是,总的来看,有钱的寡头统治集团宁愿采用民主政府而不愿采用权力主义的政府。资本主义制度的稳定性由于群众定期地批准寡头统治——议会和总统选举的普通意义就在于此——而得到加强,而某些对寡头统治集团本身非常实在的危险——个人独裁或军事独裁却避免了。因此,在发达的资本主义国家,特别是在那些具有民主政府的长远历史的国家,寡头统治集团对付反对运动或解决困难问题不愿采用强力主义的方法,宁愿想出比较间接的和微妙的方法去达到他们的目的。用做出让步去解除工会和怀抱激进目标的劳工政治运动的武装。它们的领袖被收买了——用金钱、阿谀奉承和荣誉。结果,当他们获得权力时,他们待在这个制度的框子以内,只是企图在这里或那里赢得少数更多的让步,以便使普通成员感到满意,但决不向寡头权力在经济中和在国家机关强制部门中的真实堡垒实行挑战。同样,寡头统治集团在必要的限度内改变政府机构,以便防止陷入可能促使民主程序崩溃的任何对峙和僵局(例如,故意限制政党的数目,以防止出现不稳定的议会各党混合政府)。通过这些方法以及许多其他的方法,民主比较权力主义的统治能够远远更加有效和更加持久地为寡头统治集团的利益服务。实行权力主义统治的可能性从来没有被放弃——的确,大多数的民主宪法都有特殊规定,在紧急时期实行权力主义的统治——但对正常运转的资本主义社会来说,它肯定不是寡头统治集团宁愿采取的政府形式。

美国政府制度自然是刚才讨论过的那种意义的资产阶级民主之一。在宪法理论上,人民行使最高权力;在具体实践上,人数甚少的有钱的寡头统治集团实行最高统治。但是民主机关并非仅仅是一个烟幕,在它后面坐着一小撮工业家和银行家,制定政策,发号施令。现实较此要复杂得多。

美国的开国祖先是锐敏地觉察到了民主政府形式中的这种潜在矛盾的,像18世纪末和19世纪初的大多数政治思想家那样。他们承认有这种可能性:没有财产的大多数人一旦获得选举权以后,可能要企图把自己的名义上的主权变成实际权力,从而危害被他们看作是文明社会的基础的财产安全。因此他们设计了有名的互相牵制、互相抗衡的制度,其目的在使现存的财产关系制度尽可能地难于颠覆。美国资本主义后来通过有产阶级的各个集团和各个部分之间进行的无数的并且常常是剧烈的斗争而发展——它们从来没有像在欧洲那样,由一个共同的反对封建势力的斗争联合起来过。由于这些以及其他的原因,在美国形成的政府机构的重心大大地落在保护少数人的权利和特权这一边:整个的有产者少数反对人民,财产所有人的不同集团彼此反对。我们在这里不能详细讲历史——三权分立是怎样写进宪法中去的,各州的权利和地方的自治权怎样变成了既得利益的堡垒,政党怎样发展成为纠集选票和分发赏赐的机器,没有计划,没有纪律。使我们感兴趣的是结果如何,这在19世纪末以前就已经形成了。美国成了私人财产和商业主权的理想世界。政府结构本身防止了在经济或社会生活的许多领域采取有效的行动(例如城市设计,只举一种近年来变得日益迫切的需要①)。即使情况不是这样的地方,政治代表制度,连同不存在负责的政党,也赋予了既得利益集团的暂时的或永久的联合以有效的否决权力。政府的积极作用被严格限制在少数职能之内,这些是各有钱阶级中实质上所有的成分都同意的:扩大国家疆界和保护海外的美国商人和投资人的利益,这种活动在整个美国历史中是联邦政府首先关怀的;②在国内使财产权利更臻完善并对之加以保护;在最有势力的和坚持不放的权利主张人之间瓜分公地;为私人商业的有利经营提供最低限度的基础结构:按照众所周知的滚木头和分猪肉*的原则分给赏赐和补助金。在20世纪30年代的新政时期以前,甚至并不假装说,促进各个较低阶级的福利是政府的责任:占统治地位的思想认为,任何依赖政府来获得收入或服务的做法是败坏个人道德的,是违背自然法则的,是毁灭私人企业制度的。

这就是20世纪20年代景气衰退时的一般情景。我们已经看到,自从20世纪开始以来,政府支出的相对重要性只有小小的增

---

① 《一千四百个政府》(1400 Governments),马萨诸塞理工学院的罗伯特·C.伍德(Robert C. Wood)最近刊行的一本书,在它的名字上提到了纽约大市区中存在的独立的政府机关的数目。每一个这样的机关都是既得利益的储藏所和代表;没有一个统一的机关去控制和协调它们的政策。在这种情况下,侈谈"设计"自然是可笑的。

② 不了解这一点是大多数美国历史著作的最大弱点之一。可是也有例外。参阅,例如,R. W.范阿尔斯泰因(R. W. Van Alstyne):《正在兴起的美帝国》(The Rising American Empire),纽约,1960年。书中对从最早的年代起对外关系在形成美国的发展中所起的决定作用做了正确的估计。

* 滚木头(log-rolling):美国政客之间的互相帮忙,如对彼此提出的议案互相投赞成票。分猪肉(pork barrel):政治分肥,如为报答选举支持者而授予政府职位或从政府预算中拨给款项去兴办地方事业。——译者

长(大部分是由于建造道路和公路来配合汽车数目的迅速增加造成的),在第八章我们将要看到,为什么这时整体说来还是一个资本主义的繁荣时期。但随着大萧条的到来,政府起更大作用的需要突然变得急迫了。在自由主义的新政时期,这种需要是怎样满足的呢?为了回答这个问题,我们编了表 5a,除了把 1929 年同 1939 年相比而不是同 1957 年相比之外,它同表 5 是一样的。

表 5a 政府支出,1929—1939 年
(占国民生产总值的百分比)

	1929 年	1939 年
非国防采购	7.5	13.3
转移支付	1.6	4.6
国防采购	0.7	1.4
共　　计	9.8	19.3

1929—1939 年间发生的变化同 1929—1957 年间发生的变化是一个尖锐的对比。尽管在 1939 年年终以前第二次世界大战已经开始,美国的卷入显然已有可能,国防采购的重要性却仍然很小。反之,两类民用支出——非国防采购和转移支付——相对于国民生产总值有了急剧的增长。在 20 世纪 30 年代这十年,在相对于国民生产总值的政府支出总增长中,60% 以上是非国防采购,30% 以上是转移支付,而国防采购则不到 10%。

在这里似乎有着证明,像某些自由主义者所主张的:剩余吸收不足问题可以由政府福利支出的增加来解决。事实上不是这样。我们想要提出疑问的,并不是政府支出中新政增加额为之服务的福利目的。的确,这种支出的大部分具有对受到萧条威胁的大小

六、剩余的吸收：政府民用支出

不同和种类不同的财产所有人实行救助的性质,①但对非有产各阶级来说,许多真正有益的事情也完成了,至少是开始了。但这在基本上与本题无关。20世纪30年代政府支出不好的地方不是在于它的方向,而是在于它的数量:它对于抵消私人经济部门中正在起作用的强大萧条力量是远远不足的。用通用的美元计算,政府支出从1929年的102亿美元增至1939年的175亿美元,增加70%以上。可是在同时,国民生产总值本身却从1044亿美元降至911亿美元(降低12.7%),失业占劳动力的百分数从3.2%升至17.2%。②

因此,从对美国整个经济的救助行动来看,新政显然是一种失败。甚至加尔布雷斯这位主张不要军事定货也有繁荣的预言家,也承认:在20世纪30年代,这个目标甚至还不曾接近。他说:"20世纪30年代的大萧条从来没有终止。它只是在20世纪40年代的大动员中消失了。"③

军事支出完成了福利支出所没有完成的事情。1944年,失业从劳动力的17.2%降到了最低限度的1.2%。事情的另一方面是:政府支出从1939年的175亿美元增到了1944年的最大限度1031亿美元。这并不是说,在和平时期,需要有如此大规模的支出才能实际上消除失业。如果不是由于在战争时期民用支出必须

---

① 新政的这一常被忽视的方面,A.H.汉森在其《财政政策与商业循环》(*Fiscal Policy and Business Cycles*)(纽约,1941年,第4章)中讨论得很充分。

② 即使用不变(1957年)美元计算,国民生产总值亦只从1929年的1935亿美元增至1939年的2014亿美元,不足以保持国民生产总值的实际按人口平均数而不略为下降。

③ 《美国资本主义》,第69页。

用各种方式加以限制,那么,接近充分就业在一个低得多的政府支出水平上就可以达到。但肯定必须有比 1939 年的水平大得很多的增加额——也许大一倍或二倍。为什么在整个萧条十年中这样一种增长不曾出现呢?为什么新政未能做到战争证明是容易做到的事情呢?

5

这些问题的回答是:在美国垄断资本主义的权力结构下,民用支出的增加到 1939 年已将近达到它的外部限界。反对进一步增加的力量太强大了,以致不能克服。

在分析这些力量及其所加于民用支出扩大的限界时,应该首先指出:州和地方政府各级的支出比联邦政府一级的支出伸缩性要小得多。在州和地方政府的财政中,各种财产税起着主导的作用。它们比起提供联邦政府大部分收入的税收(公司和个人所得税,工资税,货物税,关税)来,是更难转嫁或逃避的,而当它们落在个人的财产上时,的确是根本不能转嫁的。其次,高财产税率并没有为少数有钱的人开辟迅速致富的途径,像高所得税率同低资本利得税率结合在一起时那样。对支配着地方政治的富有的个人或集团来说,州政府和市政府两级的更多的支出就意味着更大的纳税额;既然任何一个市政府或州政府的支出数额相对于整个经济而言常常是很小的,那就没有理由期望,收入会有相应的增长。因此,州和地方的支出一般紧紧保持在维持各种必不可少的职能和服务所必需的最低限度之内。霍林斯里德说的埃尔姆斯市的情

六、剩余的吸收:政府民用支出

形,也完全适用于全国所有的城市和城镇:

> 大笔税款伴随着大宗的不动产所有权;因此,这些家族(属于第Ⅰ类,处在社会经济等级制度的顶峰)对于保持低的财产估价和税率具有直接的利益。他们在一个地区和一个县内,通过控制市县两级的两个主要政党的组织,有效地做到了这一点。各种公职候选人——除了区检察长和法官之外——通常不是第Ⅰ类的成员,但这并不是说,他们不受第Ⅰ类利益集团所施加的控制。金钱、法律才能和政治职位是用来把利益转成有效权力的工具。依靠它们来在争夺中执行做出的决定,这种争夺包括通过公共改良——例如新的公共建筑物、学校、道路或福利计划来提高税收。这种幕后控制的结果是保守政策的形成,和充当第Ⅰ类利益集团代理人的人当选为官吏。[①]

在这种背景下,这是毫不为奇的:在最近 30 年中,当整个政府支出的作用发生了如此根本的改变时,州和地方支出的相对重要性却很少改变。1929 年,州和地方支出占国民生产总值的 7.4%,1957 年占 8.7%。[②] 诚然,在大萧条末了时,这个比例升至将近 13%,在大战中又降至 4% 以下。可是,这两种情况的解释是很清

---

① 奥古斯特·B.霍林斯黑德(August B. Hollingshead):《埃尔姆斯市的青年:社会阶级对青少年的影响》(*Elmtown's Youth: The Impact of Social Classes on Adolescents*),纽约,1949 年,第 86 页。霍林斯黑德是哈佛大学的社会学教授,他是研究现代美国社会中的社会阶级的主要学者之一。

② F.M 巴特,《政府支出问题》,第 127 页。

楚的：州和地方政府的职能不可能随着作为大萧条特征的国民生产总值的锐减而予以削减；而在战争期间，各种管制又阻止了州和地方支出随着国民生产总值的增长而增长。重要的是，在战后恢复"正常"以后，百分比又回到大体上是 20 世纪 20 年代的水平。

可见，在现有的美国政府和政治结构之下，政府在经济运转中的作用的任何进一步的改变，十之八九是要靠从联邦一级开始的。因此，以下所说的必须理解为主要适用于决定联邦支出数量的力量。

在这里，正如我们已经看到的，税收的大小虽然不是没有影响，却远远不是确定政府支出数量的决定性因素。当存在着闲置的生产资源——这是垄断资本主义的正常现象——时，更多的支出意味着更高的收入，从其中可以支付增长的税收。有些人会受到损害，但其中很少有人可能是属于拥有政治权力的有钱的寡头统治集团的。整个寡头统治集团肯定会得到好处，因此具有强大的推动力，要把政府支出水平不断提高。

如果税收不是决定性的因素，那么是什么东西决定民用支出扩张的限界呢？回答是：是构成寡头统治集团的个人和集团的特殊利益，以及这些利益受到各种支出的影响的方式。

我们可以假定：预算中的每一个支出项目，有某种最低数额是一般都同意，不引起很大反对的。超过这个数额以后，赞成继续增加的人逐渐减少了，而反对的人则逐渐集结，直至达到平衡，于是进一步的增加停止了。从这个图式出发，我们可以试图为主要的预算项目定出平衡点，希望这样来发现各个支出限界，然后加在一起，得出总的限界。可是，这种程序会是错误的。因为它忽视了可

六、剩余的吸收：政府民用支出　　177

以称为"互相依存的影响"的存在，后者排除了个别界限的简单相加。

　　为了说明这一点，可以同时考虑两个预算项目，例如住宅建筑和保健。在今天，很少有人会反对一个适度的公共住宅建筑计划，自然每一个人都赞成至少要有足够的保健支出来控制传染病的流行。但超过某一点之后，在每一个场合反对都开始集结，首先是不动产利益集团反对住宅建筑计划，医药界反对公共医疗计划。但不动产利益集团人概没有特殊理由要反对医疗，医生们也没有特殊理由要反对住宅建筑。但是，一旦他们各自进入反对在自己的领域中增加支出以后，他们可能不久就发现，如果把力量联合起来，同时反对更多的住宅建筑和更多的公共卫生支出，是符合他们的共同利益的。这样，当同时考虑两个支出项目时，对于每一个项目的反对就会集结得更快，当考虑整个预算支出的全面增加时，反对就集结得最快。我们可以比喻地说：当考虑一个支出项目时，反对的增长是与支出增长的数量成比例的；当考虑到所有的支出项目时，反对的增长是与支出增长的平方成比例的。①

　　在实际上，自然不能假定有这种简单的数量关系，更不能予以证实。我们只须心中记住：整个有钱的寡头统治集团对于政府民用支出提议普遍增加中的每一个项目的反对，比对各该项目在单

---

①　威廉斯学院政治学教授詹姆斯·麦格雷戈·伯恩斯在其致《纽约时报》的一封信（1962年8月5日）中所说的话是中肯的："今天总统与国会之间的鸿沟是太宽了，不是通常的施展压力和讨价还价的技术所能渡过的。反对的因素是如此强大并互相连结在一起，以致他不能把一个政策推进到从局外人看来是可行的程度而不触动整个反对机器。"

独考虑时的反对要强烈得多。① 这对我们的问题是极关重要的,因为我们所讨论的,是需要有全部政府支出大量增加的情况,除非许多预算项目都同时增加,否则是不能达到目的的。

就民用支出预算的几乎每一个主要项目来说,当扩大超过了必要的最低限度时,都会激起强大的既得利益集团的反对。每当涉及对私营企业的重大的竞争因素时就发生这种情况,然而在大体上不存在甚至完全不存在同私营企业竞争的其他支出项目,情形也是如此。

有许多紧急的社会需要,政府要能加以满足,就只有对私人利益集团进行某种形式的竞争。例如,江河流域的发展是一个私营企业决不能希望有效经营的领域,它对控制洪水、保持水土、重建被侵蚀的土壤等等是极为重要的。但它也生产电力,这就同私人动力发生竞争,从而提供了一个尺度,可以用来衡量私人动力垄断组织的性能。因此之故,江河流域的发展不仅受到公用事业本身的激烈反对,而且也受到整个大商业界的激烈反对。田纳西流域管理局的历史,对于这种反对力量的强大提供了雄辩的证明。管理局的起源,是由于政府在第一次世界大战期间需要硝酸盐。在亚拉巴马州的马瑟-肖尔斯地区建立了一个水坝、一套水力发电设备和一个硝酸厂,来满足严格的军事需要。在20世纪20年代,内布拉斯加州的参议员诺里斯领导了一次运动,要把马瑟-肖尔斯变成一个广泛的江河流域发展计划;但是,在资本主义的这个繁荣时期,运动并没有得到结果,甚至原有的投资也任其闲置变坏。

---

① 这个规律不适用于军事支出的增加;参阅后面,第221—229页。

六、剩余的吸收:政府民用支出

只是在罗斯福于1933年就任总统后的"百日新政"中——这对有钱的寡头统治集团来说,是一个接近恐慌的时期——诺利斯的坚决的努力才获得了成功。此后寡头统治者们一直懊悔他们这个软弱的时刻。从他们的观点来看,田纳西流域管理局带来的麻烦是它获得了极大的成功。它使美国人民第一次看到了:在赋有执行一个合理计划所必要的权力的政府机关下面,明智的设计能获得多么大的成就。只举它的成就之一:到20世纪50年代后期,在管理局所辖地区的 个普通家庭,在用电上只付一半的钱,就能消耗相当于全国平均数两倍的电。在全世界范围内,田纳西流域管理局变成了新政的象征,是指引着其他的人走上民主进步道路的灯塔。在这种情况下,寡头统治集团没有敢把它立即毁灭掉。它转而组织了一个长期的运动,进行不间断的批评和骚扰,目的在于把管理局限制起来,削减它的职能,强迫它服从资本主义企业的规范。这个运动获得了很大的成功:从来没有让管理局完全实现它的全部生产能力。可是,它受到它所管辖的七州地区人民的欢迎,这就保护了它,使它免于遭受内部破坏,并离开它原来的目标。因此,反对田纳西流域管理局运动的最大胜利,在于它完全成功地使多目的的江河流域管理局的原则不能应用于美国无数其他的江河流域的任何一个,在这些流域中,这个原则能大大地促进人民的福利。需要更多这样的管理局是很容易向任何一个有理性的人证明的;在20世纪30年代和以后,在江河流域发展上扩大政府开支作为剩余吸收不足问题的部分解决办法,是常常会被人很好地理解的。但马克思所称的代表私人利益的复仇女神*被彻底唤醒了,

---

* 《资本论》第1卷(《马克思恩格斯全集》第23卷,第12页)。——译者

很轻易就把对于私人利益的神圣领土的任何进一步的侵犯击退了。①

公共住宅建筑这个潜在的福利支出的广阔领域,是另一种侵犯私人企业领土的活动。一个真正实际可行而又成本低廉的住宅建筑计划,必然会要求在空旷的土地上进行大规模的建筑,这种空地在美国大多数城市中是很多的。但这恰恰是有势力的都市不动产利益集团所反对的。触着这种反对的暗礁,对于住宅不充足和不适宜这一对孪生问题进行认真解决的一切努力都失败了。代替它的是我们有着说得好听的"消除贫民窟"或"都市更新"计划,除了对颓败失修的财产的所有主给予丰厚的报偿之外,一般是把比它们所安置的更多的人抛向街头。② 此外,公共住宅建筑通常体现在陵墓一般的"规划"中,这绝不是能生存的社会所能扎根和成长的一种环境。这样"清除贫民窟",实际上是在地基的后面和地基的上面创造贫民窟;而"都市更新"则是对日益衰败的"灰色地

---

① 根据这种记录,当寡头统治集团反复援引田纳西流域管理局作为美国热心于全世界不发达国家的进步目标的证据时,真是令人特别作呕。国务卿腊斯克为了说服拉美各国政府参加摧毁古巴革命的历史性胜利,于1962年1月在埃斯特角的外长会议上说:"需要有多年的思想、工作和辩论,来使美国准备好采取自助和社会改革的必要步骤。我清楚地记得,在富兰克林·D.罗斯福能够赢得对田纳西流域管理局的支持以前所遭到的剧烈抵抗,这个管理局下面有一个巨大的水坝网,许多的水电站、肥料工厂、农业推广局,它们在我国南部造成了奇迹般的变化。但是前仆后继的进步领袖们下定决心要在取得政治同意这种结构之内造成社会的变革,在美国国内成功组织了'争取进步联盟'。"(《纽约时报》,1962年1月26日。)如果田纳西流域管理局果真做出了这种奇迹,为什么这些伟大的"前仆后继的进步领袖们"从来没有能建立起即使是再多一个的江河流域管理局呢?(有趣的是,这位国务卿在这次北美、中美、南美各国的会议上,显然并没有觉得在提到合众国时径直称为"美国"有什么不合适。)

② 对"都市更新"的更详细的分析,参阅下面第315—320页。

六、剩余的吸收：政府民用支出

带"的房地产所有主的一种户外施舍制度，这种地带从我们的大城市中心无法阻挡地蜿蜒而出。自从公共住宅建筑在20世纪30年代首次变成政治问题以来，美国在这方面的经验的确是如此可怕，以致今天它再也得不到半点群众支持。《幸福》杂志的一位编辑丹尼尔·塞利格曼写道："早在20世纪30年代，公共住房建筑的倡议者具有传教士般的热忱。他们相信，新住宅建筑本身就会驱除罪恶、堕落和疾病。然而公共住宅建筑并没有实现它的倡议人所怀抱的那种期望。今天，提倡公共住宅建筑的人们正在寻找一种新的理论根据，他们的热忱已经消逝了；这种运动在今天是如此软弱，以致大多数不动产集团认为不值得费脑筋再去攻击它。"[①]一个深思熟虑的破坏公共住宅建筑的阴谋不可能获得较此更辉煌的成功：私人利益集团无须再加反对了——公众已经替它这样做了。

江河流域发展和公共住宅建筑只不过是侵犯私人利益领域的政府活动的两个例子。在所有这种场合，由于私人利益集团握有政治权力，政府支出的限界就被定得很狭窄，同社会需要毫无联系——不管这种需要是多么极端的明显。但这种限制的施加不只是在同商业企业发生竞争的场合：像教育和保健这种直接竞争不存在或不甚重要的领域，也发生同样的事情。在这里，很快也会激起私人利益集团对政府支出增加的反对；在这里，实际支出的数额同明显的社会需要也不发生联系。

其所以是这样，原因并不是很明显的。说这种非竞争性的政

---

① 小威廉·H.怀特（William H. Whyte, Jr.）等：《人口激增的大都市》(*The Exploding Metropolis*)，纽约，1958年，第93页。

府活动的绝大部分属于州和地方政府的职权范围,并不能算是解释。的确,政府支出的大量增长不可能从州和地方两级开始,但这主要还与本题无关。联邦政府在这些事情上可以起更大的作用,直接地或通过对州和地方政府单位的补助;事实上它近年来也在这样做,虽则规模还不大。这里的问题是要解释:为什么在经济的健康迫切要求联邦支出数量不断增长的时期,用来满足社会共同消费需要的增长部分如此之少?为什么有钱的寡头统治集团,例如,对于本人并非什么激进运动战士的历届总统年复一年地向国会提出的增加联邦对教育补助的提案,那么一贯地和有力地加以反对?这种需要——更多的学校和教室,更多的教师,更高的教师薪金,更多的奖学金,所有各级的更高标准——在任何一个留心观察的公民看来都是很明显的;在政府报告、学术论文和通俗小册子中都曾经反复予以证明。自从1957年第一个苏联人造地球卫星送入轨道以来,被苏联大幅度地超过这个无法摆脱的忧惧就极端迫切地摆在全国面前:我们被告知说,两种制度之间的竞赛,最终获胜的一方将不是具有最大火力的,而是具有最大智力的。尽管如此,肯尼迪总统在1962年1月15日——第一号苏联人造地球卫星发射后四年多——举行的新闻发布会议上是用这些不吉利的数字开头的:

> 1951年我国大学毕业生在自然科学方面共有19,600人。1960年,尽管在过去十年中我国人口有了巨大的增长,尽管由于我们在国防和空间、工业研究以及所有其他方面的努力而对这个领域的技术人才的要求大为增加,大学毕业生

六、剩余的吸收：政府民用支出

的数目还是从19,600人降到了17,100人。

1951年，研究生物科学的有22,500人。1960年，只有16,780人。

在工程技术领域，在1951年至1957年期间大学入学注册人数从232,000人增至269,000人。1957年以后，注册人数不断减少。去年的数字降到了24万人。①

当国家的利益处在危机——从这个词的最简单、最露骨的意义来说，这个词就是寡头统治集团中头脑最迟钝的人也应当是容易理解的——中的时候，这种事情怎么可能呢？怎么会发生这样的事情：联邦对教育补助的甚至是极小的增加也常常被拒绝呢？

可以用一句话来回答：现行教育制度是主要使寡头统治集团得到好处的一大堆优惠和特权中的决定性成分。从三方面来说，这是实在的。

第一，教育制度为寡头统治集团提供了它的成员自己和他们的后代所需要的那种质量和数量的教育服务。② 对富人的子女来说，并不缺少昂贵的私立学校和大学。富裕阶层居住的郊区和远郊地区的公立学校并不像在城市和乡村为中下层阶级和工人阶级服务的学校那样缺乏资金。换言之，现行教育制度并不是一个质量均匀的整体。它是由两部分组成的：一部分为了寡头统治集团，

---

① 《纽约时报》，1962年1月16日。
② 这并不是说，这种制度为他们提供了良好的教育。关于美国教育制度的阶级性的这一方面以及其他方面，参阅卜曲，第328—360页。

一部分为了其余的居民。迎合寡头统治集团需要的那一部分具有充足的经费。在其中受教育是一种特权和社会地位的标志。而它只为居民的一小部分服务这个事实本身，正是它最可宝贵和被小心翼翼地加以捍卫的特色。这就是为什么任何使它的好处普遍化的企图注定要受到寡头统治集团的顽强反对。这也或许是对扩大联邦教育补助计划的反对之所以强大有力的最根本原因。

第二，——也是事情的另一个方面——用来为绝大多数青年服务的那一部分教育制度，必须是次等的，必须制造出适合于低级工作和低级社会地位（这都是社会为他们保留的）的那种人材。这个目的自然不能直接达到。资产阶级思想意识中的平等主义是它的力量之一，不能轻易予以放弃。人民从孩提时代起就被用一切办法教导说：每一个人都有平等的机会，摆在他们眼前的不平等并不是不公正的制度所造成的结果，而是他们自己的天赋聪明才智有优有劣所造成的结果。如果按照欧洲的划分阶级社会的方式，设立两套不同的教育制度，对寡头统治集团一套，对群众一套，那就会同这种教导相违背。期望的结果必须用间接的方法去追求：对为寡头统治集团服务的那部分教育制度予以充分的供应，而对为中下层和工人阶级服务的那部分教育制度则使之资金匮乏。这可以保持教育上的不平等，后者对于支撑作为整个制度核心的普遍不平等是极端必要的。可是，要对教育制度的一部分强行喂食而对另一部分迫使挨饿，不需要做出特别安排即可达到目的。私立学校和大学不管怎样总是供应充裕的，而对公立学校由地方政府管理和提供经费的现行制度，自动地造成了对富裕阶层居住的郊区和远郊地区的公立学校以及对城市和乡村的学校的极不平等的待遇。极关重要的是，要防止这种精密的平衡被大规模的联邦入侵所推翻，即利用全国政府的巨大的征税权力和支出权力,去实现教育改革家的古老的理想：一切人都有接受平等和优良的教育的机会。这里有第二个原因，迫使寡头统治集团在这样一个领域把政府支出保持在最低限度：理智告诉我们，这个领域能有益地吸收社会剩余产品的一大部分。

从第三种意义所说的教育制度支持现存阶级结构，是同以上两点相辅而行的。每一种能生存的阶级社会必须提供一种方法，把下层各阶级中的聪明才智之士选拔出来，加以使用，并将其纳入上层各阶级。在西方的封建社会，天主教会提供了这种必要的机构。竞争资本主义使下层阶级的能干和有进取心的青年可以沿着纯粹的经济阶梯上升到寡头统治集团中去。垄断资本主义有效地堵塞了这条向上流动的渠道：现在很少有可能从开办一个小企业开始，把它建成一个大企业。在教育制度中找到了一个代替的机构。通过收费低廉的州立大学、奖学金、贷款等，真正能干而具有野心（即渴望成功，这个社会所给予的定义）的男女青年可以从教育制度的劣等部分向上爬。被接纳到较好的预备学校、学院和大学以后，他们可以受到同上层阶级的青年人一样的训练和造就。那里敞开了一条道路，通过公司机构或专门职业，而同中上的，偶尔也同最高的社会阶层结合起来。皮相的观察家听到平等机会的口号，可能从这里看到了教育制度对阶级结构起破坏作用的证据。绝没有比这更不合乎事实的了。一切的人都有平等机会的理想，只在取消了上层阶级的特殊权利以后才能实现，单单让下层各阶级的精选的少数人享受这种特权是不能实现的。这只不过通过把新鲜血液吸收到上层各阶级来,并夺去下层各阶级的天然领袖,而使阶级结构更为增强。① 当代时髦的教育改革,包括寡头统治集团准备容忍的联邦补助的少量增加在内,实际就是为这种目标服务的。任何满足一个科学和技术进步的现代社会的真正教育需要的认真尝试,必须采用完全不同的办法——包括承担使用大量资源的义务,其规模之大,使热衷于保持它自己的狭隘特权的寡头统治集团甚至连做梦也想象不到。②

可以把全部民用支出项目一一加以研究,表明在每一个场合,寡头统治集团怎样基于私人利益而对社会需要的满足实行坚决反对的态度。对私人企业的真正竞争不能被容忍,不管这种竞争的作用是多么不完全和多么不充分;对于阶级特权或阶级结构的稳定的破坏必须不惜任何代价地予以抵抗。而几乎所有的民用支出都包括这两种威胁之一或全都包括。在今天的美国,对这个普遍结论就只有一个主要的例外,而这种例外恰恰证明了这个规律是正确的,这就是政府用于公路的支出。

在这里无须详细说明汽车对于美国经济的重要性。③ 我们只须说:有几个最大的和最赚钱的公司,其主要业务就是生产机动车辆;石油工业中约有十个公司,资产达十亿美元以上,大部分利润是从出售机动车辆所用汽油得来的;有其他几个主要垄断工业部门(橡胶,炼钢,玻璃)主要依靠向汽车制造商或使用人出售产品;

---

① 马克思写道:"一个统治阶级越能把被统治阶级中的最杰出的人物吸收进来,它的统治就越巩固,越险恶。"《资本论》第 3 卷,第 36 章(《马克思恩格斯全集》第 25 卷,第 679 页)。

② 关于现行阶级教育制度实际获得的结果的讨论,参阅下面,第 341—360 页。

③ 这个题目在第八章讨论得比较详细。

有25万以上的人从事汽车的修理和服务；还有无数的其他商业或职业（货车运输，汽车游客旅馆，游览胜地等）之所以能够存在，直接或间接是由于机动车辆。这种环绕着一种产品聚集起来的私人利益复合体在经济中——或在世界上再也找不到相同的一种。而这一整个复合体自然完全依靠政府来提供道路和公路。这样，有着极大的压力，要继续不断地扩大政府在公路上的支出，是很自然的事。来自私人利益集团的反压力确实存在——显然是来自铁路，它受到了公路运输发展的严重打击，但铁路并不是汽车复合体的敌手。政府在公路上的支出激增：州和地方财政所加的限制被日益增长的慷慨的联邦补助克服了。在今天，公路作为政府民用支出的目标，仅次于教育。①

这个事实本身并不能证明公路支出超出了社会需要的任何合理概念。它所证明的是——显著地和不可抗拒地——汽车复合体像毒癌一般的成长所加于美国社会的可怕的浩劫；如果政府在所需公路上的支出受到了寡头统治集团加诸其他民用支出上的那种限制和削减，这种成长是不可能的。城市已经变得可怕地拥挤；它的空气被带细菌的染污物质污染了；城市和乡村的大片好地变成了混凝土带和柏油地；宁静的居民住宅区被猛烈冲过的汽车与卡车的喇叭叫声和汽油臭味搅扰了；能够高效率地和不受阻拦地运送货物和旅客的铁路失去了生意，因而造成了提高运费的恶性循环，这就威胁了我国大城市的长期车票旅运事业本身的存在；城市

---

① 1957年，政府在民用方面的商品和劳务采购共计404亿美元。其中，136亿美元或33.7%用于教育，72亿美元或17.8%用于公路——两项合计，占政府民用支出半数以上。参阅F.M.巴特：《政府支出问题》，第26—29页。

迅捷的交通系统既感不足,又觉阻塞,以致通过纽约、芝加哥以及其他许多大都市的商业区变成了一种苦难的经历,只有贫困的和莽撞的人才会忍受。对于这种日益加剧的恐怖和使人惊惧的事态,通常的救济办法是什么呢?更多的公路,更多的街道,更多的汽车库,更多的停车场——更多同样的毒物,它已经在威胁着一种日益都市化的文明的生存。而这一切之所以有可能,是由于公共资金的慷慨补助,这是拥有财富的寡头统治集团所渴求和批准的,而他们对那些有利于自己的大部分同胞的公共服务的扩张则拼命予以反对。美国垄断资本主义的疯狂,没有比在这里表现得更明显和更不可救药的了。

6

新政设法使政府支出增加了70%以上,但这离经济达到人力物力充分利用的水平还差得很远。寡头统治集团对民用支出的继续扩大加强了抵抗,使失业仍然保持在劳动力的15%以上。到1939年,越来越看得很清楚,自由主义的改革,它想要从垄断资本主义的自我毁灭的倾向中来对它加以拯救,是可悲地失败了。当罗斯福的第二届总统任期将近届满时,深刻的挫败和不安的感觉遍及全国。

然后战争来临了,经济随之得到了拯救。政府支出激增,失业骤减。诚然,战争终了时,军事支出大为削减;但由于在战争中民用需求积压得很多(这是供给短缺和流动资产储蓄的大量积累两者所造成的),军事支出削减带来的下降趋势是相当温和而又短暂

六、剩余的吸收：政府民用支出

的,不久就由一个通货膨胀性的恢复景气所代替了。当冷战当真开始时,这个景气还在有力地继续着。军事支出在1947年降到它的战后最低点,1948年开始上升,在朝鲜战争期间(1950—1953年)有惊人的增长,以后两年稍稍下降,然后在1956年又开始缓缓上升,除了在1960年稍有间断外,一直继续到20世纪60年代。作为国民生产总值的百分比,军事支出变动的格局也大体相似,除了在1955—1961年变动很小以外。①

在第八章,我们对战后时期经济的特点还将有所论列。在这里我们只须指出:20世纪30年代的深刻停滞和20世纪50年代的相对繁荣的差别,完全是由于20世纪50年代的大量军事支出造成的。例如,在1939年,有17.2%的劳动力失业,其余约有1.4%可以假定是被雇用来生产军事方面的货物和劳务的。② 换言之,有18%以上的劳动力要不是失业,就是依靠军事定货来得到工作。1961年(像1939年一样,是从周期性衰退中开始恢复的一年),相应的数字为6.7%失业和9.4%依靠军事支出,共计16%左右。可以使这种计算更为详尽和精确,但没有理由认为,这样做会改变一般的结论:1961年的失业率或依靠军事支出就业的

---

① 1946—1961年军事支出占国民生产总值的百分比如下：

1946—8.9	1950—5.0	1954—11.0	1958—10.1
1947—4.9	1951—10.3	1955—9.8	1959—9.6
1948—4.5	1952—13.4	1956—9.9	1960—9.0
1949—5.2	1953—11.0	1957—10.0	1961—9.4

资料来源:《总统经济报告》(*Economic Report of the President*),1962年1月,第207页。这些数字同早先从巴特所引的1957年和以前各年的数字稍有不同(上面第164、172页)。

② 这是"国防"采购的商品和劳务对全部国民生产总值的比率。

人数和 1939 年大体相同。由此可以推论：如果军事预算降到了 1939 年的规模，失业也会回到 1939 年的规模。①

为什么对民用支出控制得那么严格的寡头统治集团，在过去 20 年中对军事支出却变得如此大手大脚呢？

---

① 依照今天流行的自由主义逻辑，显然不能得出这个结论。有一类自由主义者显然忘记了全部凯恩斯学说，从来也不理解垄断对经济运用的关系，他们主张说：如果军事支出少一些，私人投资和消费就会多一些。他们不去解释，为什么在 20 世纪 30 年代，当军事支出事实上很少时，私人投资和消费没有更多；他们也不去解释，为什么在 20 世纪 50 年代和 60 年代失业率上升了，当时军事支出占国民生产总值的百分比一般是稳定的。在他们未能对这些现象提供合理的解释以前——我们相信，只有沿着本书所概举的线索才能予以解释——他们所宣布的削减军事支出可能产生的效果是无法认真看待的。另一类自由主义者至少没有完全忘记大萧条，却同样口若悬河地侈谈以福利支出代替军事支出。但是他们忘了透露他们的魔术般的方案：怎样能使寡头统治集团和他们想到一起去。我们关于这种自由主义所要说的，正是马克思关于他那时代的改良派所说的话："他们全都希望有一种不可能的事情，即希望有资产阶级生活的条件而没有这些条件的必然后果。"卡尔·马克思和弗里德里希·恩格斯：《通信选集》(*Selected Correspondence*)，纽约，1935 年，第 15 页（《马克思恩格斯选集》第 4 卷，第 328 页）。

七、剩余的吸收：军国主义和帝国主义

上章末尾提出的问题可以重新表述如下：为什么美国寡头统治集团今天需要并维持了这样一个庞大的军事机器，而它在过去却经常同那么小的一个军事机器相安无事呢？为了回答这个问题，我们必须首先考虑军队在资本主义社会中所起的作用。

资本主义从它在中世纪的最初萌芽时候起，从来就是一种国际制度。而且它从来就是一种等级制度，顶峰有一个或几个领导的宗主国，底层有居于完全从属地位的殖民地，中间有许多层的上级和从属关系。这些特点，对于这个制度的整体以及它的各个组成部分的运行是极关重要的，虽然这个事实的重要性被资产阶级经济学家一贯忽视或否认了，甚至马克思主义者也常常对它低估了。① 特别是，如果不把这个制度的国际性放在分析的最中心，就

---

① 马克思本人是懂得资本主义的国际结构的极端重要性的，但是《资本论》的写作计划——也许更重要的是他没有活到能完成他的著作这一事实——造成了一种似乎是普遍的印象：马克思认为资本主义制度的国际性只具有次要的意义。关于列宁自然不能这么说，但甚至在今天，还有许多马克思主义者似乎认为，资本主义作为一种国际制度，只能被理解为各国资本主义的集合体。因此，奥利弗·考克斯（Oliver Cox）在他的《作为一种制度的资本主义》（*Capitalism as a System*）一书（纽约，1964年，第14章）中提出的批评是有根据的，他的再三坚持这一点是有价值的：资本主义的国际性对于构成它的各个国家单位的性质和运行　向具有决定性的影响。

会完全不可能懂得军队在资本主义社会中的作用。

并不是说资本主义制度下的军队只在国际领域内使用。在每一个资本主义国家,它是用来剥夺、镇压和用其他方式控制国内的劳动力的。但就我们所讨论的问题——在今天的美国,通过军事机器来吸收剩余——而言,这一方面不甚重要,可以存而不论。①我们可以集中注意于军队的国际用途。

构成资本主义制度的各个国家的等级关系的特点是:有一整套复杂的剥削关系。处于顶峰的国家在不同程度上剥削所有处在下层的国家;同样,处在任何一定级别的国家又剥削处在它下面的国家,直至我们达到最低一层再没有可供其剥削的国家为止。同时,处在一定级别的每个单位,又力图成为在它下面为数尽可能多的单位的唯一剥削者。这样,我们就有了一个对抗关系网,其中剥削者和被剥削者对抗,互相竞争的剥削者又彼此对抗。丢开法律范畴不论,我们可以称处在等级制度顶峰或接近顶峰的单位为"宗主国",称处在底层或接近底层的单位为"殖民地"。某一个宗主国

---

① 我们看问题的角度也把事情的另一方面放到了视野之外:这一方面如果从不同的关系去看,必须列为极端重要的。战争的技术和军队的组织与供应一向——不仅是在资本主义下——对经济的发展具有深刻的影响。"一般说来,军队在经济的发展中起着重要的作用。例如,薪金最初就完全是在古代的军队中发展起来的。同样,罗马人的 peculium castrense〔军营里的财产〕(指古代罗马人军营中的士兵的个人财产)。——编者注〕是承认非家长的动产的第一种法律形式。fabri(古代罗马人军队里的作业队或军事工匠。——编者注)公会是行会制度的开端。大规模运用机器也是在军队里首先开始的。甚至金属的特殊价值和它作为货币的用途,看来最初……也是以它在军事上的作用为基础的。部门内部的分工也是在军队里首先实行的。"马克思致恩格斯,1857年9月25日,《通信选集》,第98—99页(《马克思恩格斯选集》第4卷,第335—336页)。

七、剩余的吸收:军国主义和帝国主义

的剥削领域就是它的"帝国",竞争者被或多或少有效地排除在外。处在中间阶层的有些国家可能被并入一个帝国之内,有的偶尔甚至还带着它自己的一个帝国一道(例如,葡萄牙和葡萄牙帝国是较大的英帝国的两个附属单位);其他处在中间阶层的国家可能还能保持相对的独立性,如美国在开国后的最初大约一个半世纪之内那样。

现在很明显,所有的国家——除了处在底层的附属的和毫无防御能力的国家——都需要有军队来维持,可能时并改进它们在剥削等级制度中的地位。某一国家在某一时刻究竟需要多少军队,以它在这个等级制度中的地位以及当时整个等级制度中的关系格局为转移。领导的国家永远需要有最大的军队,它们的需求的大小,随在它们中间是否正在进行争取最高地位的积极斗争为转移。次一级的国家的需要也作为几个变数的函数而时有变化,特别是随它们同一个或几个争取领导权的竞争者建立保护性同盟的能力而变化。

这个图式是从资本主义的历史中提炼出来的,自然能够从同一来源得到说明。这样,17世纪和18世纪就是高度"军事化"的世纪——在西班牙人、荷兰人、英国人和法国人之间几乎是不间断地进行了争取建立帝国和领导权的斗争,最后缩小到英法之间的长期决斗。1815年英国取得了决定性的胜利,随之而来的是半个多世纪的英国统治下的和平。有一个不受到挑战的领导者处在顶峰,通过它自己的力量和一种有伸缩性的联盟制度而使整个制度得到稳定,军国主义的强调和军队的需要在整个资本主义世界就

大为降低。① 德国人和日本人的挑战,分别从在普鲁士领导下德意志帝国的统一和明治维新开始,自然就推翻了这种相对的平衡,直接导致军国主义的新高涨,并在第一次和第二次世界大战中达到顶点。

说了这么多理论上的开场白以后,我们可以略举美国资本主义军事实力需要发展情况的梗概。美国远在它获得独立并成为国家之前,早就是扩张主义的和有帝国野心的,但是早期的国家领袖们并不怀抱这样的幻想:认为他们能够成功地向较老的帝国主义列强挑战,起到最高的领导作用。② 因此,他们追求一种建立联盟

---

① 很自然,资产阶级思想把这种情势看作是正常的而不是例外的,这个结论因为下述情况而看来似乎更为有理了:这也是这样一个时期,英国在工业上大大走在它的主要竞争者前头,因而它能够提倡自由贸易主义,并把所有以往的帝国曾经用来环绕自己的垄断和保护工具中的很多东西安心地抛弃掉。政治经济学现在把帝国主义和战争不看作是使国家致富的手段(这是重商主义的观点),而看作是国家对资本积累的不正当的侵犯。资产阶级的思想意识走得这样远,以致宣称——用熊彼特的话来说:"现代和平主义和现代国际道德是……资本主义的产物。……事实上,一个国家的结构和态度越加完全是资本主义的,我们看到它就越加是和平主义者——它就越加倾向于计算战争的成本。"(《资本主义、社会主义和民主》,第128页。)

重要的是要了解:100年以前,这种立场中有一个重要的真理因素。在竞争条件下,并含默地假定有充分就业时,认为浪费的政府支出是资本积累的制动器,并从而加以反对,那是正确的。可是在今天,这种思想——人们偶尔在《华尔街日报》和类似的旧式保守主义堡垒中遇到——纯粹是一种时代错误。垄断资本主义的正常特点是闲置的人员和闲置的机器,先进的资产阶级思想——完全浸透在凯恩斯主义中——充分理解到:额外的政府支出,不管其结果是多么浪费,总是提高收入和利润的。而且,最大的和最有势力的公司得到军火合同的最大份额,并把它们可能随带的任何额外赋税转嫁到自己的顾客(在很大程度上就是政府本身)身上。在此种条件下,肯定再没有任何理由让资产阶级思想意识以它的和平主义和它的计算军国主义成本的偏好而自豪。

② 参阅 R.W.范阿尔斯泰因的卓越研究——《正在升起的美帝国》。范阿尔斯泰因表明:"美帝国的概念和它的未来发展的主要轮廓,到1800年时就完全具备了。"(第100页)

七、剩余的吸收：军国主义和帝国主义

和缔结密约的政策，旨在利用各领导国家的需要和冲突，取得最大限度的利益。由于同法国建立联盟反对英国，才使独立本身成为可能；拿破仑同意了从美国的观点看来是极端有利的路易斯安那州的购入，因为他希望这样可以加强美国对英国统治大西洋的对抗。1815年以后，在英国领导权不受挑战的时期，美国基本上扮演着英国同盟者的脚色，可是对于自己提供的支持总是索取最大限度的代价。在19世纪，华盛顿用这种方式建立了一个庞大的虽然还是第二流的帝国，并且坚持要求成为一个更大的帝国（特别是在门罗主义中），而从来没感到需要有一个相应的庞大军事机器。

到德国人和日本人准备发动他们争取领导地位的斗争时，美国已经达到了"有"的强国的地位，它不得不在第一次和第二次世界大战中同其他"有"的强国联合起来。可是，这并没有阻止美国去提出它自己的领导权的要求。事实上，从1914—1945年的整个时期内，美国的相对实力或多或少在继续不断地增长，以它的盟国和敌国两者为牺牲。到第二次世界大战终了时，美国以一个没有争论的领导国出现，它在资本主义世界中的地位完全和1815年后的英国一样是主宰一切的。

单是这一点就足以说明，为什么在两次大战期间大大膨胀起来的美国军事需要，在第二次世界大战后一直保留着按任何和平时期的标准来说是巨大的规模。没有争论的领导国必须通过它自己的军事力量或通过操纵联盟或通过两者来保持一种明显的军事优势。美国选择了两者。同时，当各个旧的殖民帝国日益瓦解时——这是由于许多错综复杂的原因，我们不能在这里加以分析——美国利用它的军事和财政力量，去吸引它们之中的大部分

到它自己的新殖民帝国中来。① 通过这种方式,一个庞大的世界规模的美帝国出现了,控制这个帝国和担任它的警察使美国的军事需要大为增加。②

这样就容易说明,为什么美国的军事需要在第二次世界大战以后依然很大。但英国在 19 世纪也具有同样的经历,却没有感到军事实力不断上涨的需要。事实上,英国的经历似乎可以支持这种观点:一个没有争论的领导国本身的存在,就具有稳定资本主义

---

① 主要由于它自己的历史是一个不得不为争取独立而斗争的前殖民地,美国的扩张主义很少采取殖民主义的形态。因此,美国首先采用——特别是在拉丁美洲——今天习惯称为新殖民主义的统治和剥削形式。这个长期的经验,大大促进了把英国以及其他旧殖民帝国的前殖民地变成美国的新殖民地的过程。

② 究竟这一国或那一国应否算作属于美帝国,自然存在着合理的意见分歧。我们提出下面的名单作为保守的估计:美国本身及少数殖民领地(特别是波多黎各和太平洋岛屿);除古巴以外的所有拉丁美洲国家;加拿大;近东和中东的四个国家(土耳其、约旦、沙特阿拉伯和伊朗);南亚和东南亚的四个国家(巴基斯坦、泰国、菲律宾和南越);东亚的两个经济体;非洲的两个国家(利比里亚和利比亚);欧洲的一个国家(希腊)。按照这种计算,1960 年的美帝国规模如下:

	面积(千平方英里)	人口(百万)
美国及其领地	3,682	183.3
十九个拉丁美洲国家	7,680	196.5
加拿大	3,852	17.9
四个近东和中东国家	1,693	55.5
四个南亚和东南亚国家	735	161.3
两个东亚经济体	52	35.3
两个非洲国家	722	2.5
一个欧洲国家	51	8.3
共　计	18,467	660.6

资料来源:《美国统计摘要,1962 年》,第 7,911—912 页。关于南越,《世界年鉴》(*The World Almanac*)1962 年,第 387 页。

七、剩余的吸收：军国主义和帝国主义

2

为了说明为什么美国的军事需要在战后时期迅速扩大了，我们就必须超出以过去的资本主义经历为基础的一种理论，而考虑到一种新的历史现象，即作为世界资本主义体系的竞争者和替代者的世界社会主义制度的兴起。为什么一个社会主义竞争者的兴起，使得资本主义领导国方面产生不断上升的军事需要呢？

官方的和非官方的舆论制造家——从总统和国务卿到小市镇的报纸主笔——有一个现成的答案：美国必须保护自由世界，使之免受苏联侵略的威胁。这种威胁的现实性和严重性或者被认为是当然的，或者经由两种论证得到了"证明"。一系列真实的或指称的共产党行动，从紧接第二次世界大战以前的时期起（特别值得注意的是苏芬战争），直到南越的拉长的游击战争，被指出作为共产党侵略的"明显"实例。此外，对这种所谓侵略行为的理论上的解释，以一种三段论法的形式提出来了：极权主义国家是侵略成性的，这可以由纳粹德国和军国主义日本得到证明；苏联是一个极权主义国家；所以苏联必然是侵略成性的。

苏联侵略性这个主题在过去四分之一世纪中被如此频繁和如此响亮地重复着，以致它现在已被大多数美国人当作事实来接受——就像白天过去就是黑夜来临一般，不会受到怀疑。然而，尽管看来是多么自相矛盾，我们不知道有哪一个苏维埃社会和苏维埃政策的认真的分析家真正相信它。甚至著名的"遏制"主义的埋论阐述家,乔治·F.凯南,当时的国务院政策计划机构的头儿,也断然否定了这种看法:苏联是像希特勒德国那样的一种侵略国。①在主张苏联政策一向基本上是站在防御方面的各种专栏作家,历史学家和政治科学家当中,包括许多美国精神生活中的杰出领袖。事实上,很难说出一个题目,比这个题目研究得更彻底或论证得更充实的。② 此外,比较富有思想的政治家,像切斯特·鲍尔斯和参议员富布赖特这样的人,都常常尽力强调这一点:苏联威胁——其存在他们是不怀疑的——不是军事方面的,而是经济方面的、政治方面和思想意识方面的。就是在态度上对苏联最好战的那些人,或许特别是那些人,也并不相信苏联政策的侵略性。正如沃尔特·李普曼所写的:

　　　　一个主战派包括密谋策划和煽动打起一场战争的人,他

---

① 参阅一篇著名的文章,《苏联行动的根源》(The Sources of Soviet Conduct),作者 X[凯南(Kennan)],《外交》(Foreign Affairs),1947年7月。这篇文章正是在杜鲁门总统煽起对苏联的歇斯底里的恐惧,以便保证国会采纳杜鲁门主义的时候写的。

亚利桑那大学政府系尼尔·D.霍顿教授(Professor Neal D. Houghton)的一篇优秀的文章值得在这里引用。在提到"假定俄国想要'进攻'美国和西方"时,他写道:"在所有把这种精神病患者的恐惧当作我国国防和冷战政策基础的普通人中,显然没有一个人曾经不惮辛劳地去证明这种恐惧是合理的。没有人肯费力去冷静地解释为什么俄国有这种企图。……恰好相反,我所知道的每一个有理性的调查过这件事情的人都得出了这种信念:俄国人民或苏联的领袖们都没有这种欲望或企图,他们从来也没有过。"[尼尔·D.霍顿:《最近美国外交政策中对国际领导权的挑战》(The Challenge to International Leadership in Recent American Foreign Policy),《社会科学》(Social Science),1961年6月,第174页。]

② 参阅D.F.弗莱明(D. F. Fleming)的不朽的著作:《冷战及其根源,1917—1960年》(The Cold War and It's Origins),共2卷,纽约和伦敦,1961年。这个用文件详细论证的研究被弗雷德里克·L.舒曼称为"我们时代最伟大的作品之一",舒曼是我国关于国际关系的主要权威之一。[《民族》(The Nation),1963年1月13日。]

们认为国家从战争中将赢得好处和光荣。很难找到一个美国人，他认为今天的任何巨大战争会有许多的好处或光荣。战争呐喊派包括这样的人，他们认为不管我们怎样做，俄国人是不会打仗的。①

而威廉·S.施拉姆——前任《幸福》杂志编辑，他赞成用原子弹这个最后通牒作为把俄国人赶出东欧的方法——最最强调："共产主义靠和平来繁荣，它需要和平，在和平中取得胜利。"②

要对这个题目进行全面讨论，自然就必须分析纳粹主义（或其他形式的法西斯主义）同社会主义之间的根本不同，表明两者不但有很大的差别，而且是处于对立的两极。军国主义和征服同马克思主义理论是根本不相容的，社会主义社会并不包含有坚持要从征服其他民族或国家的政策中得到好处的阶级或集团，像帝国主义国家中的大资本家那样。但在此处进行这种讨论是不适宜的，无论如何也只不过是能增强一个在消息灵通的人士看来已经是很明显的结论：苏联对外政策主要是采取守势的，同纳粹德国和它的轴心同盟国的侵略战争政策并无相同之处。

3

美国寡头统治集团需要一个庞大的军事机器，其理由必须从别处去找，而不是从并不存在的苏联侵略的威胁去找。一旦我们

---

① 《华盛顿邮报》(*The Washington Post*)，1963年3月5日。
② 弗莱明：《冷战及其根源》第2卷，第1096页所引。

认识了这一点,并使我们的思想摆脱了寡头统治集团在意识方面和宣传方面的歪曲所带来的黑话和混乱,我们可以立即发现我们所要找的东西:从布尔什维克在1917年11月夺取政权的时候起就支配着资本主义世界各主要国家的同一的对社会主义的无法平息的仇恨,同一的必须予以摧毁的决心。中心的目标永远是这样:防止社会主义的扩张,把它压缩在一个尽可能小的地域内,最后把它从地球上消灭掉。随着条件的改变而改变了的是:用来达到这种不变目标的方法和策略。

当苏维埃制度还在年轻和软弱的时期,似乎真正有希望去资助和供应它的反革命的反对者,并侵入它的领土。当这种努力失败以后——在很大程度上是由于资本主义国家中对战争感到厌倦的工人的抵抗——在苏联的西部边境上建立了一条反动的依附国的封锁线,并不得不接受一个不稳定的对峙时期。十年以后采取的政策是,建立德国和日本的军事机器,推动它们最后去进攻苏联。这种策略发生了事与愿违的恶果——的确,如此之甚,以致迫使西欧列强同它们想定的牺牲者建立了联盟。当烽烟从战场上消逝以后,苏联仍然站在那儿——而封锁线被一条一直延伸到欧洲中心的社会主义国家保护带代替了。这样,从沙皇俄国的少数几个工业城市发轫的社会主义势力就伸展开来,席卷了从易北河到太平洋的广大地区。资本主义在欧洲和亚洲的传统中心现在要不是化成了废墟,就是摇摇欲坠,仅能幸免于经济崩溃。其次,大多数殖民地和半殖民地国家都在骚动中,社会主义力量对长期建立的制度第一次构成了严重的挑战。显然,世界资本主义正面临着空前未有的危机。

七、剩余的吸收：军国主义和帝国主义

在这次危机中，美国走出来，承担了组织巨大的资本主义反攻的全部领导责任。这种想法至少早在1945年秋天就在杜鲁门总统的心中形成了，①但是美国舆论对此尚未做好准备。在杜鲁门和他的谋士们断定人民以及他们在国会中的代表们已经准备好赞成世界规模的反社会主义十字军以前，需要有一年以上的时间来进行紧张的反共宣传——而温斯顿·丘吉尔1946年3月5日在密苏里的富尔顿发表的著名的"铁幕"演说或许是它的最精彩的场面。

1947年2月24日，英国人在克服一次剧烈的经济危机的斗争中，宣布他们撤销对希腊当权的右翼政府的支持，后者正为反对一次革命的游击战运动、争取生存而战斗。美国的直接反应就是杜鲁门主义。这在事实上是宣布把希腊和土耳其置于美国保护之下，并宣告"美国的政策必须是支持各国自由人民，他们正在抵抗由武装起来的少数人和外部压力所进行的颠覆活动"。用弗莱明的话说：

> 没有一个声明能够比它更彻底的了。凡是发生共产党造反的地方，美国就要去镇压它。凡是苏联试图推进的地方，不论是在它的广阔周围线上的任何一点，美国就要去抵抗。美国要变成全世界反共、反俄的警察。②

杜鲁门主义虽然很彻底，它却没有规定华盛顿的新的全球政策的全部范围。它表明了那种政策的可以说是消极的方面——防

---

① 这由弗莱明：《冷战及其根源》第1卷，特别是第441—442页确凿地表明了。
② 《冷战及其根源》，第446页。

止社会主义进一步扩展的决心。积极的方面,包括一整套长远的目标,在国务卿迪安·艾奇逊于1950年3月——朝鲜战争爆发前几个月——发表的两次主要演说中简单而明白地列举出来了。

在第一次演说中,艾奇逊规定美国政策的目的是确立"实力地位"。然而,实力地位可能只不过是防守上的战术据点,用它们来保卫现状。它也可能是中间整备区域,从它那里去攻克新的阵地。艾奇逊随即把他的意思说清楚了。他于3月16日在加利福尼亚的伯克利声称,如果两个制度要能共存,某些分歧之点或早或迟必须得到解决。他举出了七个这样的分歧之点;它们可以归结如下:

第一点:德国、奥地利和日本的和平条约,必须使这些国家"自由"——换言之,使它们成为同美国联合起来反对苏联的资本主义国家。

第二点:必须在"我们习惯于设想为卫星地区的一整类国家"中采用"有秩序的代表程序"——换言之,当美国在东欧组织反革命时,苏联必须袖手旁观。

第三点:"苏联的领袖们应当在联合国中放弃他们的阻挠政策"——换言之,苏联必须默认联合国变成美国政策的工具。

第四点:苏联必须接受"控制原子能的现实的和有效的安排和一般的军备限制"——换言之,苏联必须把它在原子能领域内的工作置于一个由美国支配的机关的监督之下,并让它的军事机构接受外部检查。

第五点:苏联必须"停止、并协力防止超越国境线的间接侵略"——换言之,既然"间接侵略"是社会主义革命的通常的假名,苏联必须不仅同意美国采取反革命的行动,而且必须在实际上援助和支持这种行动。

第六点：苏联及其同盟国（只要它还有同盟国）必须让美国官方代表自由出入它们的国境。

第七点：苏联的领导人必须停止批评美国及其同盟国。

威廉斯学院弗雷德里克·L.舒曼教授马上对这"七点"做出了如下的评论："不谋而合，它们包括了詹姆斯·伯纳姆的《即将来到的共产主义失败》中所提的'五点'，这本书提出的主张是：'美国对外政策只能有一个目标：毁灭共产主义势力。'"①自从1917年以来，这的确就是美国政策的指路明星，它到今天依然是这样。

4

为了执行这个全球反共政策，需要做的事情很多，其中有：

（1）使资本主义势力的传统中心得到最迅速的复兴和增强，并把它们纳入由美国统治的军事联盟中。这些目标，通过1947年6月——杜鲁门主义宣布后刚刚三个月——宣布的马歇尔计划，以及在下一年商订并于1949年4月签字的北大西洋公约组织达成了。同样的政策转变不久也在日本发生，以在1951年签订一个单独的和平条约而告终。资本主义在西欧和日本复兴的内在条件比表面上所看到的要有利得多。固定资本和受过训练的人力是可以充分得到的；所需要的是流动资本的大量输入，而这是美国所能提供的。在解决这个问题时，华盛顿可以说是赢得了它在战后时期

---

① 《指南针日报》(*The Daily Compass*)，1950年3月24日。

的一次真正大规模的、极好的外交政策上的成功。

(2)环绕着整个社会主义集团的周围组成一个军事条约和基地网。这种工作从北大西洋公约组织开始,至今一直在进行。这个网现在除北大西洋公约组织以外,还包括东南亚条约组织,中央条约组织(原称巴格达条约),以及同到处的许多国家签订的双边条约或"互助"协定:西班牙、土耳其、巴基斯坦、菲律宾、日本和许多其他国家。到 1959 年,美国——根据弗莱明——在 31 个国家总共拥有 275 个主要的联合军事基地,另有 1400 个以上的外国基地,包括美国人当时留驻的所有地点和预定在紧急时可以占据的地点。这些基地共计约费 40 亿美元,由将近 100 万美国军队驻守。

(3)尤其是,美国的政策需要有一切种类和样式的武器以及运用这些武器的人,去赋予这个世界规模的联盟骨骼以肌肉,从而确立"实力地位",以便抑止社会主义的扩张,并在适当的时候施加足够的对抗压力,迫使它后退。在这些目的不能达到时,必须把军事机构设计得足够强大,以便进行并赢得一场反对苏联的战争,从而为用纯粹军事手段最后消灭社会主义廓清道路。

总之,美国寡头统治集团之所以需要有一个庞大的和日益增长的军事机器,是它遏制、压缩和最后摧毁竞争的世界社会主义制度这个目标所产生的逻辑的必然结果。

5

在我们离开需要有军事实力这个题目以前,必须探讨资本主

七、剩余的吸收：军国主义和帝国主义

义对一个竞争的世界社会主义制度的存在予以敌视的原因。如果像有些人似乎所想的，这种敌视主要是基于不合理的偏见和恐惧，像孜孜不倦地培养出来的对苏联侵略性的信念那样，那么似乎至少还有一个机会，到时候比较合理的观点可能会占上风。假使那样的话，可以把和平共处和裁军看作不是两个制度之间进行斗争的宣传口号，而是一种可以实现的目标。反之，如果这种偏见和恐惧只不过是——碰巧常常是这样——根深蒂固的利益的假面具，那么我们对这种看法就得进行不同的估价。

首先，我们必须处理一个非常普通的论据，它是用来证明社会主义的扩展是对资本主义制度存在的致命威胁的。常常听到说，资本主义没有对外贸易就不能存在，而社会主义每前进一步，就意味着资本主义贸易地区的缩小。因此，这个论据继续说，对主要资本主义国家来说，即使它们不受到强大的国内社会主义运动的威胁，反对社会主义的斗争也确实就是争取生存的斗争。按照这种形式，来自资本主义利益集团的论证是一种不根据前提的推理。说没有对外贸易资本主义就不可想象，那是实在的，但是说社会主义国家不愿意或不能够同资本主义国家进行贸易，那是不实在的。因此，社会主义的扩展，就其本身而言，并不包含对资本主义国家开放的贸易地区的任何缩小。我们甚至还可更进一步。资产阶级经济学家从来不知疲倦地重复着，一个国家越是工业化，它作为贸易伙伴的潜力就越大。既然不发达国家在社会主义制度下比在资本主义制度下工业化得更快，按照这种论据，主要资本主义国家就应当欢迎社会主义向资本主义世界的不发达部分扩展。它们不这样做，反而拼命加以抵抗，那就必须用其他的理由来说明。

这个问题实际上要复杂得多，只有用完全不同的措辞才能恰当地摆出来。资本主义国家的政府一般并不相互进行贸易。资本主义世界的大部分贸易是由私人企业进行的，主要是由大公司进行的。这些大公司感到兴趣的，不是为贸易而贸易，而是为利润而贸易：它们以及它们所控制的政府之所以反对社会主义扩展，不是因为这样会必然减少它们的进出口机会（虽则这种机会自然是可能减少的），而是因为这样必然会减少它们同新社会主义化地区和在新社会主义化地区做生意的获利机会。当考虑到对主要资本主义国家的大公司来说，同较不发达和不发达国家做生意和在这些国家做生意的利润率一般比国内的利润率较高这一事实时，恰恰是反对社会主义对这些地区的扩张非常激烈，原因也就可以理解了。

我们经过考虑以后，使用"同这些国家做生意和在这些国家做生意"这个一般性的措辞，而不使用"从这些国家购入和向这些国家售出"这种比较有限制的措辞。一般巨型公司的国际关系和利益在今天很可能是多种多样的和极端复杂的，比单纯的出口或进口要复杂得多。要说明这一点，最好的办法或许莫过于总结无疑是主要的美国"跨国公司"——新泽西美孚石油公司①的世界范围的

---

① "跨国公司"（multinational corporation）一词似乎是从戴维·E. 利伦撒尔开始使用的，他是罗斯福手下的田纳西流域管理局局长，杜鲁门手下的原子能委员会主席，现在是开发和资源公司的董事长，这个公司是由拉扎德·弗里尔的国际银行公司支持和控制的。利伦撒尔1960年4月在卡内基工程学院提出一篇报告，随后由开发和资源公司印行，标题就是《跨国公司》。这个用法后来由《商业周刊》在一篇专题报告中采用名为"跨国公司"，见该刊1963年4月20日一期。

规模和性质。下列事实和数字是从该公司的正式刊物援引的[①]。

按美元资产计,泽西美孚是美国最大的工业公司,1962年年终共达114.88亿美元。同年的总收入为105.67亿美元,净收入(利润)为8.41亿美元。可是,只在把这些数字按地区划分以后,国外业务的极端重要性才看得很清楚。到1958年末了,资产和利润按地区分配的百分比如下:

	资产	利润
美国和加拿人	67	34
拉丁美洲	20	39
东半球	13	27
共计	100	100

泽西的资产有三分之二在北美,而从这个地区获得的利润只有三分之一。换一个说法,泽西的国外投资为其国内投资的一半,而国外所获利润则为国内利润的两倍。这样,国外利润率为国内利润率的四倍。

泽西的业务真正是世界范围的,这可以从下列事实看到,1962年该公司在一百多个国家出售其产品,在52个国家拥有275个子公司的50%以上的股票。表6列举了这样的子公司,按国别区分。按地区总计,我们看到泽西的子公司在美国和加拿大有114家,欧洲77家,拉丁美洲43家,亚洲14家,非洲9家,其他地区18家。

泽西国外业务的种类繁多和范围广大,可能使人认为,多年

[①] 《特别股东会议通知书》(*Notice of Special Stockholders' Meeting*)(1959年10月7日);《1962年12月31日终止的财政年度报表10—K》(根据1934年的证券法第13条向证券和交易委员会提出);和1962年《年度报告》。

来，该公司始终是一个巨大的资本输出者。事实决非如此。除了最初在许多年前曾输出小量资本外，泽西的国外资产扩张是由它的国外业务利润提供资金的。而且，这种国外利润很大，在照顾到全部国外扩张的需要以后，仍剩下很大数量，供汇回美国母公司之用。国外利润汇回数额的单独数字没有公布，但其规模大小可以

表6 美孚石油公司的子公司

美国	77	瑞士	2
加拿大	37	乌拉圭	2
大不列颠	24	委内瑞拉	2
巴拿马	17	阿尔及利亚	1
法国	12	但泽	1
巴哈马	8	多米尼加共和国	1
意大利	6	埃及	1
瑞典	6	萨尔瓦多	1
哥伦比亚	5	芬兰	1
荷兰	5	匈牙利	1
澳大利亚	4	印度	1
巴西	4	印度尼西亚	1
智利	4	肯尼亚	1
德国	4	卢森堡	1
菲律宾	4	马达加斯加	1
阿根廷	3	墨西哥	1
丹麦	3	新西兰	1
爱尔兰	3	巴拉圭	1
日本	3	秘鲁	1
荷属安的列斯群岛	3	刚果共和国	1
挪威	3	新加坡	1
奥地利	2	南非	1
比利时	2	西班牙	1
百慕大群岛	2	苏里南	1
伊拉克	2	突尼斯	1
马来亚	2		
摩洛哥	2	共　计	275

七、剩余的吸收：军国主义和帝国主义

由1962年的下列数字看到。在这一年，正如已经提到的，利润总额为8.41亿美元，其中有5.38亿美元作为股息付给股东，他们的大多数是美国居民。其余3.03亿美元加在公司的国内和国外投资上。在记录这些数字的同一年度报告中，我们看到1962年在美国的营业利润为3.09亿美元。可以看出，这个数字比付出的股息少2.29亿美元。换言之，这一年付给股东股息的大约40%加上在美国所作的净投资是由国外营业的利润提供资金的。总而言之，新泽西美孚石油公司始终是一个非常大的资本输入者。

可是，在此刻，我们必须停下来问问：究竟新泽西美孚石油公司是不是一个真正的理想典型，可以帮助我们吸取资本主义现实生活的实质；抑或相反，它究竟是不是一种例外情况，我们应当加以忽视而不把它当作注意的中心？

在到第二次世界大战以前，把美孚石油公司当作一种例外那是正确的——它的确是一种非常重要的例外，对美国的世界政策具有巨大的，有时甚至是决定性的影响。不仅在它的业务的跨国性范围和规模上，它远远走在所有其他公司的前面；而且只有少数几个公司可以说是在沿着同一路线向前发展。许多美国公司在进出口贸易上有着巨大的利益，有几个甚至是拥有国外分支机构或子公司的。可是，不论在哪一方面，1946年的情况和1929年的情况并没有什么很大的不同。的确，在这两年之间，美国公司的直接国外投资实际上从75亿美元降到了72亿美元，即降低了4%①。

---

① 美国商务部商业经济局：《美国商业在外国的投资：商业现况调查补编》(*U.S. Business Investments in Foreign Countries: A Supplement to the Survey of Curreut Business*)，华盛顿，1960年，第1页。

在这些年代中统治美国经济的巨型公司,用《商业周刊》的话来说,大多数"是从事国际营业的面向国内的公司",而不是像美孚石油公司那样"真正面向世界的公司"。①

在以后的 15 年中发生了巨大的变化。再引用《商业周刊》的话来说:"在一个又一个的工业部门中,美国公司发现它们的海外赢利激增,它们的国外投资收益常常要比在美国的高得多。当国外赢利开始上升时,国内营业的利润边际就开始缩小了。……两者结合起来,迫使跨国公司发展了。"②结果,美国公司国外直接投资自然是急剧增长了——从 1946 年的 72 亿美元跃增至 1963 年的 406 亿美元,在第二次世界大战以后的这些年代中增至五倍以上。③ 在这种国外投资增长的同时,国外分支机构和子公司的销售额和利润也增加了。在制造业中(除了石油和采矿之外),这种附属机构的销售额从 1957 年(可以得到数字的头一年)的 183 亿美元增至 1962 年的 281 亿美元,六年中增加 54%。④

美国公司这些国外业务的相对重要性的增长,从表 7 可以得到一个概念,表中列举了制造业国外附属机构的销售额,国内制造业的总销售额和非农产品的输出。

---

① 《跨国公司》,《商业周刊》,1963 年 4 月 20 日。注意到这一点是有趣的:在美国,商业期刊常常远远走在经济学界的前面,承认资本主义经济中的最新发展,甚至还试图加以分析。
② 《跨国公司》,《商业周刊》,1963 年 4 月 20 日。
③ 《商业现况调查》,1964 年 8 月,第 10 页。
④ 弗雷德·卡特勒和塞缪尔·皮策:《美国工业的国外业务:资本支出,销售额和资金供应》(U. S. Industry: Capital Spending, Sales, and Financing),《商业现况调查》,1963 年 10 月,第 19 页。

七、剩余的吸收：军国主义和帝国主义

表7　国外和国内制造厂销售额和商品输出的增长，1957—1962年
（单位：十亿美元）

	制造业国外附属机构销售额	国内制造业总销售额	商品输出（除粮食外）
1957	18.3	341	16.8
1958	不详	314	13.8
1959	21.1	356	13.7
1960	23.6	365	16.6
1961	25.6	368	16.9
1962	28.1	400	17.3

资料来源：国外销售额，弗雷德·卡特勒和塞缪尔·皮策，"美国工业的国外业务"，《商业现况调查》，1963年10月；国内销售额和出口额，《经济指标》，现行各期。

把有国外分支机构或子公司的那些公司的国外与国内销售额和出口额拿来比较，自然还要好些；如果我们能够把这些公司从国外业务和国内业务分别获得的利润包括进去，那就更好了。如果这样的数字可以得到，我们对于美国巨型公司卷入国外活动的程度就可以得出一幅非常清晰的图画。但即使表7所列的数字，也雄辩地证明了这种卷入的迅速增长。在从1957年开始的六年中，国外附属机构的销售额增长了54%，而国内制造厂销售总额只增长17%，非农业产品输出根本没有多大改变。

近年来的记录就是如此。如果我们向前看，我们发现美国的公司界远远没有把它的海外扩张看作是到了头，而是让它的未来繁荣严重地依赖于对其他国家经济的继续渗透。《美国新闻与世界报道》的一篇特别报道说："美国作为一个'机会的国土'在许多美国商人心目中已经开始丧失这个资格。"[①] 报道进一步告诉我们

---

① 《寻找新的机会；现在的口号是"走向海外"》（For New Opportunities; Now, the Word Is 'Go Abroad'），《美国新闻与世界报道》（U.S. News & World Report），1964年6月1日。为了给这篇报告收集资料，"《美国新闻与世界报道》的国际部成员同几十个在海外的美国公司谈了话。又从在美国大量从事国外业务的公司获得了补充的资料"。

这是为什么:

  这些商人越来越断定,海外的市场——而不是美国的市场——为未来的发展提供了最大的可能性。这种感觉增长了:美国的市场虽然很大,却已经相对"饱和"。
  正是在海外,商人看到了巨大的、未开发的市场,有亿万顾客需要——并且越来越有能力购买——所有各种产品和劳务。
  为了追求这个市场,美国公司正在全世界建立和扩大工厂。自1958年以来,单是在西欧就有2100多家美国公司开始了新的业务。……
  所有各种类型的营业——从汽车到婴儿食品——均在为美国的国外市场预示着光辉的前景。
  加拿大固特异轮胎和橡胶公司总经理 L.E.斯潘塞说:"在今后十年中,国外市场的扩大将比北美市场快好几倍。"
  国际商业机器世界贸易公司副总经理 C.C.史密斯说:"在每一种主要的产品类型中,我们在国外营业的增长率比在美国要大。到时候,我们预期国外的数量会超过国内。"
  听一听科尔盖特-帕尔莫利夫公司一个高级职员的评论:"在美国你所看到的是一个饱和的市场,这里新产品是对发展的唯一回答。在海外每年有千百万人民在他们的文化、社会和经济发展中达到这个阶段:他们购买肥皂、牙膏以及其他的东西。"
  这个断然的预言是由通用电气公司总经理弗雷德·J.博尔奇所作的:"不管经济或政治上的盛衰兴废如何,今后25年

七、剩余的吸收：军国主义和帝国主义

中扩大得最迅速的市场将在海外。"

在这种背景下,从美国海外公司的调查提供了这些主要的成果：

1. 美国公司的国外销售额增长比相同的公司在美国的销售额的增长要快得多。增长的百分比常常要大两倍或三倍。

2. 国外的利润率一般比在美国的类似活动的利润率高。许多公司报告的百分比收益"在国外有在美国两倍那么高"。大多数公司报告说,在海外的工资成本较低——竞争较少。

3. 国外市场的开发,就地经营比从美国输出更好。设在国外的工厂能够逃避关税和建立起反对美国输出的其他贸易壁垒。……

这样看来,不论是从过去的记录来看,还是从未来的计划和希望来看,美国公司界已经无可挽回地走上了美孚石油公司早已开拓出来的道路。美孚仍然是跨国公司的典型,但它不再是例外了。它只不过以最发达的形式,向我们显示其他巨型公司现在是什么样子,或正在变成什么样子。

碰巧,新泽西美孚石油公司的最近历史,也给我们提供了一个极好的例子,说明为什么跨国公司对社会主义的扩展表现深刻的敌视。在古巴革命以前,西泽通过几种方式大量地卷入了古巴。它在这个岛上拥有炼油设备,并经营一个广泛的分配系统,财产共值6,226.9万美元。[①] 此外,泽西在古巴的子公司从泽西在委内瑞拉

[①] 斯坦达德和普尔(Standard and Poor)：《美孚石油公司说明》(*Standard Corporate Descriptions*),1961年7月24日。

的子公司克里奥尔石油公司按国际石油卡特尔维持的高价购入原油。因此,西泽在这两个国家从三种不同的业务上获得利润——出售原油,炼油,出售成品。由于革命,泽西在古巴的财产被无偿地收归国有,而克里奥尔也失去了它的古巴市场。六千万美元以上的资产和三种利润来源一下子就丧失了——毫不牵涉到美国的进出口。

可能有人主张,如果泽西和美国政府对古巴采取了不同的政策,革命政权就会高兴继续向委内瑞拉购买石油,后者究竟是最近的和最合理的供应来源。这无疑是实在的——但有一个大大的附带条件。革命政权会高兴继续向委内瑞拉购买石油,但它不会高兴继续支付美孚石油公司所定的价格并同意它所定的支付条件。由于它能转向苏联作为另外的供应来源,就没有必要再继续屈从这个卡特尔的条件。因此,为了留在古巴市场上,泽西至少必须消减它的价格,并提供较好的信用条件。这不仅会意味着向古巴售货的利润较少,而且会威胁到卡特尔价格的整个结构。泽西和华盛顿决定代之以向古巴革命开战。

在美国和古巴的冲突中,存亡攸关的事情并不是两国之间的贸易,这可以由古巴同其他资本主义国家的关系得到证明。在古巴经济社会主义化了很久以后,哈瓦那政府仍在大力促进它同英国、法国、西班牙、加拿大、日本之间的贸易——一句话,大力促进它同任何一个愿意并能够同古巴做生意的国家之间的贸易。的确,在向社会主义转变的最初年代中,由于组织解体和其他困难,古巴的进出口能力自然大大地减少了,但似乎没有理由怀疑古巴自己的论点:在几年之内,这个海岛将是一个比在旧日新殖民主义制度下好得更多的贸易伙伴。也没有任何理由怀疑,如果撤销了

七、剩余的吸收：军国主义和帝国主义

封锁，并在两国之间重新建立了正常关系，美国会取得古巴贸易的较大份额。

但这并不是真正使统治着美国政策的巨型跨国公司感兴趣的事情。它们所想要的，是对外国原料来源和外国市场的垄断控制，使它们能按特别优惠的条件进行买卖，把定货从一个子公司转到另一个子公司，对这个国家或那个国家予以特惠待遇，随哪一个采取最有利的税收、劳工及其他政策为转移——一句话，它们想要按照它们自己的条件并在它们选择的任何地方做生意。为此，它们所需要的并不是贸易伙伴，而是愿意调整它们的法律和政策以适应美国大商业要求的"同盟者"和依附国。

在这种背景下，人们可以看出，古巴的罪行就是在言语上和行动上主张有为了它自己人民的利益处理它自己的资源的主权。这就牵涉到削弱和在以后的斗争中最后废除巨型跨国公司从前在古巴享有的权利和特权。正是由于这一点，而不是由于丧失贸易，更不是由于任何不合理的恐惧或偏见，各公司和它们在华盛顿的政府对古巴革命的反应是那么强烈。

或许还可能有人认为，既然古巴是一个小国，反应的强烈同所遭受的损失未免太不成比例了。但这是没有看到主要之点。古巴之所以如此重要，恰恰因为它是那么小，再加上它的地理位置离美国又是那么近。如果古巴能够不受惩罚地脱离"自由世界"并加入社会主义阵营，那么任何国家都可以这样做。如果古巴在新的体制下繁荣起来，全世界所有其他不发达和受剥削的国家都将被诱使去追随它的榜样。这样，在古巴的生死攸关的事情不仅是一个小小国家的受到剥削与否的情况，而是"自由世界"本身的生存问

题,即是说,整个剥削制度的存在问题。

正是这个事实,决定着美国的古巴政策。美国的策略是用一切方式去破坏并剥弱古巴经济,其目的有三。第一,希望古巴人民迟早会对他们的革命领导感到幻想破灭,从而为一次成功的反革命政变准备条件。第二,教训不发达国家的人民,革命没有好处。第三,使落在社会主义阵营其他国家身上,特别是落在作为经济最发达的成员的苏联身上的支持古巴经济的重担达到最大限度,从而诱使这些社会主义国家利用它们的影响,去抑制可能使它们已经过分紧张的经济进一步增加负担的任何新革命。

6

这自然并不是用来保卫"自由世界"的唯一方法。美国起先未能理解在古巴推翻了巴蒂斯塔政权的革命的性质,后来想要不使革命者巩固其权力,已经为时太晚。现正采取一切预防措施,以免重蹈覆辙。一切革命者都自动地受到怀疑;一种政权不管多么反动,都值得美国倾全力去支持。

部分地,这种支持采取所谓经济援助的形式——实际上是对各国腐败的寡头统治集团的施舍,目的在于保证它们对华盛顿效忠,而不是为了它们各自的国家的利益。① 部分地采取军事援助

---

① 据从1948年到1961年在美国各届政府中连续主持对外援助的一个高级官员D. A. 菲兹杰拉德说:"对于对外援助提出的许多批评,是由于批评者认为其目的是获得经济发展,而这根本不是对外援助的目的。……这要看主要的目的是什么,有一半时间主要的目的是对付短期的政治危机——而经济发展,纵有,也只是一种偶然的结果。"《美国新闻与世界报道》访问记,1963年2月25日,第49、50页。

的形式,主要有两种。

第一,由美国部队在依附国的领土上直接参与:把军队驻扎在美国控制的基地上(我们在上面已经看到,约有275个主要的联合军事基地和1400个由美国军队占领或预备占领的基地);"紧急"派遣部队到邀请国领土内由两国政府所决定的任何地方(1958年夏的黎巴嫩,1962年春的泰国,1965年春的多米尼加共和国);派遣各种顾问团或训练团到依附国的部队中去(1957年,单在拉丁美洲就共有40个陆军、海军和空军代表团,除了墨西哥之外,每个国家都有)。正如在南越所表明的,训练代表团可以迅速地、几乎是不知不觉地改成反革命的战斗部队。①

第二种军事援助形式,是为依附国的军队提供物质和财政支援。虽然美国同全世界不发达国家签订的许多军事援助条约表面上是用来对付苏联或中国的侵略"威胁",却没有一个认真的军事计划人会想象这是真正的目的。这样一种威胁如果真正存在的话,只有美国本身才能与之对抗,企图同许多微弱的同盟者协调军事策略会是虚弱的根源而不是力量的根源。这种军事援助的真正目的,由留温在他对武装部队在拉丁美洲的作用的最早研究中清楚地阐明了:

---

① 南越也表明了:在不发达国家,今天的反动政权,不管美国给予多么慷慨的装备和"顾问",对具有献身精神和经验的革命游击队总是不能打胜仗。这里不是试图估计这个重大事实的含义的地方。我们只记下我们的深刻信念:随着年代的消逝,它的意义将显得越来越大;将来回顾起来,南越的斗争将被承认是20世纪后半叶历史的转折点之一。

> 这些(军事)政策……主旨不是在对付共产主义的军事威胁,而是在赢得拉丁美洲的友谊,赢得它在联合国和美洲国家组织中的合作与支持。里约军事联盟,各种共同防御援助条约,军火让渡,有偿援助,泛美防务委员会和各种军事代表团的工作——所有这一切都没有巨大的军事意义。它们的目的首先是在吸引拉丁美洲的军官团——它们在大多数共和国的政界有着巨大的影响——使之更接近美国,希望它们能排除苏联的影响,给予美国帮助,维持政治稳定,保证美国继续获取战略原料,并提供使用基地的权利。①

更直截了当地说,美国对不发达国家提供军事援助的目的是:如果它们已在美帝国之内,就保持它们在那儿;如果它们还不在美帝国之内,就把它们带到那儿——并且无论如何要保证再不发生背弃"自由世界"的事情。对接受军事援助的国家来说,后果是悲惨的。哥伦比亚的政治家爱德华多·桑托斯说:"我们正在做的是建立一种军队,它按国际尺度说是无足轻重的,然而在每一个国家的国内生活上却是不可抗拒的力量。每一个国家都是由它自己的军队占领的。"②一群在伦敦的巴基斯坦学生所刊行的关于美国和巴基斯坦关系的卓越研究中,提出了同样的论点并特别加以强调:

> 从长期来看,军事援助的最坏的方面,在于它完全改变了

---

① 艾德温·C.留温(Edwin C. Lieuwen):《拉丁美洲的军火与政治》(*Arms and Politics in Latin America*),纽约,1960年,第226页。
② 留温引用,同上书,第237—238页。

社会力量和政治力量的均势,以利于保守主义和既得利益集团。军事援助播下的罪恶种子,产生了一种可怕的收获物——军官们,他们的社会基础是在我们社会中最保守的部分,他们所学的就是对我们的人民进行审判。这是一种压倒一切的力量,没有任何抵消力量能够制约它。①

在全世界范围内大量繁殖忠于华盛顿的小小军事机器,绝没有在美国本身减少对庞大军事机器的需要。当在"自由世界"的被剥削国家中掀起革命的抗议浪潮时,只有通过美国军队越来越多的直接的和大规模的干预,才能使旧秩序多维持片刻。当继续转到原子武器和洲际导弹时,甚至把全球基地系统是为了防御俄国侵略的借口也丢掉了。《纽约时报》外事专栏作家赛勒斯·L.苏兹伯格写道:"逐渐地,在北大西洋公约组织这个区域的周围建立军事基地的需要也逐渐减少了。中程导弹和远程导弹加上海运导弹正在改变着我们的回击力量的重点。但是人们能够想象美国海外军事基地的全部需要均已消失的时候尚未来到;恰好相反。"随之是同拿破仑战争以后的英国政策作透露真情的类比,虽然赤裸裸的"帝国"一词只在提到那个以往的时代才使用的:

> 今天华盛顿强调准备在必要时进行有限战争。这就需要有机动性,即使用国外中间停留基地,把人员和供给从一个地

---

① 《美援的负担》(The Burden of U. S. Aid),《今日巴基斯坦》(Pakistan Today),新编号第 1 期,1961 年秋季。

区转移到另一个地区的能力。这也需要在战略重要港口进行所谓"先期储备"。

五角大楼现在对这个特殊问题正在进行研究。拿破仑战争以后,英国海军进行了这样一种研究,去弄清英国为了捍卫它的广大海外帝国所必需的东西。后来,美国海军对于如何从事全球行动进行了同样的分析。

现在华盛顿的研究更多地是注意有限战争的各方面而不是总体战。……

同样,政府看到了我们可能在其他战场上进行有限战争的可能性,类似在南越的冲突,在这些地区,我们不是交战国,然而却承担了日益增多的义务。例如,如果伊朗遭受到俄国的压力,援助它的初步努力就可能是"有限的"而不是"总体的"。为了准备采取这种行动,美国必须维持足够多的海外基地,以便积累储备,从而采取除大破坏以外的其他方法,迅速做出反应。①

苏兹伯格难道实际上不是说,美国像19世纪的不列颠一样,需要有一部全球性的军事机器,来控制一个全球性的帝国吗?但是,正如我们知道的,美国也需要一部全球性的军事机器,来对社会主义的前进做不调和的斗争。而事实是,控制这个帝国和对社会主义作斗争正在迅速变成(如果不是已经变成)同一件事情。因为对这个帝国的威胁来自革命运动,后者像200年以前的美国革

---

① 《纽约时报》,1962年4月23日。

命一样,是由对民族独立的根深蒂固的渴望激发起来的,是由对经济发展的日益迫切的需要增加力量的,经验日益证明,今天的不发达国家除了在公共企业和全面计划的基础上是不能求得经济发展的——总之,只在它们的民族主义革命同时也是社会主义革命时才能达到目的。

由于这两个巨大的社会政治转变融合成了一个单一的过程,所以反对它们的斗争也是一样。美国要保卫它的帝国,在今天就意味着同社会主义作斗争,不仅是在帝国以内,而且是在社会主义存在的一切地方;因为社会主义在本性上是一种国际运动,只要在任何一个地方获得成功,在每一个地方都增强力量。因此,对所有的革命都必须加以反对,对每一个给予社会主义革命以物质或精神援助的泉源都必须予以削弱,可能时予以摧毁。正是这种对维持政治的和社会的现状所承担的双方面的、全世界范围的任务,规定着美国寡头统治集团的军事需要。

7

美国寡头统治集团对于军事机构的需要就是如此。其次我们必须考察满足这种需要对寡头统治集团各个成员的私人利益、对于美国阶级结构的稳定和紧密结合所产生的影响。

在上一章我们相当详细地论证了:用来满足集体需要的大多数政府活动或是会引起同私人利益集团的竞争,或是会损害寡头统治集团的阶级地位和特权;因此之故,这种活动立即引起了反对,并且当它扩大时,反对迅速增强。结果是,远在从社会方面说合理的和合乎需要的目标达到以前,就遇到了路障。政府在军事领域的活动,情况又怎样呢?

首先,很明显,建立一个庞大的军事机构,既不造成,也不涉及同私人企业的竞争。并没有什么私人的军事机构,它具有既得利益,要把政府保持在它们的禁区之外;军队对私人商业来说是一个理想的顾客,每年花费数以十亿计的美元,而条件则是对出售人最有利的。由于所需资本设备的大部分另外并无其他用途,它的成本一般就包括在最终产品的价格之内。因此,生产军火的商业实际上是不冒风险的;尽管这样,容许得到的利润率中却包括一个非常慷慨的边际,供抵销幻想出来的风险因素之用。而军事采购官员又常常预期在从部队退休以后受到军火制造商的报酬优厚的雇佣,因此他们在同供应商打交道时很少是很严格的。①

这种制度的结果,在向调查全国最大的飞机制造公司之一——波音公司赢利率的参议院调查小组委员会提出的证词中得到了很好的说明:

> 农纳利先生(公司会计师)证明:自从 1951 年以来,波音在制造波马克、B-52 和 B-54 轰炸机、KC-135 运油机以及其他工程上的政府定货共达 118.1890 亿美元。他说,公司在这些工程上的成本共计 109.1120 亿美元,毛利为 9.0770 亿美元。

---

① 根据众议院武装部队委员会的一个小组委员会的报告,在 1960 年,全国 720 个最大的国防合同人雇用了 1426 名退休军官,其中 251 名是从前的陆海空军将官。奥利弗·C.考克斯在《资本主义与美国领导》(Capitalism and American Leadership)中引用,纽约,1962 年,第 118 页。

七、剩余的吸收：军国主义和帝国主义

他说，公司的逐年利润同净投资（资产净值加全部借入资本）比较，表明利润百分比从1953年的108.6%到1951年和1960年的36%不等。

农纳利先生说，波音的利润按公司的资产净值核计，在它的政府合同方面，纳税前平均为74.38%，纳税后平均为35.68%；在政府和商业两种生意合计时，纳税后为19.05%。

他说，后者同政府各管制机关按资产净值计算的同一年度美国所有一切制造工业部门平均净利润10.73%比较，"几乎为两倍"。[①]

就我们所知，关于军火生产的赢利率的全面数字从来没有人编制过，波音可能是一个特别受到政府青睐的公司。就算这样，供应军火普遍认为是好生意，这是毫无疑问的：所有的公司，不论是大是小，都争取得到尽可能大的一份。寡头统治集团的私人利益对于军事支出不但不加以反对，而且鼓励它继续扩大。

寡头统治集团的阶级利益也向着同一个方向发生作用。政府在教育和福利方面的大量支出会逐渐损害这个集团的特权地位，军事支出却与之相反。理由是，军事化会培养社会中一切反动的和不讲理性的力量，抑制或扼杀每一种进步的和人道的力量。产

---

① 《纽约时报》，1962年5月23日。农纳利先生还证明，在他和公司之间关于这些数字的正确性并无争论；但《时报》记者附带说，波音反对用"净投资"这个尺度，认为利润率应当按销售量计算。

生了对权威的盲目尊敬;教导并强迫人采取驯服和顺从的态度;持不同意见被当作不爱国甚至是叛逆看待。在这种气氛中,寡头统治集团感到它的道德权威和物质地位就有了保障。凡勃伦比任何其他的社会科学家更欣赏军国主义这种社会职能的重要性:

商业原则所支配的最大的和最有希望的文化训练因素——最有希望作为对各种反对传统的古怪行为起矫正作用的东西——是国家政治。……商业利益强烈要求采取一种侵略性的国家政策,而商人则指导着这种政策。这种政策既是爱国的,又是尚武的。一种尚武的商业政策的直接的文化价值是明确的。它在群众方面培养一种保守的主导精神。在战争期间,以及在军事组织中,在所有的时候,公民权被搁置起来;战争和备战的时间越长,搁置的时间也就越长。军事训练是一种礼节上的先后次序、强制命令和无条件服从的训练。……这种训练越是一贯,越是全面,社会成员就越能有效地养成服从的习惯,并离开那种日益增长的轻视个人权威的偏向,后者是民主政治的主要病症。这首先最适用于军人,但对其余的居民也同样适用,不过程度较小而已。他们学会按照级别、权威和服从等尚武的概念来思考,对于他们的公民权的侵蚀变得日益更能忍受。……习惯于一种尚武的、掠夺的生活方式,这是一种最强大的训练因素,可以用来抵销由和平的工业和机器生产所造成的现代生活的庸俗化,并恢复日益削弱的地位观念和不同等级的权贵思想。战争,以及伴随军事组织的强调服从和统治、坚持尊严和荣誉的划分等级,一

七、剩余的吸收:军国主义和帝国主义

向表明是野蛮思想方法中的一种有效的训练学校。①

这些判断大概至少是部分地以凡勃伦在西美战争时期的观察为根据的,它已被过去20年中的事件所极其令人信服地证实了,在这个期间,艾森豪威尔在他的深深打动人心的告别演说中所称的军事——工业变态心理在美国生活中日益占居统治地位。公民权的确已被搁置起来了,不同意帝国主义和反社会主义的全球政策被看成就是共产主义,因而就是对国家的背叛。

如果留下这个印象,即认为只有寡头统治集团才赞成在这些年代中不断增加军事支出,那就会引起误会。如果人们认为垄断资本主义将永久存在,连同它的已经证明的无力将其巨大生产潜力合理地使用于和平和人道主义目的,那么他们就必须做出决定:是喜欢作为大萧条特征的那种大量失业和悲观绝望呢,还是喜欢20世纪40年代和50年代由大规模军事预算所提供的相对就业安全和物质福利。既然大多数美国人,包括工人在内,仍然毫不怀疑地认为这个制度将永久存在,那他们喜欢对个人和私人更为有利的一种局势就是极其自然的事。为了对这种喜好提供理论根据,他们就接受了官方的反共意识形态,这似乎能证明以军事机构的无限扩大作为国家生存的必要条件是正当的。

在这种背景下,就很容易懂得,为什么近年来对于军事预算扩大的政治反对如此之少。在以院外活动集团和压力集团之间进行凶猛斗争为特征的国会中,一当提出为军队增加几十亿美元的预

---

① 索尔斯坦·凡勃伦:《商业企业理论》,第391—393页。

算时,即出现庄严的全体一致场面,国会议员互相争取提出最大增长额的光荣。①

人民代表们是如此热心,以致很少注意到钱是怎样花的,它是否具有严格的军事合理性。威斯康星州的民主党参议员威廉·普罗克斯迈尔说:"我自己在参议院的经验向我表明,我们的民主政治在抵抗庞大军事机构所带来的过分开支和浪费的惰性上真是令人痛苦地感到无能为力"。②他提供了一个生动的例证,说明对于国防部长麦克纳马拉强烈要求的在 B-52 和 B-58 轰炸机上的开支不要超过总统已经提出的请求,参议院是如何反应的:

> 只有三个参议员和我一道投票赞成我的修正案,这个修正案会取消这项拨款。在参议院辩论中,我们提出了一个压倒一切的理由,反对在这方面做超过 5 亿美元的支出。但是那天参加投票的参议员中,约有 95% 的人拒绝了我们提出的理由,拒绝了总统、国防部长及其助手们的忠告,投票赞成拨出这笔资金。这笔钱比同一年联邦政府花在医药研究上的钱多;比花在所有联邦住宅建筑计划上的钱多;比分配在美国对外使领人员、国家公园事业、鱼类和野生动物事业上的预算加在一起还要多。③

---

① 一条典型的新闻:"军事拨款法案,美国和平时期历史上最大的,以 88 对 0 票(在参议院)得到通过。"《纽约时报》,1962 年 6 月 14 日。

② 《国防上的挥霍者》(Spendthrifts for Defense),《民族》,1962 年 8 月 25 日,第 63 页。

③ 同上书,第 64 页。

七、剩余的吸收:军国主义和帝国主义

难怪参议员普罗克斯迈尔得出结论说:"作为联邦支出的合理化建议,国防是很少匹敌的。那些不会得到国会再看一眼的计划,如果附在军队拨款法案中,就会迅速通过。"①普罗克斯迈尔是有名的参议院自由派议员之一,他的观点可能不免被认为言过其实。而对佐治亚州的参议员理查德·B.拉塞尔就不能这么说,他是一个保守的南方人,参议院武装部队委员会主席,常常被称为国会中最有力量的人。这里是参议员拉塞尔对参议员普罗克斯迈尔在参议院会议厅中的正式谈话:

> 在准备进行毁灭时,有某种东西使得人们在用钱上比他们在为了积极的目的而进行建设时更不小心。为什么是这样,我不理解;但我在参议院的将近30年的时期内观察到,在购买武器来杀戮、来摧毁、来消灭城市、来使巨大的运输系统化归乌有时,有某种东西使得人们并不严格计较美元价值,像他们考虑合适的住宅建筑和关心人类健康的时候那样。②

对于整个社会秩序,很难设想有比这更具摧毁性的谴责了。正如我们已经看到的,理由也不像参议员拉塞尔似乎设想的那么神秘。冷战,哈佛大学的著名经济学家萨默·斯利克特在1949年解释说,"增加对货物的需求,有助于维持高度的就业水平,加速技术进步,并从而帮助全国提高它的生活水准。……所以我们可以

---

① 《国防上的挥霍者》,《民族》,1962年8月25日,第64页。
② 同上书,第65—66页。

感谢俄国人,因为他们使美国的资本主义比以往运行得更好。[①]几个月后,由超级保守派戴维·劳伦斯发行的《美国新闻与世界报道》极端爽直地说明了同一种看法:

> 政府的设计人员估计他们已经找到了魔术般的公式,来获得几乎是没有穷期的好辰光。……冷战就是催化剂。冷战就是自动的抽水机初给器。打开一个龙头,公众就叫喊要更多的军事支出。打开另一个龙头,叫喊就停止了。杜鲁门的信心充足,趾高气扬,就是以这个"杜鲁门公式"为基础的。总统被告诉说,杜鲁门的好辰光时代可以超过1952年以后很久。冷战的需求如果加以充分利用,是几乎没有穷尽的。

1954年《美国新闻与世界报道》还在说着同样的事情。随着美国爆炸了世界上第一个氢弹的消息发布以后,它评论说:"氢弹对商业意味着什么。一个长时期的……大量定货。在未来的年代中,新炸弹的影响将不断增加。像一个评价人所说的:'氢弹已经把萧条思想吹得无影无踪了。'"

在这里,垄断资本主义最后好像找到了"在什么上面"这个问题的答案。在什么上面政府能够花出足够的钱,来使这个制度不致陷入停滞的泥沼呢?在军火上,更多的军火,永远是更多的军火。

---

① 这一处和以下两处引文,取自弗雷德·J.库克的有影响的小册子"不可抗拒的力量:战争国家",首先作为《民族》的专刊印行,1961年10月20日,第300页。

七、剩余的吸收:军国主义和帝国主义

然而不知怎么,事情并没有完全按照这种方式进行。冷战加强了;军事预算,在朝鲜战争终了时下降以后,恢复了它的上升趋势。然而一种爬行式的停滞仍旧来临了。①

为什么军事预算不能更进一步地扩大?如果 500 亿美元不够,为什么不用 600 亿美元?我们知道,国会已经表明它准备投票通过向它请求的任何数量的军事拨款,而且更多。为什么总统不使他的请求适应一种繁荣经济的需要?为什么让成长率缓慢,让利润边际下降,让失业率上升?显然,即使是军事支出的数量,也不是一个完全自由的变数,只要操纵它,寡头统治集团的领袖们就可以在经济引擎中保持恰当的蒸气源头。看来似乎是,在这里也有障碍和矛盾在起作用。

8

作为经济控制工具的军事支出,其效力所受到的限制,是从现代科学和技术所创造的新武器的性质产生的。这种限制有两种,第一种是经济的,第二种是军事的。

经济限制说来非常简单,就是战争的新技术减少了军事支出刺激经济的力量。

战争越来越多地变成一种科学和技术的事情,而越来越少地是一种大量人员和武器的事情:这是一种普通常识。火箭和导弹正在代替轰炸机,并使战斗机基本上失去了作用;大队的水面舰艇

---

① 这种现象将在下一章加以分析。

已经陈旧了,人数众多的部队正在让位给运用一系列破坏力极大的武器的高度专业化部队。由于这些变化的结果,军事支出所购买的商品和劳务的性质发生了急剧的转变。其中大得多的一部分是用于研究和发展、工程、监督和维修;只有小得多的一部分用于成批生产的军事重器(大炮、坦克、飞机、卡车、吉普车、舰艇),后者在两次世界大战中曾起过决定性的作用。军事需求结构的这种改变意味着,一定数量的军事支出在今天比在过去经常雇用的人员要少得多。在这种情况下,即使军事支出的增长非常之大,它虽然给大公司带来很大的利润,对于投资和就业的影响可能是相当小的。① 在军事需求的现有性质下,通过军事预算的简单增加来达到充分就业水平或许是完全不可能的:远在支出增加的间接影响达到匹兹堡的失业钢铁工人、肯塔基和西弗吉尼亚的煤矿工人,全国各大城市的贫民窟和少数民族集中居住区的失学儿童以前,一个专门化的科学和工程技术上的难关就可能变成对进一步扩大的不可克服的障碍。令人啼笑皆非的是,今天的大量军事支出甚至可以在实质上促成失业的增长:作为军事研究和发展的副产品的新技术,其中有许多也适用于民用生产,在那里很可能产生提高生产率和减少对劳动的需求的效果。

---

① 《科学美国人》(Scientific American)的著名发行人写道:"军事预算正在失去它作为经济止痛剂的能力。它越来越不能成功地掩盖我们经济制度中的潜在的转变。战争技术中的进步,也像所有其他技术部门中的进步一样,正在无情地减少工资开支。随着在从原子弹到氢弹,从有人驾驶的飞机到导弹这一步中暴力的小型化,军事支出所起的经济刺激作用开始变得越来越小了。"杰勒德·皮尔(Gerard Piel):《我们的经济能经得起裁军吗?》(Can Our Economy Stand Disarmament),《大西洋》(The Atlantic),1962年9月,第40页。

七、剩余的吸收:军国主义和帝国主义

对于利用军事支出作为经济刺激工具的第二种限制,是由军事形势本身的逻辑产生的。在两个力量匹敌的强国之间进行军备竞赛,使摧毁一切的现代武器堆积起来,这不仅没有合理的军事目的——这或许没有多大关系——而且实际上减少了国家能够在全面战争中获得生存的机会。结果,继续扩大军事预算从最严格的意义上说是不合理的:它同军事机构所要达到的目的本身相违背。杰罗姆·B.威斯纳和赫伯特·F.约克在一篇文章中很好地说明了这种情势:

> 自从第二次世界大战结束后不久以来,美国的军事力量在不断增长。在同一时期,美国的国家安全却迅速地、不可抵抗地日益削弱。……
>
> 从苏联的观点来看,情况也相类似,而且还更坏得多。自从苏联在1949年变成原子国以来,它的军事力量不断增长。可是,苏联的国家安全却不断减少。……
>
> 这样,军备竞赛中的双方都遇到了同一个进退两难的困境:军事支出不断增加,而国家安全则不断减少。(我们的经过仔细考虑的专业性判断是,这种困境在技术上是无法解决的。)如果各个大国继续只在科学和技术领域中寻找解决办法,结果将使局势变得更坏。军备竞赛的可以清楚预见的前程是:一个现成敞开的堕入永劫不复的螺旋。①

---

① 杰罗姆·B.威斯纳(Jerome B. Wiesner)和赫伯特·F.约克(Herbert F. York):《国家安全与禁止原子能试验》(National Security and the Nuclear-Test Ban),《科学美国人》,1964年10月,第8页。

这个声明的重要性,不在于它所说的东西——别人已经多次说过大体相同的话——而在于它的作者是谁。威斯纳是肯尼迪政府的首席科学顾问,约克是艾森豪威尔政府的首席科学顾问。他们两人在一篇毫不含糊地声称军备竞赛是使自己的目标不能实现的文章上署名,这个事实只能是意味着:这一真理现在已由美国寡头统治集团的负责领导人所消化和吸收,这些领导人准备把舆论引导到赞成采取具体军备限制措施的方向。

已经采取了某些预防步骤。部分禁止核试验条约就是一种,虽则它的重要性主要是象征性的。最重要的是约翰逊政府第一个预算中的军事支出的稳定,以及官方发言人表明了这种希望:到1970年,军事支出可能比1964年的水平削减24%。① 鉴于威斯纳和约克二人提出的情势具有使人非相信不可的逻辑,似乎很少有理由怀疑这种预测的真诚。它标志着这种幻想的破灭:通过无限制的军事预算扩大,可以保证永久的繁荣。

可是,它的意义也仅限于此。特别是,它并不意味着:冷战已濒临结束,美国垄断资本主义已决定接受和平共处,在全世界范围内反社会主义斗争的紧张程度将有所放松,或真正的裁军目前已经在望。资本主义和社会主义之间的真正战场,现在已有多年是在亚洲、非洲和拉丁美洲——在朝鲜,越南,阿尔及利亚,古巴,刚果。美国在大多数这些战场中已经直接地在军事上卷入,并且有充分的理由设想,美国寡头统治集团的领袖们预期在将来以日益

---

① 参阅《我们的国防需要:长远的观点》(Our Defence Needs: The Long View)一文,作者罗斯韦尔·吉尔帕特里克(Roswell Gilpatric),1960—1964年的国防部副部长,载《外交》,1964年4月。

七、剩余的吸收:军国主义和帝国主义

增长的规模继续卷入。美国军事机构内部越来越强调常规武器,强调建立所谓"反暴动"部队和"特殊"部队,强调按上面第219—220页从赛勒斯·苏兹伯格的引文中所着重指出的那种方式进行军事设计以及军队和供给的部署,其明显的意义就在于此。

这些活动将继续下去,并日益加强。它们无疑地将导致一长列的大灾难、危机和对抗——其性质我们全都已经十分习见了。这看来似乎是不大可能的:他们可以提出别种东西代替原子武器竞赛作为军事支出的目标。垄断资本主义在民用支出领域找不到答案的"在什么上面"这个生死攸关的问题,现在也鬼鬼祟祟地潜入到军事机构本身中来了。从一切现有的迹象来看,在这里也是找不到答案的。

八、论垄断资本主义的历史

塞尔索·富塔多写道:"单单构造一个抽象的模型并对它怎样运转提供说明是不够的;同样重要的是,必须表明在应用到历史实际时,这样一个模型具有说明的效果。"[1]根据我们的模型,垄断的成长产生了一种强大的剩余增长趋势,而同时又不能提供足够的吸收剩余的机构。但是,不会被吸收的剩余也就是不会被生产出来的剩余:它只是潜在的剩余,它在统计上留下的痕迹,不是在关于利润和投资的数字中,而是在关于失业和未被利用的生产能力的数字中。如果像大多数经济学家和历史学家似乎都同意的,我们能够把垄断在美国的成长从大约南北战争*的终了时算起,我们应当能够表明,我们的模型在说明上一世纪的经济史时是有效的。

而在对于社会的分析中,即使是一个非常好的理论也不可能在历史记录中找到直接的和明白的确证。它所识别的力量和趋势不是在真空中发生作用的,它们可能在或短或长的时期内被没有包括在这个理论中的其他的力量和趋势所抵消或中和。没有人会认为,例如,飞机的航行否定了地球引力定律。但是,重要的是,也

---

[1] 塞尔索·富塔多(Celso Furtado):《发达与不发达》(Development and Underdevelopment),伯克利和洛杉矶,1964 年,第 1 页。

* 美国南北战争是在 1861—1865 年进行的。——译者

应当把这些起反作用的力量找出来,并表明事态发展的实际进程是包括在理论中的力量和起反作用的力量的交互作用所产生的合乎逻辑的和始终如一的结果。我们不能只是说,包括在理论中的力量在起作用,但是被没有指明的那些起反作用的力量所抵消了:这无异是自己招供这个理论是空洞的和无用的。

2

如果日益增长的垄断所产生的萧条效果的作用不被制止,美国经济在19世纪终了之前会早已进入一个停滞时期;而资本主义也不可能一直存在到20世纪的下半叶。那么,究竟有哪些强大的外部刺激,它们抵消了这种萧条效果,使经济在19世纪的最后几十年相当迅速地成长,并在20世纪的开头三分之二的时间内(有几次重大的打断)也是这样呢?[①] 根据我们的判断,有两种这样的刺激,我们区分为(1)划时代的发明,和(2)战争及其后果。

(1)我们称这样的发明为"划时代的":它们震撼了经济的整个格局,从而在它们直接吸收的资本之外,创造了大量的投资出路。显然,一种发明要能当得起这个称号,它就必须对经济活动的地理位置和产品的构成两者予以深刻的影响。尽管关于发明在资本主义历史中的影响虽然还有辩论的余地——以及进行研究的必

---

① 我们称这些刺激为"外部的",并不是说从任何最终的意义来说它们都是外部的,而只是说,相对于我们企图包括在我们的理论模型中的那一方面的现实而言,它们是外部的。从目前分析的观点来看,它们依然是外部的,因为我们不是企图去说明它们的原因,而只是去考虑它们的效果。

要——我们认为,只有三种发明真正合乎"划时代"这个标准:蒸汽机,铁路和汽车。每一种都在经济地理上造成了根本的改变,伴随着国内移民和整个整个的新居民区的建立;每一种都要求有许多种新商品或劳务的生产或使之成为可能;每一种都直接地或间接地为整个一系列的工业产品扩大了市场。

似乎很清楚,蒸汽机和汽车二者所开辟的投资出路,远比它们本身所吸收的资本为多。蒸汽机生产工业在整个经济中从来不曾显得很重要,但是没有蒸汽机,我们称之为工业革命的那种经济生活的巨大变革就不可能发生。因此,18世纪末和19世纪初投资的很大一部分可以归之于蒸汽机。汽车工业对于资本的需求,间接的影响也比直接的影响大得多。都市郊区化的过程,连同伴随它的全部住宅、商业和公路建筑,全都是由汽车推动的。石油工业比任何其他美国工业需要投入更多的资本,它主要也是汽车的产物;还有几个其他的主要工业(橡胶,玻璃)也同样是依附于汽车的。许多服务"行业"也是随着汽车成长起来的,例如加油站和修理店,汽车游客旅馆和假期游览胜地。显然,所有这些投资出路所吸收的资本数量,要比汽车工业本身的投资大许多倍。

可是,铁路在资本主义的历史中占据一种独特的地位。在19世纪下半叶和20世纪的最初年代中,铁路网的修建直接吸收了大量的资本。按十年计算的资产增长普查材料表明,从1850—1900年,铁路投资超过了所有各个制造工业部门加在一起的投资;这个印象也由库兹涅茨的最近计算所证实。[①] 在1880—1900年间,净

---

① 西蒙·库兹涅茨(Simon Kuznets):《美国经济中的资本:它的形成和资金来源》(*Capital in the American Economy: Its Formation and Financing*),普林斯顿,1961年,第198页。

八、论垄断资本主义的历史

私人耐用资本的形成在库兹涅茨的四个主要部门中的百分比分配如下：

农业	12.0
采矿业	6.5
制造业	31.4
各个管制工业部门	50.1
共计	100.0

库兹涅茨不曾对铁路提供单独的估计，但既然铁路当时在"各个管制工业部门"中无疑是最大的一个，我们可以确有把握地说，在19世纪的最后20年，即垄断化过程真正进行的时期，私人资本形成约有40%—50%是在铁路方面。投资这样集中于一个工业部门，在以前或以后的任何时候肯定都是无与伦比的。如果我们加上铁路对经济活动从而对投资的间接效果——在范围和数量上无疑地堪与蒸汽机和汽车的间接效果相比——我们可以看到，这一种发明真正是统治了资本主义发展的半个世纪。①

在这三种发明之外，其他的发明自然也具有深远的经济效果，但是我们相信，就我们所研究的问题——剩余吸收的充足与否——而论，甚至没有一种是能同上述三种接近于平等地位的。电力或许是主要的竞争者，但比起在发展时间上和它重叠的铁路和汽车来，它的投资效果肯定要小得多。电力比起蒸汽来，是一种

---

① 在其他方面，铁路在资本主义发展中也起了决定性的作用。特别是，正是在这里，垄断资本主义制度中的典型企业单位，即巨型公司，采取了它的特殊形式。根据宾夕法尼亚铁路一个股东委员会1874年的报告（现存哈佛大学图书馆）中提供的数字，宾夕法尼亚铁路（当时也像现在一样，是全国最大的铁路）有资产约四亿美元，在其他方面也密切符合上面第二章所举的公司范例。直到19世纪90年代，类似的公司才开始在工业中普遍出现，此时相应的金融机构和法律形式已允分发展了。

更有效的和更具伸缩性的动力,但输送成本的格局是类似的。因此产生了一个极端重要之点:电力不曾像铁路和汽车那样,在经济地理上引起一次根本的和逐渐增大的改变。在这些年中,电力诚然使得必须在各个中央发电站上投入大量资本,在这种程度上它开辟了新的出路。但在它的最重要的用途之一即照明上,它代替了煤气,后者如果按照人口和收入的比例去发展,就会需要大量继续不断的投资。总而言之,看来似乎是,甚至像电力这样一种主要的技术突破,对于剩余吸收过程的效果也必然是相当小的;正如我们在第四章所论证的,对于从我们今天的科学和工业实验室中产生的各种发明来说,情形就会更加是如此。① 就剩余吸收的过程而论——虽然不一定是就生活水准或劳动生产率的可能提高这一类其他的问题而论——使一种发明变成意义特别重大的,是它震撼经济生活的整个格局的程度如何。而在这一方面,蒸汽机、铁路和汽车是自成一类的。

(2)在第一次世界大战以前,经济学家把战争只当作对历史趋势的没有特殊意义的干扰看待的习惯,很可能是颇有道理的。归根到底,在19世纪的大部分时间内(从各次拿破仑战争以后),把主要资本主义国家一齐卷入的战争为数甚少,并且——除了美国南北战争这个唯一的例外——时间短暂,经济影响相当小。似乎很可能:如果这些战争不曾发生,这个时期资本主义的经济史也不会有很大的不同。(诚然,对于殖民战争并不能这样说,但是这种战争的重要性,不在于它们的直接经济影响,而在于由此建立的各

---

① 参阅上面,第102—115页。

个帝国。因此,从这一点着眼,谈帝国主义的经济重要性比谈战争在经济上的重要性更为正确。)

20世纪的经验同19世纪的经验恰好相反。19世纪开头是15年的战争,然后是和平发展居于统治地位。20世纪头15年是(相对的)和平,从此以后,整个世界继续处于毁灭性的战争或其后果的影响之下。显然,在处理20世纪的经济史时,把战争看作好像只是对于本来是和平的发展进程的一种干扰,无异是把在形成现实的轮廓中起主要作用的力量抽去。没有一个头脑正常的人会这样主张:没有战争,20世纪的经济史也会像它实际上的情形那样。因此,我们必须把战争纳入我们的说明图式中,我们提议这样来做:把战争和划时代的发明一道,包括在主要的外部刺激之内。

从其所产生的经济结果来看,战争必须分为两个阶段:作战阶段和后果阶段。两者都震撼着经济;战争越是全面,它经历的时间越长,对经济的震撼也就越激烈。因此之故,像1914—1918年和1939—1945年这样的世界大战,在经济方面就同划时代的发明相似。

在作战阶段,军事需求自然是急剧上升,资源被转移到满足这种需求的各个经济部门;民用需求由于价格上涨和配给两者的某种结合而削减。就民用耐用品(生产资料和消费品)而论,生产甚至可能完全停止,只从现有的货物中挤出更多的"服务"(衬衫多次换洗,汽车共同使用,房子挤着住,继续使用通常会废弃的设备,等等)。现有厂房设备转用于军事生产,大多数新投资也导向同一用途。住宅建筑减少到军用生产工人和军事人员所必需的限度。总之,不仅全部生产上升到现有资源所定下的限度,而且经济生活的整个格局根本改变了。

这就为后果阶段布置了舞台。战时格局理所当然地具有暂时的性质,而在战争终了时必然要恢复到以前存在的某种状态。可是,这种恢复不只是简单地走回头路。在作战阶段,原有的民用资本和耐用消费品的使用强度比通常更大,增加的数量微不足道,甚至不能再用的东西的更新在很大程度上也中断了。除了军事供应和生产这种供应的能力,社会的能供再生产之用的财富已趋于缩减,而人口的增长又加剧了正在形成的稀少和短缺。这就是主要战争终了时存在着需求广泛积压不得满足的根源。在有限的范围内,这种积压能够通过把军事工厂转到民用生产来满足。但是,有许多以前在军用生产能力上的投资是过于专门化了,或者在地理位置上不适宜,因此不适合于民用生产,必须予以废弃。这样,就创造了投资出路,在未来几年中能吸收大量的剩余。

对于作战阶段和后果阶段的这个素描自然能够予以展开和阐发。对于在税收、货币、物价管制、配给等方面采取的不同政策的特殊效果可以进行分析;对于两个阶段之间的间隙的性质可以进行探索;对于作战地区的战时破坏的额外效果可以进行估计,如此等等。但我们的目的只在说明历史过程的最广阔的轮廓,为此,只要知道有这两个阶段存在,每一个在一定的时候对剩余的吸收具有决定性的影响——一个是通过军事机器的极大需求,另一个是通过在作战阶段造成的民用需求的积压——也就够了。

我们现在为之寻求答案的问题可以表述如下:垄断资本主义能生产出比它所能吸收的更多的剩余的趋势,可以由主要的外部刺激予以中和,甚至加以克服;但当这种刺激减弱或消失时,它又会以其独特的方式表现出来。垄断的成长可以从1870年左右算起,此后一直在继续进行,虽然步调有快有慢。① 因此,我们可以假定,生产过多剩余的趋势的发生作用,已经历时八九十年,它的强度一直在不断增长。在多大程度上它已被主要的外部刺激所抵

---

① 有着大量文献否认这一点,这些文献有许多是由 M. A. 阿德尔曼(M. A. Adelman)的著名论文《工业集中的测度》(The Measurement of Industrial Concentration)[《经济学和统计学评论》(*Review of Economics and Statistics*),1951年11月]引起的。这一点可能是实在的:按四个(或八个)最大的出售人所控制的市场份额来下定义,平均的工业集中比率很少变化。可是,这是垄断权力的一个蹩脚的指标。第一,它完全没有考虑到学习的过程,其重要性我们在第二章已经着重指出:在今天控制一个市场的四个公司比在1900年控制同一个市场的四个公司知道怎样更加有效得多地追求自己的最大限度的利润。第二,这个比率只适用于各个个别的市场,因此,对于典型的巨型公司扩充到成为许多市场的统治因素的程度没有提供什么线索。可以举例来说明这一点:假定一种经济包含四个工业部门,每一部门有四个公司。在第一时期,共有十六个公司,每一市场有四个公司。在第二时期,在经过一系列的合并以后,每一市场有四个出售人,但一共只有四个公司,每一个公司现在都进入了所有四个市场。似乎很明显,这代表着垄断势力的巨大增长,尽管工业集中比率不变。我们只须补充一句:有着充分的证据,证明从这种全面意义讲的集中正在不断增长。例如,1957年参议院的一个委员会报道了最大的制造业公司所增加的价值总额的百分比如下,用1954年同1947年比较.

	1947年	1954年
最大的50家公司	17	23
最大的100家公司	23	30
最大的150家公司	27	34
最大的200家公司	30	37

[《美国工业的集中》(*Concentration in American Industry*),美国参议院司法委员会反托拉斯和垄断小组委员会报告,第85届国会,第1次会议,1957年,表1.]向同一委员会最近提供的证词对于这种趋势做了进一步的肯定。卡迪纳·C. 米恩斯(Gardiner C. Means)在1964年7月1日作证说:100家最大的制造业公司控制了1962年制造业中所使用的土地,建筑物和设备的58%,而在1929年为44%。如果把像存货、应收账款这样的流动资产也包括进去,这100家最大的公司在1962年控制了49%,而在1929年为40%。(《纽约时报》,1964年7月2日。)

消，又在多大程度上它已经表现出来，支配着重大事件的进程呢？

首先，没有证据证明，剩余吸收问题在 1900 年以前正在变得越来越困难。关于失业率或利润率没有可靠的数字，但是资本积累率，根据库兹涅茨的估计，在 19 世纪 80 年代和 90 年代都比在 70 年代高。① 为什么这个时期的暴风雨般的垄断化运动没有显出剩余吸收困难的增长呢？

从我们看来，答案似乎是很清楚的。这是铁路的时代，铁路在 19 世纪的最后 20 年吸收了全部私人投资的将近一半，并开辟了更多的大量投资出路。说过多剩余生产的趋势为铁路化所淹没，似乎是完全合理的。

但这就引起了另一个问题：铁路时代的终点究竟应当定在什么时候？在这里，按十年或按世纪来谈问题的习惯虽然通常是方便的，却可能把我们引入困境。如果我们能够把注意力局限于每十年的平均数，把铁路时代的终点定在 1900 年，那会显得很整齐。可是，考察逐年的数字，显然会得出不同的结论：的确，铁路投资在 19 世纪 90 年代，特别是在 1892—1896 年的长期萧条中，有明显的衰退，但是大约在 19 世纪终了时，又有着强大的恢复。真正的转折点是由 1907 年的危机带来的，它使铁路投资突然锐减，从此以后，这种投资经常处在低得多的水平上。表 8 把 1900—1907 年同 1908—1915 年两个时期中各种最重要类型的铁路资本拿来比较。

---

① 库兹涅茨关于这 30 年中能供再生产之用的财富增长率的年度百分比如下：1869—1879 年，4.1；1879—1889 年，4.9；1889—1899 年，4.9。[西蒙·库兹涅茨：《1869 年以来的国民生产》(*National Product Since 1869*)，纽约，1941 年，表 IV（第 228 页）。] 斯坦德尔从这些数字出发，估计私人商业资本的增长率如下：1869—1879 年，3.9%；1879—1889 年，4.8%；1889—1899 年，4.5%。J. 斯坦德尔：《美国资本主义的成熟与停滞》，第 160 页。

八、论垄断资本主义的历史

表 8　铁路资本的增长：年度平均数
（单位：千）

	1900—1907 年	1908—1915 年	变动百分比
路轨铺设英里数[a]	5.1	2.8	-45.1
机车增加数[b]	2.3	1.4	-40.5
运输车厢增加数[b]	87.0	43.8	-49.4

注：a 年历年度。
　　b 6月30日终止的年度。

资料来源：《美国历史统计：殖民时代至1957年》，第2次印刷，华盛顿，1961年，第428—430页。

还可以合理地假定，虽然我们不知道怎样去从统计上加以证明：铁路所造成的新的经济地理格局和新的国民产品构成到1907年已经变得颇为稳定了。换言之，甚至在南北战争之前即已开始的大震动，大体已经过去了。如果我们在这一点上是正确的，那么，资本主义历史中最大的外部刺激是在1907年失去了它的惊人力量的。

在这里我们有一个理想的机会来测验我们的理论。一种划时代的发明所提供的动力已经逐渐减小了。下一个划时代的发明，汽车刚刚在经济舞台上出现，对于整个经济的影响暂时还很小或根本没有。在美国卷入一次大战之前，还得经历一个10年的大部分时间。如果这个理论是健全的，在1907—1915年这个时期就应当有清楚明白的停滞征兆。

而这的确是有的，虽则大多数现今的经济学家似乎都忽视了它们。在20世纪30年代进行的关于停滞的"大辩论"中，我们不记得曾经遇到任何对1907—1915年这个时期的分析。这是颇为令人惊奇的，因为像汉森和斯坦德尔这样的"停滞论者"，如果能指出第一次世界大战以前的停滞的症状，他们的论据是会得到很大的支持的。① 而对于反对的论据——是由熊彼特所大量强调的,说是一次萧条,即使是像20世纪30年代那样严重的萧条,也不能证明有关长远趋势的东西——是可以有效地预先答复的。②

关于1907—1915年的停滞的证据共有几种,而对于这个时期的更详尽的研究无疑地会提出更多的证据。以下所述,应视为只不过是一种全面分析的序幕。

第一,全国经济研究委员会所搜集的关于商业周期发生的时间的资料,表明周期格局在1907年以后有了显著的改变。表9显示了这一点,表中包括了该会所计算的从1890—1914年的七个整个周期。

表9 商业周期的格局,1890—1914年

周期顺序	整个周期			持续月数	
	最低点	最高点	最低点	扩张	收缩
1	1891年5月	1893年1月	1894年6月	20	17
2	1894年6月	1895年12月	1897年6月	18	18
3	1897年6月	1899年6月	1900年12月	24	18
4	1900年12月	1902年9月	1904年8月	21	23
5	1904年8月	1907年5月	1908年6月	33	13
	平均,	周期1—5		23.2	17.8
6	1908年6月	1910年1月	1912年1月	19	24
7	1912年1月	1913年1月	1914年12月	12	23
	平均,	周期6—7		15.5	23.5

资料来源:R. A. 戈登,《商业波动》(*Business Fluctuations*),纽约,1952年,第216页。

---

① 汉森的停滞论观点,主要包含在两卷论文和评论选集中:《完全恢复还是停滞?》,纽约,1938年,和《财政政策与商业循环》,纽约,1941年。斯坦德尔的这种观点,包含在他的《美国资本主义的成熟与停滞》中。

② J. A. 熊彼特:《商业循环》(*Business Cycles*)第2卷,纽约,1939年,第1036页。

在头五个周期,扩张大于或大体上等于收缩,而在后两个周期,则收缩大扩张。平均的扩张和收缩长度大致恰好彼此相反:在头五个周期,平均扩张为 23.2 个月,平均收缩为 17.8 个月;在后两个周期,平均扩张为 15.5 个月,平均收缩为 23.5 个月。

索普的著名的《商业编年史》所说的情形也相类似。从 1890—1907 年的 18 年,在索普的定级中,六年得到了毫无保留的"繁荣"级别,还有五年得到略带保留的"繁荣"级别。从 1908—1914 年的七年中,没有一年得到了毫无保留的"繁荣"级别,只有三年得到了有保留的"繁荣"级别。① 有趣的是:熊彼特从索普的《编年史》中直接引用了这个材料,他对这个材料的正确性和有用性予以高度评价,并说它很好地表现了他正在分析的 1898—1907 年和 1909—1914 年这两个"较短时期"之间的差别。然而他把这一切只写在一个脚注中,而在正文描述这个时期的一段中却使用完全不同的措辞,同索普的定级很少有明显的关系。② 这是很容易理解的,因为在熊彼特的周期史图式中,1898—1914 年被假定是同一个长周期的上升阶段相适应的,③而关于 1908—1914 年事实上正是一个正在发展的停滞时期的证据,并不是他最想要予以强调的东西。

第二,在对紧接第一次世界大战前的商业周期至今所做的一

---

① W. L. 索普(W. L. Thorp):《商业编年史》(Business Annals),纽约,1926 年,第 136—142 页。
② J. A. 熊彼特:《商业循环》第 1 卷,第 427 页。
③ 熊彼特称之为"康德拉节夫周期",采用一位俄国经济学家的名字,后者头一个声称在 19 世纪至 20 世纪初的资本主义历史中发现了一个长约 50 年的周期。关于这个周期存在的证据,我们一直认为是脆弱的和不能令人信服的,而熊彼特对于 1908—1914 年这个时期的模棱两可的处理,亦无助于消除这种印象。

种最详尽的研究中,一开头就承认1907—1914年这个时期的特点,并着手加以解释。① 我们从《序言》中引证一段:

> 这个研究的目的,在于确定在美国造成1910—1911年和1913年的商业萧条的原因。可是,任何这样的研究也包括联系到国外商业状况的正常消长来讨论这两次萧条的过早出现。可以忆及,在1909年的复苏已经顺利进行、一个高度繁荣的时期已经呈现预兆之后,德国、英国和法国的商业正在继续不断地大踏步前进——在那里只是因为农业歉收而发生了一次温和的反作用——而在美国却出现了不曾预期的1910—1911年的萧条。
>
> 还可以忆及,当1913年的萧条在美国出现时,世界普遍的商业状况正在接近于一次繁荣周期的终了,然而,即使是这样,当欧洲的商业状况仍在繁荣中时,这个国家却已经陷入了一种萧条状态。

施吕特对于这些事实的"解释"(认为是由于美国银行和信贷机构的缺乏伸缩性)甚至从来没有触及需求落后这个真正的问题,但是他所找出的事实却并不因此而丧失其重要性。

普通经济史的作家倾向于用相似的方式处理1907—1914年这个时期,虽则这一点对于我们的证据帮助不大,因为他们很可能是大大依靠索普的《编年史》和施吕特的专著作为资料来源。举福

---

① W.C.施吕特(W. C. Schluter):《战前的商业周期,1907年至1914年》(*The Pre-War Business Cycle, 1907 to 1914*),纽约,1923年。

克纳的颇受尊重的关于美国进入战争以前这个时期的历史为例:

> 1909年的上升历时甚短。随之而来的是1910—1911年的萧条,1912年的第二次上升,和1913年的再度下降。1907年的低潮比一般所认为更为重要。从那一年起,到美国在1915年感受到战时繁荣的影响为止,美国经济史基本上是一部关于短促的突然兴隆和衰退的历史。①

在这里,对这种经济表现不佳,即1907年的低潮"比一般所认为的更为重要"的解释,只不过是以命题论证命题。但是福克纳意识到1907—1914年的经济的确表现不佳,这可以认为是在经济史学家中间普遍接受的知识状态的反映。

我们把从我们看来似乎是对1907—1914年日益增长的停滞的最有力的证据保留在最后。其理由是读者所熟知的:失业和生产能力利用不足是剩余吸收不足的最可靠的标志。关于第一次世界大战以前的开工不足没有数字可考,但有追溯到1900年的关于失业的可用的统计数列。② 所谓"可用",我们并不是说这个数列对于任何一定时候或一个时期的绝对失业人数提供了一幅正确的图画。根据我们的判断,现在官方计算失业的方法严重地低估了失业的数量;既然对较早年代的估计也是在尽可能可比的基础上

---

① H.U.福克纳(H. U. Faulkner):《放任主义的衰落,1897—1917年》(*The Decline of Laissez Faire, 1897—1917*),纽约,1951年。

② 《美国历史统计:殖民时代至1957年》,第73页。关于资料来源和说明,参阅第68页的数列D46—47的附注。

做出的,在这种程度上它们也必定低估了失业数量。[①] 然而在把这一年同那一年、这个时期同那个时期拿来比较时,这种数字还是有用的。在这里使我们感兴趣的是失业的趋势和消长而不是它的绝对水平,所以我们相信可以颇具信心地利用这种数字。表10提供了1900—1963年的数列,图3以图表的形式表现了同一数据。对于以后各个年份,我们马上就有机会加以评论。

表 10　失业率,1900—1963 年

（对民用劳动力的百分比）

1900	5.0	1916	4.8	1932	23.6	1948	3.4
1901	2.4	1917	4.8	1933	24.9	1949	5.5
1902	2.7	1918	1.4	1934	21.7	1950	5.0
1903	2.6	1919	2.3	1935	20.1	1951	3.0
1904	4.8	1920	4.0	1936	16.9	1952	2.7
1905	3.1	1921	11.9	1937	14.3	1953	2.5
1906	0.8	1922	7.6	1938	19.0	1954	5.0
1907	1.8	1923	3.2	1939	17.2	1955	4.0
1908	8.5	1924	5.5	1940	14.6	1956	3.8
1909	5.2	1925	4.0	1941	9.9	1957	4.3
1910	5.9	1926	1.9	1942	4.7	1958	6.8
1911	6.2	1927	4.1	1943	1.9	1959	5.5
1912	5.2	1928	4.4	1944	1.2	1960	5.6
1913	4.4	1929	3.2	1945	1.9	1961	6.7
1914	8.0	1930	8.7	1946	3.9	1962	5.6
1915	9.7	1931	15.9	1947	3.6	1963	5.7

资料来源:1900—1957 年,《美国历史统计》,第 73 页;1958—1963 年,经济顾问委员会,《经济指标》(*Economic Indicators*),当年各期。

[①] 参阅菲利普·伊登(Philip Eden):《对于失业的比较充分的测算》(For More Adequate Measurement of Unemployment),《当代经济评论》(*Current Economic Comment*)(经济与商业研究所,伊利诺伊大学),1959 年 11 月。

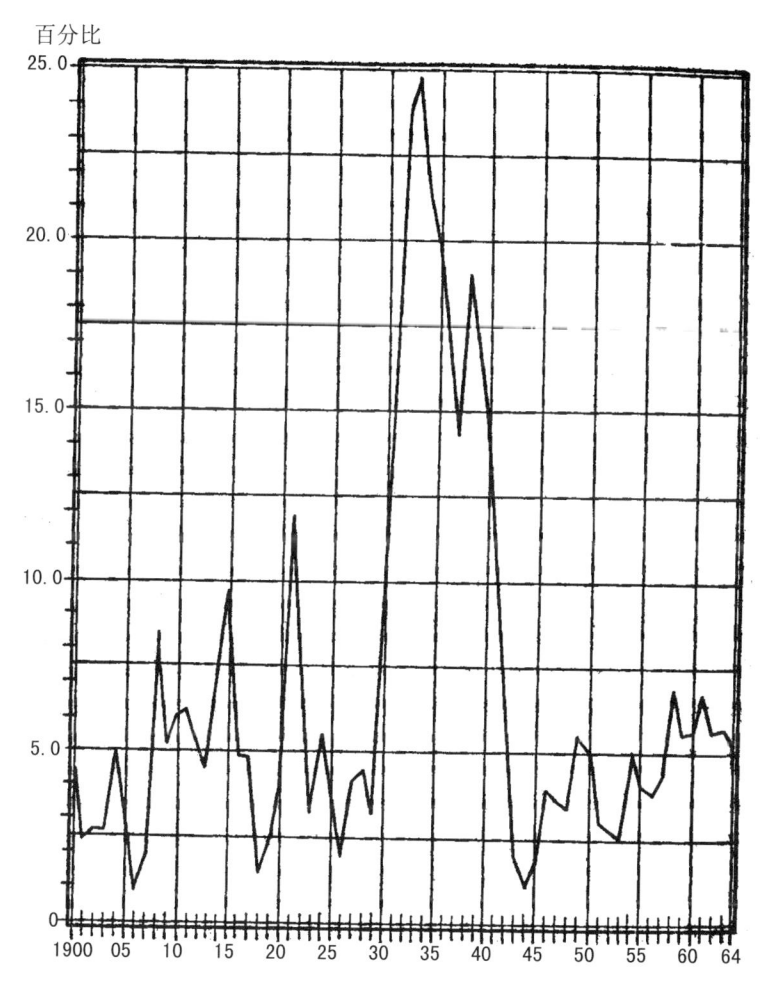

图 3 失业率，1900—1963 年

图3格外清晰地表明了1907年和1908年之间的明显的不连续性。除了1920—1921年的颇为特殊的情况以外,这是在大萧条以前任何一年中的最大的上升,比1929—1932年的年度平均上升数略高。使1907—1908年的情况同1920—1921年有所不同而与1929年及其以后年代相似之处是:在急剧上升之后,失业率并没有迅速回到以前的水平,而是在若干年的时期内停留在较高的水平上。1900—1907年这八年中的年度平均失业率为2.9%;而在1908—1915年则为6.6%。而且,从1900—1907年,失业率从未达到5%的高度;而从1908—1915年,则只有一年落到5%以下。最后,当经济进入在各方面表现为一次严重的萧条时,失业率在1914年升到了8%,而在1915年升到将近10%。

所有这一切构成了有力的证据,证明1907年以后的年代的特点是,剩余吸收的困难日益增剧,并产生了一种我们在20世纪50年代后期和20世纪60年代初期所习见的"爬行的停滞"。如果对于这些事实还有任何其他的解释,我们肯定会准备根据它的是非曲直来予以考虑。但在我们还不知道有这种解释以前,我们感到有理由做出这个结论:如果第一次世界大战不曾到来,1910—1920年将以异常萧条的十年载入美国史册。我们并不是主张说,大萧条会早15年出现。到1915年时,汽车时代已经开始,它在生活格局和消费习惯中所带来的巨大震撼也许会造成一种繁荣——即使从来没有发生那次大战的话。但在此之前,全国很可能从萧条力量在一种垄断资本主义经济中怎样深刻地和普遍地发生作用吸取良好的教训;而当大萧条终于来到时,也肯定不会显得是那么骇人听闻的意外袭击。

3

然而战争终于来到了——正在关键的时刻；而局面就从停滞变成了繁荣。在1918年11月的停战协定以后，有一次短暂的温和的"从战争时期转变到和平时期的恢复危机"，它在1919年的春天为战争后果的繁荣所代替。物价在战争中已经高涨，战争后果繁荣的第一阶段很快就发展成为投机的狂热。1922年气泡爆裂了，批发物价从1921年的154.4急剧跌落到1922年的97.6（1926年=100）。但是伴随着的萧条虽是剧烈的，却是短暂的：战争后果的繁荣只是被打断，没有被扼杀。特别是，对住宅和其他各种建筑积压的需求还是很强大的，并且是在以后几年经济局势中起支配作用的特征之一。同时，第一次巨大的汽车化浪潮——可以从1915年左右算起，并且在战争中连续不断地向前推进——正在达到顶峰，产生着多种多样的副产品和间接效果：市郊化，公路建筑，辅助性的工业，等等。汽车的实际生产在1929年（生产450万辆）以前没有超出1923年的水平（360万辆），但是汽车的影响能够更加正确地用使用中的汽车数目的增长率来表明；而在这十年中这个比率一直是很高的。图4表明1911—1962年汽车的工厂销售数和登记数——非常接近于生产的数量和使用的数量。1915—1929年间登记数量增加到十倍（从230万辆增至2310万辆），表明了在这些年代中汽车的巨大影响。因此，这是不奇怪的：当战争后果的动力减弱时——在1925年左右，这一年建筑达到了它的最大限度——汽车化的势头已经足够强大，可以使繁荣维持更多几年。

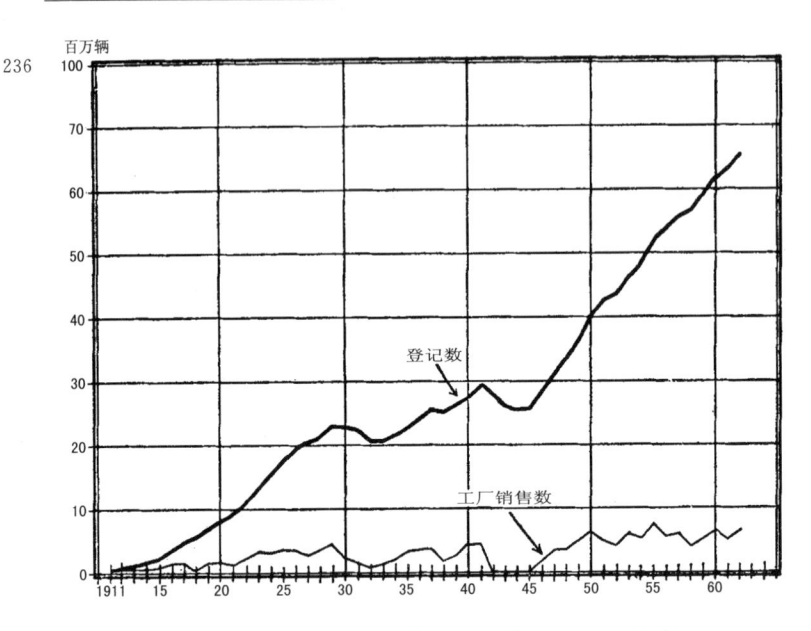

图 4　小汽车：工厂销售数和登记数，1911—1962 年

对于失业数字的考察，表明剩余的吸收事实上是进行得很顺利的（表 10，图 3）。就整个十年来说，平均为 5%，这个数字由于 1921 年的通货紧缩所造成的衰落而提高了。就 1923—1929 年的七年来说，平均为 3.9%，与 1900—1907 年的数字接近，根据任何有关的历史标准来看，肯定是很低的。

然而我们现在已经知道，在 20 世纪 20 年代的繁荣——大受赞美的"新世纪"——的表面之下，灾难的种子正在忙着发芽。刚刚足以维持一个充分就业的合理近似值的投资率，比支持经济成长率所需要的投资率要高得多。结果，1923 年以后过多的生产能力迅速积累了。从唐纳德·斯特里弗在设备利用与投资的关系这个有趣的研究中所提供的数据,我们可以得出20世纪20年代的设备利用率指数。① 斯特里弗编制了1920—1955年制造业和采矿业的生产能力指数,并把联邦储备委员会编制的工业生产指数同它放在一起。如果我们用这个生产能力指数去除联邦储备委员会的指数,我们就可以得到设备利用率的大致规模。表11表明了20世纪20年代的结果。

表11　设备利用率,1920—1929年

（百分比）

1920	94	1925	91
1921	65	1926	89
1922	80	1927	83
1923	94	1928	82
1924	84	1929	83

资料来源:唐纳德·斯特里弗,《设备利用与商业投资》,《伊利诺伊大学公报》,第57卷第55期,1960年3月,第64页。

我们可以看出1925年以后设备利用率不断下降——或多余生产能力不断增长,这是事情的另一方面。显然,在这十年的下半段中投资达到了难以支持住的高水平:剩余的吸收暂时进行得很顺利,但付出的代价是随后几年的灾难性的崩溃。② 1929—1930年设备利用率的突然下降（从83降到66）,反映了从1928年和1929年头三个季度开始进行的许多工程项目已经完成,以及在1929年秋股票市场垮台后新工程数量的急剧削减所导致的普遍的不景气。

---

① 唐纳德·斯特里弗(Donald Streever):《设备利用与商业投资》(Capacity Utilization and Business Investment),《伊利诺伊大学公报》(*University of Illinois Bulletin*),第57卷第55期,1960年3月,第64页。

② 关于这些事件的因果关系的理论解释,参阅上面第93—100页。

斯特里弗的数字可靠地反映了这个时期所发生的情况,已由布鲁金斯学院的众所周知的研究,1934年刊行的《美国的生产能力》有力地证实。① 在美国经济学家所进行的关于生产能力的这个首次的认真研究中,布鲁金斯的调查研究人员得出结论说,1929年美国工业的设备利用率平均为83%,这个估计同斯特里弗通过完全不同的方法得出的数字恰巧完全不谋而合。

4

由于大萧条的袭来,我们进入了这样一个时期:资产阶级经济学家(罕见地接近于全体一致)认为它是同美国正常的和自然的历史道路显著背离的。美国经济学家做出了两种主要的尝试去加以解释,都是在20世纪30年代。汉森提出了熊彼特所恰切地称呼的"投资机会逐渐消失论",引证较低的人口增长率、较新发明中的资本节约偏向以及所谓在本世纪终了以前边远地区(the frontier)消失等作为起决定作用的因素。② 这个理论的巨大优点是在试图把20世纪30年代的深刻萧条状况去同客观的历史进程联系起来,它获得了许多人的拥护,特别是那些年青的经济学家,他们受了凯恩斯学说的熏陶,倾向于从影响投资数量的因素中去寻找萧条的原因。

---

① E. G.诺斯及其同事(E. G. Nourse and associates):《美国的生产能力》(America's Capacity to Produce),华盛顿,1934年。

② 参阅他的《完全恢复还是停滞?》和《财政政策与商业循环》,两者均已在上面第244页的脚注中引用。

八、论垄断资本主义的历史

与这个理论相反,熊彼特本人主张,——从我们看来似乎是有说服力的,——汉森所强调的因素(即使假定它们是实在的和有关的;而这是熊彼特所决不愿意做的),没有一个是能单独地或联合地说明像大萧条这样一种如此突然和如此空前的经验的。熊彼特提出了一个完全不同的理论,主要由两部分组成。他把这次崩溃的严重性归之于三种周期——他相信这是资本主义经济的特点——的最低点都偶然碰到了一起,再加上各种独特的历史事件,其起源他追溯到第一次世界大战(美国农业的过分扩张,银行和信贷制度中的弱点,1931年的国际金融危机,等等)。他的理论的第二部分——这是真正紧要的部分——企图用一种政治因素去解释1933年以后的恢复的弱点和不完全,即所谓新政的反资本主义偏向,这不仅存在于它的立法中;更多地是存在于它用来执行它的立法的那种精神中。①

熊彼特关于20世纪30年代的理论自然受到了保守派和反动派(经济学家以及其他人)的热烈欢迎,可是对于在1929年以后达到成年的一代经济学家却没有留下什么印象,并且可以说是由他的学生和最热烈的赞扬者之一——阿瑟·斯密西斯的论文给予了致命的一击。这篇论文题为《三十年代的美国经济》,是1946年1月在美国经济学会会议上提出的(并且具有讽刺意味的是,它是在熊彼特自己对20世纪20年代做了分析之后立即提出的),它无情地揭露了任何这样一种企图的空洞性:把大萧条当作所谓激进政治的一种副产品而解释掉。

---

① J. A. 熊彼特:《商业循环》第2卷,第15章,特别是D节(《使人失望的瓶颈》(The Disappointing Juglar))。

其后不久，战后的繁荣和"美国大庆典"就来到了。美国的经济学家们松了一口长气，马上把20世纪30年代当作噩梦一般完全抛到脑后去了。约瑟夫·斯坦德尔的有权威的论文《美国资本主义的成熟与停滞》(1952年)所要解决的问题在每一个严肃的分析家看来都会认为是对于他的科学责任感的一种持续的挑战，这部书却实际上被人忽视了，直到今天，丝毫没有受到它所完全应得的注意。可以不怕反驳地说：美国经济学界，甚至一般资产阶级经济学，对于这样一种现象确实没有什么理论来说明：这种现象也同任何其他现象一样，在20世纪第二个三分之一的时期内决定了整个历史的进程。

在这种背景下，似乎很清楚：我们的理论的主要优点是，它很容易地并且合乎逻辑地，不是把大萧条解释为"大例外"，而是把它解释为美国经济制度运行的正常产物。垄断资本主义所固有的停滞趋势，在1907年以后的年代中已经开始统治经济舞台。战争和汽车曾经将其淹没，但只是暂时的。在20世纪30年代，它们又浮到表面上来，在经济史的整个十年上打下了它们的不可磨灭的烙印。在这里，我们第一次得到了一个极其清晰的印象：在一个持久的时期内，当外部刺激降到最小时，这个制度是怎样运转的，使马克思所称的它的"运动规律"赤裸裸地表现出来，让所有的人都看到。经济学家们坚持认为是一种背离的东西，事实上是这种制度永远倾向的理论准则的具体实现。

自然，没有一种一般理论（像本书中所提出的）能够说明历史进程的全部细节。1929年以后下降的急剧性并不是"不可避免"的。在这里，熊彼特所强调的因素——除了他的三种周期的图式之外,这从我们看来似乎缺乏合理的根据——肯定是起了重大的作用,就像其他的"偶然事件"一样(例如在赫伯特·胡佛及共和党领导下美国寡头统治集团所采取的政策的几乎令人无法置信的愚蠢)。在当时的情况下,确实不可避免的是:经济或快或慢地会沉入一种深刻的停滞状态,从这种状态中它只能做出半心半意的努力去浮现出来——直到它再度被一种足够强大的外部刺激(这一次是第二次世界大战)推向前进为止。

为了避免误解,必须着重指出:上面提出的论证,丝毫不包含这样的意思——汽车化的力量到1929年已经耗竭了。显然,正如图4中上面一条线所表明的,另一次巨大的汽车化浪潮仍将到来,它注定要在第二次世界大战后起巨大的作用。然而,甚至20世纪20年代汽车的强大推动力,像我们所看到的,也不能维持那个时期的投资的高涨。而当萧条袭来时,它的袭击力量是如此势不可挡,以致汽车化的进一步发展被有效地阻止了整整十年。从1929—1933年,公路上行驶的汽车数目实际下降了,要超过1929年的水平还得经过三年;从此以后,直到这十年的终了,增长数不超过早先十年中可比时期增长数的一半。只是在战争中汽车存货受到严重侵蚀以后,以及在战争后果繁荣的一般推进浪潮中,汽车化连同它的全部多种多样的分支才能再度成为一种主要的刺激。

20世纪30年代的萧条是多么深刻——或者,从另一方面来看,剩余吸收过程的垮台是多么彻底——可以根据若干种指标来判断。第一,自然是失业的空前未有的规模(表10,图3)。虽然在1908—1915年这些可以称为半停滞的年代中失业数字平均为劳动力的6.6%,它在1930—1939年这个全面停滞的十年中却升到了令人惊愕的平均 18.2%。

从斯特里弗的数字得出的设备利用率指数也说明了同样的情况。表 12 是表 11 的继续,列举了 20 世纪 30 年代的数字。

表 12　设备利用率,1930—1939 年

(百分比)

1930	66	1935	68
1931	53	1936	80
1932	42	1937	83
1933	52	1938	60
1934	58	1939	72

资料来源:唐纳德·斯特里弗,《设备利用与商业投资》,《伊利诺伊大学公报》,第 57 卷第 55 期,1960 年 3 月,第 64 页。

可见,在 20 世纪 30 年代达到的最高设备利用率(1937 年的 83%),仅仅比 20 世纪 20 年代的最低设备利用率(1928 年的 82%)略高。平均数也是同样惊人的:从 20 世纪 20 年代的 84.5% 降到了 20 世纪 30 年代的 63.4%。

甚至这些数字,尽管是引人注目的,也未能表达 20 世纪 30 年代萧条的真实深度。这些数字告诉我们:在 1939 年,即当这十年将近终了时,全国的劳动力将近有五分之一,生产能力有四分之一以上,是在闲置着。从这一点,人们可能会得出结论:即使把更多的工人纳入劳动力中,资本设备的使用比通常的强度更大,产量也不会增加到——譬如说——三分之一以上。然而,在随后的几年中,在战争的影响下,以及由于资本市场的内在束缚暂时被解除,工业生产却增加了一倍以上,实际的国民生产总值增长了三分之二以上。而且这种增长是在这样一个时期出现的:在这个时期实际上净投资没有增加,而且在最富生产能力的年龄组别中有 1,100

万人以上被动员到武装部队中去了。虽然不论是人力还是设备自然都不能以战争时期的最高强度永远继续不断地使用,我们还是认为,1939—1944年间所达到的生产惊人扩大,足以确凿证明:官方的失业估计数字以及通过广泛接受的统计方法得出的设备利用数字,都大大低估了在一种垄断资本主义经济中人力物力资源利用不足的程度。这种偏向是很自然的:资产阶级社会科学没有兴趣去强调私人企业制度的缺点,透露——哪怕只是在字里行间——一种合理地组织和计划的社会主义经济能够表现得怎样更好。失业和未被利用的生产能力的继续存在是无可否认的,但可以而且正在被估计得最低。

我们在第四章已经指出,经济上升,不管是怎么开头的,都会造成剩余的迅速增长——在绝对数上以及作为总产量的一部分。当这种日益增长的剩余中寻求投资机会的那一部分超过了可供利用的投资出路时,扩张立即停止,剩余的增长亦立即停止。而这样一个上部转折点"在生产能力的充分利用或劳动的充分就业实现以前,可能早已达到了"①。我们现在已经能够看到,20世纪30年代的商业周期为这个命题提供了充分的例证。表13表明了1929—1938年间的国民收入,纳税后的公司利润,股息,未分配的利润以及利润(或亏损)占国民收入的百分比(不可避免地要使用年度数字——得不到1946年以前按季度分列的数字——不免稍稍歪曲了这幅图画,但是主要的轮廓已经显示得足够清晰了)。当收入下降时,利润的缩减(或亏损的增加)要快得多,反之亦然。另

---

① 上面,第99页。

一方面,股息比收入或利润要稳定得多。结果,从1930—1936年的每一年中,整个公司系统要从资本中拿出钱来支付它的股东。

表13 利润和国民收入,1929—1938年

(单位:百万美元)

	国民收入	纳税后的公司利润	股息	未分配的利润	利润占国民收入的百分比
1929	87,814	8,259	5,813	2,446	9.4
1930	75,729	2,480	5,490	−3,010	3.3
1931	59,708	−1,278	4,088	−5,366	−2.1
1932	42,546	−3,402	2,565	−5,967	−8.0
1933	40,159	−370	2,056	−2,426	−0.1
1934	48,959	972	2,587	−1,615	1.9
1935	57,057	2,194	2,863	−669	3.8
1936	64,911	4,331	4,548	−217	6.7
1937	73,618	4,733	4,685	48	6.4
1938	67,581	2,271	3,187	−916	3.4

资料来源:《1962年经济指标补编》,华盛顿,1962年。

利润中寻求投资出路的份额终于在1937年又变成了正数;但是由于没有外部刺激发生作用,投资出路实际上并不存在。正是因为无法为日益增长的剩余找到出路,就使经济上升停止下来,并突然造成1937年下半年的急剧衰退。而所有这一切是在这样一个时候出现的:此时约有14%的劳动力和20%的生产能力仍然是在闲置着。垄断资本主义没有外部刺激就处于停滞状态而无力自拔,难道还有比这更能令人信服的证据吗?

5

对于战后时期的解释,在我们的理论上不产生什么严重问题;

战争后果的繁荣所起的作用,以及军事预算的大量增长对于支持一个相当高的就业和收入水平的意义,已经充分强调指出了。但是如果留下这样一种印象——这些是这个时期中对经济的仅有的有力支柱,那是不对的。同样重要的,还有汽车化和市郊化的第二次巨大浪潮,由于不动产抵押和消费信贷的惊人增长而使它增添了力量。

在这里出现了一个有趣的和重要的问题:为什么第二次汽车化浪潮在此时出现?为什么它不在1937年出现,使20世纪30年代的恢复延长下去,并使它变成一次全面的繁荣呢?毕竟,这并不是什么新的发明或技术上的突破,人们在战前大概也和在战后一样,"需要"更多的汽车和市郊生活。

回答是:人们在1937年不曾具有所需要的购买和借贷能力,去使事情发动起来,而在1945年以后他们却具有这种能力。在战争期间,消费者偿清了债务,积累了大量的现金储蓄。当他们又可以自由花费和借贷时,他们能够并且确曾把自己对于汽车和郊区住宅的"需要"变成有效的需求。一旦这个浪潮相当发动起来之后,它就逐步积累了自己的势头。我们在这里有一个从量变到质变的典型实例。如果只有少数人购买汽车并移住郊区,事情就这样完结了。但是如果有许多人这样做,所有各种事情就都变得有利可图或成为必要,否则不会是那样的——商业中心可以代表有利可图的一种,学校可以代表必要的一种。① 产生了一种滚雪球式的扩

---

① 人口普查局给它所称的"标准都市统计区"提供的人口数字,指明了究竟有多少人被卷入这个运动。在1950—1960年(1940年的可比数字无法得到),在这些区域(但在中心城市以外)居住的人口增加了3680万人,增加了将近50%。这比同一个十年中全国人口增加总数还多三分之一左右。

张效果,它继续发生作用,直至达到山脚为止,即直至国内移民已经平息,必要的新的便利条件已经提供。在本书写作时,战后将近20年已经过去了,还不可能说整个运动将在何时失去它的动能。①

这样,美国经济在战后时期的表现就没有什么神秘了。由于战争后果的繁荣引起了几千万人生活格局的大变动,由于军事支出增加了将近四倍,——从1947年的140亿美元增至1963年的552亿美元,——可以满有把握地说,自从铁路时代达到顶点以来,美国经济在和平时期还没有经受过如此强大的刺激。真正值得注意的是:尽管这些刺激是强大的和持久的,习见的剩余吸收不足的症状——失业和设备利用不足——却在一个很早的阶段即已开始出现,并且除了周期性的波动之外,逐渐变得更为严重。表14显示了主要的情况。②

---

① 在使第二次汽车化和市郊化浪潮增强的所有许多因素中,有一个是在对这个题目如果做详尽的论述时就会值得仔细加以分析的,我们对它至少应当在脚注中提出一下,这就是联邦政府赞同并在事实上补助个人住宅所有制的无数互相交织的政策。

② 设备利用指数,是以联邦储备委员会的工业生产指数做分子、以麦格劳-希尔的工业生产能力指数作分母来编制的。在经济学家和统计学家现在使用的关于生产能力的一切估计中,麦格劳-希尔经济学部的估计从我们看来是唯一全面的,它并没有系统地排除或低估也许是战争以来生产能力增长的最重要的方面:由于技术的或组织的进步所造成每一美元价值的厂房设备的效率增长。麦格劳-希尔的估计是从向生产者直接发送调查表得来的,这种程序有它的困难和弱点,但是它避免了所有把生产能力同股本(不管怎样下定义)的美元价值等同起来那种方法的下降偏向。

值得注意的是,联邦储备委员会对生产17种主要材料的工业的生产能力的估计(它主要是以工程方面的数据为根据的),也避免了用股本价值方法所作估计的一般下降偏向。20世纪50年代中生产这些主要材料的工业部门的加权平均设备利用率的下降同麦格劳-希尔对整个工业的估计非常接近,这个事实颇能证明麦格劳-希尔方法的可靠性。关于这些问题的讨论,参阅《生产能力的测度》(*Measures of Productive Capacity*),联合经济委员会经济统计小组委员会证词录,第87届国会,第二次会议,1962年5月14、22、23、24日。

八、论垄断资本主义的历史

表 14　设备利用率和失业率,1950—1963 年

	设备利用率 （1950 年 = 100）	失业对劳动力 的百分比
1950	100	5.0
1951	103	3.0
1952	99	2.7
1953	98	2.5
1954	87	5.0
1955	92	4.0
1956	89	3.8
1957	85	4.3
1958	76	6.8
1959	81	5.5
1960	81	5.6
1961	80	6.7
1962	83	5.6
1963	83	5.7

资料来源：关于设备能力指数的说明，参阅上一页脚注②。麦格劳-希尔的关于 1950—1961 年的设备能力估计，见该脚注所引《证词录》(Hearings)第 11 页；关于 1962 年和 1963 年的数字，见麦格劳-希尔的新闻稿，1963 年 4 月 26 日和 1964 年 4 月 24 日。联邦储备委员会工业生产指数和失业对劳动力的百分比，见经济顾问委员会,《经济指标》，现行各期。

需要补充说明的是：本表所包括的时期在终了时的失业状况，实际上比表中数字所表明的要严重得多。在 1960—1963 年，劳动力参加率下降了 1%，这意味着，除了由于死亡和退休的正常减少外，约有 130 万工人从劳动力中退了出来。这种中途退出的主要原因只不过是：当工作机会稀少时，许多人感到失望，因而放弃了寻找工作。如果我们把中途退出的人数同官方计算的失业人数加在一起，以便对客观情势得到一个比较正确的概念，我们就会发

现，1963 年的失业人数是占劳动力的 7.1% 而不是 5.6%。①

仍待补充说明的只是：1963 年是一次持续上升的第三年。失业甚至在商业周期的扩张阶段也在增长的这样一种经济，肯定是处在困难的深渊中。随着军事支出显然已经达到了顶峰，自动化的步伐不断加速，青年人的洪流（20 世纪 40 年代"婴儿繁荣"的产品）日益涌进劳动市场，美国经济的前途看来是并不光明的。发展，在一个合理的社会中本来可以大大推进全体的富裕，但在垄断资本主义下却构成了对劳动人民中越来越多的人的生存本身的威胁。

---

① 即使这样做，也还是低估了实际的失业人数，因为在 1960 年就已经有许多人没有由官方统计包括在劳动力中，这些人如果有工作机会是会就业的。在一个最有趣和最有价值的关于劳动参加率变动的研究中（《民用劳动力参加的周期变动》，《经济学与统计学评论》，1964 年 11 月），肯尼斯·斯特兰德和托马斯·德恩伯格按他们所称的"充分就业劳动力"来估计失业的百分比，所谓"充分就业劳动力"即如果失业率达到5%（"高度充分就业"）或 4%（"低度充分就业"）时也会工作或寻找工作的人数。他们称这个百分比为"差距失业率"。使用高度充分就业标准，他们得出了如下的差距失业率，包括从 1953—1963 年的每年 11 月（第 388、390 页）：

1953	5.7	1956	4.8	1959	7.8	1962	10.3
1954	7.6	1957	6.9	1960	8.5	1963	10.4
1955	4.9	1958	8.6	1961	10.0		

这样"可以看出，自从 1956 年以来，差距失业率的趋势是相当稳定的。……的确，我们的分析暗示，失业状况在不断恶化"。（第 388 页）斯特兰德和德恩伯格的研究还有一个副产品，就是发现"1975 年的潜在劳动力至少要比劳工统计局现在提出的数字多400 万人，并且很可能多 500 万人"。（第 378—379 页）

九、垄断资本与种族关系

美国的种族问题,不是由垄断资本主义造成的。它是从旧南方*的奴隶制度继承而来的。可是,问题的性质在垄断资本主义时期已经有所转变;在一个有色人种正在摆脱压迫锁链的世界中,每一个人都看得很清楚:美国的未来将受到国内种族关系进一步发展的深刻的、或许是决定性的影响。

关于美国种族问题的最详尽的、广泛受到赞扬的研究,无疑是冈纳·米尔得尔的《美国的棘手问题》一书。因此,它为我们的分析提供了一个适当的出发点。①

美国种族关系的动态,据米尔得尔说,应当从白人偏见和他所说的"美国信仰"的紧张关系中去寻求。偏见造成了歧视、隔离和黑人社会经济地位的普遍低劣。"信仰"表达了全体人民对自由和平等理想的忠诚。偏见、歧视和卑劣三者是互相影响的:偏见越深,歧视越大;歧视越大,卑劣越甚;卑劣越甚,偏见越深,恶性循环,有增无已。但这也从另一方面发生作用。为了促进这种"信仰"的实现所采取的一切步骤,将减轻卑劣、减少偏见和抵消歧视;

---

* 旧南方(Old South):指美国在南北战争(1861—1865)以前的南方各州。——译者

① 第 1 版,两卷,纽约,1942 年;20 周年纪念版,一卷,纽约和埃文斯顿,1962 年。

而这也将是一个积累的过程。尽管每一个方向的自行永远继续在理论上都是可能的,米尔得尔却相信,在实际上和在长期中,"信仰"会居于统治地位,他从这种信念得出了存在着一种潜在的改善趋势的结论。此外,米尔得尔还认为,由于各种理由,战争对于黑人的地位颇具有有利的影响。因此,在第二次世界大战的初期写作时,米尔得尔得出了怀抱乐观主义的双重理由。在第一版的《作者序》中,他写道——着重号是他自己加的——"自从'重建'*以来,有更多的理由预期:在美国种族关系中会发生根本的改变,这种改变将包含一种朝着美国理想的发展"。

20年后,在为20周年纪念版增写一个《序》时,米尔得尔引用了上面的话,并说:"一个在自己的预言中常犯错误的学者,当指出有一次他是正确时,是可以原谅的。"他在研究中的亲密伙伴,阿诺德·罗斯,在纪念版上写了一个《跋》,对于他们在研究中所作的预测怀抱同样的赞许观点,并预言这种改善趋势在将来会加速进行。罗斯说:

> 毫无疑问,到1962年,各个种族正在迅速地走向平等和解除隔离。回顾起来,过去20年中的变化在人类关系史上是最迅速的。……变化是如此迅速,等级制度和种族主义已变得如此衰弱,以致我敢于冒昧预测,一切正式的隔离和歧视在十年之内就会结束;非正式的隔离和歧视也会减弱,在20年

---

* 重建(Reconstructicn):指美国南北战争后原退出联邦的南方各州的改组与重新加入联邦的时期(1867—1877年)。——译者

九、垄断资本与种族关系

内变得不过是一个阴影……造成不平等的能动的社会力量,我预测,实际上将在 30 年内消除。

可见,米尔得尔和罗斯相信,美国的种族问题,在现存社会秩序的结构中,正在走向完全解决。果真如此吗?黑人解放运动的日益增长的战斗性,南方种族主义者的继续不断的暴行,北方和西方城市中少数民族集中居住区的居民的暴动,全国的日益全神关注这个"棘手问题"——所有这一切仅仅是进步的象征,像米尔得尔和罗斯似乎主张的那样吗?

要试图认真回答这些问题,我们相信,必须从米尔得尔的历史唯心主义开始,设法把美国的种族关系问题去同美国社会的垄断资本主义基本结构联系起来。

2

世界上今天存在的种族偏见,差不多完全是白人的一种态度,其起源是由于从 16 世纪起,欧洲征服者就必须为他们对全世界有色人种牺牲品实行掠夺、奴役和继续剥削的行为提供合理的说明和辩护。[①] 当奴隶制度被引进美国南部时,种族偏见自然随同它一起来到,而对于这种制度在思想上的辩护,在这里也许比在世界

---

① 关于对这个题目所做的出色的探讨,参阅埃里克·威廉斯(Eric Williams):《资本主义与奴隶制度》(*Capitalism and Slavery*),教堂山,1944 年,第 1 章;和奥利弗·C.考克斯:《等级制度,阶级和种族》(*Caste, Class, and Race*),纽约,1948 年,第 16 章。

上任何其他地方都制造得更为勤奋和精致。从殖民时代起,美国人,不论是在北方还是在南方,都处于有组织的和继续不断的宣传火网之下,培养白人优越和黑人低劣的思想。

自然,总是很容易举出证据来"证明"白人优越和黑人低劣的命题。黑人遭受奴役,被剥夺了一切机会去享受文明生活的好处,就各种文明社会用来判断优越和低劣的一切方面来说,他们显然地、无可否认地是低劣的。认为这种事实上的低劣是由于天生的种族特征所造成,这种理论对于乐意相信它的人来说是令人信服的。不仅白人接受它;许多黑人也被成功地洗了脑,相信他们自己的生成低劣是实在的,而这种自贬就作为种族制度的最重要的堡垒之一而起作用。① 应当注意,奴隶制度虽然孜孜不倦地培养了黑人低劣的思想,却不一定包含白人对于黑人因其为黑人而加以憎恨。只要黑人懂得并保持他的"本分",他是为白人所容忍甚至喜欢的。白人所憎恨的是这样一些黑人:他们相信所有的人生来平等的原则,并依此行事。

南北战争不是北方的统治阶级为释放奴隶而进行的,像许多人错误地相信的那样。它是为抑制南方奴隶主寡头统治集团的野心而进行的,这个集团想要逃脱对北方资本的基本上是一种殖民地性质的关系。取消奴隶制是斗争的副产品,不是它的目的;即使

---

① 这个题目已由哈罗德·R.艾萨克(Harold R. Isaacs)做了富于启发性的阐述,他令人信服地表明:"黑人不断地被贬低和自我贬低是……由黑人小孩从赤身露体的、不文明的非洲人得出的印象开始或由它加强的。"[《美国黑人的新世界》(*The New World of Negro Americans*),纽约,1963年,第161页。]这很可以说明独立的非洲国家和领袖们的出现,以及他们被完全接纳进国际社会中来,对于美国黑人在心理上所产生的巨大影响。

九、垄断资本与种族关系

是在"重建"的插曲中,北方的资本主义不论从任何意义来讲,都无意去解放黑人。它在征服南方的种植园主以后,乐于让后者恢复他们所扮演的剥削黑人劳力的角色,自己又可以对他们进行剥削。19世纪70年代的臭名昭著的妥协,就是默认南方的重新恢复的殖民地地位已为双方所接受,由南方的寡头统治集团剥削黑人,又向北方资本缴纳贡赋,交换这样做的特权。

在这种情况下,需要有对黑人劳动实行控制的新方法去代替奴隶制,而这种方法就在各种式样的工资劳动、谷物地租、雇佣日工中找到了。当黑人企图利用他们的法律自由去在人民党运动*中同穷苦白人一道组织起来时,种植园主就报之以暴行和合法化的种族隔离和歧视制度。到19世纪末,对黑人的压迫和剥削或许同过去在奴隶制底下一般坏,而种族主义的宣传在北方至少是同样恶毒——甚至更为成功,因为种族主义不必再蒙受彻头彻尾的奴隶制这个道义上的污名。①

在第一次世界大战前,在美国的黑人中占压倒多数的是南方的农民。1880年左右他们确曾开始以巨大的数量迁出"旧南方",但是晚在1910年,人口普查表明,黑人居民仍有80%左右住在从前的南部邦联各州,他们有90%居住在农村。整个说来,1914年以前黑人在北方经济中只起较小的作用。

---

* 人民党(Populist Party,1891—1904):美国的政党,主张金银铸币自由,公用事业公有制,征收所得税,支持劳工和农业。——译者

① 参阅雷福德·W.洛根(Rayford W. Logan):《美国生活和思想中的黑人,最底层,1877—1901年》(The Negro in American Life and Thought, the Nadir, 1877—1901),纽约,1954年。19世纪的这最后20年,用哈罗德·艾萨克的话来说,是"西方白人在全世界居于最高地位的顶峰年代"。(《美国黑人的新世界》,第119页。)

在北方，在19世纪中，日益迅速扩大和工业化的经济引起的对劳动力的巨大需求开始形成一种独特的供给制度。经济阶梯的最低各级被接连不断的潮水般的外国移民占据了，他们大多数来自欧洲，也有来自亚洲、墨西哥和加拿大的。当新来的移民在底层接替他们时，"老"移民的子辈和孙辈就在阶梯上爬上一级，去满足对于半熟练工人、熟练工人和白领工人的需要，公共教育制度在培养他们去担任这种报酬较优和地位较高的职位中起了主导的作用。值得注意的是，米尔得尔所那么强调的卑劣——偏见——歧视模型，在新移民中也起作用。当地居民的反应几乎总是敌视的，有时是极端凶恶的。安妮·布雷登是当代捍卫黑人权利的一位英勇战士，她描写了在她的家乡城市发生的现在以"血腥的星期一"闻名的事件：

> 1855年8月6日，星期一，在肯塔基州的路易斯维尔市，成群的男子暴徒进入了德国和爱尔兰移民居住的市区，向商店和住宅纵火，当住在里面的人试图逃跑时，就向他们开枪，将其打死。甚至怀里抱着婴儿的妇女从着火的屋里逃出时，也被射死。暴徒们由沉着的主妇们和她们的女儿们的叫喊声激励着，她们希望"每一个德国人，每一个爱尔兰人，和他们的所有的子孙都被杀死"。①

不时以全面计划迸发的反对移民的偏见和敌视，无疑地大大阻碍了外国人群的向上移动。这种态度之所以不能完全摧毁向上

---

① 安妮·布雷登（Anne Braden）：《中间的墙》（*The Wall Between*），纽约，1958年，第 ix 页。

九、垄断资本与种族关系

移动,是由于两个原因:经济的和社会心理的。一方面,有着对合格劳动的迅速增长的需求,只能从升级得到满足。另一方面,新的移民群继续来到,占住较老的移民群刚刚离去的少数民族居住区,使本地人(以及较老的移民,当他们已被同化时)能继续发泄他们的优越感、敌视和压迫。爱尔兰人和德国人这些目标被意大利人和波兰人代替了:基本的态度和行为方式仍旧保持不变。

第一次世界大战标志着这种美国劳动市场供给制度的实际终结。欧洲移民突然减少到只不过是涓涓细流,不久以后,对各种劳力的需求剧增。问题部分地靠使失业者参加工作解决了。我们已经注意到,1915 年失业率是极高的,为劳动力的 9.7%。到 1918 年,这个数字已降到 1.4%①。但这还是不够;还必须大规模地开放剩余劳力的水库,这已经在农村中建立了若干时日,特别是在南方。

移民差不多总是靠推和拉来发动的,第一次世界大战中发生的从农村向城市的巨大移民运动也不例外。推力是由农业中由于机械化、更集约的耕种方法等等所造成的日益提高的生产率提供的。结果,对农场劳动的需求落后于日益增长的农业产量,这种需求最后达到了 1910 年的普查年度顶峰,从此以后,不但相对于产量而言,就是在绝对数上也日益下降了。② 面对着日益下降的对

---

① 参阅上面,第 248 页。
② 1870—1930 年各普查年度农业中有报酬的工人数目如下(单位:千人):

1870	6,850	1910	11,592
1880	8,585	1920	11,449
1890	9,938	1930	10,472
1900	10,912		

《美国历史统计,殖民时代至 1957 年》,第 72 页。

农场劳动的需求,农民的众多子女自然要向城市寻找谋生的机会。1907年以后的年代中存在的大量失业无疑地阻止了许多人向城市移动,虽然此时大量移民正在进行。战时城市中劳动需求的巨大增长不仅撤去了这个障碍,而且代之以强大的吸引力。大量移民的一切条件现在都具备了。美国过去总是依靠国外移民的,现在发现,在目前的情况下,突然地,它靠吸取它自己的农村剩余劳动力也能过得去,就像欧洲从工业革命的开头起一直在做的那样。

战争以后,无须回到旧制度去。农业革命加速了,农村的人口增长率很高,使城市能获得非熟练劳动的不断流入。在这种情况下,对移民加以法律上的限制是自然的事。早从19世纪80年代起,就开始有人反对国外移民,但在战前,国外移民从来不违反有势力的资本家的利益,他们乐于有廉价劳动的丰富供给。现在,国内来源的供给已经确有保证,资本家们自己也就参加反对了,主要是由于恐惧工人阶级的移民会把在俄国已经推翻资本主义制度并似乎威胁着欧洲其余部分的革命毒素传染给美国。移民没有完全被截断,但1924年采取的限额制度实际上使来自东欧和南欧各国的移民停止了,这些国家曾经是非熟练劳动的主要来源。从这时起,大多数移民都是从事地位较高的职业的人们,他们能够被指望成为他们新祖国现存秩序的强有力的捍卫者。与预期完全相反,移民性质的这种根本改变的重大后果之一,是减少了从非熟练和半熟练工人群众升级的需要。1924年以后,国内流入城市的移民从经济阶梯往上爬,比在战前时期的欧洲移民更难了。

3

从我们现在的观点来看,主要的事情是,从对非熟练劳动需求的外部供给转到内部供给,意味着黑人的都市化。表15表明,南北战争以后的时期内,在各次人口普查之间,从"旧南方"移出的黑人净额:①

表15 从以前参加南部邦联的11个州移出的黑人,1870—1960年
(单位:千人)

19世纪70年代	47
19世纪80年代	59
19世纪90年代	242
20世纪第一个10年	216
20世纪10年代	480
20世纪20年代	769
20世纪30年代	381
20世纪40年代	1,260
20世纪50年代	1,170

黑人从南方移出是在19世纪终了之前开始的,但只在战争的十年中具有真正很大的规模。在20世纪30年代,流动率有所下降,但即使在这十年中存在的严重失业状况,也未能阻止黑人向北移动。最大的移居浪潮是随同第二次世界大战来到的,从此以后

---

① 20世纪40年代以前数字的来源是《美国历史统计,殖民时代至1957年》,第46—47页。这些数字如在第39页所说明的,是人口普查资料的提炼:不能得到20世纪50年代这十年的严格可比数字。我们得出的估计,是对20世纪50年代的人口普查数字(《美国统计摘要,1962年》,第40页)减去《历史统计》编者对20世纪40年代人口普查数所减去的同一百分比。

一直继续着,变动甚小。

从南方来的移民几乎全部定居在北部和西部的城市。但这还不是黑人的唯一移动。在南部本身,有着从乡村向城市的不断移居。结果是,在1910—1960年的半个世纪中,黑人从一种地区性的农民阶级变成了城市工人阶级的重要组成部分。1910年的三对一的乡村与城市黑人居民比例几乎完全倒转了:今天四分之三的黑人人口是城市居民。

黑人进入城市经济的最底层,这自然是不可避免的事。他们在来到时,是最穷的,最没有文化的,最没有技术的。他们蒙受着双重的偏见和歧视:一种是历史的种族偏见和歧视,一种是用来迎接每一群贫穷的新来人的偏见和歧视。我们要提出的问题是:他们移居城市以后,是怎么生活的?他们能否踏着早先移民群的足迹,沿着经济阶梯向上爬,逃脱他们最初居住的少数民族聚居区?

在答复这些问题时,我们必须留心不要把这两者混淆起来:一是从乡村向城市移动(这个过程继续了半个世纪以上)所产生的效果,一是来到城市以后发生的事情。从乡村向城市移动,一般说来,对黑人无疑地意味着较高的生活水准:如果不是这样,移居早就停止了。换言之,都市工业阶梯的底层比南方农业阶梯的底层要高一些,当黑人从后者走向前者时,就是爬高了一步。可是,这并不是我们主要感到兴趣的事。贫穷的欧洲农民离开他们的故乡移居到美国,同样是爬高了一步:这个移动继续着,直到被战争和立法切断才终止,这又可以作为证明。重要的是,在他们来到这里以后,他们不久就沿着新的阶梯向上爬,而新的移民群又在底层接替他们的位置。我们想要知道的是,黑人是否遵循着同样的途径,来到城市后沿着新阶梯向上爬。

有少数人自然是这样,当我们谈到"象征主义"这个题目时,我们将要讨论这些少数人的作用和重要性。但就绝大多数黑人来说,答复肯定地和毫无疑义地是"否"。广泛接受的与此相反的意见,如果它有任何事实根据的话,是把从一个阶梯走向另一个阶梯和在新阶梯向上爬两者混同起来了。这个重要之点,由人口普查局局长特别助理、美国收入分配方面的主要权威之一,赫尔曼·P.米勒向克拉克委员会做了说明:

> 今天上午我们从金兹伯格教授处听到,黑人在20世纪50年代有了惊人的进展。参议员贾维茨在他的杰出的《美国的种族歧视》一书中也谈到了黑人经济地位的改进。甚至劳工部也提到黑人在过去20年所获得的职业上的收益。这些全都是非常真实的,但是我认为可以根据人口普查统计来表明,黑人自从1940年以来所获得的职业地位的改进,大部分是通过他迁出南方的实物租佃和农业劳动而进入你们北方的工业区域造成的。
>
> 当我们察看北部和中部各州的数字时,我们发现自从1940年以来,黑人的职业地位相对于白人而言,并无重大改进。①

---

① 《平等就业机会》(*Equal Employment Opportunity*),劳动和公共福利委员会就业与人力小组委员会证词录,美国参议院,第88届国会,第1次会议,第773、1210、1211、1937节,1963年7月24、25、26、29、31日,8月2、20日,第375页。宾夕法尼亚州参议员约瑟夫·S.克拉克(Joseph S. Clark)是这个小组委员会的主席。

在收入方面,情形比较略为复杂,但对黑人正在沿着阶梯向上爬的理论并不是更为有利。米勒在他为克拉克委员会准备的说明中对这一点解释说:

> 虽然自从1940年以来,在大多数的州中,非白人的相对职业地位并没有很大的改变,在第二次世界大战中白人和非白人之间在收入上的差距却已经缩小了。可是,在过去十年中,在这两类人中的收入差异没有改变。……1947年,非白人工人的平均工资或薪金收入为白人收入的54%。1962年,这个比率几乎相等(55%)。……鉴于战后时期收入差距的稳定性……对于战争年代中差距的缩小不能看作是一种继续不断的过程的一部分,宁可把它看作是与下列事实密切相关的一种现象:一是战争引起的非熟练劳动的短缺;一是政府的规定,例如战时劳工局的一般旨在提高低报酬工人的收入和促使经济全速运转的规定。①

重要的是要懂得,黑人的地位不仅仅是由于普通说来他们受教育较少和集中于非熟练和半熟练的职业这些无可置疑的事实所决定的。即使他们具有同白人一样的教育程度,他们的职业地位也比较低些。即使他们做同样的工作,他们的报酬也比较少些。

---

① 《平等就业机会》,第323页。政府统计习惯上只区分白人和非白人,而不区分白人和黑人。由于黑人占非白人的90%以上,在大多数场合下交互使用这两个词是合理的,就像米勒在他向克拉克委员会作证时所做的那样。

在这两方面,在职业和收入的两种级别上越高,黑人的相对不利处境就越大。

一个教育程度没有超过八年级的非白人很少有机会成为比苦力工、搬运工或工厂工人更高的什么人。在非白人中,每十个受过八年级教育的人在上次人口普查中就将近有八个是苦力工、勤杂工或技工。而在受过同等教育的白人中,每十个就只有五个人在这种报酬低微的岗位上工作。

非白人的中学毕业生在获得报酬较优的职位时机会略为好些;但即使这种机会也并不是很好。每十个黑人中学毕业生中,约有六个是苦力工、勤杂工或技工,而在受过同等教育的白人中每十个只有三个这样的人。

非白人大学毕业生能从事专门职业工作的人数似乎比较多些。大约每四人中有三人为专门职业或经理工作者——同白人大学毕业生的比例几乎相同。但是有一个巨大的差别。非白人集中在报酬较低的专门职业中。……

受相同年限教育的非白人的收入比白人低,至少有两个原因:(a)他们受雇于报酬较低的职位,(b)他们即使做相同的工作,报酬也较低。这两个因素加在一起的影响,表现在……白人和非白人按所受教育年限的毕生收入的数字中。这个表表明,白人和非白人的相对收入差距随着教育程度的增高而增加。非白人小学毕业生的毕生收入约为白人总数的64%。在大学毕业生中,非白人只为白人总数的47%。事实是,受过四年大学教育的非白人平均在一生中只能希望比较育程度不超过八年级的白人在一生中所赚得的更少。①

可见,自从1940年以来,黑人的职业地位相对于白人而言并无改进;自从战争终了以来,他们的收入地位也没有什么改进。而且,在某些其他的关键性方面,他们的地位显然正在日益恶化。我们特别指出失业和压力下的集中居住的程度。

表16 白人和非白人的失业率,1940—1962年
（占劳动力的百分比）

	共 计	白 人	非白人	非白人占白人的百分比
1940	13.3	13.0	14.5	112
1950	4.6	4.1	7.9	176
1960	5.4	4.9	8.5	157
1962	5.6	4.9	11.0	225

资料来源:关于1940年、1950年和1960年,《美国人口统计,1960年。美国概要:社会的和经济的一般特征》,华盛顿,无日期。关于1962年,《总统人力报告》,华盛顿,1963年,第43页。

表16表明了1940—1962年各段时间内白人和非白人的失业率。这里我们看到了黑人地位的急剧恶化。把综合的失业数字再加剖析,揭露出了黑人所遭受的某些独特的不利处境。其中有一些在劳工部副部长约翰·F.亨宁给克拉克委员会准备的说明书中列举出来了：

整个非白人的失业率在今天高达白人的两倍以上——在

---

① 《平等就业机会》,第324—325页。

九、垄断资本与种族关系

5月(1963年),为 10.3% 与 5% 之比。在有家庭负担的已婚者中,差别甚至更大,为 8% 与 3% 之比。

在报酬较丰、更吸引人的那种职位,黑人的不利处境特别严重。……在苦力工中,非白人的失业率约高三分之一,而在技术性行业中则高出一倍以上。

今天的失业对比较年青的工人打击最大。在本年 5 月……十几岁的非白人少年男子的失业率将近为 25%,而白人少年男子则为 17%。对少年女子来说,则差别更大——为 33% 与 18% 之比。

非白人少数民族在需要救济的长期失业中的遭受更是比例悬殊。他们虽然只占劳动力的 11%,却占失业在六个月以上的全部工人的 25%。①

在全国所有城市中,黑人在压力下的集中居住日益增加,证据是极为确凿的。种族和住宅委员会在进行了详尽的调查研究之后,提出报告说:"在大多数城市,隔离的障碍在 1950 年比十年之前更为森严。……证据表明,整个说来,当非白人聚居在白人放弃的中央城市区域时,种族集团的划分日益增长了,这些白人继续移居到禁止黑人进入的新的市郊地区。"②卡尔・E. 和阿尔马・F. 托

---

① 《全国的劳力革命》(*Nation's Manpower Revolution*),劳工与公共福利委员会就业与人力小组委员会证词录,第88届国会,第1次会议,关于全国人力资源的训练与利用,第二部分,1963 年 6 月 4—7 日,第 403 页。

② 《我们将住在哪里?》(*Where Shall We Live?*),种族和住宅委员会报告,伯克利,1958 年,第 3 页。

依伯夫妇根据 1940 年、1950 年和 1960 年的人口普查进行的统计研究表明,用《纽约时报》报道的话来说,"除了一些显著的例外,种族隔离在美国远远不是正在消失,而是正在增长"①。

这也不只是近来的趋势。伯利森根据对十大城市人口普查数字所做的深入统计整理表明,自从 1910 年——黑人大规模移居城市刚刚开始进行的一年——以来,他们的住宅隔离的程度就不断增长,而这在外国移民群方面则一直在下降。

> 在总结关于黑人和欧洲移民住宅格局(从 1910—1950 年)的发现时,我们可以说,虽然在一个时候,在一个城市中,各个特殊外国移民群之与黑人隔离,比与本地白人的隔离程度略为小些。一般综合数字表明,黑人和外国移民群却是向着相反的方向变动的,即是说,对外国移民的隔离越来越小,对黑人的隔离越来越大。单就数量来说,黑人比外国移民群的隔离程度要高得多。旧与新之分("旧"移民群与"新"移民群之分)在早先的分析中是非常有意义的,但就同黑人的隔离来说,却并非特别重要。就是说,新旧移民在同黑人高度隔离方面一般是相同的。②

根据所提的数据——这些数据自然能够使之更为丰富和详

---

① M.S.汉德勒(M. S. Handler):《美国的种族隔离在增长的报道》(Segregation Rise in U. S. Reported),《纽约时报》,1964 年 11 月 26 日。

② 斯坦利·利伯森(Stanley Lieberson):《美国城市的种族格局》(Ethnic Patterns in American Cities),纽约,1963 年,第 132 页。

九、垄断资本与种族关系

尽——似乎不可避免地要得出这个结论:黑人自从移居到城市以后,就被阻止去改进他们的社会和经济地位:他们未能追随较早的外国移民群,在职业的阶梯上向上爬去,并迁出在压力之下形成的少数民族聚居地区。

4

像在社会科学中经常发生的情形一样,回答了一个问题又会引起另一个问题。是什么社会力量和制度机构,迫使黑人扮演着永久移民的角色,进入都市经济的最底层,年复一年地停留在那里?①

从我们看来,在对这个极端重要问题的答复中,涉及三种主要的因素。第一,有着令人生畏的一长列私人利益集团。它们从一种隔离的次无产阶级的继续存在中直接地、立刻地获得好处。第二,由垄断资本主义产生的社会心理方面的压力,加强了而不是削弱了现存的种族偏见,从而加强了而不是削弱了种族歧视和种族隔离。第三,随着垄断资本主义的发展,对非熟练的和半熟练的劳动的需求相对地和绝对地减少了,这种趋势对于黑人比对任何其他人群影响更大,从而加剧了黑人在经济上和社会上的卑下。所有这些因素都交互发生影响,趋向于把黑人在社会结构中推向越来越低的地位,并把他们封锁在少数民族聚居地区。

---

① "黑人居民"种族和住宅委员会说,"虽然他们若干世纪以来居住在美国,现在仍具有未完全同化的移民群的某些特点"(《我们将住在哪里?》,第8—9页)。

首先来看看从一种黑人次无产阶级的存在中获得好处的私人利益集团。(a)雇主们从劳动者的分裂中获得好处,他们能够利用一个集团去反对另一个集团,从而使它们都被削弱。在历史上,例如,有为数不少的黑人移民是对招募罢工破坏者的直接响应。(b)少数民族聚居区的房地产所有主能够让房子住得拥挤不堪和勒索奇昂的租金。(c)中等和上层收入集团因有大量廉价家务劳动力的供给可供利用而获得好处。(d)许多小的处在边际上的商业,特别是在服务行业中的商业,只在他们有廉价劳动力可供使用时,才能经营获利。(e)白人工人从黑人的竞争中获得好处,因为可以保障他们得到较适意的和报酬较高的职位。因此,在习惯上区别——尤其是在南方——"白人"的职位和"黑人"的职位,把黑人排除在学徒训练计划之外,许多工会拒绝黑人入会,如此等等。① 在所有这些集团——加在一起,他们构成了白人居民的极大多数——中,马克思所说的"人们心中最激烈、最卑鄙、最恶劣的感情","代表私人利益的复仇女神"*,被召唤到战场上来使黑人"安分守己"。

关于种族偏见,上面已经指出,这种独特的白人态度,是为了证明对有色劳力的奴役和剥削为合理和正当,有意识地创造和培

---

① "产生了一种黑人职位和白人职位的制度。而这是南方黑人在就业中面对的最严峻的问题。"莱斯利·W.邓巴,南部区域委员会行政主任,向克拉克委员会提供的证词。(《平等就业机会》,第 457 页。)

* 见马克思《资本论》第 1 卷(《马克思恩格斯全集》第 23 卷,人民出版社 1972 年版,第 12 页)。——译者

九、垄断资本与种族关系

养出来的。① 但是后来,种族偏见和随之而来的歧视行为方式也服务于其他的目的。随着资本主义的发展,特别是在它的垄断阶段,社会结构变得更为复杂并发生分化。在基本的阶级结构(这在主要之点上依然未变)内,发生了社会阶层和地位集团的多样化,这主要是由职业和收入来决定的。像"阶层"和"地位"这些名词所意味着的集团,彼此之间的关系是一高一低、层层相应的,整个构成一种不规则和不稳定的等级制度。在这样一种社会结构中,所有的个人总是按"地位等级"来看待和划分他们自己,这样做的动机,就是向上爬的野心和向下坠的恐惧。② 这些野心和恐惧无疑是被公司的销售机构所夸大了、加剧了和利用了,这种机构从它们那里找到了玩弄消费大众的"效用函数"的主要手段。

---

① 在各有色民族中,种族偏见(如果当真存在这种偏见的话)是对白人侵犯行为的一种防御性反应,因而具有完全不同的意义。它可以使各有色民族联合起来,刺激他们去为争取自由和平等而斗争,但一旦这些目标达到以后,它就迅速地失去了自己存在的根据。正如奥利弗·考克斯所指出的,"今天的交通已经非常发达,没有一种有色民族,不管它是多么单纯,能够希望在他们和白人之间设置一种文化上的隔离,堪与商业和工业革命时期的欧洲人对全世界各有色民族实际上建立的那种隔离状态相比拟。而这样一种关系,对于欧洲人所能获得的那种生理上的优越感和随之发生的肤色偏见的变态信念的发展是极关重要的。因此,我们必须得出结论,种族偏见不仅是在欧洲人中发展的一种文化特性,而且是没有其他民族能够希望予以重复的现象。像世界的发现一样,似乎很明显,这种种族上的成就只能出现一次"。(《种族制度、阶级和民族》,第348—349页)事情的另一方面是,既然各有色民族显然能够而且将在文化和技术方面对白人取得平等,现代白人的种族偏见就不仅是一种独特的而且也是一种暂时性的历史现象。可是,必须补充一句,从白人的意识中将其完全消除,即使在一种主要是非剥削的(即社会主义的)世界中,也许需要经历几十年,而不是几个月或几年的事情。

② 地位等级制度在形成个人意识中的极端重要性,很可以说明在美国十分广泛流行的一种观念是错误的:在美国没有阶级,或者像用来表示同一想法的话,每一个人都是中等阶级的一员。

所有这一切的最后结果是,每一个地位集团有一种内心的要求,要用自己对下面的人怀抱的优越感和鄙视去补偿自己对上面的人怀抱的自卑感和妒忌。因此就发生了这样的事:在底层有一个特别的贱民集团,它为所有的上面的集团的沮丧和敌视情绪起避雷针的作用,这些集团越是接近底层就越加是这样。甚至可以说,这个贱民集团存在的本身,就是社会结构的调和器和稳定器——只要这些贱民驯服地和依顺地扮演着他们的角色。这样一种社会终究要变得为种族偏见所彻底渗透,使之沉入下意识中,变成社会成员的"人性"的一部分。① 白人从他们对黑人的社会经济优越感中所得到的满足只有相对的一面,就是对黑人获得平等的前景感到吃惊、愤怒,甚至恐惧。地位是一种相对的东西,白人不可避免地要把黑人的上升运动解释为他们自己的下降运动。这种病态心理是垄断资本主义社会的层次划分和地位感的产物,它为下面这个问题提供了重要的一部分说明:为什么白人不仅拒绝帮助黑人上升,而且激烈地抵抗他们这样做的努力。(当我们这样不加限制地谈论白人和他们的偏见与态度时,我们自然不是指所有的白人。在约翰·布朗*以后,并且远在约翰·布朗之前,就有摆脱了种族偏见病的白人,他们同黑人战士一道,为结束这个腐朽的剥

---

① 在这种发展水平上,种族偏见远远不是民意测验或"社会成员心理研究及测定学"的类似手段所能达到的,这些测验或手段只停留在接近个人和社会现象的表面。偶然地,在这里有另一个理由使我们相信,从白人心中消除种族偏见,即使在一个合理的社会中,也是一种困难的和拖得很长的过程。

* 约翰·布朗(John Brown,1800—1859):美国的废奴主义者。作为奴隶总起义计划的一部分,他领导了一次向一个美国军火库的进攻,以谋反罪被判处绞刑。——译者

削和不平等的制度而战斗,希望建立这样一种社会,在其中团结和兄弟般的友爱的关系将代替优越和卑下的关系。而且,我们深信,在未来年代中,这样的白人人数将不断增加。但是在今天,他们的人数还不多,在一个宗旨不过是描绘当前社会实况的轮廓的概括研究中,赋予他们以决定性的作用是完全会引起误会的。)

对黑人的相对地位起不利影响的第三种因素,是同技术上的趋势及其对不同种类和不同等级劳动的需求的影响相联系的。1955年,当时的劳工部长詹姆斯·P.米切尔向一个国会委员会作证说,不熟练工人在劳动力中所占的比例从1910年的36%下降到了1950年的20%。① 后来的一位劳工部长,威拉德·沃茨在1963年告诉克拉克委员会说,非熟练劳动力所占的百分比到1962年已降到5%。② 折合成绝对数字,这意味着,非熟练劳动工人的数目略有下降,在1910—1950年间,从比1300万略高变为略低,然后,仅仅在12年后,暴跌到不足400万。这些数字格外清楚地说明了自从第二次世界大战以来黑人就业情况迅速恶化的原因。发生的事情是,直到大约15年以前,当非熟练职位的数目保持稳定时,黑人能够通过代替在职业阶梯上向上移动的白人,在就业总数的图画中保持自己的地位。这说明了为什么,如表16所示,在大萧条终了时,黑人失业率只比白人失业率略高。反之,从1950年以来,由于非熟练职位以惊人的速度日益消失,没有资格担任他

---

① 《自动化与技术变革》(*Automation and Technological Change*),经济报告联合委员会经济稳定小组委员会证词录,第84届国会,第1次会议。根据第79届国会P.L.304〔第304号公法〕第5(a)条设立。1955年10月14、15、17、18、24、25、26、27、28日,第264页。

② 《全国的劳力革命》,第一部分,1963年5月20、21、22、25日,第57页。

种工作的黑人发现自己日益被完全排除在就业之外。因此,到20世纪60年代初期,黑人失业率上升到超出白人失业率一倍以上。换言之,作为最不熟练的工人的黑人,由于机械化、自动化和电子计算机控制化所造成的非熟练职位(而且在日益扩大的程度上还有半熟练劳动职位)的清除,受到了不成比例的严重打击。由于这种技术上的革命的进程尚未完结——的确许多权威认为这种革命还处在初期——黑人的职业情况还可能继续恶化下去。诚然,技术发展趋势并不像许多人相信的,是失业的原因;这种作用,正如我们在开头各章所试图表明的,是由垄断资本主义的特殊机构所产生的。① 但在这个社会的结构之内,技术发展趋势由于它们对就业机会产生的不同影响,可以正当地认为是黑人失业相对增长的一个原因,并且无疑是最重要的原因。

5

我们所讨论的各种力量——既得经济利益集团,社会心理上的需要,技术上的趋势——都深深地植根于垄断资本主义之中,合在一起是十分强大的,足以说明黑人未能爬出美国社会最底层的事实。的确,这些力量是如此普遍深入和强大有力,以致值得奇怪的只有一点:为什么黑人的处境没有急剧恶化。没有发生这样的事,而且从绝对数来说,他们的实际收入和消费力或多或少地跟随

---

① 在社会主义制度下,技术进步,不管是多么迅速或什么种类,没有理由一定要同失业联系在一起。在社会主义社会,技术进步使得工作的年限、星期和时数有可能继续减少,但这种减少会采取资本主义的失业这种完全不合理的形式,那是不可想象的事。

着其余的居民有所增长,这只能用存在着起反作用的力量来说明。

这种起反作用的力量之一我们已经评论过,就是迁出南方农业而进入都市经济。受一些教育总比完全不受教育好;即使是一所鼠害严重的住宅,也比"烟草路"*上的一所塌倒的棚屋能提供更多的遮蔽;列名于大城市的救济名单中,也比从事只能维持最低生活的农场劳动能得到更多的收入——金钱和实物。当全国按人口平均的收入有所增长时,最低收入集团的按人口平均的收入也有所增长,即使是列入永久救济的无力就业的人。像我们已经看到的,正是这种从乡村转向城市的事实,使得如此众多的观察家相信,在过去20年中黑人真正有了大规模的惊人进展。实际上,这是经济结构改变的一个方面,而不是黑人在经济中的地位的改变。

但是有一个特殊领域,即在政府就业领域,黑人的确有了惊人的进展,这毫无疑问地是阻止黑人在整个经济中的相对地位剧烈下降的一个决定性因素。表17提供了主要的数字(包括所有各级政府在内)。

表17 非白人在政府中的就业人数,1940—1962年

(每年4月数字,单位:千人)

	1940	1956	1960	1961	1962
政府雇员共计	3,845	6,919	8,014	8,150	8,647
非白人政府雇员	214	670	855	932	1,046
非白人占总数的百分比	5.6	9.7	10.7	11.4	12.1

资料来源:美国劳工部,《美国黑人的经济情况》,公报S-3,1962年修正版,第8页。

---

* 源于一部同名的小说(1932年)和戏剧(1933年),描写美国佐治亚州一个萧条的乡村地区居住的白人。这个地区有一条年久失修的大道,是由早年滚动烟草大桶去往市场形成的。现在用来泛指贫穷污秽的地区。——译者

1940—1962年间,政府全部雇用人员增加了一倍多,而非白人(已经说过,90%以上是黑人)在政府中的就业人数则扩大了将近四倍。结果,非白人就业人数从占总数的5.6%增到了12.1%。由于在1961年年中非白人占劳动力的11.5%,可以有把握地推论,黑人在政府就业中的比例比应有的更高。①

有两种彼此密切相关的力量,是造成黑人在政府就业中的地位得到相对改善的原因。第一种,并且无疑是最重要的一种,是黑人解放运动本身的日益增长的规模和战斗精神。第二种是,决心建立一个包括所有各色人种在内的全球帝国的美国寡头统治集团,需要尽可能避免种族主义的污名。如果美国黑人温顺地接受他们的屈辱地位的继续存在,历史告诉我们,寡头统治集团是不会做出让步的。但是一旦受到富有战斗精神的黑人斗争的挑战,它就由于自己的国内和国际情势的逻辑所迫使,为了双重目的不得不做出让步:一是绥靖本国的黑人,一是在国外造成这样一种印象:作为一种自由社会的美国,正在努力克服一种由过去承袭而来的邪恶。

寡头统治集团通过联邦政府,在北部和西部则通过州和地方政府,也对黑人斗争做出了其他的让步。武装部队中取消了种族隔离,通过了大量的人权立法,禁止在公共设备、住宅、教育和就业

---

① 如果可以得到数字,把白人和非白人从政府就业所得的收入拿来比较,局面对黑人来说自然要不利得多,因为他们大量集中于报酬较低的各类。但在这方面也有了改进。文官委员会进行的一项研究表明,在1962年6月至1963年6月间,联邦政府中的黑人就业增加了3%,"百分比的增加大部分是在报酬较优的职位中"。《纽约时报》,1964年3月4日。

中实行种族歧视。可是,除了武装部队中取消种族隔离之外,这些让步并没有产生什么效果。批评家们常常把这种失败归之于欺诈:据说,在黑人要求的平等方面,从来没有打算把任何具有实质性的东西赋予他们。这是对客观情势的严重误解。无疑地有许多白人立法家和行政人员是完全应当受到这种严厉责备的,但对寡头统治集团的最高的经济和政治领导——巨型公司的经理们和他们在最高各级政府中的伙伴们——来说,情形就不是这样。这些人的政治态度和行为不是受他们的个人偏见支配的,而是受他们的阶级利益观念支配的。虽然他们有时可能由于自己的意识形态或错误而把短期利益同长期利益混淆起来,但是似乎很明白,在美国的种族问题方面,他们已经开始懂得——或许太迟了一点,然而究竟是确实的——他们的制度本身的存在正处在危险中。要不能找出一种解决办法,保证黑人民族的忠诚,或者至少是中立,那么世界革命或迟或早地会在垄断资本主义的最强大堡垒的内部找到了一个现成的和具有强大潜力的特洛伊木马。* 当肯尼迪、约翰逊、沃伦这样的人拥护像1964年的"人权法"这一类措施时,谴责他们只是继续玩弄廉价的政治手腕显然是皮相之论。他们知道自己正处在困难中,他们正在寻找出路。

那么为什么效果如此贫乏?答复是简单的:寡头统治集团没有力量去形成和控制经济关系,就像他们没有力量去计划经济的发展一样。在属于政府行政管辖权力范围以内的事,政策是能有效地执行的。因此可以在武装部队中消除种族隔离,可以大大增

---

* 意为内部颠覆集团,源于古希腊传说。——译者

加黑人在政府就业中的数量。但当谈到住宅、教育和私人就业时，所有上面分析过的根深蒂固的经济和社会心理的力量就发生作用。正是资本主义，连同它的对贪欲和特权的尊崇，造成了种族问题，使它变成了像今天这样的丑恶东西。正是这同一个制度，抵制和阻碍一切寻求解决的努力。

6

尽管做出了一切政治方面的努力，黑人的相对经济和社会地位近年来却没有什么变动，并且在某些方面还在退步，这一事实，使得寡头统治集团感到有极大的迫切需要，必须想出一些策略，分裂和削弱黑人的抗议运动，从而防止它发挥出它的全部革命潜力。这些策略全都可以合适地归入"象征主义"这个标题之下。

如果我们想要理解象征主义的真实性质，就必须在心中记住自从由南方乡村向外大迁移开始以来黑人社会中的某些发展。当黑人从一种主要是维持生存的经济移进一种货币经济时，当他们的平均收入水平和教育水平上升时，他们在货物和劳务上的支出自然就相应地增长了。货物大部分是由已经建立的白人企业供给的；但是隔离——在南方是法律上的，在北方是事实上的——造成了对某些种劳务的迅速扩大的需求，而这些是白人不愿或不能提供的，或者是黑人能更好地提供的。其中主要有这样一些人的劳务：教师，传教士，医生，牙医，律师，理发师和美容院，殡葬人，某些种保险，服务于被隔离的黑人社会特殊需要的出版社。专门职业者和提供这些劳务的企业所有主形成了富兰克林·弗雷泽所称的黑人资产阶级①的核心。由于在中级和高级文官中黑人就业的增长,由于黑人在运动界和娱乐界人数的迅速增多,黑人资产阶级的队伍扩大了。自从第二次世界大战以来,黑人资产阶级的增长特别显著。在1950—1960年间,收入在一万美元(按1959年的美元计)以上的非白人家庭所占的比例,从1%增到了4.7%,这种增长比率接近于白人中的三倍。在相同的年份,黑人家庭中的收入总分配变得更不平等了,而在白人家庭中的变化则正好相反。②

象征主义背后的理论——不是常常明白说出的,但从实践中可以清楚地引申出来——是,黑人资产阶级是黑人社会中起决定作用的因素。它包括知识界和政治界的精华,即受过教育并具有领导能力和经验的人们。它在现存社会秩序中已经具有物质利益,但是由于纯粹因为它的肤色而加在它身上的特殊资格限制,使它的忠诚成为可疑的。如果能够设法确保这种忠诚,那么对黑人抗议运动的可能革命化就可以预先防止,并且可以通过把忠实的

---

① E.富兰克林·弗雷泽(E. Franklin Frazier):《黑人资产阶级:一个新中等阶级在美国的兴起》(Black Bourgeoisie: The Rise of a New Middle Class in the United States),格伦科,伊利诺伊,1957年。

② 所有的数字均引自赫尔曼·P.米勒(Herman P. Miller):《美国家庭和个人收入的趋势,1947年至1960年》(Trends in the Income of Families and Persons in the United States: 1947 to 1960),人口普查局技术文献第8号,华盛顿,1963年,表9,第168—189页。米勒使用的不平等的尺度是所谓"基尼"系数,在非白人家庭从1950年的0.402增至1960年的0.414,而在白人家庭则从0.372降至0.357。

除了变化的方向之外,这些数字所表明的非白人收入方面的更大程度的不平等不应解释为:在物质环境方面,在白人中比在非白人中真正有了更大程度的平等。在社会结构的上层级中,收入并不如财产重要;虽然我们不知道有关于黑人财产所有权的数字,但似乎不容置疑的是:在这方面,黑人与白人之间的悬殊比在收入方面更是大得无可比拟。

黑人放在重要的位置上，向全世界提出明显的证据，证明美国并不追求一种南非式的种族隔离政策，而是与此相反，为反对它而斗争，并力求使自己的黑人公民获得平等的机会。这样，问题就是怎样保证黑人资产阶级的忠诚。

为了达到这个目的，保证黑人获得法律上的平等的政治运动必须继续下去。我们知道，法律上的平等并不能保证真正的平等：例如，有权利光顾最好的旅馆和饭店，对黑人大众是毫无意义的。但对富有的黑人来说却是极为重要的，而纯粹根据肤色所做的任何资格限制的继续存在，对所有的黑人来说都是可恨的。只要对黑人种族歧视制度的痕迹还存留着，黑人资产阶级的忠诚就绝不能保证得到。因此之故，我们可以充满信心地预言，不管斗争可能会是多么长久和多么激烈，南方终究要按照北方的样式改造过来。

第二，必须为黑人资产阶级提供更大的机会，可以进入社会上的占统治地位的机构：公司，政府中制定政策各级，大学，郊区。在这方面，寡头统治集团正在表明它是警觉的和适应性强的。《纽约时报》进行的一次调查发现：

> 这里的商业和工业，当面临着公民权革命时，都在重新确定它们的雇佣政策，并雇用黑人担任他们以前很少担任过的办公室和其他支取薪金的职位。*

许多在纽约市设有总管理处的全国性企业宣布了新的或

---

* 在资本主义国家，工人所得称为"工资"（wage），职员所得称为"薪金"（salary），二者是有区别的。——译者

九、垄断资本与种族关系

重申了旧的不歧视政策。人事管理人员正在对自己的补充人员的方法重新进行审查,并就如何发现和吸收资格最好的黑人征询黑人领袖们的意见。

就全国规模来说,在根据"总统平等机会委员会"的"进步计划"来录用人员的全国最大的公司中,约有80家报告说,它们大大增加了雇用黑人担任支取薪金的位置。……

去年提出报告的80家公司的最近数字……表明:在新设置的31,698个支取薪金的职位中,有2,241个由非白人担任。这表示在这些公司中非白人的职位数目增加了8.9%。[①]

在政府中也发生了同样的事情,上面已经提到;除了在报酬较优的等级中受雇的人数较多之外,黑人正在被日益增多地放在内阁级或接近内阁级的行政职位上,放在联邦法官一类职位上。而当黑人被引进经济和政治的权力机构时,他们在中等阶级和上层阶级的郊区中也变得更受欢迎——自然以他们的收入和生活水准能同他们的邻居们相比为条件。

在上层的经济和社会级别中这样松弛分隔种族的障碍,是不会影响到许多黑人的——事实上,象征主义的实质是,不应有许多人受到影响。但这并不使这种现象丧失其重要性。只要存在这种向上移动和向外移动的可能性,就能产生深刻的心理影响。

第三,象征主义的战术不仅要求黑人领导须出身于黑人资产阶级,而且要求它必须继续依靠来自白人寡头统治集团的宠爱和

---

① 《纽约时报》,1963年11月12日。

财政支持。现有的争取公民权的组织——全国有色人种协进会，都市联盟，争取种族平等大会——全都是建立在有黑白人种共同参加的基础之上的，大部分的资金都是来自白人方面；因此，它们不构成潜在的威胁。但是必须经常注意新的和有潜在独立性的领袖的出现。当发生这种情况时，对待新来者有两种标准的手法。头一种是用奉承、职位或其他物质方面的好处去把他们收买过来，让他们来为寡头统治集团服务。诺埃尔·戴是在1964年竞选国会议员的一位波士顿黑人青年领袖，他评论这种手段说：

> 虽然这个制度已经腐败不堪，可它却是异常复杂的，就像有着好多层窝的鹦鹉螺一样，以其复杂性而显得美妙。收买过程是从出生的时候开始的；收买的潜在可能性就包含在这个制度本身中。这就是我们被教导说什么是善的一部分。我们被教导去认为，赚两三千美元一年是好的。黑人和大多数其他少数民族集团被教导希望进到主流中去，他们没有被教导去朝他们自己看，并在他们集团内部培养任何自尊心或荣誉感，他们被教导去渴望变成主流中的美国人。就黑人来说，渴望变成白人。……变成白人的一个途径是有着较高的薪金，或是一个头衔，或是一个有名望的地位。这不是一件简单的事情，但这是这种制度的邪恶妙处之一。它具有那么多内在的牵制和控制，一齐发生作用——其中有一些已经在消耗自由运动的精力。官方的措辞已经改变了——为了回答混乱和压力，我们正在看到一种大量收买的企图，与对劳工运动的大量收买相类似。例如，美国企业的反应是惊人的。某些主

要公司取消种族隔离的计划是敏捷的和内行的——波士顿第一国民银行在两个月前约有50个黑人雇员,而现在已有1000多个了。在全国有色人种协进会的压力之下,它们在两星期内就服从了该会的要求。两个月后它们的高级人事管理人员之一来到我的办公室说——现在我们真正在关心订立一个救济中途退学的人的计划。他所说的是:他们在维持美国企业的平衡、用改良来作为革命的消毒剂方面,是非常具有适应性的,也是非常具有伸缩性的;他们甚至愿意走向超出公民权运动的要求之外。①

如果收买失败了,标准的手法就是,企图用加上共产党、颠覆分子、捣乱分子等罪名,使之在经济上和法律上受到折磨,来消除一个可能具有独立性的领导者。

在诺埃尔·戴关于订立一个救济中途退学者的计划的谈话中,可以看出象征主义的第四个方面:为所有各个阶级的黑人青年开辟更多的机会,他们出于幸运、勤奋的工作或特殊的才能,能够克服他们的出身这个障碍,开始沿着教育的阶梯向上爬。对于一个"有资格的"黑人来说,在今天的美国,他可以追求的东西似乎是没有限度的。《纽约时报》的一篇报道说:

> 普林斯顿大学校长罗伯特·F.戈欣博士昨天说:各学院

---

① 《座谈会:新政治》(Symposium: New Politics),《关于左派的研究》(Studies on the Left),1964年夏季,第44—45页。

和大学彼此之间为招收能干的黑人学生而进行的竞争,比传统上为招募足球运动员而进行的竞争要"激烈得多"。……戈欣博士说:"这肯定是很清楚的,能干的同时也有充分机会接受教育的有色人为数非常之少。我们看到,我们全都在向这些为数相当少的青年男女伸出手去。"①

从这里,我们能够像在一个放大镜之下那样,看清象征主义的机构。由于像最高学府这样的全国主要机构都渴望招收有资格的黑人学生——还有巨型公司和联邦政府全都渴望在他们毕业之后抢夺他们——对这些幸运儿敞开的前途的确是光辉灿烂的。但正如戈欣校长强调指出的,他们的人数是很少的;只要绝大多数黑人继续被拴住在经济阶梯的最底层,他们的人数就只能继续保持很少。

广大黑人群众从象征主义得不到好处,这一事实并不意味着他们不受它的影响。象征主义的目的之一,以及在它获得成功以后的效果之一,就是把最能干的青年男女从他们自己的民族中分离出去,这样就剥夺了解放运动的最好的领导人材。并且即使对在这个制度中没有既得利益并且毫无希望去获得这种利益的人们来说,如果他们竟然相信,他们的子女,甚或他们的子女的子女,也许能超脱他们自己所处的屈辱地位,他们也就会同这种制度实行和解了。

---

① 《纽约时报》,1963 年 10 月 21 日。

7

在美国寡头统治集团面临着它所认为是——就种族关系而言,正确地认为是——对它的生存的威胁时,如果我们低估它的应付技巧和坚韧性,那是绝大的错误。而低估象征主义这个策略的实际的和潜在的效力,也同样是严重的错误。然而我们相信,从长远来看,黑人大众的真实状况将是起决定作用的因素。如果它在最近的将来能够得到一些改进,不管怎么微小和缓慢,一个设想周到的象征主义政策可能足以使黑人不致发展成为垄断资本主义的"内部敌人"。但是,如果最近的过去这种趋势继续着,如果前进为后退所抵消,如果在潜在的富裕之中存在着广泛的贫困和堕落这个棘手问题变得越来越突出,那么,美国黑人在他们自己的生存需要的推动之下,在他们的不发达国家中的兄弟们的斗争和成就的鼓舞之下,会产生出他们自己的革命自觉性,那只不过是时间问题罢了。

如果对情势的这种估计是正确的,那么了解这一点就具有极大的重要性了:在现存制度的范围以内可能进行的各种改革——由现有的各种争取公民权的组织及其白人支持者所拥护的各种改革——对黑人大众能否带来任何实际的好处。

对我们来说似乎很清楚:答复是否定的;这一类改革的主要受益人是黑人资产阶级;不管这类改革的提倡者的动机如何,它们的客观效果只不过是补充象征主义政策罢了。

就雇佣劳动力方面禁止种族歧视而论,可能有人认为情形不是那样,这种禁令在战时确曾有助于对黑人开放许多新的职位。可是,在一个严重的和日益增长的失业时期,就不能希望产生这种效果。即使肤色不是理由,黑人也会由于他们的资格低劣而受到歧视。只有具备特殊才能和训练的人才能获益,而他们已经从少数民族聚居区的群众分离出去了。

少数民族聚居区的居民,也没有希望能从住宅领域的反歧视措施中得到好处。会使他们获益的唯一的一种住宅,只能从这样一种计划中得到:为最需要它的人在他们最需要的地方大规模地兴建租金低廉的住宅单位。在现有条件下,这样一种住宅建筑是无法实行的。要试图在边际居民区建设租金低廉的住宅并使之由黑白人种都去居住,就必须强制实行所谓"仁慈定额"——换言之,要求黑人住户数保持很低,因而只有少数黑人能够获益。至于在私人住宅出售方面的防止歧视,不论是根据法律规定还是根据法院对限制性契约条款的宣布无效,肯定能帮助富有的黑人迁入以前的纯粹白人居留区。可是,就收入低的黑人来说,至多也只不过能说,通过所谓"侵入和继承的连续性",便于少数民族聚居区本身的扩大而已。从这种严格有限的意义来说,反歧视措施确有助于收入低的黑人:归根到底,他们总得有个住处。但这丝毫不能提高他们的地位,或在社会结构的较低阶层中促进种族结合。

只要做一些适当的修正,就学校的结合来说,真实情况也没有什么不同。在种族混合居住的居民区,学校结合是一件自然的事情,并且无疑地对所有有关的人都是有好处的。但这只影响到少数黑人,其中大多数是高收入集团。真正的问题在于少数民族聚居区的学校。这些地区的居民所上的学校,可以通过把学校设在聚居区的边际上,和把黑人居住区和白人居住区都划进同一个学校区内,使它们的质量略有提高。但这不接触到少数民族聚居区学校本身的问题,而在这里,所有的传统、惰性、偏见和特权等势力一齐发生作用,来阻挠改革的尝试或使之夭折。用汽车把一定数量的黑人儿童从少数民族聚居区载往他处的白人学校,只不过是逃避这个问题;有着很多的证据表明,这样做只不过使这些儿童更加不安全和缺乏自信心。①

停留在这个制度的范围以内的改革为什么没有希望对黑人大众的地位造成重大的改进,其实并没有什么神秘。这个制度有两个极端:一个极端是财富、特权、权力;另一个极端是贫穷、剥夺、无权。情形一向是如此,但在早先,整个整个的集团能够往上升,因为经济扩张使上面空出了地盘,而在底层也有人准备取代他们的地位。今天,黑人处在底层,上面既没有空出的地盘,下面又没有人准备接替他们的地位。这样就只有个人能够向上移动,而一个集团就不能向上移动:改革只有助于少数人,无助于多数人。对于多数人简直可以说,只有完全改变这个制度——取消两个极端,而代之以财富和权力由所有的人分享的一个社会——才能改变他们的状况。

有些人会说,尽管这是实在的,但这并不意味着,黑人大众必然会理解他们处于屈辱地位的原因,更不意味着他们一定能获得

---

① 参阅 A.詹姆斯·格雷戈尔(A. James Gregor):《黑人民族主义:对黑人激进主义的初步分析》(Black Nationalism: A Preliminary Analysis of Negro Radicalism),《科学与社会》(Science & Society),1963年秋季号,第427—431页。格雷戈尔也对住宅中的反歧视计划对黑人大众的重要性微不足道一事提供了有价值的证据。

一种革命的自觉性。他们难道不可能被资产阶级意识形态的故弄玄虚蒙住眼睛,被从象征化的精华中产生的领导集团弄得麻痹瘫痪吗?归根到底,所有被压迫的阶级和民族的情形一向都是如此,而革命自觉性的获得只不过是一种稀有的历史事件。我们为什么要期望着美国黑人会做出在他们之前只有极少数人能做的事情呢?

我们相信,有两个理由,同样迫使他们不得不那样做。

第一,美国黑人生活在这样一个社会中,它已经掌握了技术,把劳动生产率提高到了即使在几年以前也梦想不到的那种水平。的确,这样做是为了追求利润和寻找更完善的毁灭手段,但是造成人类富裕和自由的潜力已经摆在那儿,再也掩盖不住了。贫穷和压迫不再是必要的;使之永久继续的一种制度,在它的受害者看来,越来越清楚地显出是一种野蛮的时代错误。

第二,反对帝国主义剥削——这在我们的时代只不过是垄断资本主义的国际一面——的世界革命潮流正在汹涌澎湃,它太强大了,决不能使之逆转或停止。独立的非洲国家的兴起已经使美国黑人在改变他们对自己所怀的印象。当黑人——以及亚洲人和拉丁美洲人——把他们的革命从争取民族独立推向争取社会平等时,美国黑人的觉悟行将一再提高——通过他们自己的认识和经验,以及通过全世界为反对同一个资本帝国主义压迫这种不人道制度而斗争和日益取得胜利的人们的榜样。

黑人大众不能希望结合到按现在这样组织起来的美国社会中去。但是他们希望能够成为这种历史使命的承担者之一:推翻这种社会,而代之以他们在其中将不仅享有公民权(这最多也不过是一种狭隘的资产阶级概念),而且享有全部人权的一种社会。

十、论垄断资本主义社会的性质

　　上面的讨论,目的不仅在于促进对现代美国经济运行原则的理解,而且也在于对我国社会中陶铸生活方式、形成心理状态、决定个人发展的各种力量获得一种洞察力。这种洞察力在今天是迫切需要的。萦绕在各界美国人心中的迷惑、冷漠,常常还有悲观失望,在我们的时代已经达到呈现出深刻危机的程度。这种危机影响着国民生活的每一个方面,并在它的社会政治领域和它的个人领域——每一个人的日常生存——中起破坏作用。一种沉重的和令人窒息的生活空虚和无聊的感觉,弥漫于全国的道德和文化气氛中。各种最高一级的委员会被委托去寻找和说明"国家目标",而在文献市场上每天出现的印刷品(小说和非小说都一样)中也浸透着阴郁的情绪。这种不健康的状态,使工作失去了意义和目标;使休暇变成了毫无欢乐和令人衰弱的懒惰;使教育制度以及青年人健康成长的条件受到了致命的损伤;使宗教和教会变成了商业化的"社交"工具;并且摧毁了资产阶级社会的真实基础,即家庭。

　　某些批评家可能提出反对说,这些现象绝不是什么新东西,它们向来就是资本主义的特征,甚或是一般人类社会的特征。其他的批评家可能感到,这些现象代表着现代工业文明的不可避免的副产品,是"富裕社会"的必然会有的特征,是经济进步的无可逃避的代价。有一件事情一开头就必须说清楚：我们并不坚持说我们所分析的状况是崭新的，也不坚持说它同20年或50年以前的状况相比一定是一种恶化。我们的强烈印象——意见最为不同的各种派别的富有思想的观察家所同具的印象——是，危机从来没有像今天这么清晰鲜明和深刻普遍，并且事情近来正在每况愈下。但是我们理解，这里我们是在一个难于得到精确的甚至是近似的数据和证明的领域中行动。简单说明一下造成这种困难的原因，可能是有益的。

关于社会发展的统计情报是贫乏的或模糊的。① 看一看，例如，像自杀人数这种社会病症的统计指数，除了有关数字的不完全之外，它们的价值显然随对涉及的死亡如何报道为转移。这样，在自寻绝路被认为是对遗族名望的严重玷污的时代，许多自杀案被报道为心脏病或其他自然的原因导致的死亡。当对待自杀的社会态度有了改变，不愿承认它的发生的心理已经消失时，更多的自杀案件被这样报道并记录下来了。这种报道上的改变会给人以事态恶化的印象，实际上却可能并非如此。此外在自杀方面，人们常常认为在美国黑人中要比在白人中少得多。可是，由于一般的当局，尤其是南方各州的当局认为黑人是不值一顾的，因此不肯费力去查明他的死亡原因，所以关于黑人自杀的统计，在无法估计的程度上低估了黑人自杀的数目。

---

① 其所以是贫乏，主要由于撰写报告和搜集统计资料的机构不愿泄露从消极方面反映现存社会秩序的许多过程；其所以是模糊，由于有许多概念上和理论上的问题，只在"行为主义科学"愿意把它的气力花在重大的争议问题上而不是花在现在显然支配这一领域的细微末节上时，才能使之比较接近于充分的解决。

再看另一个例子：究竟少年犯罪问题是否比过去更为严重，确实的回答首先随官方关于少年犯罪的定义以及这种定义随着时间的推移有无改变为转移。如果定义变狭了，如果许多在以前会被认为是少年犯罪的轻罪现在被认为"小小的胡闹"，那么，最近的统计同早先的统计显然是不可比的。① 其次，答案还依法律执行机构的智谋以及它的勤勉和警觉程度改变的大小为转移。"少年罪犯"被警察和少年法庭逮捕及处罚的人数比例，比——譬如说 50 年前究竟是大一些还是小一些？除了问题的数量方面之外，还有问题的质量方面：少年犯罪行为的性质和动机有无重大改变？因为，究竟少年犯罪行为是谋杀、强奸、吸毒成瘾和沿门贩毒，还是小偷小摸、未得准许的开车和未成年饮酒，显然是有着巨大区别的。在所有这些重大问题上，都缺乏全面的和可靠的情报，因此不可能得出有统计资料作为根据的结论。

让我们再举一个例子。有着无可争辩的证据，证明自从第二次世界大战以来，以离婚（或者法律上或事实上的分居）而告终的婚姻比例显著增长了。② 可是，从这一点得出的结论是模糊不清的。我们自己认为，这种发展不仅反映了资产阶级家庭日益分裂和解体的明显趋势，而且反映了人们的日益增长的寂寞和痛苦；但是没有办法证明这种意见的正确性。的确，也可能认为下面这个

---

① 同样的考虑使得不可能把少年犯罪按阶级区分去加以比较。对一个中等或上层阶级的少年男女来说认为是一时的高兴或"恶作剧"的行为，对一个工人阶级的或黑人的少年来说就可能认为是犯罪。

② 附带说说，甚至这一领域的情报在"穷人的离婚"即简单的遗弃方面也是缺乏的。

完全相反的结论是正确的:破裂的婚姻所占比例的日益增长,表明人生状况的一种进步而不是一种恶化。人们获得了更多的自由,现在不再是闷塞在不幸福婚姻的桎梏之中,而是更能够根据他们的实际需要重新安排自己的生活。这种论点有很大的道理,它同我们的观点只是在表面上不能相容,它比传统的关于典型美国"幸福家庭生活"——它被认为是为个性、道德和秩序的发展提供了理想的结构——的印象肯定是更接近于事实。不管怎样,这种论点有足够的说服力,使得不可能运用离婚对婚姻的比率作为人们幸福和福利的正确指标。

面对着这种障碍,我们决定不在某些非常重要的领域做不同时期之间的比较。我们做出这个决定是情不自愿的,因为我们深信必须要按照历史背景来观察一种现象;其次,我们经过深思熟虑的意见是,我们的印象在实质上是正确的,尽管在统计上无法证明。可是,为了把讨论保持在实质性的问题上,我们只限于概略地说明现时存在的状况,把它们同以前时期的状况是否不同,好一些或者坏一些的问题暂时存而不论。

在某些可以测度的社会现实情况方面,这种不做历史比较的保留是不必要的,并且的确是完全不许可的。这样,对于我们社会在现时比在任何早先的时期要富裕得多这个重大事实,肯定是能够提供数量说明的。生产力和按人口平均的产量和收入比以往要高得多;已经做到的和可能做到的两者之间的差距从来没有像现在这样明显。在这一点上,即使是国民产量和收入测算领域中最为小心谨慎的语言纯洁主义者,也只能就产量和收入增长的确实数目,就现有成就和可能达到的成就之间的确实差距提出问题。

而关于具体数量提出的这些怀疑尽管是合理的,却并不影响我们的论证的性质,同它的正确与否毫无关系。因为极其重要的发现是：垄断资本主义尽管造成了它所有的全部生产力和财富,却没有能够为这样一种社会提供基础：这种社会能够促使它的成员得到健康的和幸福的发展。

2

当本章草稿子1962年在准备付印时,[①]用很大的篇幅去证明一个当时流行的观点——贫穷正在美国现场消失——之为错误似乎是重要的。甚至在一年之后,这样做就没有必要了。迈克尔·哈林顿的《另一个美国》一书也在1962年出版,成功地使公众的注意力集中到了贫穷问题上,从此以后,有关这个问题的文献——书籍以及在报纸、广播和电视中的文章——的涌现达到了惊人的程度。最后,约翰逊总统在他的1964年1月的"国情咨文"中宣布"向贫穷宣战",正式通知了整个世界,贫穷不仅存在于美国,而且是美国最重大的政治问题之一。就我们现在的目的来说,我们今天只须记下少数容易得到的统计数字,它从纯粹经济方面表明了垄断资本主义的失败。但在这样做之前,问一问为什么只在几年前还被当作实际上已成过去的事一笔勾销了的贫穷突然又占据了政治舞台的中心,是有益的。

我们相信,说明可分为两部分。第一,正如马克思在《资本论》

---

① 《每月评论》,1962年7—8月号。

中所指出的以及随后一个世纪中资本主义发展的经验所一再证明的,资本主义到处在一极生产着财富而在另一极生产着贫穷。资本主义发展的规律在最发达的宗主国和最落后的殖民地是同样适用的,但它自然从来没有被资产阶级经济学家承认。他们所宣传的是一种辩护的说法,资本主义中内含有平等化的趋势。

这里就需要有说明的第二部分。人们总是发现,资本主义贫穷的根子是失业和就业不足——即马克思所说的产业后备军——它们直接剥夺了其受害者的收入,暗中削弱了失业者与之竞争少数职位的人们的安全和讨价还价能力。现在在第二次世界大战中,失业实际上被扫除了几年。尽管最有生产能力的年龄组别中有一千万以上的人被动员到武装部队中去了,整个生产还是要扩大到三分之二以上。在这种情况下,每一个有劳动力的人,不问肤色、年龄或性别如何,都可能得到职位;加班变成了常规而不是例外。当每一个家庭有几个成员受雇时,处在各低收入等级中的家庭的收入急剧增长了。说在战争中贫穷已经消灭自然是错误的,但是全国穷人的生活水准的改善简直是激动人心的。所有这些对于社会地位低下的和处于不利地位的人们的有利条件,由于战争后果的繁荣,以及朝鲜战争和伴随着它与在它以后的庞大军事预算所造成的20世纪50年代初期的繁荣而继续存在,虽然不是那么强大。在十年以上的时期,贫穷在美国减少了,然后被抑制住了,整个经济在战争——热战和冷战——的巨大需求之下扩大了。

戴着正统经济理论的眼罩的资产阶级思想家,自然完全曲解了这种发展。他们欢欣鼓舞,认为在这里,资本主义到底像他们所期望的那样表现了。过去的事被忘记了,尤其是最近的过去——

大萧条；一个世纪以上的教训被忽视了；未来被描绘为环绕历史上最大一次战争的那种完全非典型年代的继续。因此有了"美国的庆典"，带着它的自鸣得意的保证：在这个最最富裕的社会中，贫穷不久就将成为只不过是一种不愉快的记忆。

但是资本主义的基本运动规律暂时虽然被阻止了，不久却又恢复了它的作用。失业不断上升，战后时期新技术的性质大大加剧了不熟练工人和半熟练工人的不利处境。处在经济阶梯底层的人，相对说来曾经是战时充分就业的主要受益者，现在发现自己受到了加倍的打击。

到20世纪50年代终了时，真实的事态再也无法隐瞒了：不可能继续相信存在一种改善的趋势，它到时候会自动地消灭贫穷。不仅贫穷仍旧和我们在一起，像它一向就和我们在一起那样；并且在各方面——尤其是各大城市的日益衰败的中心——都有证据，表明贫穷正在扩大和深化。富裕开始以它的本来面目出现——它不是贫穷的救星，它和贫穷是如影随形的一对朋友。

对待贫穷的看法和态度现在不可避免地改变了。贫穷从一个行将消逝的讨厌的东西，突然又一次变成了一个问题，像在战前一样。这种改变所造成的第一个结果是关于贫穷的新文献，第二个结果是贫穷在政治舞台上的再现。约翰逊的"向贫穷宣战"，实际上只不过是对一个人所熟知的题目的不同说法。赫伯特·胡佛在1928年作为共和党的总统候选人竞选时，即曾宣称："靠着上帝的帮助，我们不久就将看到贫穷从我国被消除那一天。"他的继任者富兰克林·D.罗斯福也发誓要改变这种情况："一个国家中有三分之一的人"住得不好，穿得不好，吃得不好。

我们现在知道了,不论是上帝还是罗斯福,都没有办法获得成功,也没有理由认为林登·约翰逊会能够做得更好一些。可是在同时,我们可以问问,他的"向贫穷宣战"所要对付的问题究竟有多么大。

要答复这个问题,我们自然首先必须给贫穷下个定义。在这一点上,资产阶级理论家常常表示束手无策。他们说,贫穷是一种相对的东西,每一个人都有权给它下一个自己认为合适的定义。有些人甚至竟然主张说,既然最穷的美国人——比如一个在密西西比的靠公共救济维持生活的不能被雇佣的人——毫无疑问地比许多不发达国家的平均工人或农民能够支配更多的收入,所以实际上在美国并没有贫穷。可是,对一个马克思主义者来说,这种主观的判断往好处说是没有意义的,往坏处说是故意骗人的。每一个社会都有它自己的衡量贫穷的标准;虽然这些标准在数量上无法使之精确,可是它们是实在的、客观的事实。这里所涉及的,主要是传统的最低生活费的概念,它在马克思的工资和剩余价值理论中起着非常重大的作用。马克思同古典经济学家不同,他不认为最低生活费是从生理学方面来确定的。他写道:"由于一个国家的气候和其他自然特点不同,(工人的)食物、衣服、取暖、居住等自然需要也就不同。另一方面,所谓必不可少的需要的范围,……本身是历史(发展)的产物,因此多半取决于一个国家的文化水平。"① 可见,最低生活费是随着历史而变动的,但在任何一定的时间和地

---

① 《资本论》第 1 卷,第 2 篇第 4 章第 3 节(《马克思恩格斯全集》第 23 卷,人民出版社 1972 年版,第 194 页)。

点,对它可以加以认识并大致衡量。从这里可以在逻辑上得出贫穷的定义:它是一个社会中自己的收入不足以维持那个社会在当时的最低生活费的那些成员的状况。

当劳工统计局给工人阶级家庭的"适度的但又充足的"预算下定义时,它的工作显然是以上述推理为基础的——自然并不是从马克思得来。如果我们把这种预算同传统的最低生活费等同起来,我们可以说,所有收入在这种规定水平之下的人都是生活在贫困中。

根据这个标准,美国在1959年——最近的人口普查数字能够应用的一年——究竟有多少贫穷的人呢?

在这一年,要保持一种"适度的但又充足的"生活水平,在美国的20个大城市中,每个家庭需要5,370美元(休斯顿)至6,567美元(芝加哥)。① 同时,全国有20%的家庭每年收入不到2,800美元;另有20%的家庭收入在2,800美元至4,800美元之间;还有20%的家庭收入在4,800美元至6,500美元之间。②

我们怎么能避免得出下列结论呢:根据美国资本主义社会本身的标准,将近有一半人民生活在贫穷中?

3

让我们转到现代美国现实生活的另一个方面。既然这个国家

---

① 《美国统计摘要》,1963年,第359页。
② 赫尔曼·P.米勒:《富人,穷人》(*Rich Man, Poor Man*),纽约,1964年,第7页。

所生产的钢铁、水泥、铝、玻璃和其他建筑材料至今是世界上最多的,这个国家的住宅状况怎么样呢?

在1960年对全国5,300万所有人居住的住宅进行的"住宅普查"中,发现有880万所(16.6%)列为缺乏私用厕所或浴室或自来水。① 这些住宅中将近有三分之二是普查所称的"正在变坏的"或"已经坍坏的"。② 居住在一所住宅中的平均人数估计为2.9人。因为平均数是观察资料在上限和下限各占一半的数值,因为穷人的住宅通常比富人的更为拥挤,我们不能拿这个数字当作居住在不合标准的住宅中的人数的适当估计数字。然而即或使用这个数字,我们也得出2,550万人。这个领域的一个专家写道:"每十个美国家庭就有一个居住在坍坏了的住宅中;甚至更大比例的住宅单位还缺乏平常的卫生设备",③他肯定没有夸张这个问题的严重性。

以上是就整个居民而言。非白人的居住条件还要坏得多。在非白人居住的510万所住宅中,约有230万所(45%)缺乏私用厕所或浴室或自来水;正在变坏和(或)已经坍坏的住宅比例比全国的要大得多。由于每一住宅中居住的人数在非白人中比在白人中通常要多得多,可以确有把握地估计,至少有一半非白色居民缺乏

---

① 根据美国商务部人口普查局:《1960年住宅普查:住宅特点初步报告》(1961年4月)计算。

② 正在变坏的住宅需要比在正规维修过程中所提供的更多的修理。它具有一种或更多的中间性质的缺点,如果该住宅要继续提供安全的和充分的掩蔽,就必须予以补救。……已经坍坏的住宅不能提供安全的和充分的掩蔽。同上书,第2页。

③ 切斯特·拉普金:《经济发展对城市性质的某些影响》(Some Effects of Economic Growth on the Character of Cities),《美国经济评论》,1956年5月,第295页。

适当的住宅。

当注意力不是集中于全国总数而是集中于各个城市时，事情更加显得阴暗。《幸福》杂志的编辑们在1957年报道说：

> 我国各大城市中的贫民窟问题正在变得越来越糟。今天约有1,700万美国人居住在不能再住人的住宅中：腐朽、肮脏、鼠害严重，没有像样的取暖、照明或水管。这个问题折磨着我们所有的大城市，但在最大的、最富有的和最工业化的城市中最严重。①

实际上，最大城市中情况最坏的看法似乎只不过是古老的浪漫观念——大城市是一切社会罪恶的根源的一种反映。根据一种比《幸福》编者们所做的更有系统的研究："从最广泛、最一般的意义可以……说，实际上在所有的城市都呈现一种枯萎病。……这同人口的多寡没有什么联系。总之，这个问题显然并不以大城市为限。所有的城市，大的和小的，郊区城市，核心城市，独立城市，全都被卷入了。"②

这样，例如，1950年在伊利诺伊州的罗滨斯，人口4,766，全部住宅中有85.6%是已经坍坏的，缺乏自来水、厕所或浴室；而在印第安纳波利斯的市区，住着551,777人，可比的数字31%。在马

---

① 小威廉·H.怀特等：《人口激增的大都市》，第93页。
② 鲁埃尔·赫姆达尔(Reuel Hemdahl)：《都市重建》(Urban Renewal)，纽约，1959年，第46页。

萨诸塞州的剑桥(1960年人口120,740),1958年发现"57%的剑桥住宅在现时是不合标准的;22%的住宅实际上不能再住人"。①

的确,在大都市中心,这种癌症似的枯萎病最为显著,它对人民生活的影响特别令人吃惊。

> 纽约这个城市就像一个伸开手脚的吃人的怪物。它占地三百十五平方英里;它贪婪地吞噬了八百万人左右。至少有一百万人,占它的全部居民的整整八分之一,居住在拥挤的肮脏处所,六个人到十个人住一间房子;他们居住在鼠害严重的贫民窟住宅中,平均每年有100个人被老鼠严重咬伤,就今年来说,实际上有两个人被咬致死。象征性地说,纽约的老鼠或许比人还多——估计共有900万只。②

《纽约时报》的一个记者在1958年用更有统计根据的话来说:

> 在(纽约的)225万所住宅中,估计有40万所是在贫民窟的建筑物中。其中有282,000所由于缺乏私用厕所或浴室,是"凉水公寓",或没有自来水,或处于物质上恶化的不良状态,而不合乎美国人口普查局的住宅要求标准。另有118,000所,虽然合乎人口普查局的最低结构要求,却因住人十分拥

---

① 剑桥城市协会(Cambridge Civic Association):《市民公报》(*Civic Bulletin*),1958年11月。
② 弗雷德·J.库克(Fred J. Cook)和吉恩·格利森(Gene Gleason):《纽约的耻辱》(The Shame of New York),《民族》,1959年10月31日。

挤,以致违犯了城市的健康、卫生或居住标准,完全可以算作贫民窟。①

但是正如康涅狄格州纽黑文市发展行政官爱德华·J.洛格所说:

或许我们需要的不是太多的统计数字,而是代之以少数好的旧式步行参观:走到贫民窟中去,爬上发恶臭的楼梯,走进过分拥挤的、破旧的房间;走到颓败的商业地区去,留心看看在底层店铺门面上头被人舍弃不住的几层楼房上灰尘封满的窗户;走到浸满油污的、沉闷的工厂统层楼去,那是在装配线从来没有听说过的时候兴建的。污秽、苦难和危险全都在那儿——很容易看得见,而且一经看过,就不可能忘怀。②

上引两段文字的写作日期——战争以后从10年到15年——拆穿了这种广泛持有的意见的虚伪性:在"富裕的"战后时期,住宅方面已经有了巨大的改进。情况正好相反:不管政府——联邦的,各州的和地方的——做出了多么大的努力去解决住宅问题,不仅未能触及问题的根源,而且实际上使已经变得严重的全国危机进一步恶化了。结果,情势越来越坏:贫民窟和枯萎区不但没有缩小,而且扩大了。纽约是在这方面的最著名的实例,它在1950—1958年中:

---

① 《纽约时报》,1958年11月30日。
② 《都市毁灭,还是都市重建?》(Urban Ruin-Or Urban Renewal?),《纽约时报杂志》,1958年11月9日。

完成了或开始进行了13个联邦补助的计划。它们包括清除227英亩的贫民窟,并用21,820所新住宅去代替20,437所坏的住宅,此外还点缀着科勒西恩(体育馆)和林肯广场文化中心。面临着住宅短缺,净增1,383套住房是微不足道的。……全部计划是……在今后十年改建总数为906英亩的贫民窟,并提供6.5万套新住宅……这个野心很大的计划只能……清除现有贫民窟面积的大约八分之一,还不一定能阻止新贫民窟的形成。①

洛格先生在上引文章中说,"事实是,每年从有限的联邦资金中赠给纽约的二千万或三千万美元所能完成的一切,远远不足以使对贫民窟的扩大所进行的斗争仅仅保持使它不增不减的局面"。

最重要的是,要懂得造成这种状况的原因。某些对现状的自由主义批评家把它归咎于人民对普遍的状况不够理解,这种状况是由于政府用于所谓"公共部门"的资金过少造成的。其他的人则责备各级地方政府的职权重叠混乱,各个市政府几乎完全不受真正的民主控制,因此造成的市府官吏的贪污腐化,以及所有各级立法人员对压力集团臭名昭著的敏感反应。所有这些责难都是有道理的,但它们甚至还没有接触到问题的表面。首先,在城市设计和住宅领域,比在其他公共的和私人的事业领域或许有着更多能干的、不自私的和具有献身精神的男人和妇女在工作。如果贪污和腐化继续不断地阻碍着他们的努力,使得他们造成与预期相反的

---

① 查尔斯·格鲁兹勒(Charles Grutzner):《纽约时报》,1958年11月30日。

结果,那么,这种现象就必须加以说明,而不能仅仅假定并归咎于立法人员和行政人员的"人性"。此外,主张说造成住宅方面可悲状况的主要原因是对整个公共部门的拨款不足,也是令人误解的。军队也属于公共部门,肯定不能把它视为被当作前房子女对待的,除此之外,置于政府支配之下的资源是否分配得当,足以促进公共福利,是大可怀疑的。① 还可以为下述命题提出充足的论据:政府用于公路——也是公共部门的一部分——的支出是太多了而不是不足。

这样,这个难题的答案必须从别处去寻找。作为第一步,先看一看所谓都市更新计划的实际执行过程,也许是有益的。用极其简单化但不省略整个链条的任何主要环节的方式,我们可以将这个过程简略描述如下:市政府指定自己辖区以内的一个地区作为需要重新开发的对象。一个"地方公共机关"——其确切的性质,州与州不同;即在各州以内,在某种程度上亦有所不同——利用征用权将指定地区以内的土地和建筑物完全收买过来,付出的价格是以估定价格(由该区域的现存状况所决定的)为基础的。将现有建筑物全部拆毁,然后把土地售与开发人,他们承担重建该地区的责任。② 重建计划的性质一般是由"地方公共机关"同开发人共同商订的,除了原有的区域划分规程和建筑条例之外,可能还向开发人提出某些特殊条件。公共住宅管理机关、地方政府机关、医院等等可能参加计划的制订;但是一般说来,都市更新立法——联邦

---

① 关于这些题目的详细讨论,见上面第六章和第七章。
② 主要由于需要弥补各市政府在这种交易中所蒙受的损失,联邦补助以及因而产生的在一定程度上的联邦控制才参加进来。

的,州的和地方的——的动机和效果是,恶化的和其他不可取的地区最后应当在幸运的私人企业家手中变成有价值的资产。

　　熟习"贪污经济学"的人们在这种方案中很容易看出腐化的可能性。第一,既然一个城市的地图上一般都星罗棋布着或多或少是广大的贫民窟和枯萎区,当选定下一个更新地区时,总有着可供选择的广阔范围。很明显,负责当局是处在这样一种境地,他们让做出的决定为许多重大的考虑所影响。例如,一种考虑可能是,市政当局特别喜爱体面和炫耀,这就将暗示,清除那些使本市最有势力的高贵人士及其国内外访问者感到看上去不舒服的地区会给予高度优先权——这就不一定包括该市最糟糕的贫民窟。这种地区常常能在城市最好的区域附近找到;开发人可能对它们感兴趣;因此,这些地区的更新,不仅从政治的和公共关系的方面看来,而且还由于它们对市府财库来说费钱较少,似乎是最吸引人的。或者,创议可能直接来自房地产利益集团。一个地区可能由于若干理由(接近"好的"邻居,自然风景,交通设备上的方便)对建筑公司来说成为优良的新住宅建筑基地,而它的投标出价可能使市政当局深信,指定这个地区作为值得更新的贫民窟区域是迫切需要的。一般说来,赋有做出决定之权的人在做出选择时,显然受到强大的压力,不仅要考虑住得不好的人的住宅需要,而且还要考虑性质完全不同的其他利益。

　　同样的考虑也适用于第二步,即选择承订合同的公司。尽管着重以秘密竞争投标作为指导原则,却有大量的证据表明,这个原则的作用是模糊了而不是明确了实际做出选择的动机。同机构庞大的市政府的政治联系,公开的贿赂,重要官员在各种交易中的

"插手"——这些以及其他类似的声名狼藉的做法,每天在报纸上报道着,被认为是在获得人所觊觎的合同中起了主要的作用。不难设想,在做出最后决定时,除了标价上所列的美元美分数目之外,还有投标公司的信用地位、名誉以及其他规定得很模糊的特点可以——而且的确可能是必须——考虑,这当中有多少进行贪污和运用裙带关系的机会啊。其次,如果考虑到重建者的利润主要依存于必须同负责官员讨价还价才能订立的合同的具体条款,那么这一点就不足为奇了:诚实和文官责任并不属于同都市重建计划有关的人员的显著美德。因为他们也是——借用奥斯卡·王尔德一句话——最不能抵抗引诱的。

都市重建计划一般都包括把数以百计或数以千计的家庭从他们的家园驱逐出去,一般都是贫穷的家庭,并且常常完全是或主要是黑人的家庭(因此,在黑人中,把都市重建同"黑人迁居"痛苦地等同起来)。他们的遭遇又怎样呢?

从法律上讲,"地方公共机关"有责任提供重新安置的服务,并寻找另外的"像样的、安全的和卫生的住宅"。但在实际上,尽管许多专业的城市设计人员和社会行动集团做出了动机良好的努力,被驱逐的居民还常常是需要自己去想办法。他们到处奔忙地寻找另外的住所,同其他的人合住,整个整个的家庭挤进提供膳宿的寄住处所的单人房间或合住一套房间,这样就把贫民窟的状况从其刚刚被消除的地方移到了同一城市的另外地区。而在这个过程中,他们在旧环境中所保持的一点点友谊和个人联系全都被摧毁了,这种友谊和个人联系在苦难的日子里曾使他们的生活负担略为减轻,并提供了最低限度的安慰和安全。1960年刊行的关于这个题目的一个详尽的研究得出结论说,"按这种计划现在进行的情况来看,真正的穷人并没有得到都市更新的帮助,他们当中许多人由于被从熟识的邻居关系中连根拔出而移入他们没有联系或感情的其他地区而弄得处境更为悲惨了"。我们可以补充说一句,在这些地区,他们通常需为更小的面积付出更大的价钱。① 1960 年以来,情况也没有什么改进。最近在 1964 年刊行的关于重新安置问题的一个详细调查中得出的结论有:

除了强迫的重新安置所造成的个人关系方面的破坏之外,绝大多数被迁移的家庭负担了增加的住宅费用,而这种增加的比例常常是很大的,并且不问住宅有无改善和家庭有无财力。其次,看来似乎是,最可能由于重新安置而获益的,是具有足够的财力和办法的家庭,这些家庭可能在短时期内自动地使它们的住宅条件提高。为移动或为应付这种改变而具有的财力或办法最小的家庭,受到了重新安置的最不良的影响。还很可能,"地方公共机关"有关重新安置的报告,对于重新安置的最不良的影响没有充分表达实际情况。②

---

① 爱德华·希格比(Edward Higbee):《挤:没有空间的城市》(The Squeeze: Cities Without Space),纽约,1960 年,第 83 页。

② 切斯特·哈特曼(Chester Hartman):《重新安置的家庭的住宅问题》(The Housing of Relocated Families),《美国设计师协会期刊》(Journal of the American Institute of Planners),1964 年 11 月,第 266 页。应当补充说说,关于都市更新的唯一新的东西,就是名字。弗里德里希·恩格斯在将近一个世纪之前写道:"不论起因如何不同,结果到处总是一样:最不成样子的小街小巷没有了,资产阶级就因为有这种巨大成功而大肆自我吹嘘,但是……这种小街小巷立刻又在别处,并且往往是就在紧邻的地方出现。"[《论住宅问题》(The Housing Question),《马克思恩格斯选集》第 2 卷,第 522 页。]

十、论垄断资本主义社会的性质

现在我们来谈都市更新这出戏的最后一幕。在发展地区的建筑物被拆除、居民被驱散以后，幸运的合同持有人就着手进行他的计划，目的自然是在使他的投资得到最大限度的收益。替"地方公共机关"工作的设计人员可能成功地在合同中写进某些限制条款，希望防止私人土地开发的最坏的弊病。但是他们不能希望做更多的事情。为收入低的家庭建筑坚固的、租金低廉的（或价格低廉的）住宅，是不能得到利润的。要能得到利润，只有建筑和出租或出售豪华的成套的建筑物，供商业用途的摩天楼，或供中等阶级或上层阶级居住的私人住宅。因此，"按现行规程进行的清除贫民窟应当恰当地称之为贫民窟的搬家或贫民窟的转移。它并不是真正的都市更新。住宅区域的大规模更新计划并不像有时描述的那样是社会促进计划，而是被称为由政府补助金资助的土地强夺和著名房地产的强大特权"①。这些没有一样同解决全国的住宅危机——为全国社会地位低下的三等人提供像样的住宅——有任何关系。事实恰好完全相反。詹姆斯·马斯登·菲奇说得好：

> 许多……都市更新计划似乎……只不过是造成一群一群的上等阶层的成套住宅。即使这些计划不涉及营私舞弊或有牟取暴利的嫌疑，究竟清除贫民窟而代之以豪华住宅是否做得明智，也是值得严重怀疑的。巨大的高楼耸立在人工美化

---

① 希格比：《挤》，第 86 页。应当附带说说，文中提到的政府补助金不仅包括联邦补助金，而且包括用于新学校、道路、公园等等上面的开支，这些是市政当局用公款来为重新开发地区的新住户提供的。

的荒凉地区,这种格局正是最明显的阶级建筑风格。①

在未来的年代中,情况改善的可能性究竟有多大呢?很不幸,这种可能性的确是很微小的。不是缺乏关于应当做些什么事情的知识,也不是缺乏做这种事情的手段。在这两点上,艾森豪威尔总统在他的第二届任期中任命的"国家目标委员会"的报告是明确的:

> 到1970年时,在美国应当有大约一千万所新增的住宅,还应当有将近一千万所住宅用来代替严重不合标准的住宅以及大量通常因其他原因而遭毁损的住宅。……每年兴建200万所住宅,比1950年的最高产量大约还高40%,比这十年的年度平均产量高60%以上。但是这种数量,加上维修和服务,是建筑业的预期的生产力所完全能够完成的。……但是如果对新住宅的市场需求依然只限于现有人口上层的30%或40%(在人口密度更高的发展区域还要少些),而在底层则只有微量的公共住宅建筑(1959年占新建筑的2.5%),那么,上述建筑率是不能达到的。②

---

① 《保卫城市》(In Defense of the City),在政治科学院关于"都市问题"的春季会议(1960年4月29日)上的发言。政治科学院,哥伦比亚大学,1960年,第10页。
② 凯瑟琳·鲍尔·沃斯特(Catherine Bauer Wurster):《一个都市社会的结构》(Framework for an Urban Society),《美国人的目标:总统国家目标委员会报告》(Goal for Americans: The Report of the President's Commission on National Goals),纽约,1960年,第234—235页。在准备她的备忘录时,沃斯特夫人有一个由在此领域的杰出权威组成的专家小组充任顾问。

这一段话自然是意味着,上述建筑率是不会达到的。不论在资本主义历史的任何时候,各个低收入集团都没有为新住宅建筑提供过市场,战后各年度的记录证明了,这一点在"富裕"的时代也同在早先的"匮乏"的时期一样真实。只要政治权力依然集中在一个有钱的寡头统治集团手中,公共住宅建筑想要达到巨大的规模是毫无希望的。所夸耀的都市更新,正如我们看到的,更多的是为富人而不是为穷人提供住宅。在20世纪60年代能够预期的,只能是先前的"伟大美国庆典"年代的趋势的继续:为上层阶级提供越来越多的豪华住宅;为中等阶级提供较好的住宅;对社会地位低下的人则毫无改进,并且枯萎区和贫民窟行将越来越扩充到广大的地区。

曾经有过一个时候可以主张说,社会缺乏解决住宅问题的资源,而且为了少数人的利益来剥夺多数人是文明和进步的代价。这个论点早就失去力量了。正如沃斯特夫人在上引文字中所说的,提供所需要的住宅在今天是"建筑业的预期的生产力所完全能够完成的"。现在需要的,"只是"为了穷人的利益而不是为了富人的利益来利用这种生产能力的决心;不再空谈富裕社会,福利国家,向贫穷宣战,如此等等;不再通过使土地投机商和不动产投机商发财致富的伪善立法;不再进行调查去证明已经证明过一百次的东西——现在需要的,是真正的设计和坚决的行动,去为美国的大多数人民重新提供住宅。可是,这样的设计和这样的行动,绝不是经由富人和为了富人来进行管理的政府(每一个资本主义政府都是而且必然是这样)所能承担的。向一个资本主义政府要求做这些事情,就是要求它不再是资本主义的政府。

4

有两种发展深刻地影响着今天美国社会的性质,现在必须予以考虑。一种是都市郊区发展的惊人,另一种是全国交通系统拥挤的同样惊人,在某些地区甚至有断绝的威胁。这两种发展自然是同住宅问题密切相关的;的确,枯萎区和贫民窟的扩大同都市郊区的发展只是一件事情的两个方面。当一个街道接着一个街道、一个居民区接着一个居民区陷入肮脏、拥挤和坍毁的状态时,比较富裕的住户就迁往别处。由于在城市的较好地区土地价值很高,因而成套住宅和独户住所费用昂贵,除了真正富人之外,所有的人的确都无法享受,所以需要居住面积的带着子女的中等阶级家庭就迁出市区。结果,自从战争以来,发生了大量的内部移居,新建了将近1,500万所独户住宅——大多数在都市郊区。市郊生活的这种惊人扩大,或许比任何其他因素更有助于第二次世界大战以后各年中美国幸福形象的出现。市郊住宅备有电气厨房和洗衣机;多个洗澡间;地下娱乐室,家庭起居室和电视室;后院,屋前草地和能容两部车子的汽车房;这种住宅变成了美国富裕生活方式的象征和展览品。用来使外国人对美国的成就留下深刻印象的国外展览会,一定要陈列一个某种这样的"住宅"的复制模型,作为它的主要项目。

然而,如果相信所有的城市郊区都是由这种豪华住宅组成,那就大错特错了。虽然"毫无疑问,市郊化是一种奶油分离过程,收入较多的中等阶级自行浮游出去,去到在公共福利上花费较少,在自己的欲望上花费较多的地方"①。但是不论在郊区与郊区之间，还是在各个郊区之内，都有着巨大的质的差别。在过去二三十年中发展起来的或因比较邻近较大城市而大为扩张的某些郊区，全部或部分地是由宽敞的和建筑坚固的房屋组成的，这些房屋位置于大块的土地上，为它们的住户提供了直到最近只有统治阶级的上部阶层才能享受的那种居住条件。这些住宅群集在"排他的"居民区，享有良好的公共服务，宽敞的和设备优良的学校，娱乐设备，如此等等。这种奢华的富人住宅的集中产生了可以称作"第二次奶油分离的过程"，在这个过程中，上等的和中上等的收入阶层移入壮丽的地区，使自己同居住在绝大部分市郊地区的中等阶级其余部分隔离开来。

最后这个社会集团的住宅占郊区住宅的大多数，其中大部分是建筑在小块土地之上的质量低劣的房屋，预期的使用年限很短，而维修费用则相应地很高。说这种房屋的大部分是由它们的住户所拥有这种广泛宣传，不应过分认真地看待。正如希格比指出的，一所住宅的"所有权"，在今天"只不过是掩盖赤裸裸的长期贷款的一层薄薄的遮羞布"。② 贷款的偿还，高额（并且是急剧屡退）的房地产税的缴纳，公用事业账单的支付，以及木工、铅管工、屋顶修缮工和电工的继续不断的反复修理工作的工资，占去了"所有主"收入的主要部分。③ 由于修理工作经常拖延和被忽视，由于坍坏老

---

① 希格比：《挤》，第 100 页。
② 同上书，第 40 页。
③ 参阅格伦.H.拜尔（Glen H. Beyer）：《住房供给：事实的分析》（*Housing: A Factual Analysis*），纽约，1958 年，第 163 页。

早就已经开始,拥挤在狭小地域并只具备最小限度社会服务的都市郊区小分区和发展地带迅速地退化,并表现出有发展成为郊区型的贫民窟和枯萎区的强烈趋势。

然而,就最狭义的住宅供给而言,迁入即使是不那么称心如意的郊区地点之一,对中等阶级的家庭(特别是他们的妇女和儿童们)的物质福利也是一种重大的改进,这些家庭从前闷塞在黑暗的、窒息的、拥挤的都市住宅中。一些新鲜空气,少数树木和植物,额外增加的两三百平方英尺的房屋面积,以及儿童在户外游戏的机会,对于拥挤的都市社会的禁闭生活方式来说,全都是一种改进。但是,即使郊区有这种微小的好处,我们在承认它以前,还必须考虑郊区生活的一个特征,它主要影响到各个家庭中赡养家口的成员。这就是严重的和日益尖锐的交通危机。

交通设备的演进在美国生活形成中所起的作用,既是决定性的,又是自相矛盾的。直到第一次世界大战以前,在都市中心工作的人们想要定居在市外地区,是或多或少受到铁路网结构的严格限制的。由于铁路仅限于提供从一站到一站的服务,只有住在路轨两旁比较短的距离之内的人才易于利用,这种可以定居的地区必然是十分有限的。直到20世纪20年代汽车大量推广之后,遥远的地点才有可能变成大面积市郊居民区的基地。汽车的不平衡且又是不止息的激增,是促进城市郊区惊人扩大和城市本身同样惊人改变的主要力量。正如我们在第八章已经看到的,在20世纪20年代这个繁荣的十年中,美国登记的客车数目从800万辆增至2,300万辆;在第二次世界大战爆发前的萧条十年中,只稍有增加(增400万余辆);然后在1950年跃增至4,000万辆,在1962年增

十、论垄断资本主义社会的性质

至6,500万辆以上。

这种发展的全盘经济影响,已在第八章讨论过。这里所要强调的一点,是它对运输和对城市与郊区的工作和生活状况的直接影响。正是在这一方面,这个过程的辩证法是最引人注目的。由于根本"否定"了马车的缓慢和带轨火车的严格限制,汽车有可能使得城市的内部住宅区惊人地扩大。直接驾驶汽车或把驾驶汽车同乘坐火车结合起来,使得人们每天能在直径长达50英里的范围之内上下班,结果,在几十年中,全国某些人口最多和经济最发达的地区变成了面积辽阔的连续不断的大片都市和市郊地区。

"否定之否定"不久就来到了。正像在一群人中人人都跟随某一个人的榜样,站到椅子上去以便看得更清楚些,结果弄到没有一个人能比以前看得更多,只不过使全体都从坚实的地面上换到了摇晃的椅子上一样,汽车的激增在全国许多地区使原先的所有主享受的最初好处几乎化为乌有了。事态发展的进程很快就招致了无可避免的结局。当汽车拥挤、烟雾迷漫、喇叭嘈杂的城市变得越来越没法子住下去时,移出市区的人数增加了,而他们依靠来每天上班工作的汽车数目也就增加了。道路和公路的拥挤达到了阻塞的地步,停车场问题几乎无法解决,汽车变成了原先用途的对立物:从一种迅速运输的工具变成了不可克服的交通障碍。

这样,原先被有迅速而方便的运输工具可供利用所引诱而迁出城市的郊区居民,上班和回家变得越来越消耗时间、使人厌烦和伤脑筋。而"一旦停车费和公路、桥梁、隧道通行税加在私人汽车支出之上,美国人在汽车运输上的支出总额就占他们个人收入很大的和日益增长的一部分"①。作为游赏和娱乐的手段,汽车也不再是旧日那样的情形。随着都市郊区的扩大,需要驶过越来越长的距离才能去到任何值得一去的地方。世界上最好的汽车没有什么地方可去;世界上最超级的超级公路只是引导到无何有之乡。

汽车的迅速走向自我否定所带来的影响,比对汽车本身要大得多。在这个过程中,它对各个方面给予了致命的打击。它迫使指定日益增长的一部分资源供修筑额外的公路之用,而结果是这一整个巨大的努力总是赶不上车辆交通的甚至更加迅速的扩大。它迫使划出日益增大的空地供停车设备之用,而结果是"在城市为车辆提供的面积越多,使用车辆的需要就越大,因而需要为它们提供更大的面积"②。它使得越来越多的长期车票使用者离开铁路,从而导致铁路旅客服务的越来越贵,越来越坏,而这又增加了马路上的汽车数目。它依照同样的方式(并具有同样的效果),削弱城市中现有的(或曾经有过的)任何迅速的交通系统,以致"许多专家认为,要挽救美国的公共交通,为时已经过晚了"③。

对于居住在城市和郊区的人们来说,结局真正是戏剧性的。汽车——它是在城市中孕育、出生和抚育的,它自己又产出了郊区——现在正吞噬着它的父母和它的后代。作为一种新自由——移动的自由——的预兆出现的东西,它正在减少城市之内的移动

---

① 琼·戈特曼(Jean Gottmann):《特大城市:美国东北部都市化的海滨》(*Megalopolis: The Urbanized Northeastern Seaboard of the United States*),纽约,1961年,第679页。

② 维克托·格鲁恩(Victor Gruen)的话,简·雅各布斯(Jane Jacobs)在《美国大城市的死与生》(*The Death and Life of Great American Cities*)中所引,纽约,1961年,第351页。

③ 戈特曼:《特大城市》,第658页脚注。

性,使得郊区生活对所有必须每天上下班的人变成了一种痛苦的经历。像在资本主义下许多技术进步的情形一样,汽车的结局正在变成它的无限巨大的潜力的对立物。它不但没有把它从中出现并对它大量采用的国家变成一个能够生活得更好的国土,反而使得富有思想的观察家认为:"可以很有理由地说,我们的国家在许多方面正在变得越来越不适于居住。对'适于居住'一词可以下个简单的定义。它表明一个可供工作和休憩之用的生存处所,是一个健康的处所,还能对快乐的感觉有所贡献。"①

5

"不单纯是靠面包。……"大多数不仅把垄断资本主义社会的结构和价值视为当然而且走得更远的人,大多数思考它的存在理由并试图为反对社会主义的批评而为之辩护的人,近来都把他们的论据集中在这一点上:这个社会具有所谓满足其成员的精神需要和文化需要的卓越能力。② 这无疑是一个重要的论据,有待仔细考察。幸而,这个任务由美国派赴苏联的第一个官方教育代表团锐敏地观察到的一个事实而大大地变得容易了:"任何一

---

① 费尔菲尔德·奥斯本(Fairfield Osborn),为爱德华·希格比的《挤:没有空间的城市》一书所写的前言。

② 在这方面,对于资本主义的捍卫和对于社会主义的攻击有了180度的转弯。不久以前,著名的社会科学家和经济学家主张说,以生产资料公有制和全盘经济计划为基础的社会主义经济制度,从文化的和伦理的理由来说可能是最可取的,但在经济上是完全行不通的:取消了私人财产制度,剥夺了利润动机的好处,没有竞争的市场做指导,这样一种经济组织必然会陷入混乱状态。人们今天读到的东西同这种说法是多么不同啊!

国人民或一个国家的教育制度,是一种文化的辉煌灿烂的照明面之一。"①记住这一点,我们把本章剩下的篇幅用来考察美国今天的教育。

美国教育制度的状况怎样?它的官方宗旨和目标常常得到了表述。《德塞里克报告》说,"我们的制度旨在向青年人传授实际知识,帮助他们去在他们的最好的努力领域中作为自由的个人而显得出色。我们从每一个儿童寻找创造性的火花,试图教导我们的青年人怎样独立地思考,并怎样去工作,以便在他们可能为自己选定的生活方式中为了一种有益的和幸福的生活而发展他们的才能"②。约翰·W.加德纳博士是纽约卡内基公司的总经理和卡内基教学促进基金会的董事长,曾作为"全国最受尊敬的教育领导人之一",受"总统国家目标委员会"的委托,撰写关于教育的报告,他宣称:"像我们这样的一个社会,致力于个人的价值,承担了培养自由的、理性的和负责的男人和妇女的义务,是有特别的理由重视教育的。我们的最深刻的信念,迫使我们去促进个人的成就。我们渴望每一个人都能完成他所能完成的事业。我们渴望每一个人都能成为名副其实的自由社会的人,有能力去加强一个自由社会。"③事实上,现在流行的关于"人民资本主义"、关于无阶级的社会在美国的出现的谈论,有许多是以下面这个观点为基础的:美国

---

① 《苏联承担的教育义务》(*Soviet Commitment to Eduation*),美国卫生、教育和福利部,公报1959年第16号,华盛顿,1959年,第116页。这个文件以下简称《德塞里克报告》(*Dethrick Report*)。

② 《德塞里克报告》,第116页。

③ 《美国人的目标》(*Goals for Americans*),第81页。

的教育制度,通过日益增多地为所有的公民提供接受良好教育的均等机会,正在消除古老的阶级障壁。①

这里包含了若干重要的主张:让我们从事情的纯粹物质的、经济的方面开始。我们相信,特雷斯教授这样强调是正确的:"有着最新的建筑物,最宽敞的图书馆,最现代化的体育馆,最明亮的教室,最少人数的班次,最闪闪发光的设备,和最热的午餐供应计划的一个学校,可能还只是这样的一个学校,在那里进行的学习是非常之少的。"②然而,重要的是要知道,究竟一个社会把多大数量和多大比例的可用资源置于其教育机构的支配之下,这些资源又在多大程度上为全体人民提供均等的教育机会。

1960年,全国用于所有各级教育的支出总额,包括公共的和私人的,约达231亿美元。这个数字必须联系到其他的数量来加以考察。首先,在这一年用于教育的支出总额占全国国民收入的5.5%。当然,加德纳博士这样说无疑是对的:"即使我们确实知道苏联的教育是在向何处去,这种情报的关系也是不大的。离开了一种教育制度所反映的并为其服务的社会,就不可能去对它加以评价。"③

---

① "若干种有影响的喉舌一直在向我们发出忠告:不管过去我们有过一些什么社会阶级,它们现在的确正在消失。我们被告知说:我们国家的人民已经达到了空前未有的平等。"(万斯·帕卡德:《地位的追求者们》(The Status Seekers),纽约,1959年,第4页。)"能够吸收机器的永无穷尽的产品的一种市场组织,已经废除了阶级,并且大大缩小了个人之间和集团之间的差别。"[奥古斯特·赫克谢尔(August Heckscher):《美国人的目标》,第131页。]

② 小A.S.特雷斯(A. S. Trace, Jr.):《什么是伊凡知道而约翰不知道的东西》(What Ivan Knows That Johnny Doesn't),纽约,1961年,第5页。

③ 约翰·W.加德纳(John W. Gardner),为詹姆斯·B.科南特(James B. Conant)的《今天的美国中学》(The American High School Today)一书所写的前言,纽约,多伦多,伦敦,1959年,第xi页。

然而，20世纪50年代后期苏联在教育上的全部支出，据权威性的估计，为其国民收入的10%—15%，①这件事情肯定是意味深长的。由于苏联按人口平均的收入至多只有美国的一半，这种在教育上承担的义务，对于苏联人民来说是远更沉重的负担。

但是，把教育所获得的支持同用于其他目的的资源分配相比较，对于我们社会给予教育的相对重视，或许可以得出一个更为清晰的概念。这样，在1960年，军事组织的支出为全部教育支出的二倍以上。用在购买金融机构、股票经纪人、房地产代理人、投资顾问人员等的服务之上的部分，同分配给军事组织的数目大体相等；而汽车的购置、维修和使用共达370亿美元以上——用在公路修建上的100亿美元还没有计算在内。同时，广告支出将近为我国所有高等院校全部预算的三倍。

美国教育总署报告说，小学招收的学生超过它们的正常设备能力约170万人，结果，许多教室异常拥挤，多班轮流上课成为不可避免的事。此外，约有200万儿童在状况不能令人满意的学校上学。当各州和地方政府每年用在校舍建筑上的钱不到30亿美元时，估计在20世纪60年代每年至少需要60亿美元去消除现存的校舍短缺现象，并赶上日益增多的入学人数。

所有这一切是够严重的了，但它对于教育制度的影响，同另一件事情产生的影响比较起来还算是小的：这就是我们社会对于自己委托其教育自己的青少年的人付给的薪金极其微薄。1957年，城市公立学校专职教师每年平均薪金为4,324美元。据说在

---

① 《德塞里克报告》，第31页。

1957—1959年间平均工资已增加424美元,①在随后两年中也可能有同样的增长,那么,到1961年平均薪金或许已增至5,000美元左右。② 这样,即使在苏联发射人造地球卫星以后美国教师薪金有了"跃进",全国也还有一半教师的薪金比可以认为是最低的生活工资至少还要低三分之一。

关于学校设备和教师薪金的总的情报,自然是掩盖了地区的和社会的重大差别。以公立中小学平均每一学生支出(1958年为341美元)的80%作为基点,经济发展委员会发现,"有11个州在1957—1958年达不到这个80%的水平——其中大多数要低得很多。这些州是:密西西比,亚拉巴马,阿肯色,田纳西,肯塔基,南卡罗来纳,北卡罗来纳,佐治亚,西弗吉尼亚,弗吉尼亚,缅因。而这11个州占全国公立学校入学儿童总数的22%"。③

在教育制度内部,社会的差别或许甚至比地区的差别更为惊人,这同我们社会"没有阶级"和教育制度为全体人民提供均等机会的一切谈论是完全相反的。处在社会金字塔顶峰的有钱的寡头统治集团,多数根本不把子女送入公立学校;而是送入收费高昂的

---

① 海伦·T.列森斯基(Helene T. Lesansky):《城市公立学校教师的薪金,1957—1959年》(Salaries of City Public School Teachers, 1957—1959),美国劳工部劳工统计局,《劳工评论月报》(*Monthly Labour Review*),1961年3月,第250页以下。
② 这些数字指城市教师;乡村教师的薪金水平还要低得多。
③ 拉尔夫·拉扎勒斯(Ralph Lazarus):《我们可以有更好的学校》(*We Can Have Better Schools*),经济发展委员会,纽约,1960年,第14页。应当注意,还有若干其他的州,如爱达荷、夏威夷、俄克拉荷马、犹他和佛罗里达,比"典型南方"(the Deep South,指美国典型的南部保守地区,包括佐治亚、亚拉巴马、密西西比、路易斯安那各州的南部——译者)的可怜的标准高不了许多,在后者中以密西西比为最低,每年每个学生的支出仅174美元。

私立学校。这种私立学校的数目,也像惠顾它们的富有家庭的数目一样,是相当少的:其学生总数约为六万至七万人。它们的设备通常都是头等的,它们的教师是慎重遴选和报酬相当优厚的——平均每一学生的支出估计远在每年 1,000 美元以上[①]——它们的毕业生(特别是男生)常常去到第一流的高等院校继续接受教育。这种中小学和大学的社会职能是极端重要的。正如米尔斯所说:"如果想要为美国今天的上层社会各阶级的全国统一性找出一条线索,那么最好莫过于收费真正奇昂的女生寄宿学校和男生预备学校。"[②]

但就整个资产阶级、就为了某种原因不愿或无力将自己的子女送入私立学校的中等阶级广大阶层来说,"奶油分离过程"是在公立学校制度本身内部进行的。用一个卓越的教育家的话来说,"有着具体的证据,令人无法怀疑地表明,我们的公立学校制度已经放弃了它的促进社会流动性的作用,在事实上变成了美国社会中社会的和经济的阶级区分的工具"[③]。的确,正如塞克斯顿教授在她的值得注意的书中所表明的,"在现代美国的学校中,我们仍然发现,来自'不舒适的小屋'的儿童,或者把时间和地点换一下,来自'都市贫民窟'的儿童,不能同高贵人物的儿童竞争。其所以

---

① 提供教学、住房和膳食的寄宿学校,每学年约需 2,500 美元,衣服、零用和车费不计在内。
② C. 赖特·米尔斯:《权力人士》,第 64 页。
③ 肯尼斯·B. 克拉克(Kenneth B. Clark)为帕特里夏·卡约·塞克斯顿(Patricia Cayo Sexton)的《教育与收入:我们公立学校中的机会不均等》(Education and Income: Inequalities of Opportunities in Our Public School)一书所写的前言,纽约,1861 年,第 ix 页。

是这样,不一定是因为前者缺乏天资或能力,而是因为由这些高贵人物所统治的社会给予了他们的子女一个良好的开端,学校也总是效法这种榜样,为他们提供每一种可以想象得到的优越的教育服务,从而加强了这种有利地位"。①

让我们来看一看这种教育混合物的几个成份,暂时把注意力完全集中在问题的经济方面。当我们谈到总支出时,最好莫过于从最近的一个有权威的报告中引证有关的一段:

> 富有的郊区学校可供利用的金钱同一个大城市中的学校可供利用的金钱两者的对比,动摇了人们关于机会均等的意义的概念。面对贫民窟学校教师的教学任务,比起他们在富有的郊区的同事所面临的教学任务来,要困难得多。然而富有郊区的学校每一个学生的支出高达每年1,000美元。大城市学校的这种支出还不到这个数目的一半。更值得注意的是观看学校设备和注意专职教师数目所提供的对比。在郊区,常常有宽敞的现代化学校,每1,000名学生有70个专职教师之多;而在贫民窟,人们看到的是拥挤的,常常是颓败和令人讨厌的学校,每1,000名学生只有40个专职教师或者更少。②

其他的不平等也是同样值得注意的。塞克斯顿教授在报告她

---

① 肯尼斯·B.克拉克为帕特里夏·卡约·塞克斯顿的《教育与收入:我们公立学校中的机会不均等》一书所写的前言,纽约,1861年,第 xvii 页。
② 詹姆斯·布赖恩特·科南特:《贫民窟和郊区:关于大城市地区学校的评论》(*Slums and Suburbs: A Commentary on Schools in Metropolitan Areas*),纽约,多伦多,伦敦,1961年,第3页。

对"全国最大城市之一,而且根据许多标准来说是最繁华的一个城市"所进行的调查时,提供了大量的富于启发性的情报。在低收入集团,全部学校约有一半缺乏供进行科学研究之用的适当设备;而在高收入阶层中,只有2%的学校感到缺乏这种设备。不管美国教师的资格和能力的一般水平如何——我们马上就要回过来讨论这一点——实习和代用教师肯定不是最有资格和最有经验的。然而恰恰是在低收入的一半学校——在那里对最有训练和最有经验的教师的需要也是最大的——中,人们发现由所谓"正规职位的紧急替代者"任教的班次所占的百分比,比在为高收入的学生服务的学校中要高两倍以上。同样,学校提供的医疗服务也是最不平衡的。虽然风湿病、脓毒性咽喉炎、白喉症在低收入的儿童中比在来自富有家庭的儿童中远更常见,低收入背景的儿童所得到的医疗照顾却比上高收入学校的儿童要小得多。据塞克斯顿教授说:

> 可以认为是表明学校服务分配得不均等的一个最明显不过的例子……能够从免费午餐计划中找到。……在低收入集团,在午餐时对均衡的、适合卫生的饭食可能感到有最大需要,而且最可能是营养不足和患病的儿童中,几乎有一半(42%)所上的是不供给免费午餐和免费牛奶的学校。……除了在最感需要的地方被拒绝提供免费午餐之外,在没有设置午餐室的学校上学的儿童们也被拒绝给予拨给付款午餐计划的补助金。高收入学校通常供给热午餐,在那里上学的儿童能够买到的午餐,就像在家里能为他们烹调的午餐一般便宜。此外,这些儿童能享用合乎卫生的、均衡的午餐;他们节省

了回家午餐的时间和避免了这种麻烦。……在低收入地区,成员们常常在工作,午餐时不在家,儿童们可能根本不吃"午餐"。①

这里描写的是小学的情况。当谈到中学——它在决定青少年的未来生活中起着主要作用——时,情况更为复杂,甚至更加引人注意。由于中学一般比小学要大得多,并且从较为广大的地区招收自己的学生,它们就倾向于包括一种更有代表性的社会横断面。可是,城市的情况不尽是这样,它需要有不只一所中学。在这里,差异和歧视的方式同在小学所通行的颇为类似。在这些地方,"各个地区……是按社会阶级而具有选择性的,每一个城市都有它的邻近地区——或者至少是郊区——在那里三分之二或更多的学生是预定要上大学的。……所有较大的城市也在肮脏破烂的贫民窟设立地区中学,在这些学校只有极少数的学生曾经考虑过接受大学教育的可能性,而学科上的选择自由是受到严格限制的"②。分别为高收入集团和为低收入集团服务的中学之间的纯粹物质上的差别,也同在小学一样引人注目。这种差别可以从建筑物的质量和安全,从可供利用的各种设备,从教师的遴选,以及从各种学术奖励和奖学金的分配中见到。

在较小的学校区,只设立一所中学去为整个市镇服务,可能还要加上附近的郊区和农村地区;在这里,歧视过程是在学校本身内

---

① 塞克斯顿:《教育与收入》,第134—135页。
② 马丁·迈耶(Martin Mayer):《中小学校》(The Schools),纽约,1961年,第323—324页。

部展开的。塞克斯顿教授写道:"就某些方面讲,中学比小学更能透露社会阶级制度的运用。……所有的小学儿童,不问其出身和志愿如何,都学习大体相同的课程和经历相同的科别。只是在中学这一级,他们才开始各走各的路。在中学,学生被按照学校对他们一生的目标所做的评价而井井有条地分成许多类——就像邮局的信件一般。"①由于这种分类,学生被分配到可供选择的三种典型科别——常常称为"轨道"(Tracks)或"航道"(Lanes)——之一:大学预备科、普通科和职业科。"分配在哪一科就可能决定了一个学生的整个未来的一生。例如,如果一个学生被分配在普通科或职业科(在年龄12岁到14岁的时候),他想要具备进入大学的资格是很困难的,即使他被允许进入大学,也很难读得下去。因此,他进入专门职业或获得要求高度技术的职位的机会是同样受到限制的。"②

学生出身的社会阶级同他被学校行政人员、顾问和教师所塞进去的中学"轨道"或"航道"之间的关系,在阿瑟·B.霍林希德对"埃尔姆斯市"的典型研究中做出了详尽的探讨,他把埃尔姆斯市称为"标准的中西部社会"。③ 他的研究结果令人无可置疑地表明:上层阶级的学生比起低收入家庭的儿童来,有着无比优越的机会,被接纳入大学预备科并读得很成功。除了前一类儿童在家中一般被照顾得更好因而能更好地完成学校作业以外,每一种可能

---

① 塞克斯顿:《教育与收入》,第152页。
② 同上。
③ 《埃尔姆斯市的青年:社会阶级对青少年的影响》。

有的特权和偏爱均有利于一个来自"良好家庭"的男孩或女孩的学习生涯。霍林希德援引了许多实例来说明这种差别待遇。这样，

> 似乎可以合理地假定，如果一个教师认为一个学生的作业不佳或未能完成作业，她将对他进行课外帮助；但是看起来是合理的事情并不是实际会发生的事情；相反地，据报作业不佳或未能完成作业的学生，并未列入接受课外帮助的学生名单中。例如，II 级学生中据报有 27% 为在某一时候作业不佳或未能完成作业，而这样的学生在 V 级中有 92%；其他各级则介于这两个极端之间；与此相反，63% 的 II 级学生得到了课外帮助，而在 V 级中则只有 8%。①

或许甚至更为意味深长的是：即使在执行纪律和评定学业成绩方面——对这些工作人们预期会以最大的公平去进行——行政人员和教师均倾向于按照学生的阶级地位而使用不同的标准。霍林希德报告说："广泛相信，在 IV 级和 V 级中，以及在较小的程度上在 III 级中，学生得到的分数是由他们的父母在社会结构中的地位所决定的，而不是由他本人的能力或勤勉所决定的。这种信念并不是没有根据的，就像我们所遇到的另一个坚持的信念一般，后者已由若干年来关于对来自显赫家庭的学生评定分数的

---

① 《埃尔姆斯市的青年：社会阶级对青少年的影响》，第179页。在霍林希德的分类中，I 级是社会地位最高的，而 V 级是社会地位最低的。

可疑做法的一个接着一个的故事得到了阐明。"①霍林希德得出结论说:

> 很明显,平均说来,一个青少年的阶级地位越高,他得到高分数的机会就越大。反之,在威望结构中的地位越低,这个青少年得到低分数的可能性就越大。诚然,家庭环境这个真正有差别的因素,可能决定着每个级别中一个小孩对学校情况的反应,但这并不能否定阶级与分数之间的关系。②

这些事实,自然是在教育制度中有实践经验的人们所熟知的。但是它们远远没有引起愤怒,而是通常被接受为一种"明明白白的道理"的证明——上等阶级的学生比他们的下等阶级的同学更聪明,更具有学术才能。其实真正得到证明的是一种完全不同的东西:垄断资本主义下的统治阶级,也像从前的统治阶级一样,在被统治者的心目中成功地灌输了这样一种信念,少数人的财富和特权是以天然的、生成的优越性为基础的。既然这种信念是同"美国信条"的全部项目中最空洞的一个项目——所有的人生来就是平等的——直接冲突的,那它就需要小心翼翼地加以哺育和扶持。这个课题就——可以说——交给了公立学校制度,它欣然地接受了,有效地完成了。为了达到这个目的,广泛而有效地利用了的武器莫过于所谓"智力测验"了。塞克斯顿教授写道:"就像统治的权

---

① 《埃尔姆斯市的青年:社会阶级对青少年的影响》,第181页。还可以参阅关于"纪律"的富有意义的讨论,第185—192页。

② 同上书,第173页。

力是由上帝赋予国王们的一样,上等阶级的统治权力是由'大自然'赋予他们并凭借他们所假定的自己的优越的智力来得到的。"①

然而这种测验实际上并不能衡量天赋的才智。用研究这个问题的一位学者的话来说:

> 标准的智力测验包括要求对知识做出回忆的问题。有些问题要求做算术上的推理,其他的问题要求懂得空间上的关系。许多问题测验儿童识字的多少。儿童必须阅看的测验是印出来的,这就不可避免地要衡量他的阅读能力。现在,很明显,知识的回忆,算术的推理,空间关系的理解,字汇的广博,阅读的能力,这些都是学习的产物。因此,每一种智力测验都是测定儿童学得了多少东西。但是一个小孩学得多少,部分地随他有多少机会学习为转移。……关于儿童的一个主要事实……是他们的环境不同。他们不具备同样的经验,他们不是都有相同的学习机会。②

可以从美国、英国和其他一些国家的权威人士引证许多类似的言论。的确,现在占压倒优势的一致意见是:"智力测验的记录,从比奈*到现在,从最高到最低的两端,都毫无疑问地表现了'阶

---

① 塞克斯顿:《教育与收入》,第 51 页。
② 欧文·艾德勒(Irving Adler):《我们所要求于我们学校的是什么:教育漫谈,从理论到预算》(*What We Want of Our Schools: Plain Talk on Education from Theory to Budgets*),纽约,1957 年,第 71—72 页。
* 艾尔弗雷德·比奈(1857—1911),法国心理学家,他和另一位法国心理学家西奥多·西蒙(1873—1961)一道首创了智力测验。——译者

级偏向'。"①

在智力测验以及类似测验的阶级偏向被这样表明以后,它们的拥护者们却以实用主义的理由来为之辩护。就算这种测验并不能证明有关天生才能的任何东西,他们仍旧坚持,这种测验在预测学生的未来学术事业中是有用的和可取的。这无疑是一个具有说服力的理由,值得认真对待。的确,它比下述自由主义的学校改革家们的托词更接近于事情的要点:他们要试图通过优良的教学方法去提高甚至是最低的智力测验记录。用来衡量——智力测验事实上是这样——社会经济背景而不是用来测验天赋才能,用来或多或少可靠地预测——智力测验事实上也是这样——学生的学业成就,测验记录具有远远超越教育制度范围以外的意义。它们在事实上雄辩地证明了在一个阶级深刻分化的社会中社会经济上的不平等和歧视的程度。抱怨测验的"不公平",要求在教育制度中采取补救措施去改进其结果,或者要求将其根本废弃不用,就像由于一架照相机照出了一种丑恶现实的相片,而要设法去加以改进或把照相机打碎一般。诚然,智力测验及类似的记录所描述的现实,并不是自然的、天生的人类不同能力、天才和潜力的现实。揭露比奈、特曼*和其他的人的这种主张是一种谬论,无疑地是现代"反智力测验"运动的一个重要贡献。可是,超出这一点,否认测验记录或多或少充分地反映了在现存社会经济秩序内人类能力、才具和机会的现实,就无异是用一种谬论去代替另一种谬论,没有

---

① 迈耶:《中小学校》,第107页。

* 刘易斯·麦迪逊·特曼(1877—1956):美国心理学家。——译者

掌握问题的关键,不可避免地会导致用肤浅的改善主义作为处理这样一种人类的尴尬处境的方式,这种处境的根子同资本主义制度本身的根子是同样深的。①

重要的是要懂得,这种尴尬处境不仅影响着下层社会阶级的在智力测验中得分很低的儿童,也还影响着上等阶层本身的青年们。它涉及美国中小学和大学向全体美国青年——有特权的和下层社会的——所提供的教育质量。坚持说被歧视的人的处境加倍悲惨是有理由的并且的确是绝对必要的,但不应因此在言外之意中造成这种看法:上层各阶级所接受的教育是良好的。

这远远不是事实。如果一种教育制度的目标——把罗伯特·梅纳德·哈钦斯的极好的说法解释一下——是帮助人们发挥他们的最大力量,变成他们可能变成的那样明智的人,②如果使一个儿童的能力发达到他的力量所及的限度的唯一途径,就是"经常使他的力量超过他的现有能力的限度",③那么,今天的美国学校所完成的差不多是它们的本来任务的反面。这可以从教育制度的所有各级——小学、中学、学院、大学——看到,"只有一个东西阻止我们现有的教育制度随同过去设计它的才智之士一样化成灰烬,而

---

① 彻底否认智力测验的效力和用处,也可能导致对其在一种合理的社会主义社会中所能起的作用的误解。因为,在这样一种社会中,学习方面的社会和经济机会变得至少是大体平等的,采用智力测验这种方式来调查天赋的能力是富有意义的。这时,只有在这时,这种估计才变成有用的工具,有助于对教育过程做更合适的组织,并为每个儿童提供更好的机会,让他或她去发展自己的自然兴趣和倾向。

② 罗伯特·M.哈钦斯(Robert M. Hutchins):《美国的中学教育》(*The Higher Learning in America*),纽黑文和伦敦,1962年。特别参阅平装本序言。

③ 艾德勒:《我们所要求于我们学校的是什么》,第91页。

这就是各个教师的顽固性格"①。关于这一点的证据是非常之多的,困难不在于将其搜集起来,而在于只对其中不可缺少的最低限度的东西做一个简单的描述。

就小学一级而论,最近刊行的一项调查报道说,全体美国青年中有 35% 的人在阅读上感到严重的困难,另外有 40% 的人不能像他们可能做到的那样很好地阅读。以下的事情,被描述为美国小学情况的典型:第一册学前儿童识字书只有 15 个字。第二册只增加了 26 个字,随后的初级课本有 80 个生字,再有一个读本另有 140 个字。这样,一个成功的启蒙读者共熟习 235 个字,而一个九岁的儿童读完三年级时共"熟习"或者说认识 1,342 个字。把这些字一再连缀起来,组成课文,这就包含了无止无休的和令人厌倦的重复,因而不免阻碍了儿童继续阅读的兴趣和愿望。② 诚然,有些学生到九岁时在某些学校还额外学到了一些字,但以上所述是小学教学中的通行标准。

为了免得被人认为这种标准是由"事物的自然规律"所决定的,是由于一般儿童的天生能力不许有所增加,看一看苏联学校中在这方面的做法是富有教益的。这一点由于有特雷斯的研究③而变得很容易做到。重复一句,美国儿童在读完三年级时所熟习的

---

① 埃里克·林克莱特(Eric Linklater):《拉克斯德尔学园》(Laxdale Hall)。艾伯特·林德《公立学校的骗术》(Quackery in the Public Schools)一书中所引,后者出版于纽约,1953 年,第 x 页。

② 参阅查尔斯·C.沃尔卡特(Charles C. Walcutt)编:《明天的文盲:今天的阅读教学的状况》(Tomorrow's Illiterates: The State of Reading Instruction Today),波士顿,1961 年,书中各处。

③ 《什么是伊凡知道而约翰不知道的东西》,书中各处;关于本段引证的消息,特别参阅该书第 30—51 页。

不到1,500个字;而苏联三年级的《国语》读本却约有8,000个字;美国四年级的读本只包括532个以前书中没有教过的字,而苏联同年级的教科书却大约有10,000个字,这就是说,比以前的读本增加了大约2,000个字。

如果我们从字汇——这是我们衡量阅读上的成就的一个最简单的尺度——转到提供我们小学儿童的读物的内容,情况也是一样。在美国,"初年级的小学读本所选的,主要是关于幻想的男孩和女孩所参加的日常生活方面的琐事,牵涉的是妈妈和爸爸,最小的妹妹和来访的阿姨,自己有一个农场的爷爷,邮递员,拐角上的警察和拐角上的杂货店,其他在一种假想的和索然无味的社会中的各式各样的人物"。这些课文的文字在文学意味上是极端贫乏的,它们要不是读本的编者们自己的作品,就是出于"毫无想象能力的或不知名的儿童读物作家之手,这些人只懂得控制字汇的规则"。反之,相应的苏联读本所包含的,绝大部分是托尔斯泰、屠格涅夫、普希金、科罗连柯、涅克拉索夫、高尔基以及其他杰出的俄国作家的作品(散文和诗歌)。总结起来,特雷斯写道:"我很愿意能够说,在美国的基本读物中,能找出这样一套,它的选文在难度上、在文学质量上、在知识价值上勉强可以同俄国的《国语》读本中的选文相比拟,但我没有听说过有这么一套书。关于这些基本读物,往最好的地方说,也只能是:某些课本比另外一些更坏;但也坏不了许多,因为彼此全都不好。"这样,我们的小学所"不断工作"的,远远不是使儿童变成他们可能变成的那样明智的人,远远不是力图经常使他的力量超过他的现有能力的限度,而是使儿童的智力压缩到"一种过分简单的,纯粹中等阶级的被理想化了的东西中去,几乎永远同现实的生活不发生关系"①——或者,用莫蒂默·史密斯的严峻的然而是恰切的话来说:"摧残儿童的心灵。"

小学的情况就是如此。当我们爬上阶梯的上面各级时,情况变得或许略为复杂一些,但绝不是更好。诚然,这是发达的资本主义制度下的一项主要成就:童工已经大为减少,虽然没有完全消灭;差不多所有14岁以下的儿童,以及90%的14—17岁的青少年均已经入学。有可能实行这种将近是全面的入学一事,似乎表明了现行教育制度的潜在力量,并为在一个合理组织的社会中所能达成的事业提供了具体的说明。可是,根据客观事实来看,这种统计不免带来一种最富欺骗性的印象。这种统计使人联想到,教育上的成就是能够从数量上去衡量的;入学的学生人数,上学的年数,以及每星期上课的时数都是教育工作的数量和成就的富有意义的指标。

然而,当谈到了关键性的东西——教育质量时,下面的一段文章或许是最好不过地总结了现实的情况:

> 在美国教育中有一种"格雷申规律"*在起作用。水平都在全面下降。今天的平均分数85分只等于一个世代以前刚刚及格的分数60分——表明中学文凭的国家要求一般都降低了。越来越多地,中学必须讲授小学的课程,因为小学没有教过这些课程。大学必须给中学——有时甚至是小学——的

---

① 《什么是伊凡知道而约翰不知道的东西》,第21、28、29页。
* "格雷申规律"(Gresham's Law)——经济学中劣币驱逐良币的规律,相传为英国理财家托马斯·格雷申爵士(1519—1579)所发现。——译者

课程补课,因为一年级的新生拼写错误,作文不合语法,不能表达自己的意思,或者……因为他们当中有那么多的人在数学上是无知的。每一年我们高兴地看到,有更大数量的美国儿童学习的年限比较长些,并达到了教育的更高各级。但在同时,更高的级别变得更低一些,因此我们最终走到了100年前开始起步的地方——大多数人只达到初级职业教育的程度,少数学生只学到了可怜的大学预备课程。[①]

这种发现已经被许多不同的和独立的调查和研究所证实,它的正确性是无可置疑的。这样,在1960年,"才能调查方案"——一个大规模的全国性的测验方案,包括45万学生——表明,99%的全部中学生不能写出一篇能说五分钟的文章而不犯英语上的错误。测验的负责人威廉·A.戈勒姆得出结论说,"测验的结果对我们中学的产品是一个可悲的评论"[②]。这种毛病也不限于英语。用基本教育协会的话来说:

> 我们怎么能期望中学生去掌握各种外国语,如果他在小学时从来没有学过他本国语言的基本结构?他怎么能够懂得历史,如果他对事件的按照年月的进程没有概念;或者懂得别的国家正在发生的事情,如果他对地理上的意义或地理位置没有概念?他怎么能懂得高等数学或新物理学,如果算术主

[①] H.G.里科弗(H. G. Rickover):《教育与自由》(*Education and Freedom*),纽约,1959年,第145页。

[②] 基本教育协会《公报》(*Bulletin*),1960年12月,第8页。

要是为了它的社会实用性而教的,作为当你想要找零钱或者填写你的所得税报表时迟早总会有用的东西?尤其是,他怎么能懂得和欣赏良好的书籍,或者在写作时清楚地表达自己的意思,如果他从来没有学习过很好地阅读和怎样写作?①

同时,中学的课程表充塞了摄影术、木工手艺、家庭生活的调整、怎样处理成为关系相当确定的情侣的问题、约会、打字、演说、开车、零售等这样的科目。正如哈钦斯所特别精辟地指出的,"美国的教育标准已经化为乌有了……取而代之的是强调专门化的主张,强调职业教育的主张和讲究琐碎的事情"②。

试图详细讨论学院和大学所提供的那种教育,会使我们离题太远。索尔斯坦·凡勃伦大约在 45 年以前所说的话在今天加倍地适用:"不管在较早的时期——美国的大学首先成长和发达的时候是多么真实,今天取代了大学的'大学生部'不能列为高等教育的机构是毫无疑问的。"③这一点也为前任哈佛大学校长科南特所承认,他说"一个学士学位,作为一种学术成就或是完成了一个正式的学术训练课程的标志,早已丧失了它的意义"。④ 事实是,大

---

① 基本教育协会,《公报》,1960 年 1 月,第 8 页。
② 哈钦斯:《美国的高等教育》,第 xiii 页。
③ 索尔斯坦·凡勃伦:《美国的高等教育:关于商人管理大学的备忘录》(*The Higher Learning in America: A Memorandum on the Conduct of Universities by Business Men*),纽约,1918 年,引自第三次印刷本,斯丹福,加利佛尼亚,1954 年,第 24 页。
④ 詹姆斯·布赖恩特·科南特:《今天的美国中学:对感到兴趣的公民们的第一次报告》,纽约,多伦多,伦敦,1959 年,第 6 页。

学通常变成了只不过是中学的延续,部分地为了补救初等和中等教育的最大缺陷,部分地为了给它们的顾客提供另外四年同样的教育。在某种程度上,这无疑地是由于,像《纽约时报》的教育编辑所说的,"归根到底,甚至大学的教育政策和权力,也是由小学和中学所支配的"①。可是,更重要的是这个事实:决定我们教育制度的质量的那些力量,在大学一级也同在这个结构的下面各层一样,积极发挥作用。结果,引用对美国高等教育的最近一次重大研究的话来说,"仔细看一看美国大学毕业的人就足以消除任何这样的想法:我们的高等教育机关正在把自由主义教育的工作做得很好"②。

这也没有什么值得大惊小怪的。在美国的大多数大学里,不论是好大学还是坏大学都一样,课程表的前半部分——通常称为下半部或普通科目计划——所包括的课程,是按任何合理的标准来说应当列入中学甚至是小学的课程。可以想象得到,这种努力几乎不可避免地是注定要失败的。企图在两个学年中去改正在小学和中学的 12 年教学课程中所形成的思想习惯、对待学术工作的态度和学习的方式,这是一种西西弗斯的努力。* 情况实际就是如此,可以从一切方面看到。就英语来说,绝大部分的大学毕业生不但不懂得英国和美国文字(更不要谈世界文学)的内容、趋势和

---

① 弗雷德·M.赫钦格(Fred M. Hechinger):《大红校舍》(The Big Red Schoolhouse),花园市,纽约,1962年,第17页。

② 内维特·桑福德(Nevitt Sanford)编:《美国的大学:对高等教育的一种心理的和社会的解释》(The American College: A Psychological and Social Interpretation of the Higher Learning),纽约,伦敦,1962年,第10页。

* 西西弗斯(Sisyphus):在希腊神话中,他是希腊古代的暴君,死后堕入地狱,被罚推石上山,在近山顶时石又滚下,不得不重新再推,如此循环不已。——译者

意义,而且也不能从事在文体和拼写方面都能勉强过得去的写作。① 而在必须肯定视作全部人文主义教育的支柱的领域——历史中,情况是特别惊人的,并且是不幸的。这里,在一门一学年的死记硬背的课程中,"包括了"从史前人类到最近的总统选举的全部历史时期,加在从小学和中学教过的所谓"社会学科"这种大杂烩中可以获得的片断历史知识上。考虑到关于"西方文化史"——或它们可能列入的任何类似的名目——这类概论课习惯上是由不能胜任的、没有经验的助教和讲师来讲授的——的确,谁真正有资格来担负这种任务呢?——并且是根据必然是枯燥无味的教科书和大部头的原著选编(包括从苏格拉底到汤恩比每一个"伟大"作家的著作各选几页)讲授的,那就很可以提出这个问题:究竟还能想出什么更好的办法,来摧毁学生对历史的一点点兴趣和做历史思考的一点点能力呢? 在"普通科学"这个送料斗里加进三两门初级课程,就社会科学或自然科学提供一点点肤浅的知识,整个情势并没有得到什么改进。这种"教育"所传授给它的接受者的,是一种关于实际上并不存在的知识和理解的假装,这种假装很快就发展成为进行学习的有效障碍物,从而变得比纯粹无知更具有破坏性。

从大学课程的下半部转到上半部,包含了一定的中断。为了补救入大学以前的教育的不足而订立的那种"补课"计划,假定是

---

① "我可以毫不夸张地说,作为英语研究生的教师,我丝毫不能假定已经获得的知识或技巧。我不能假定我的班上每一个学生都读过的一本书;我不能假定具有关于最简单的圣经故事、神话、童话或片断儿童文学的知识。"[威廉·赖利·帕克(William Riley Parker),印第安纳大学英语教授,见基本教育协会《公报》,1961年12月,第10页所引。]

在头两年完成的；后两年的任务是比较多样化的。有相当一部分未来的大学毕业生——或许多到三分之一——继续学习上半部课程，没有任何具体的职业目标。大部分来自上等或中等阶级家庭，"做游戏又年纪太大了，做工作又年纪太小了"的男生们，就追求一个学士学位，作为社会地位的必不可少的标志，作为在商业界获取任何一种白领职位的必备条件；而对上大学的女生来说，也是通向合适婚姻的最好途径。这些学生大多数不对任何特殊的专门领域感兴趣，每每选定大学里普遍认为是"容易到手的主修课"，把他们的努力限制在得到高贵绅士的及格成绩所要求的某种最小限度之内。点缀着各种体育活动和社交活动，这个上半部的教学计划包括若干这样的课程：它们的内容在最后考试一经完毕就立即从学生们的脑海中消失得无影无踪了，它们不要求阅读很多东西（通常只要读教科书），对已经获得的知识增加甚少。这对于美国最好的大学来说就是如此；而在占压倒多数的大学所达到的效果还要更小得多。哈钦斯的话对于所有的大学都是适用的："世界上最容易办的事情之一，就是拼凑一个美国的学院和大学所开设的热闹科目的课程表。这些课程反映了在这些高等院校中的完全缺乏连贯性和合理的目标"①。

或许能够争辩说，就学生界的这个三分之一的"高贵绅士"而论，所有这一切是没有多大关系的——学生们感兴趣的只有学士学位，没有别的东西。但当考虑到另外的大约三分之一的大学毕业生时，情况就变得真是惹人注目的了：这些人读大学，是为了要

---

① 哈钦斯：《美国的高等教育》，第 XIII 页。

在小学和中学去从事艰难的和负责的教学和(或)教育行政事业。我们的教育者所受到的是一种什么样的教育呢？劳伦斯·A.金普敦在他担任芝加哥大学校长期间,对这个问题曾经给予了一个严厉的回答:"训练教师和为中等学校制定课程的师范学院总的说来是一种蹩脚的地方,常常同大学的主体是分开的,标准是令人怀疑的,内容是非常薄弱的。"① 另一位观察家在对我们的师范教育做了广泛的研究之后,做出总结说:"有着日益增多的证据表明:教师训练机构——用《哈佛报告》的话来说,他们教一切的东西,就是不教必不可少的东西:对知识的热爱——向我们提供的教师乃是我们当中受到教育最为贫乏的公民。"② 这个发现被一系列的测验和调查所证实了,这些测验和调查按大学各系现有学生的一般智力来划定这些学系的等级。所有这些研究都表明,师范是处在分配的最底层。"这种次序的一个最明显的解释,就是它反映了在大学生一级所通常讲授的各种课程的不同难度。这种次序在事实上被证明是同各个学系在大学生当中所享有的难度名声实质上相符合的。"③ 情况也不能不是这样:一个有志充任教师或学校行政人员的学生的学习课程表中,充满了一整套这样的课程,它们以内容空洞、琐碎平凡、单调无味而臭名昭著。学科内容的讲授,所培养

---

① 基本教育协会,《公报》,1960 年 2 月,第 5 页所引。
② 莫蒂默·史密斯(Mortimer Smith):《被削弱了的心灵:对我们公立学校中按计划产生的平庸之辈的研究》(*The Diminished Mind: A Study of Planned Mediocrity in Our Public School*),芝加哥,1954 年,第 87 页。
③ 卡尔·贝雷特(Carl Bereiter)和默文·B.弗雷德曼(Mervin B. Freedman):《研究的领域以及这些领域中的人们》(*Field of Study and the People in Them*);见内维特·桑福德编:《美国的大学》,第 564 页。

的是装模作样的无知,"就像一个师范学院的暑期讲习班一样,它讲授从古代到20世纪的'世界文学'——全部在30天之内讲完"①。而对于"如何教"的全神贯注,把对于"教什么"的全部关怀推置脑后了。强迫学生接受这种混杂的课程,"实验班"、研究班讨论会,以便有资格得到毕业证书,这就保证了师范学院能得到一批非听讲不可的听众,而"在这个事实上,善意的批评家看到了这样一种趋势:它很快就会成为在不很高尚的活动中的一种极端的和庸俗的诈骗"②。

教育者所受教育的性质和质量,可以通过对授予最高教育学位的基础得到一个概念来进行估价。这样,全国最主要的教育学院——哥伦比亚大学师范学院,对用下列题目提出论文的研究生授予教育博士学位:

《通过花园市各公立学校三年级的教学计划来进行对为幼儿园服务的学校设备的合作选择》。

《学校野营指南,特别以布朗克斯维尔为例》。

《形成一个专业护士的混合理想形象的方法论刍议》。

《美利坚合众国各学院和大学划船竞赛的历史》。

在密执安州立大学,为满足最高教育学位的要求提出的论文包括下列题目:

---

① 莫蒂默·史密斯:《被削弱了的心灵》,第93页。
② 埃德加·W.奈特(Edgar W. Knight):《对中小学校的专业教育的义务》(The Obligation of Professional Education to the Schools),载《学校与社会》(School and Society),1951年10月6日(见史密斯:《被削弱了的心灵》,第91—92页所引。从书中看到,奈特直到1953年逝世时,是北卡罗来纳大学的教育史凯南讲座教授)。

《根据某几种冲击测量来对13种牌号的足球防护帽进行评价》。

《在足球防护帽的评价中所使用的各种方法的调查》。

《对一群曾经参加成人教育计划缝纫班的妇女和她们的一群不曾参加任何成人教育活动的朋友和邻居之间在个性上的差异的研究》。

北达科他大学对一篇题为《在教授第一年的打字术中的若干主要问题》的论文授予它的最高教育学位;而印第安纳大学中一篇博士论文的重要目的,是在"确定教师和学生所使用的大笑和微笑对教学效果所能产生的影响"①。

可能有人提出反对说,这些情况都是可悲的例外。很不幸,这种反对是没有根据的。首先,各个师范学院宣布的在内容上极端空洞无聊的开设课程和授予博士学位的论文的名单,是很容易列举一大堆的。但是甚至更重要的是,常常恰恰是李嘉图所说的"强有力的事例"(the "strong case")和按照普通说法可以视为"夸张"而弃置不顾的东西,最能说明研究中的现象。"强有力的事例"和"夸张"要求对潜在的状况予以注意,否则这种状况是不会被人注意的。在这里的情况也是如此:它们使我们能看出师范学院的本来面目:"大学校园里的智育上的贫民窟,在学校中被人嘲弄的正当目标。"②

---

① 基本教育协会,《公报》,1960年1月、3月、11月;1961年5月、12月。美国对于"自由世界"的文化影响从下面的言论中可以见到:"我们看到合众国际社有一天从日本发来的一个不是没有关系的电报,日本这个国家……是充分得到美国的指导的。他们显然学习得很到家,因为新闻报道说,岛根大学的助理教授大塚淑江(Tosie Otsuka)提出了一篇以《洗碟子》(Dish Washing)为题的论文,刚刚获得了她的博士学位。"同上,1961年3月。

② 同上,1960年2月,第5页。

关于攻读"工商"专业的将近15%的学生在大学上半部课程表中所受到的教育,不须多谈。提供会计、推销、广告、打字和类似科目的训练,严格说来只是一种职业课程,同人文主义的教育没有关系;由许多人看来,在大学文科的课程表中是没有地位的。这种教育事实上主要是由州和市政府资助的学校提供的,比较有名的私立学校以不屑于提供这类教学计划来抬高自己的身价。① 大学里的这些工商学系作为在商业中就业的踏脚石,可能有用也可能没有用——对于这一点有很大的怀疑,即使在商人之中。但是不论你怎样幻想,也不能主张说,这些学系所提供的知识和技术能够扩大它们的学生的视野,或是提高它们的学生的智力。

其余六分之一左右的大学生,把他们的第三学年和第四学年用在各种专门职业的预备科目上。就其中的许多人来说,他们的训练以得到工程、应用科学、农学之类的学士学位而告终。其他的人继续到专门学校(法律、医学等)当研究生,或进入文学和科学研究院,在那里他们绝大部分是为在学院和大学中充当教师和研究人员,在政府机关、私人基金会和工业实验所担任研究或行政职务做准备。不论他们在第三学年和第四学年学习的目的如何,这一部分学生所受到的教育被各个学科领域的专家们认为是从相当好到最好的,随具体的学校为转移。在这里,普通都承认,美国的教育是最好的部分。

---

① 差不多是一致地,这些名牌大学设立了工商研究院。尽管它们的课程表近年来由于把经济理论、统计学、"经理科学"这一类的课程包括进去而变得花样翻新,这种研究院在大学组织之内究竟有无存在的理由,也同大学中的工商学系一样,是值得怀疑的。

然而即使对这个特权集团的学生所受到的教育的质量，人们也不能不做坚决的保留。有这样一种日益增长的倾向：专业化开始得过早，预先占去了学生的越来越多的时间和精力。对于就越来越少的东西知道得越来越多的专家所做的嘲弄已经接近于击中要害，对于把自然科学和人文科学分隔开来的鸿沟变得越来越深的哀叹是确凿有据的。这是在垄断资本主义的一般结构内所不可避免的事情：即使是教育制度中的上等产品也不免是"科学野蛮人"和"在智力测验中得分最高的低能儿"。这并不是说，美国的教育制度中没有产生出有思想的和真正受到教育的人。可是，他们的数目是少得可怜的。而他们之所以达到了智力上的优越的水平，并不是这种教育制度的功绩，而是由于藐视这种教育制度的结果；他们不是流行的文化和学术风气的产物，而是同这种风气进行激烈斗争的产物。他们的成功证明了，即使在最不顺利的环境下，人类追求知识和理解的努力也是不能完全被阻止的。在现有条件下还能有这样的人，这就说明了：在一个良好的社会中一种良好的教育制度可以取得什么样的成就。

总之，就整个国家来说，教育的状况是阴暗的。受过12年公立学校教育的人很少有几个不是半瓶子醋的，算是读书识字和上过学的人——很大一部分中途退学，从来没有在中学毕业的人就更不用谈了。能够设法进大学并读到毕业的那些比较幸运的人，也没有很大的不同。在最好的情况下，有极少数的大学生受到了可以真正被认为是一种富于理性的和强大有力的人文主义教育，但是有"很多证据表明，大学很少能在态度或价值上成功地带来重大的改变，四年大学教育的主要效果是使学生彼此更加相像"①。哈钦斯根据丰富的经验和广泛的研究，提出质问说："为什么名牌大学的毕业生同从来没有他们那种幸运得到上大学机会的人民大众比较，甚至在他们的语法上也没有差别呢？他们的语法或许是由于美国学校的缺陷所造成的，我们的同胞直到临死之日都带着这种不可清除的烙印。但是在求知的兴趣，关于推理的意愿和能力，思想和品格上的独立性……方面又怎么样呢？"②

一个受过教育的人所应有的这些必不可少的特点，即使在成功地爬上了学校阶梯的顶峰，最后在真正的学术领域得到了博士学位（甚至最终成为教授）的那些极少数大学毕业生的精华中，绝大多数人也毫不具备。事实上，为在数学、科学和技术这些要求极为苛刻的领域中获得成就而进行艰苦工作的紧张压力，剥夺了我们大学教育中最卓越的产品的机会，去发展哈钦斯所正当地将其同受教育者联系起来的那些基本品质。在我们的整个教育制度中，从底层到顶峰，很少有形成和发展才智的余地，很少有使这样的个人出现和发展的机会：他对周围的世界能采取理智、批判的态度，他被教导并学到了将现在当作历史来思考。而绝大多数的人，那些只不过受到一种马马虎虎的中学教育或设法得到一个无足轻重的大学学位的人，就这样走上了生命的旅途：他们不能清楚地思考，关于越来越多的东西知道得越来越少，对于理智、对于人类积累的知识和智慧毫无尊重之心。

---

① P.E.雅各布（P. E. Jacob）：《大学中对价值的改变》(*Changing Values in College*)，纽约，1957年，内维特·桑福德编《美国的大学》第13页所引。

② 《自由，教育与基金：论文和演说，1946—1956年》(*Freedom, Education and the Fund: Essays and Addresses*)，纽约，1956年，第76页。

由于苏联在1957年秋发射人造地球卫星而引起的对于教育制度的突然出现的忧虑,其本身就是为教育状况所忠实反映的社会状况的一个方面。除了少数值得注意的例外之外,参加美国教育批评者的行列的人是最不关心它的"智力上和道德上的退化"——用哈钦斯的话来说①——的人。他们全神贯注的,并不是教育制度既加以反映而又有助于使之永久化的对于人类能力和潜力的大量的残酷的摧残。只在大约25年以前,当教育状况并不比今天更好的时候,"政府和企业对于教育是基本上漠不关心的。它们不给教育提供资金,因为它们看不到有什么理由应当这样做。它们感到兴趣的只是……使教师不要激起学生的任何进行社会改革的愿望"②。在今天,与这种保持现状的兴趣相辅而行的,是要充分理解统治美国社会的军事和公司绝对主宰的迫切需要。这种迫切需要不是对人民进行更有理性的、更合乎人文主义的教育——的确,它们是反对这种教育的。它们所要求的,是合格技术人员和人数令人满意的头等科学家的充分供给。为了得到二者,不须教育群众;对于最有希望的、智力测验得分最高的少数人进行适当的训练就是需要加以组织的全部东西。③

---

① 《自由,教育与基金:论文和演说,1946—1956年》,纽约,1956年,第16页。
② 哈钦斯:《美国的高等教育》,第x页。
③ 利用工业中和军事系统中现行"科学工业革命"的成果,似乎不是依靠对整个劳动力的文化和技术的改进,而是依靠有人数相对甚少的受过高度训练的科学家和工程师,以及一个小小阶层的技工和工头可供使用。对普通工人的技术要求在事实上可能正在下降,因为他的任务变得越来越惯例化,降到了最简单的动作。参阅在下书中对这个问题的富有启发性的讨论:詹姆斯·R.布赖特(James R. Bright):《自动化与经理》(*Automation and Management*),波士顿,1958年,第176页及以下。

因此，现在的提高中小学和大学教育水平运动的重点，主要是集中在所谓"天才"儿童身上。虽然"这种'天才'儿童计划几乎完全是为高等收入集团服务的"，①我们的关心教育的政治家们却毫不踌躇地把它当作通向教育上的"惊人进展"的一条最有希望的道路来推荐。这样，洛克菲勒兄弟基金会最近发表的关于教育的报告的杰出的作者们，谈到了"我们"对"个人的尊严"，对他的"智育的，道德的和精神的成长"，对"所有的人均有平等机会"所承担的义务——只不过用这样的悲叹来做结束："我们的社会对于具有特殊优异的才能或潜力的个人注意得太少了。"这种缺点，现在正由"对于优秀的追求"来补救；为了使那些可能怀疑这种"追求"将对普通人的教育树立一种不可逾越的障碍的人敞开思路，就加上了这么几句："我们关于优秀的概念，必然包含在各种水平上的多种成就。……无论在抽象的智力活动中，在艺术中，在音乐中，在经理活动中，在工匠手艺中，在人类关系中，在技术工作中，都可能出现优秀。"②想要让挖沟的人在挖沟中去"追求优秀"，同时对已经享有特权的少数人赋予更多的特权，还能有比这更好的公式吗？

值得称赞的还是科南特校长，他在对教育制度的状况进行了一次全面调查以后，坦白地承认，他的兴趣是在他所列为"具有学术才能"的15%—20%的中学生身上。证明了"准备充当医生、律

---

① 塞克斯顿：《教育与收入》，第60页。
② 洛克菲勒兄弟基金会（Rockefeller Brothers Fund, Inc.）：《对于优秀的追求：教育与美国的未来》(*The Pursuit of Excellence: Education and the Future of America*)，花园市，纽约，1958年，第1、2章。最后一句见第10页。

师、工程师、科学家、学者和大学教师的青年人的百分比在美国也同在欧洲大致相同……约为一个年龄组别中的6%"①以后,他把自己的全部注意和关怀倾注在这个精华的身上。他觉得,对"在学术上有才能的人应当给予他们一个突破的机会:应当对他们提出更多的要求,应当把他们的学习课程计划格外加强和扩大,应当让他们学习更多的外国语,应当引导他们在学校更努力地学习"②。

  对待其余的80%—85%的人,科南特的态度是迥然不同的。他为这些平民们所开的处方,是"一系列有意义的循序渐进的课程,导致能找到出路的技能的发展"。这些课程的设计,应当取得"由经理部门和劳工的代表们组成的咨询委员会"的协助,学生入学以后,也应当教一些英语、社会学科等,在他们的课程表中不应当不适当地强调各种学术科目。事实上,就这些学生而论,现行教育制度被认为大体上是令人满意的。对于这样一些男生和女生——他们在中学的几年是花在学习这样一些课程上:速记法,打字,使用办公室工作方面的机器,家庭经济学,建筑行业,零售和汽车检修——科南特所忧虑的,不是他们没有接受真正的教育,而是

---

  ① 科南特:《美国今天的高等教育》,第3页。
  ② 我们并不是主张说,在某种情况下,严格的选择性甚至是所谓的天才儿童计划是不需要的。这样,一个刚刚从落后状态中走出来的贫穷社会,可能无力提供高质量的大众教育。但是很肯定,如果苏联能在经济上维持"非常接近于欧洲上等中学的优秀水平,在学术上远远超过美国的通常为大学做准备的中学水平的大众教育"(里科弗:《教育与自由》,第177页),那么,美国就物质条件来说,是能够维持一个甚至更具雄心的教育制度,而无须乞灵于教育上的"定量供应"的。

他们之中很大一部分人——而且是黑人中的多数——在中学退学或毕业后不能找到职业。

> 当我在1961年6月写作时，全国的失业率就所有各种年龄的人来说为7％以上，但在年龄不满21岁的青年人中失业率约为17％，为全国所有工人失业率的两倍以上。这些青年人是我所主要关怀的，尤其是当他们大量麇集在大城市贫民窟的四壁之内的时候。像"自由"（freedom）、"自由"（liberty）*和"机会均等"这些名词，对这些青年人究竟有什么意义呢？我们能够期望从他们得到何种热忱与献身精神，去抵抗共产主义的无情压力呢？①

科南特"所主要关怀的"，似乎不是"这些青年人"以及在寻找职业中比较幸运的那些人的继续处在没有文化和愚昧无知的状态，而只是他们对于共产主义的抵抗可能削弱，他们可能变成"社会上的，具有爆炸性的东西"。

又一次，值得称赞的还是科南特，他把统治阶级对于教育状况的真正兴趣明白地、毫不掩饰地说出来了。他的残酷无情的现实主义，比起所有的关于"个人的尊严"和"自由人在精神上的提高"的空洞词令来，远远更能说明当前状况的真相。然而，这也是一个压倒一切的证据，证明我们社会的文化破产：一个全国最有名的名

---

* 英文 freedom 指行动上的自由，liberty 指从解放得到的自由，在某些场合亦可通用。——译者

① 利南特：《贫民窟和郊区》，第34页。

牌大学之一的前任校长毫不客气地把全国80％—85％的人看作是"不可教育的"——当有人提出我们需要说出我们所谓的教育是什么意思时,他同样毫不迟疑地宣布,"一种令人不快的厌恶之感突然向我袭来"。科南特,就他来说,是"愿意给教育下这样一个定义的:教育就是在中小学和大学中所进行的一切"①。如果这不是一种对人类的整个人文主义传统的完全的、绝对的否定,那么,请问,又是什么呢?

---

① 基本教育协会,《公报》,1960年1月,第3页所引。

十一、不合理的制度

资本主义的实质是，商品和劳动力两者一般都在市场上买和卖。在这样一种社会中，个人与个人之间的关系是由等价交换的原则支配的，不仅在经济的事情上是如此，在生活的所有其他方面亦莫不如此。

这并不是说，等价交换的原则在资本主义社会中是普遍实行的，或曾经普遍实行过。正如马克思在《资本论》第1卷结尾各章所令人信服地表明的，原始资本积累是通过暴力和掠夺来实行的；在资本主义附属的一切殖民地和半殖民地中，同样的方法每天都还在继续使用。然而等价交换在意识形态上的统治几乎变成了绝对的。在资本家彼此的相互关系中，以及在他们对自己所统治的人们施行的教育中，他们完全采用等价交换的原则，既作为行动的指针，又作为道德的标准。

在生产力的发展中，在人类意识的进化中，采用等价交换原则反映了向前推进的重大一步。只有在等价交换的基础上，才能实现人力资源和物质资源的比较合理的利用，而这种合理利用正是资本主义的中心成就。① 同时，决不应当忘记，等价交换的合理性

---

① 马克斯·韦伯走得如此之远，以致把采用复式簿记——等价交换原则的标准副产品——当作社会历史的一个主要里程碑来纪念。

是特殊的资本主义的合理性,到了某一个发展阶段,它就变得同作为基础的生产力和生产关系不相适应了。忽视这一点,把等价交换当作合理行为的普遍准则,这样做本身就是资产阶级意识形态的一个方面,就像说在社会主义下等价交换可以立即取消这样一种听起来很激进的主张,暴露出对社会主义社会面临的经济问题的性质所持的一种乌托邦式的观点一样。①

然而即使在资本主义本身的生存期间,等价交换作为经济和社会组织的合理原则也垮台了。巨型公司从市场领域中把经济活动的一个一个的大部门抽出来,置诸科学的计划管理之下。这种改变,代表着这个制度中各个部分的合理性在不断增长,但并没有伴随着整体的任何合理化。相反地,由于商品不按照它们的生产成本而是根据如何得到最大可能的利润来规定价格,等价交换原则已经转化为合理经济组织的促进者的对立物,变成了在潜在的丰富之中维持稀少的一种公式。人力资源和物质资源被闲置着,因为在市场上没有等价物来同它们可能产生出来的东西相交换。即使这种产品的实际成本等于零,情况也是这样。在最发达的资

---

① 马克思在《哥达纲领批判》(Critique of the Gotha Program)中着重指出,在社会主义社会中,等价交换原则在一个相当长的时期内必须继续存在,作为人力资源和物质资源的有效分配和利用的指针。可是,由于同样的原因,从社会主义演进到共产主义时,要求对这个原则做毫不调和的斗争,以便最终代之以合乎理想的"各尽所能,按需分配"。在一个充分发达的共产主义社会,社会生产将像在一个大规模的经济企业中那样组织起来,稀少性已经大体克服,如果再采用等价交换作为经济活动的组织原则,就无异于在现时把一张椅子从一个人的卧室搬到他的起居室时,要将这件家具的价值记入卧室的贷方和记入起居室的借方一样。这句话显然并不包含未来的共产主义社会可以不需要合理的核算的意思;它所表明的是,经济核算中所含有的合理性在性质上经历了深刻的改变。而这种改变又只是人类需要和社会中人与人之间的关系已经彻底转变的一种表现形式。

本主义国家,有一大部分人口生活在极端贫困之中,而在不发达的国家,数以亿计的人遭受疾病和饥饿,这就是因为没有一种机构,来实现他们所能生产的东西和他们如此迫切需要的东西之间的交换。当所要交换的东西根本不需成本时坚持等价交换的不可侵犯性,很大一部分资源被人浪费时坚持要对资源实行严格的节约——这显然是对价值概念和等价交换原则最初所表现的合理性的根本否定。

资产阶级思想中这类中心范畴的逐渐过时,只不过是垄断资本主义的深刻矛盾性的一种征兆,是实际生产过程迅速增长的合理化同整个制度的没有衰退的自然性①之间日益尖锐的冲突的一种征兆。这种冲突影响着社会的一切方面。虽然合理性一直在征服着越来越新的意识领域,资产阶级思想对于理解整个社会发展的无能为力却基本上依然如故,这是资本主义秩序本身的继续存在的自然性和不合理性的忠实反映。

因此,对社会现实是用过时的、颠倒的、偶像化的观念来想象的。无力证明一种不合理的和不人道的社会秩序是正当的,不能答复它所提出的越来越迫切的问题,资产阶级的意识形态只好坚持着时代错误的和即将消灭的概念。这种意识形态的破产,与其说是表现在创造新的偶像和片面真理中,倒不如说是表现在顽固地维护旧的偶像和现在已经变成明白谎言的片面真理中。而这些旧的偶像和片面真理越是失掉它们一度具有的一点点真实性,它

---

① 在本章中,我们使用自然的(elemental)和自然性(elementality)两词来说明这样一种社会,它好像是由巨大的自然力量如风、潮汐所支配的,人们只能设法适应它,而对它是无力控制的。

们就越加被坚持要灌输到群众的意识中去,就像广告中的标语口号一样。

认为美国经济是一种"自由企业"制度的主张,就是这种情况。企业从来就不是真正自由的,如果从任何人想要开办一个自己的企业就能做得到这种意义来说。然而这个概念还是表达了真理的一个重要方面,因为它指出了以竞争资本主义的相对自由为一方和以行会制度与重商主义国家所加的各种限制为另一方之间的差别。早就丧失了主张自己具有真实性的这种有限的权利,现在事实上指的是巨型公司不受干扰地行使它们的广大垄断权力的自由,"自由企业"一词已经变成了一种口头禅,丝毫不具备描述或说明的效力。

不断地重复说美国今天的政治制度是民主政治,也具有相同的性质。在美国,也像在所有其他的资本主义国家一样,没有财产的人民大众从来就不能决定自己的生活条件或美国政府的政策。然而,只要民主政治所指的是推翻了君主专制和人数比较多的资产阶级取得了权力,这个名词就把注意力集中到了社会生活的一个主要变革上。但是,在一个由建立在广泛经济权力的基础上并完全控制着社会的政治和文化机构的极小的寡头统治集团做出一切重要的政治决定的社会中,这个真理内容究竟还留下了什么呢?很明显,主张说这样一种社会是民主的,只是掩盖了真理,而不是揭示了真理。

或者看一看宗教吧,它在占统治地位的意识形态中依然是显得很重要的。宗教的世界概念现在是并且从来就是虚伪的想法,这是无须证明的;基督教和其他有组织的信仰也只是对征服、剥削和不人道的行为做合理的说明或证明其为正当,也无待赘述。然而,毫无疑问,在过去,宗教思想由于促进了知识和文化艺术的发展,而带有真理的性质。在欧洲的最黑暗的那些世纪里,正是罗马的天主教堂充当了文字、学问和历史思想的保护人;而现代科学是在信仰与理性之间的长达许多世纪的斗争中产生的。宗教在今天所起的作用是多么不同啊!它对理性主义的屈服越是明显,它不再对人们的思想和行动施展影响的事实就变得越加清楚,对占统治地位的思想意识中这一个成分的贩卖就变得越加刺耳。路旁无数广告牌上出现的"耶稣救世"的标语,有关四邻教堂活动的大量刊登的广告,参加到处都是的任何一个基督教会组织的卡特尔化的劝告,通过报刊和电波这些有广泛影响的宣传工具送达千百万家庭的宗教福音——所有这一切都同人们的信仰和道德毫无关系,同他们对于现实的理解更无关系。在宗教市场上提供出售的东西,是获得"积极的思考力量"或得到"宁静的心境"的处方——同酒和安眠药、海岸航行和夏季避暑胜地完全一样。

资产阶级的意识形态不再是一种世界观,一种 Weltanschauung*,后者试图在现存的混乱中辨认出秩序,在生活中发现意义。它已经变成了一种分类的工具和骗人玩意儿的箱子,用来达到资产阶级政策的中心目标。而这个目标——资产阶级在自己年轻的时代用物质进步和个人自由这些辞藻来给它下定义——越来越明显地仅限于一件事情:维持现状,别号是"自由世界",连同它的一切明显的罪恶、荒唐愚蠢和种种不合理性的事情。

---

* 德文"世界观"。——译者

自然不能为这种现状提供一个合理的辩护,的确这种努力也很少再做了。辩护不再采取证明垄断资本主义的合理性和可取性的形式,而是日益集中于否定社会主义——这是垄断资本主义的唯一真正的代替物;集中于摒弃革命——这是达成社会主义的唯一可能的手段。为一个更好的、更人道的和更合理的社会所进行的一切努力,都被认为是不科学的,不现实的,颠覆性的;由于同样原因,现存社会秩序被加以粉饰,表现为不但是唯一可能的形式,而且是唯一想象得到的形式。

一方面,社会的生产方法和体现这种方法的组织越来越具有合理性,另一方面,整个社会的运转和对它的理解却呈现没有衰退的自然性和不合理性,两者的矛盾,造成了意识形态上的一片荒原,这是垄断资本主义的标志。但我们必须坚持,这并不是——像某些对现状的辩护士想要我们相信的——"意识形态的末日";这是世界资本主义总危机和没落的意识形态取代了上升的资本主义的意识形态。现在的这种意识形态的主要支柱就是反共产主义,这并不是偶然的,也不是由于各种政治力量的暂时的结合,就像现代资本主义的政治政策和经济政策的主要内容就是备战和"冷战"一样。这些政策只能是反对;没有剩下什么东西是它们所要拥护的。

2

亚当·斯密从分工中看到了国家财富的锁钥,他自然是对的。许多在他以前和以后的人看到了分工的比较黑暗的一面,他们也

十一、不合理的制度

是对的。用马克思的话来说,"分工不但扩展到了经济领域,而且扩展到了社会的其他一切领域,到处为专业化和人的细分这种无所不包的制度、为在一个人身上发展一种才能而牺牲其他一切才能奠定基础,这就使得亚当·斯密的老师亚·弗格森叫喊说:'我们成了奴隶民族,我们中间没有自由人。'"①

19世纪的伟大社会批评家,从欧文和傅立叶到马克思和恩格斯,全都被对于资本主义分工的这种使人不成其为人的深刻效果的愤怒感所激动。尽管他们关于良好的社会的看法彼此各异,他们全都有一个共同之点:必须创造条件,去促进所有的人的发展,成为"自由的公民",拥有他们的全部才智,能够充分发挥他们的一切潜力。有些人的思想带有浪漫主义的色彩,要回到所谓失去了的"黄金时代"去。另外一些人,其中马克思和恩格斯一直是最有影响的,从通过科学和技术的进步来促进人类劳动生产率的最大限度发展看到了解决办法。正如马克思在《哥达纲领批判》的一段著名的文章中所说的,只有

> 在迫使人们奴隶般地服从分工的情形已经消失,从而脑力劳动和体力劳动的对立也随之消失之后;在劳动已经不仅仅是谋生的手段,而且本身成了生活的第一需要之后;在随着个人的全面发展生产力也增长起来,而集体财富的一切源泉都充分涌流之后,——只有在那个时候,才能完全超出资产阶

---

① 《资本论》第1卷,第14章第4节(《马克思恩格斯全集》第23卷,人民出版社1972年版,第392页。)我们在这里的译文同《全集》的译文略有出入,是为了在语气和内容上完全吻合本书作者所引的《资本论》英文原文。——译者

级法权的狭隘眼界,社会才能在自己的旗帜上写上:各尽所能,按需分配!①

马克思认为,这样一种高度的劳动生产率只有在"共产主义社会高级阶段"上才能实现。我们现在可以看出:这是一种错觉;从提高劳动生产率的观点来看,资本主义的潜力比马克思,或者就这件事情来说,现代资产阶级的社会科学家所想象的要大得多。巨型公司在促进科学和技术上,以及在利用它们来生产货物和劳务上,已经证明是一种空前有效的工具。在今天的美国,用来战胜贫穷,用来供给每个人以生活必需品和便利设施,用来为所有的人提供一种真正全面的教育和自由的时间去充分发展他们的能力——一句话,用来逃避马克思所说的那个专业化和人的细分的无所不包的制度的手段已经存在。

事实上,这种事情自然没有发生。人们仍然是被专业化的和细分的,仍然被禁锢在分工为他们准备好的狭隘圈子里,他们的才能被压抑了,他们的心灵被削弱了。在马克思的时代已经显得很严重的那种对他们的保障和安宁的威胁,随着垄断资本主义下技术改变的影响扩大和进展加速而成正比例地增长了。

> 现代工业从来不把某一生产过程的现存形式看成和当作最后的形式。因此,现代工业的技术基础是革命的,而所有以往的生产方式的技术基础本质上是保守的。现代工业通过机

---

① 《马克思恩格斯选集》第3卷,第12页。

十一、不合理的制度

器、化学过程和其他方法,使工人的职能和劳动过程的社会结合不断地随着生产的技术基础发生变革。这样,它也同样不断地使社会内部的分工发生革命,不断地把大量资本和大批工人从一个生产部门投到另一个生产部门。因此,大工业的本性决定了劳动的变换、职能的更动和工人的全面流动性。另一方面,大工业在它的资本主义形式上再生产出旧的分工及其固定化的专业。我们已经看到,这个绝对的矛盾怎样破坏着工人生活的一切安宁、稳定和保障,使工人面临这样的威胁:在劳动资料被夺走的同时,生活资料也不断被夺走,在他的局部职能变成过剩的同时,他本身也变成过剩的东西;我们已经看到,这个矛盾怎样通过工人阶级的不断牺牲、劳动力的无限度的浪费以及社会无政府状态的洗劫而放纵地表现出来。[①]

为了使这一段话合乎现在的情况,人们只须加上:工业的规模在过去一个世纪内已经发展成更大得无比了;随着自动化和电子计算机控制化的到来,它的技术基础已经变得远远更为革命了;工人的局部职能变成过剩一事过去从来没有像现在这样在如此众多的工业领域中以那样惊人的速度发生。如果不是由于在经济的所谓劳务部门(包括政府)中就业机会的扩大,工人所处的必须出售劳力借以维持生活的困境一定会是令人绝望的。

[①] 《资本论》第 1 卷,第 13 章第 9 节(《马克思恩格斯全集》第 23 卷,人民出版社 1972 年版,第 533—534 页)。

劳务部门的发展虽然部分地补偿了现代技术的摧毁就业机会的作用,现代技术和有关的发展却对资本主义下劳动过程的使人不成其为人的效果扩大到了一种新的规模。无须在此重复前面各章所那么强调指出过的东西:垄断资本主义社会的产品中有很大的和日益增长的一部分,从真正的人类需要来判断,是无用的、浪费的或起积极破坏作用的。最明显的实例,是每年吞噬价值以百亿美元计的货物和劳务的一个军事机器,它的唯一目的就是阻止世界人民用他们能够解决问题的唯一方法——革命的社会主义去解决他们的问题。然而不仅仅是那些为这个军事机器提供人力和物资的人们是在从事一种反对人类的事业。生产没有人需要的货物和劳务并为之创造需求的千百万其他的工人,在不同的程度上也可以说是这样。而经济的各个部门和部分又是互相依存的,差不多每一个人都以这种或那种方式卷入了这些反对人类的活动:农民为对越南人民作战的部队提供粮食,制造机床和冲模的机工生产出一种新型汽车所需要的复杂机器,纸张、墨水和电视机制造商的产品是用来控制和毒化人民的心灵的,如此等等。

保罗·古德曼写道:"有着'差不多的充分就业'(具有极其值得注意的例外),然而必要的和绝对有益的职位,需要有精力并能引导出人们的某种最好的才能的职位,能够去做而又能保持自己的荣誉和尊严的职位,却变得越来越少了。"① 古德曼强调这个"简单的客观事实"在说明这个社会的青年感到的烦恼中起着重要的作用,他肯定是对的。然而不仅如此。它在说明下列现象中也是

---

① 《变得越来越荒谬》(*Growing Up Absurd*),纽约,1960 年,第 17 页。

重要的:在感情上同工作疏远,愤世嫉俗,腐败——它渗透到垄断资本主义的每一个角落;每一个有历史观念的人都不难看出,它是一种全面没落的社会的主要特征。

3

被问到他是否欢喜他的职位时,约翰·厄普代克笔下的人物之一回答说:"见鬼,如果我喜欢它,那它就不是一个职位了。"除了极少数特别幸运或有特权的工作者*之外,所有的人无疑都是同意的。工作者所必须完成的那种分得小而又小的任务,本身是没有任何兴趣的;这种职位的目的,往好处说是不明确的,往坏处说,是降低人格的,工作者从自己努力所完成的工作中,不能得到任何的满足。就他来说,从事工作的唯一正当理由就是得到工薪支票。

工薪支票就是这个社会中工作人员所能得到的任何满足的锁钥:他所能得到的自尊心、地位和自己伙伴的承认主要依靠所拥有的物质财富。这个工作者的住宅,他的汽车的型号,他的妻子的衣着——作为成功或失败的指标全都具有主要的意义。然而在现存的社会结构内,这些消费品越来越丧失了它们的使人得到满足的能力,使得工作者同工作疏远开来的那些力量,同时也使得他同消费疏远开来。由于对货物的追求是为了它们具有表示地位的品质,所以用较新和价格较贵的东西去代替较旧的和价格较廉的东

---

* workers 一词在本节中根据全节行文原意,均译为工作者,即既包括工人,又包括职员,而不译为工人。——译者

西的竞赛就不再同货物的有用与否发生关系,而变成了在社会阶梯爬上一级的手段。

这样,消费就变成了谋生过程的一种扩张和继续。正如工作者在车间或办公室中经常被迫要牺牲他的同伴去出人头地一样,消费者在下班以后也要牺牲他的邻居去追求同样的目标。不论是工作者还是消费者从来都没有得到真正的满足;他们总是在留心寻找一个新的职位,总是想要迁住到一个更好的环境中去。工作和消费这样就都是意义不明确的:虽然满足了维持生存的基本需要,它们却越来越丧失了自己固有的内容和意义。

当转到工作者的工作以外的生活那一方面——休暇时光的消磨时,情况也不见得更好。休暇在传统上被设想为了"休养",即是说,恢复他在被迫委身的工作中所消耗的身心能力并重新倾注在真正有兴趣的事情上。可是现在,休暇的作用也经历了一种变化。正如埃里奇·弗罗姆所说的,休暇变成了无聊的消磨时光即闲着的同义语。它不再表示一个人想要做的事情,以别于他在工作中所必须做的事情;在越来越大的程度上它只是意味着无事忙。其所以是无事忙,部分地是由于从人的角度来看真正有兴趣的值得去做的事情太少了,但或许更多地是由于,在资本主义社会中生活的空虚和缺乏目的,窒息了想做任何事情的愿望。

这种无事忙的偏向,在确定为填补休暇时间——在晚上,在周末和假日中,在假期中——而提供的娱乐的种类上起着决定的作用。基本的原则是,提供的东西——读物,电影,无线电和电视节目——对于读者和观众的智力和感情决不能提出过高的要求:目的是在提供"逗乐"、"轻松"、"过得愉快"——一句话,可以随随便便接受的娱乐。甚至题材的形式和组织也受到影响。上演是继续不断的,电影院可以随时进去;书籍可以从前面往后面读,也可以从后面往前面读;在连载的小说中跳过几段也没有什么关系;电视机可以从一个波道转到另一个波道,而不致丧失连贯性或造成不可理解。

其他的"消遣"——多么泄露天机的名词!——形式也很少是更加费力的。一个运动迷不包含参加任何的运动或获得任何的技巧。一年四季都有运动项目,甚至不一定要亲自入场,因为巨型公司发现,主办运动会和比赛的无线电和电视广播是一种有利可图的广告形式。编制了详细的统计记录,并定期在专门的书籍和期刊中发表,这就使得一生从来没有亲自参加过一次比赛的球迷们也像专家那样,可以确有把握地讨论各个球队和运动员。在一年的不同时候对与季节相适应的运动感到兴趣,变成了人们的一种共同爱好。就像不同样式和型号的汽车的主要是幻想的优缺点一样,球队和运动员的长处和弱点也变成了谈话的资料,这种谈话由于题材本身就是琐碎平凡的事情,所以变成了瞎扯。①

对于休暇在日常生活中所起的作用,或许没有比谈话堕落到了瞎扯更富有代表性的了。像友谊一样,谈话是以存在着某种共同的目标、兴趣和活动为前提的。友谊包含有感情的寄托;而谈话则要求做智力的活动。当这些前提条件并不存在时,——当人们

---

① 对于这种兴趣的共同性,不仅在各个社会阶级内部而且还跨越阶级界线而造成一种虚伪的团结一致的纽带,因此起了一种重要的意识形态方面的作用。作为底特律棒球队或曲棍球队的球迷,通用汽车公司的总经理和通用汽车公司的扫地人作为同等的人,而走到了一起。

在一起生存却并无任何基本的途径使之彼此发生关系时——友谊与谈话都必然要变得空洞无物。当人们没有什么可说时,"闲聊"就蔚然成风。当朋友这个词失去了原意、开始用来表示人们偶尔遇到过的一个什么人时,它就适用于无数的相识者,而不是专指某一个人。社交集会的动机,与其说是渴望和别人在一起,倒不如说是害怕自己单独一个人。这些社交场合的特点是,人们既然没有由什么共同的东西结合在一起,就常常以饮酒而告终。

通过这种吃吃喝喝得到的满足是转瞬即逝的;酒后头痛是不可避免的。虽然在孤独中感到令人窒息,个人也不能通过——像戴维·里斯曼所说的——变成群众的一分子去克服它。寂寞中感到痛苦,在一起又感到可怕,这就产生了一种在卷入和退出之间徘徊歧路的矛盾心理。他在离开一个宴会时想到不如留在家里的好,在奔赴另一个宴会时又想到不如还是去到那里的好。这样他就被卷入接连不断的繁忙社交中——自然是在不同的水平和规模上,依不同的阶级、地位和收入为转移——或者得出结论,像阿瑟·米勒所说,如果一个人必须是孤独的,那就不如自己一个人待着的好,因而他变成了一个遁世者,连续几个小时地"在屋子周围劳动着",刈平草地,在后院子里忙这忙那。郁闷地沉思着和自言自语,他开上收音机,听听片断的新闻或广告节目的歌唱,又打开电视机,看看"西部电影"*的结尾,然后离开两者,心不在焉地瞧着充满犯罪和丑闻报道的新闻纸——总之,不停地从一种方式的无事忙转到另一种方式的无事忙,始终渴望着和担心着工作周的

---

* 西部电影(A Western),取材于19世纪下半叶美国西部生活的电影。——译者

十一、不合理的制度

到来,到时候他又将渴望着和担心着周末的到来。

在这种情况下,休暇所造成的感觉是同在工作中所得到的感受密切相连的——难熬的折磨和使人衰弱的厌烦。只是必须加上一句:在休息的时刻和日子里所感到的厌烦比在工作周中所感到的厌烦可能更加使人难以忍受。就工作来说,那似乎是理所当然的,是用额上的汗珠来赚得自己的面包的冷酷无情的必要性的一个方面。全部人类历史已经教导人们视为当然:生存的代价,就是身体上的痛苦和精神上的折磨。只要稀少性还统治着人类的状况,这种微积分学对于一无所有的人来说就是有说服力的和令人信服的,虽然按照拥有特权的少数人所享受的闲逸和奢侈看来,它是残酷的。对这些一无所有的人来说,工作日的任何一点点缩短,工作周的任何一点点减少,全都是向着自由前进了宝贵的一步。

今天我们却要问:当工作的折磨所购来的是较长的非工作时间——它本身已被剥夺了一切欢乐,它已经变成了工作本身的延续,变成了现代休暇的空虚、沉闷和麻木时,上面所说的那种说服力,那种向自由的进步,究竟还剩下什么痕迹呢?当工作日和工作周的尽头就是厌烦(即这个社会的休息时间)这块不毛的沙漠之地时,忍受着工作中的自我克制、约束和强迫,究竟还保留有什么样的合理性呢?

4

由于资本主义经济的部分过程实行日益增长的专业化和合理化,计算渗透到了生活的一切方面。个人从一开始就被用现有的预制模子之一来压造——随他或者毋宁说他的家庭所属的社会阶级和阶层为转移——这种模子的正常产品是标准化的、合理化的"人的产品",由从幼儿园起用无数测验方案来实施的统计的质量控制办法来加以系统检验的。这种"产品"的反应和反响,变得越来越是自动的和可以预见的了。笑,预期会从旅馆接待员和航空线上的女服务员的脸上看到,从售货员和加油站侍者的脸上看到——而不问他们的情绪、他们的身体状况和他们对待另一方的态度如何。勉强表现出高兴的神情,在对待工人和雇员、对待供应者和顾客时是必不可少的——也不管打交道的事情的内容和意义如何。同样,一个人、一幅风景画、一首乐曲,要判定其为美好与否,不是看它本身的特点,而是看它在市场上的成功与否,看它同流行的风尚、成本、新颖的关系,看它提供"逗乐"和"轻松"的能量。

由于缺乏对于人和物的发乎自然的鉴别,假装——这种对于过时的信仰和理想所表示的疏远的敬意——变成了一种普遍存在的代替物。就像巴甫洛夫的对于铃声发生反应的狗一样,人在指定的场合就喀嚓一声表示假装的立正;对一本书或一次谈话表示假装的兴趣;对本国或外国的政治发展表示假装的关怀;对别人生活中发生的事情表示假装的高兴或忧愁;在一定的日期,像圣诞节、生日、纪念日,表示假装的欢乐。

这种用来掩盖彼此没有关系或缺乏感情寄托的机构似乎很起作用,使人类的共存能或多或少是和谐地不断进行。它保证在人与人的交接中保持表面上的客气;强制某种行为准则的遵守;使教堂、慈善机关和俱乐部的工作能够顺利进行;为社会的许多文化活动提供了基础。可是,它的局限性变得越来越明显,它的效力在越越来越大的程度上日趋于减弱。

由于假装浸透到了社会的每一个角落,它就变得越来越难于按它的表面价值去接受它。当人们已经认识到他们所面对的是假装时,所假装的内容就变得没有关系,所感受的只不过是假装行为的本身。当受到笑脸相迎的人了解到这种笑脸是人为的、虚伪的和勉强做出的时,这种笑脸就不再表示友谊、善意和温暖了。它被回报以同样是人为的、虚伪的和勉强做出的笑容,使得这两张笑脸彼此抵消,留下的是相互的漠不关心,这就是两个面部表情所要将其伪装起来的东西。

同样,当一个美术家看清楚,他的作品所受到的接待同他的才能和见识没有什么关系,而只是反映了人们不得不假装采取某一种时髦态度这样的迫切要求时,他的创造性本身就变成了一种假装。他试图激发观众的假装的爱好,结果一个假装否定了另一个假装:艺术家没有什么可以向他的观众表达的东西,而观众对艺术家也不能提供什么灵感。艺术与社会之间的联系的决裂,使艺术本身丧失了充当表现真理的工具的可能性,同时也使社会丧失了在整个历史中能够用来理解真理的少数手段之一。[①]

但是,这种假装的机构趋于全面崩溃、不再发生使维持基本的人类接触成为可能这种作用的地方,是在两性关系的领域。在这

[①] 在假装已被公开放弃并试图提供现实的真实影像的地方,甚至艺术的语言也被抛弃了。现实被描述为赤裸裸的东西,不是用艺术的想象力来构思的,这种艺术的想象力就像所有各种形式的自发性一样,变得越来越不易得到了。这可以从,例如,亨利·米勒的作品中,从坦内西·威廉斯和爱德华·阿尔比的戏剧中,以及从许多现代的绘画和音乐中清楚地看到。

里,假装最不能成为自发性的代替物,因为在这里,自发性和从事感情交合的能力不仅仅是这种关系的组成部分,而且正是这种关系的本质。在这里,假装,即使不是有意识地做出的,也不能掩盖对于色情冲动的压抑和对于感受性的满足的无力。在这里,一切保持表面的爱情、表面的享受在一起的乐趣、表面的家庭幸福的努力,都不能掩饰马克思所看到的人同他自己的疏远化*和后来弗洛伊德所称的个人的"感情上的残缺"。

这种现象本身自然不是最近才有的。压制永远标志着人对人的剥削。抑制着争取自由的努力,克制着对辛劳和自我克制的厌恶,摧毁着对同伴的同情心和休戚相关的感觉,压制便这样把人强迫纳入了使他适宜于剥削人和被人剥削的模子中。正如弗洛伊德所说,"不可能忽视:文明在多大程度上是建立在抑制着本能的满足上,文明的存在在多大程度上是以对强烈的本能的迫切需要不予满足(抑制、压制或用某种其他办法)为先决条件的"①。

多少世纪以来,各种压制力量从两个来源获得它们的大部分可怕的势力,这种来源依然是相对不变的。一种是起抑制作用的稀少性,它被——在当时的条件下,正当地——认为是自然界不可逃避的事实。对于这种稀少性所强加的重担的归宿自然是可以怀疑和可以批评的:与之相联系的不公平引起了几乎是持续不断的群众抗议;能够提出并且事实上也提出了令人信服的理由,表明在

---

* 参阅马克思:《经济学—哲学手稿》,人民出版社 1956 年版,《第一个手稿:(疏远化了的劳动)》。——译者

① 西格蒙德·弗洛伊德(Sigmund Freud):《文明和对它不满的人》(*Civilization and Its Discontents*),伦敦,1955 年,第 63 页。

十一、不合理的制度 379

不同的社会秩序下,稀少性的悲惨的后果是可以减轻的。然而稀少性的存在是不容否认的。承认它的存在,必然包含着承认对绝大多数人类来说,毕生从事劳动和保持仅足维持生存的生活水平是不可避免的事。

作为压制这部引擎的另一个燃料来源,是同第一个来源密切相关的:人们绝对地相信作为在社会中支配人们行为的戒律和禁令、规章和条例的基础的基本原则。这些原则是由社会的文化和宗教机关精心制作的,从一代人传给下一代人,被内在化了并以"人性"的永远不变的一个方面出现;它们凝结成一种良心,一种超自我,后者总是在警惕着,对于违反它的教训的人予以严厉的制裁,其办法是使之具有自己犯了界的痛苦感觉。就这样,社会获得了一种可以称作心理上的警察力量的东西,有效地维护着精神上的"法律和秩序"。

使我们的时代同以往的一切时代区别开来的是,现今在发达的资本主义国家中,压制机构已经完成了它的历史使命。它所强加的劳动纪律和自我克制,已经使得大量的资本积累成为可能,从而建立了一部庞大的工业生产机器。过去20年中自动化和电子计算机控制化的发展,标志着一个漫长时代的结束,在那个时代中,稀少的不可避免性构成人类生存的中心事实。毫无疑问,在美国今天的现有条件下继续接受那种不可避免性,那就纯粹是一种错误的思想。它现在只是为保持和维护一种压迫的社会秩序服务,而它在人们心灵上所占的统治地位,只不过是反映了一种时代的错误,一种过时的意识形态的风行。

使得在客观上有可能消除稀少性的那些历史过程,大大有助于削弱社会的心理上的警察力量。从科学和技术的惊人进步所产生而又回过来促成这种进步的合理性已经发展和普及了，它致命地损毁了对于指导人们行为的许多基本道德原则的信仰。这些原则由于经济现实中的深刻变革而变得陈旧了，由于一切形式的合理批评而受到侵蚀了，它们在传统上被召唤来予以支持的那个压制机构，不再给它们增加影响了。

压制的经济方面的和思想意识方面的基础所受到的这种逐渐的侵蚀，在先进的资本主义国家所产生的后果，既是重要的，又是复杂的和矛盾的。一方面，压制的最直接的和最明显的表现已经显著缩小和消失了；在婚姻生活以内和以外，性的关系比较自由了；廉价避孕用具的容易得到和广泛使用，大大有助于把妇女从家务奴役中解放出来；儿童的抚育，在某些方面变得更为明智和敏感。

另一方面，压制机构的削弱，也产生了同样显著的消极效果。古老的道德准则主要是由个人的良心来强制实行的，它的作用现在是明显地突然下降了。但是垄断资本主义已经证明自己完全无力产生一种新的道德，去指导人们在一种潜在的丰富时代中的行动。结果，保障社会使之免于破坏行为的重担，越来越落在个人外部的压力上面——落在经济上的奖励和惩罚，尤其是落在警察和法庭上面。这些外部压力之不能代替一种有效的道德准则，从无数大大小小的事例中看得很清楚。例如，犯罪率远比人口增长得更快。[①] 但或许甚至更有代表性（和可怕）的是，暴力在越来越大

[①] 1962年10月11日的《纽约时报》引证联邦调查局局长J.埃德加·胡佛的话说，自从1946年以来，犯罪案已增加了一倍以上，为1957—1962年人口增长速度的五倍。

的程度上充塞着最先进的资本主义国家的环境本身。城市居民，《纽约时报》(1963年5月20日)报道说，"甚至在白天都不敢去游公园"。纽约和别处的警察部门刊行专门的小册子，劝告公民们只能在有灯火的街道上行走；夜间要把所有的门加上双锁；当有人敲门时，在没有弄清来访者是谁以前，不要开门。"即使在费城这个兄弟般友爱的城市"，费城前任市长理查森·迪尔沃斯说，"在夜间，除了在一部备有门锁的出租汽车里，我是不愿考虑到街上去的"①。

这就是这样一种社会的无可逃避的命运：这种社会没有信仰，没有道德——没有能力为它的成员们提供一种途径，为着从人的角度来看是有兴趣的和有价值的目标去利用他们的精力。

5

弗洛伊德的主要卓识之一是：文明不仅依存于对色情冲动的压制，而且同样重要的是，它还依存于把色情冲动大量地导向创造性的目的——这个过程他称之为升华。当压制的需要已经消逝、压制的机构已经破坏时，似乎很清楚：只在升华的各种渠道不断地加宽和加深时，只在人们能为他们的潜在能力找到永远是新的出路同时这种出路也提供真正的满足泉源时，文明才能发扬光大。然而在垄断资本主义下发生的事情却是恰好相反的：升华的整个生命过程正处在崩溃的危险之中。工作丧失了自己原来的意义，

---

① 《纽约时报》，1965年3月17日。

在休暇中感到显得荒谬可笑的厌烦,以文化之名而行的一切东西都在退化,为社会所应经历的进程而进行斗争的政治活动正在消失——对于这些,还能有什么其他的解释呢?

在这种情况下,不难理解:为什么性欲又重新回到了显著的地位,作为满足色情冲动的日益居于统治地位的手段。在官方的思想意识中,性欲的恢复活力所采取的形式是:坚持快乐应当在一个人的四壁之内去寻找,在自己配偶的怀抱之中去寻找,在同家人的团聚之中去寻找。这种恢复活力在国家文化中,在销售努力中也是同样明显的,后者不断地诉诸性欲,作为快乐的泉源——通过购买一部汽车或一盒肥皂,做一次旅行,购买一件新衣服或一件珠宝就能得到。

但是这种"重新原始化"是不能奏效的。在牵涉的过程中有一种原始性的不对称:戒律和升华对于色情能力的抑制和改导是必不可少的,但是戒律的削弱和升华渠道的堵塞,并不能自动地使色情冲动重新导向它们原始的生理目的。相反地,其效果只不过是使人的直接满足色情需要的精神能力进一步受到摧毁。通过重新强调性欲而慷慨地许愿的表面上的可能性,依然基本上是不可捉摸的:麻木的人患一种心理上的阉割,无力通过性的活动感受到心理上的精神发泄。虽然过去常常被禁止的事情现在已经被允许了,现在被允许的事情却不再和过去常常被禁止的事情完全一样。屈服于理性主义的进攻,古老的禁律和命令已经失效了,但在它们使所要防止的活动完全失去感情的内容并从而使其丧失意义和满足能力以前,还没有失效。这同在经济领域中正在发生的事情的类似是惊人的:在这个社会中,在个人和各个经济单位发生作用的方式进行合理化的同时，随着也就逐渐失去了任何有意义的目的。弗洛伊德所谈的"性生活的萎缩"并不是性活动的萎缩，萎缩的是那种活动的心理内容和意义。

像经常发生的情况一样，表面现象是使人误解的。就像唐胡安*和梅萨利纳**的冲动现在被认为不是极度的生活之乐的标志，而是性的满足持续不得实现，因而永无休止地去寻找能帮助他们获得伴侣（对他们来说是不能得到的东西）的标志一样，这个社会的被性欲所缠着，也不应认为是性的满足的普遍增加的反映，而是性的机能失常的明显标志。这种机能失常可能采取性的活动的技术能力受到削弱的形式。但重要的是要了解，机能失常不一定要采取这种形式，它也同样可以在通过性的活动来感受心理上的精神发泄的能力的缺乏或重大减少上表现自己。正如原先由弗洛伊德指出、后来又由威廉·赖希强调和发挥的，两者绝不是等同的：技术上的能力同心理上、情欲亢进上的无力能够同时并存，并且事实上也是常常同时并存的，后者又引起了各式各样的精神失常。

性的机能失常的最重要的后果是，它严重地破坏了"内心世界"，后者被认为是使人同外部世界的阴郁和沉闷取得和解的。性欲不但不能帮助去克服他在维持人的关系上、在爱情和休戚相关上的无能力，反而变成了心理紧张和挫折的泉源。我们再一次遇到了这个怪事：部分的合理性同全体的不合理性同时并进。日益

---

* 唐胡安（Don Juan）：或译唐璜，西班牙传说中的荒淫贵族，专门玩弄女性。——译者

** 梅萨利纳（Valeria Messalina,？—48）：罗马女皇，克劳迪亚斯的第三个妻子，以生活放荡著称。——译者

增长的知识削弱了古老的戒律和禁令的基础,减少了无知和恐惧,使性的活动的量的增加成为可能。同时,性的要求的表面上的满足同从性的活动所得到的精神上的满足之间的差距,由于心理的官能不足所造成的痛苦,变得越来越使人衰弱,使人难于忍受。一个研究美国社会的英国学者丁沃尔博士说,"关于性生活的知识的增长,给予妇女是更坏的影响而不是更好的影响"。"因为她知道得越多,她就越加怀疑她是在受欺骗。"①他进一步得出了这个不可避免的结论:"许多美国妇女所表现的不满,其核心就是缺乏性的充分满足",这种缺乏"在每一个生活领域中都有它的影响"。②

最直接受到影响的生活领域,当然是婚姻关系领域。婚姻双方由于因性的机能失常而在心理上受到损害,不免陷入一种感情上的痛苦状态,这种状态既妨碍了他们相互给予彼此所需要的东西,又妨碍了他们去理解自己感到苦恼的原因。丈夫和妻子都觉得自己"被欺骗了",不免去责备对方。弗洛伊德所称的"早先对于性的目的物的过高估计"现在被放肆地加以毁谤。一度被爱慕的东西现在变成了使人恼怒和厌烦的根源,结果造成了就与实际问题毫无关系的事情发生的争吵和互相责备。在这种场合表现的敌意,产生了内疚和懊悔的感觉;这种感觉导致了和解;而和解又使整个的恶性循环重新开始。

男人能够通过性的关系使紧张获得几分肉体的放松,而这种可能性对于女人来说是比较很有限的,这一事实,在妻子方面不免

---

① 埃里克·约翰·丁沃尔(Eric John Dingwall):《美国的妇女:历史的研究》(*The American Woman: A Historical Study*),伦敦,1956年,第220页。

② 同上书,第222页。

增强了一种被利用和被滥用的感觉。这又引起了一种固执的要求：丈夫至少在婚姻生活的其他领域中要履行他的义务。在另一方面，他也感到烦恼不已，摸不清究竟是不是因为他自己的特殊的官能不足而造成了他的妻子的不快乐，就只好屈服于压力。他加倍努力去赡养家庭，试图在家中成为尽量有用，不惜借债去满足她的一切怪念头。他把他的女人当作偶像来崇拜，唯她的命令是从，尽自己的一切可能去抚慰她——徒然发现，他的一切努力都是白费，他所能给予的一切都不能满足她的需要，不但不能赢得她的爱情，反而丧失了她的尊敬。

个人可以通过许多途径去逃避这种尴尬的处境，这些途径随经济和社会地位、宗教和种族背景以及特殊的性格特点一类因素而有所不同。改变对手将是一种有效的救济办法这种观念——大部分是一种幻觉——在某些社会阶层中造成了超婚姻的关系的增多，以及在很大的和日益增长的频繁程度上使家庭由于离婚、分居或遗弃而破裂。离婚率的迅速增长使得"美国家庭服务协会"宣称，"家庭破裂是美国的头号社会问题。"①

在由于宗教的或经济的原因而避免了离婚的场合，丈夫和妻子待在一起，家庭的气氛常常是索然寡味的或公开敌对的。很少或没有经济上的活动自由的人，为谋生和养育子女的冷酷的必要

---

① 引自《家庭服务的重点》(*Family Service Highlights*)，该协会的刊物，见《纽约时报》，1961年11月12日。大约与此同时，加利福尼亚大学贾德森·T. 兰迪斯(Judson T. Landis)教授发表了这种看法：加利福尼亚——在许多方面是一个起带头羊作用的州——的家庭生活的退化，达到了"令人震惊的程度"，"在100起婚姻中有50起（而在旧金山则为55起）以破裂告终"。（《旧金山纪事报》，1961年11月2日。）

性所屈服,只好安于自己的命运。既无能力生活而在客观上又没有可能改变自己的生活,他们就只能忍受极端的痛苦,用他们的能力和从未发现出来也从未得到发展的潜力去度过他们的日子。在许多人,酒是唯一的安慰;在某些人,自杀是走投无路的一种逃避方法。

在经济方面比较幸运的人常常期望通过外部环境的改变去得到救济。为另一个虚幻的观念——即不可捉摸的感情上的发泄可以在一个不同的环境中把握住——所驱使,他们迁入新的住宅,周围陈列着贵重的小摆设,经常到海外去旅行。这些人不断地寻找某种新方式来克服他们在感情上的饥荒,他们就是众所周知的心神不定的美国消费者的典型:总是容易接受新的风尚和式样,新的产品和模型——以及新的镇静剂和止痛药。①

所谓"高保真度接收机"*所追求的是一种不同的方式,这些人来自各种专门职业的成员,文娱业和报纸、广播、电视业中的工作者,学院和大学中的教师和学生。由于他们的教育背景以及他们的职业的性质,这些人对于轻松与压制的矛盾,对于垄断资本主义社会在情欲冲动的精神满足上所设置的日益增长的障碍可能最为敏感。他们对于危机的反应是:常常做出一种狂热的努力,通过或许可以称为某种程度的"再升华",去在个人水平上找到一种解

---

① 这同样是对于一种捉摸不定的东西的徒劳无益的追求——只是从相反的方向——这种东西使得所谓颓废派的人通过放弃"古板"的生活方式,连同它的使生活舒适的事物和令人愉快的事情,而代之以一种以古怪、杂乱和麻醉剂为特征的生活方式,去求得感情上的满足。

* 原文为 hifi-set,指收音机、照相机等保真度很高的东西,这里用来借喻特别敏感的人。——译者

决办法。由于是审慎地采取的,这种企图具有职业疗法的一切特征。从事绘画或内部装饰;变成稀有古玩的鉴赏家;收藏音乐唱片(常常突出地仅限于某一个国家的或某一个历史时期的)——这些就是这种"文化"冲动的特殊表现。它的人为性常常是显而易见的。书籍可能从来没有打开过,只是用来装饰设计得很优雅的书架;技术上极好的唱机继续不断地运转,与其说是表明爱好音乐,倒不如说是表明畏惧寂寞;对着古董商和艺术品商人的目录册沉思,或选取新的织品去重新装饰起居室,除了向单独同自己的思想和感情在一起的必然性提供一种暂时的逃遁以外,再不能有所作为。人造的使人得到满足的泉源,同它们用来代替的正在消逝的泉源一样,是不能产生结果的。

追求替代性的满足的影响被最强烈地感觉到同时也是最重要的领域,是父母和子女的关系。丈夫和妻子之间的麻烦,将由于他们对子女的共同责任和爱情而变得缓和,这种信念几乎是普遍持有的。然而在实际上,子女的到来,远远不是使一切问题得到解决,而是常常使问题变得更多、更复杂。虽然有子女是一种满足和骄傲,但他们所强加的负担和义务却限制了父母的自由,增加了他们在其下生活的已经很可怕的紧张和压力。万一走到了婚姻破裂的一步,子女的存在就使得分离在感情上的创伤更深,在经济上的困难更大。

在被普遍接受的关于今天美国家庭生活的老一套想法中,这种不愉快的事实已经消失了。在那里,儿童被当作比妇女更高一级的偶像来崇拜。他们经常被无微不至地关怀着和宠爱着,家庭收入中有很大的和越来越大的一部分用来满足他们的需要。然而这种把儿童当作偶像来崇拜,虽然被占统治地位的思想意识所强调,被无处不在的销售努力所利用,却远远没有表明美国是一个儿童的天堂,而是指出了儿童在社会上的地位以及父母同他们子女的关系都存在着问题。因为,父母自己在感情上感到饥荒,无法彼此给予他们所需要的东西;一方面怀有对儿童的天然的和社会允许的爱情,一方面又受到一种常常是不可抵抗的引诱——认为儿童至少是部分地要对自己无力打破生活上的痛苦境遇负责,这样他们是不能满足儿童的感情需要的,也不能同儿童建立健康的关系。

这种矛盾心理增强了统治着家庭气氛的紧张关系,这种紧张关系可能在剧烈的冲突中、在无言的敌对中或在不自然的"聚会"中表现出来。儿童对于他的环境从来就是敏感的,因而不可避免地在整个身心上都受到影响。父母的彼此漠不相关陶铸了儿童本人的个性;一代人的感情上的残缺变成了一种"遗传的"特性,摧残着和毁灭着下一代人的生活。

在为数甚微的,虽然不幸是日益增多的少数场合,父母感受到的挫折通过控制不了的借故生端的形式表现出来:它突破一切禁律,造成对儿童不可想象的虐待。① 更常见的是采取放任的形式,它一般只是对儿童的发展缺乏兴趣和缺乏关心的一层薄薄的伪装。儿童们被鼓励去花费许多小时坐在电视机旁,或做他们高兴

---

① "现在摆在整个加利福尼亚州北部少年管理当局面前的大批案件,表明残酷成性的父母正在虐待他们的子女。单是在旧金山,过去两年中虐待儿童的案件增加了两倍以上,自从本年1月1日以来,父母使用暴力的案件似乎在以甚至更大的步伐加速增多。"(《旧金山纪事报》,1961年4月5日。)

十一、不合理的制度

做的任何事情,对他们的主要要求是,不要去打扰他们的父母。由于自己老是在妨碍人,老是被抛给别人去照顾,儿童们就感到自己是多余的,只是麻烦和花钱的根源。

可是,就绝大部分而言,父母对其子女不能表达出于自然的爱,这的确和意识形态的准则与良心的要求是冲突的,这就造成了一种使人痛苦的内疚感,父母试图通过走另一个极端即给予他们的子女以慈爱的象征去使之减轻。这种关心是假装出来的,并非发自真正的热情和对儿童的感情倾注,这是在每一步都能感觉出来的——尤其是儿童自己会感觉出来,他是最有效的和最可靠的测谎器。

这样,儿童每天的经验就是被哄骗包围着。铭记着在他的环境中所发生的每一件事件,从最早的时候起就喜欢模仿,他既受到父母对待他的态度的影响,也同样受到他的父母彼此对待的态度的影响。即使接受着爱情的一切外部表现,他也不能不受到成年人的彼此漠不相关的深刻影响:在最好的情况下,儿童的世界也是不能同成年人的世界的冰冻气氛完全绝缘的。父母生活的无目的的漂荡,他们的紧张、挫折和厌烦,不会不在儿童的性格和发展上打下它们的烙印。这样,父母们就按照自己的模式铸造了他们的子女。就像父母们对社会失去了信仰,对它的意识形态失去了信心,对他们的工作和对彼此变得敌视一样,子女们也对他们的父母失去了信仰,看透了他们的教训和告诫的虚伪性。父母和子女全都发现自己处在一个莽莽丛林中,在这里,既没有爱,也没有信赖;既没有值得为之努力的目标,也没有值得为之奋斗的理想。

6

这种事态是不能用愿望或符咒去加以改变的。宣布美国所需要的是"精神上的复苏"或者是"国家目标"的明确化,这既表示了它们所要反对的病理状态,又表示了理解这种病状的性质和起源的十分无能。当保罗·古德曼这样一个敏感的和有观察力的作家诚恳地声称,"我们的社会不能同时做两件事情:既要维持正统的和不体面的制度,又要有技术高强和生气勃勃的人去运用这个制度"时,他只能得出这个结论:"在各行各业如果有一万人站起来,说出心里的话,并且坚持着,我们就会把国运扭转。"——在这个时候,我们就可以充分看到,即使我们的最好的社会批评家,也未能正视我们时代的危机的真实性质和规模。①

因为在毒害着这个社会的人的生存的空虚、堕落和痛苦的背后,是垄断资本主义本身的深刻的不合理性和道德上的破产。任何愤怒的抗议,任何在垄断资本主义体制以内的改革,都不能挽救全体的腐朽。正如每天都变得越来越清楚的,这种腐朽使得科学知识中的以及技术和组织技巧中的即使是最辉煌的进步,其合理性也越来越成为问题。有广泛影响的宣传工具的改进,只是加速了群众文化的退化。毁灭武器制造中的最大完善,并不能使它们的生产成为合理的。目的的不合理性,否定了手段的一切进步。合理性本身变成了不合理的。我们已经达到了这个地步:唯一真

---

① 《越来越变得荒谬》,纽约,1960 年,第 14,xvi 页。

正的合理性在于采取行动，去推翻这个已经变成了绝对不合理的制度。

这样一种行动的产生，是否能具有足够的能量和强度，去达成它的目的呢？美国的未来，垄断资本主义的未来，显然都取决于这个问题的答案。还有，虽然是比较间接地，人类本身的未来（在将来的一个长远的时期内），也是如此。

传统的马克思主义正统观念的答复——工业无产阶级必须最后起来革命，推翻它的资产阶级压迫者——不再具有说服力了。产业工人在美国工人阶级中只是人数越来越少的一个少数，他们在各个基本工业部门中的有组织的核心，由于作为消费者和在意识形态上能够适应的社会成员，在很大程度上已经同这个制度结合成为一体。他们不像马克思时代的产业工人那样，是这种制度的特殊牺牲品，虽则他们和所有其他的阶级和阶层一道，从这个制度的自然性和不合理性遭受痛苦——比某些阶级和阶层多一些，比另外一些阶级和阶层少一些。

这个制度自然有它的特殊牺牲品。他们就是失业者和不能被雇佣的人，是农业季节工人，是大城市少数民族聚居区的居民，是失学的青少年，是靠不充分的养老金生活的老年人——一句话，是局外人，是由于他们所掌握的购买力有限以致不能使自己得到消费上的各种满足——尽管这种满足的质量不过如此——的人。但是这些集团虽然人数众多，①却是太复杂了，太分散和分裂了，不能构成社会中的一种团结一致的力量。寡头统治集团知道怎样通

---

① 参阅关于美国贫穷的程度的讨论，上面第305—309页。

过发放少量的施舍物和救济品,去使他们保持分化,防止他们变成一种流氓无产者——铤而走险的饥饿汉。①

如果我们把注意力限制在先进垄断资本主义的内部动态学的范围之内,那就很难避免得出这个结论:采取有效的革命行动去推翻这个制度的希望是很渺茫的。从这个角度来看,很可能的发展进程是现在这个腐败过程的继续,使这个制度的强制性与人性的基本需要之间的矛盾变得越来越不可克服。必然的结果是:越来越严重的心理失常扩展开来,导致这个制度的运转——即使是按它自己的条件——能力受到损毁,最后是完全衰竭。②

但是,正如我们在第七章所强调指出的,先进的垄断资本主义并不是孤立存在的,任何关于它的未来的推测,如果只考虑到它的内部规律和趋势,那肯定会引起误解。美国在或大或小的程度上统治着和剥削着所谓"自由世界"的所有国家和地区,因而遭遇着不同程度的抵抗。抵抗的最高形式是革命战争,目的在于脱离世界资本主义体系,在社会主义的基础上进行社会的和经济的重建。自从第二次世界大战以来,这种战争就不曾间断过,革命人民在越

---

① 这些自然都是约翰逊政府的所谓向贫穷宣战的目标。
② 所谓"曼哈顿中间市区研究"的发现,表明我们可能已经进入这样一个阶段,这个研究是迄今为止对大量人口的心理健康所进行的一次最彻底的抽样调查。根据在纽约市的一个比较富裕的和全部是白人的地区所进行的八年的研究,专以年龄在20岁至59岁之间的成年人为限,这个研究发现:抽样对象中只有18.5%的人能列为"良好",没有重大的症状。症状构成中的"轻微"和"中等"两级各占抽样的36.3%和21.8%。"明显"、"严重"和"丧失资格"三级各占13.2%、7.5%和2.7%。这样,在抽样中发现有五分之四以上的人患有某种以可辨认的形式的心理失调,将近有四分之一的人"处在心理健康连续统一体中的损伤区域"。[利奥·斯罗尔(Leo Srole)等:《大都市中的心理健康:曼哈顿中间市区研究》(*Mental Health in the Metropolis: The Midtown Manhattan Study*),纽约,多伦多,伦敦,1962年,第342页。]

南、中国、朝鲜、古巴和阿尔及利亚取得了一系列历史性的胜利。这些胜利,连同不发达国家越来越明显的无力在世界资本主义体系的体制内解决它们的问题,在整个亚洲、非洲和拉丁美洲播下了革命的种子。某些种子的发芽和成熟将要快些,某些将要慢些,还有一些也许将要经历一个很长的萌芽期才能成熟。无论如何看来很清楚的是:它们现在已经植入,没有可能将其根除了。谈论世界革命不再只是一种词令:这个名词所描写的是一种已经变成现实的东西,它肯定将越来越变成我们所生活的历史时代的主要特征。

这个事实对于垄断资本主义的未来的含义,刚刚开始变得明显。美国统治阶级根据阶级本性并通过经验,懂得世界革命每前进一步,就是它自己的一次失败——经济的,政治的和道德的失败。它下定决心,要在可能具有这种威胁的一切地方,采用可能采取的一切手段去抵抗这种前进;它指望依靠自己在战争技术上的巨大优越性去取得自己的胜利。然而事实是,在这个斗争中,反革命方面是不可能得到任何真正胜利的。在革命高潮的下面,是真正的经济问题、社会问题和人口问题;而反革命的根本性质就在于防止对这些问题进行合理的处理,更不要谈解决。反革命可能赢得、事实上也的确赢得了许多场战争,但是战争还在继续着,坚决地扩大到新的民族和新的地区。当革命战争扩大时,美国的卷入也就扩大了。

没有人能够预见到美国日益委身于世界反革命事业所带来的全部后果,但是同样也没有人能够怀疑,它将深刻地影响到事态的内部和外部进程。从长远来看,它的主要影响很可能是落在美国的青年身上。军事人力的需要似乎肯定会急剧增长;这可能不久就会变成正规现象：美国青年在自己的一生中要花去几年——如果他们能幸免于死的话——在亚洲、非洲和拉丁美洲的丛林和群山中作战。他们和他们的家庭所经受的心灵上的紧张和身体上的痛苦，将使一种反对人类的社会秩序所强加的极度痛苦增加新的分量。其效果将只是加速已经走得如此之远的腐朽过程呢？还是，这种震动或许将惊醒越来越多的人，使他们认识到进行根本改变的迫切需要？抑或，像有些人所相信的，美国统治阶级的事业的越来越明显的没有成功希望，将使它走到最大的不合理性的地步：发动一场原子毁灭战？

现在没有人能够回答这些问题，这件事意味着：所有这些选择都不能排除；以改变事态进程为目的的行动是有成功的机会的。甚至有着迹象，特别是在南方的黑人自由运动中，在城市少数民族居留区的暴动中，以及在学术界反对越南战争的不断增长的抗议中，表明美国人民中有着值得注意的许多部分随时准备参加积极的斗争，去反对一种暴露得越来越充分的令人不能容忍的社会秩序。如果情形是这样，谁能限制在将来可能参加他们行列的人们的人数呢？

但是，即使现在的抗议运动可能遭受失败或不免夭折，也没有理由永远一笔勾销在美国发生真正的革命运动的可能性。当世界革命扩大时，当社会主义国家用它们的榜样表明，可能利用人对自然力的支配，去建立一个能满足人类正当需要的合理社会时，越来越多的美国人必定会对他们现在视为当然的东西怀疑其存在的必要性。一旦大规模地发生这种事情，现行不合理制度的最有力的支柱就将垮台，而重新创造的问题也将成为绝对的必要。这不会

十一、不合理的制度

在五年或十年之内发生,也许不会在本世纪内发生:重大的历史事件少有在如此短暂的时期内发生的。但甚至更少有的是:这种重大事件一旦真正开始之后,在它们的一切可能性全部展开以前,能改变它们的性质,或扭转它们的方向。我们时代的重大事件就是世界革命;在它席卷全世界以前,它是绝不会停止的。

与此同时,我们在美国所需要的是:历史的眼光,面对事实的勇气,对于人类及其未来的信心。有了这些,我们就可能认识到我们在道德上所负的义务,要献出自己的一切,去为反对这样一种万恶的、有害的制度而斗争:它不仅摧残、压迫和侮辱在它底下生活的人,而且对全世界其他亿万人民也以毁灭和死亡相威胁。

附录　经济剩余的估计

约瑟夫·D.菲利浦斯

关于美国经济所产生的经济剩余数量的估计问题,由于缺乏可供直接利用的统计资料,所以变得很复杂。必须主要依靠美国商务部编制的国民收入核算所提供的数字。但是这种资料中有许多只是约略的近似值——例如,对非公司化企业收入的估计。更严重的是,在国民收入核算中使用的范畴和经济剩余概念中包含的范畴两者之间有着差异。这种差异,使得必须在现有资料中做出若干粗略的调整。

对经济剩余做出估计时所使用的方法,是从比较得到普遍承认的剩余因素开始,直到那些不是普通都包括在内的因素,虽则事实上不可能自始至终贯彻这个程序。因此,最初的一步是把国民收入核算中所包括的财产收入各因素都纳入经济剩余中。其中有几项需要加以调整,使之接近于这里使用的概念,这将在下面说明。

其次,在商业过程中产生的各种可以称为浪费支出的数量,是估计得来的。从个别商号的观点来看,这种支出中有许多似乎是必要的商业开支;但是从整个经济的观点来看,它们构成了各种形式的浪费。因此,把它们纳入了经济剩余中。

所估计的第三大类剩余是政府吸收的剩余。政府的全部开支都包括在经济剩余中,这样,就不是以政府支出从某种意义来说是否为必要的或有用的为标准。

然后把这三大类经济剩余——财产收入,商业过程中的浪费,政府支出——各自的合计数加在一起,得出我们的总数。可是,应当注意,这些合计数仍然不包括剩余的一切因素。有一些因素由于资料不足,不能按逐年的基础来估计。其中之一是销售努力对生产过程的渗透;但是搜集了近年来有关这方面的一些资料,借以表明它的规模大小。另一个可以合理地包括在剩余中但在此处予以略去的因素是,由于失业的存在以致丧失的产值。[1]

一、财产收入

公司利润是按扣除公司所得税并进行存货价值调整后的数字列入的(参阅表 18[2])。对超额折旧摊提的调整,是在把非公司化企业的利润收入加进公司利润中借以获得商业总利润之后做出的。

(一)非公司化企业的收入

这里的总的问题是:究竟是把非公司化企业的收入当作利润,

---

[1] "经济进步会谈"估计,1953—1960 年由于这个原因而丧失的产值为 2,620 亿美元(按 1959 年的美元价值计算)。[《职位与成长》(*Jobs and Growth*),华盛顿,1961 年,第 33 页。]

[2] 所有的表都列在本附录的末尾。

还是当作劳动收入,抑或当作两者的混合物?至少有一种研究把它完全当作劳动收入。① 就我们的目的来说,这种办法似乎是不合理的。从税收报表和人口普查所得到的资料表明:非公司化企业中有好多商号雇用了若干工人,获得了相当大的利润。反之,把非公司化企业的全部收入都当作利润也是不适当的,因为在得出非公司化企业的收入总额时,没有扣除所有主的薪金,这些所有主在许多场合是他们自己商号的唯一工作人员。

有一种提出来解决这个问题的办法是:在这类收入中,用非公司化企业从事业务的所有主的人数,去乘雇员的平均工资(这两种数字是从每一个主要的工业部门得出的),这样来估计劳动收入。然后把对所有主劳动收入的这个估计数字与非公司化企业收入总额之差,列为财产收入。②

另一种处理这个问题的方法是由丹尼森提出的。他论证说:

> 处理这个问题(代表对投入劳动的报偿的那一部分非公司化企业收入)的最好办法或许是:假定对劳动——包括雇用人员、所有主和家属工作人员的劳动——的报酬总额在非公司化企业总收入中所占的比例,也同在公司(在公司,这个问

---

① 杰西·V.伯克黑德(Jesse V. Burkhead):《收入的职能分配中的变化》(Changes in the Functional Distribution of Income),《美国统计学会杂志》(Journal of the American Statistical Association),1953 年 6 月,第 192—219 页。

② 爱德华·C.巴德(Edward C. Budd):《分配份额的处理》(Treatment of Distributive Shares),载《美国收入和产品核算评论:收入与财富的研究》(A Critique of the United States Income and Product Account: Studies in Income and Wealth),第 22 卷,第 356—357 页。巴德对 1952 年非公司化企业财产收入的估计为这类企业收入总额的 26.7%。

题最小)中一样(大约占四分之三)。

这样一种假定……会意味着,1952年对农场以外的非公司化企业所有主的平均报酬相当于整个商业经济中付给雇用人员的平均报酬的三分之二左右。它也意味着,在总数中,在农场以外的所有主收入中代表劳动报酬的不超过一半。如果这种比率似乎显得很低,那就最好是记住:大多数农场以外的所有主是在这样的商号中,它们的按所有主计算的净收入总额比平均的雇员报偿要低得多;这种所有主收入总额的大部分是由较大的商号造成的,后者的财产收入可能占统治地位。①

在我们这里就采用上面这种解决办法。每年公司收入中归于雇员的百分比,被认为是单一所有主和合伙企业收入中劳动成分的尺度。从余数中,减去单一所有主和合伙企业中的净利息收入,就得出我们对非公司化企业利润的估计(参阅表19)。把这些加在公司利润上,就得出未调整的企业利润总额,尚待调整的是要考虑超额折旧摊提。

(二)超额折旧

国民收入核算中提供的利润数字需要做出的一个调整,是由于超额折旧摊提所引起的。《美国收入和产量》的作者们承认有这个可能性:

---

① 爱德华·F.丹尼森(Edward F. Denison):《收入类型和规模大小的分配》(Income Types and the Size Distribution),《美国经济评论》,1954年5月,第256页。

利润显然很难正确计算。应当特别提到,在规定合适的折旧费时是有困难的。这里所得出的利润率(利润占公司收入的百分比)是根据公司纳税报表中所使用的折旧概念来计算的。对经济分析来说,这些概念不一定是最合适的。例如,它们反映了税法的改变,如1950年制订的特殊摊提规定和1954年税收法典中允许加速折旧的另一公式的合法化。为了消除这些改变的影响所做的调整,可能使1957年的利润率要高1%或2%(20%左右到21%或22%左右),并表明在过去几年中的动态略有不同。可是,1951年以来的下降的粗略格局……仍然会存在,似乎不需要在对它的解释上加以改变。①

可是,他们进一步论证,对于某些目的来说,折旧摊提是不足的:

纳税上的计算折旧是根据原来的成本价值的,这个事实引进了另外一个需要考虑的因素,特别是在涉及长期比较的问题中。就经济分析的许多目的来说,最好是根据现在的更新成本来计算折旧。一般说来,这种方法上的改变会提高折旧,并使利润在战后时期比在20世纪20年代减少得比较多一些。②

后面这一点是根据这样的理由:在通货膨胀时期,设备和建筑

---

① 美国商务部:《美国收入与产量》(*U.S. Income and Output*),华盛顿,1958年,第15页。
② 同上书,第16页。

物更新的成本比现行折旧费要大一些,后者是根据这些资产的原始价值计算的。艾斯纳对这个理由提出了反驳:

(1)价格上涨可能不足以消除超额折旧费超过由于实际投资数量的增长所造成的设备更新需要。

(2)为消除实际投资数量增长的影响所必要的价格上涨的程度,是投资增长率(按货币计算,它是实际增长和价格变动两者的产物)、资产使用年限和摊提期限三者的函数。用作例证的实例表明,只在价格的上涨比实际投资的增长略快一些时,设备更新的需要才接近于折旧费的规模。

我们可以得出结论:增长的现象使那些主张折旧不足以满足设备更新需要的人很站不住脚。就设备更新的需要可能为折旧费的大小提供一个标准而论,做出相反的假设似乎是合适的。或许折旧费太高,习用的会计方法对于净利润、净收入和净投资,都估计太低了!因此,或许我们对于"收入"分配的传统分析忽视了社会产品的一个重要成分——以慷慨的折旧费形式归于商业企业的部分。①

艾斯纳还指出,"尽管物价上涨,很可能用这样的新资产去更新旧资产:它的按每单位生产能力或产量计算的美元成本比所代替的价格较廉但效率较低的资产那样计算的美元成本要小"。其

---

① 罗伯特·艾斯纳:《折旧费,设备更新需要和成长》(Depreciation Allowances, Replacement Requirements and Growth),《美国经济评论》,1952年12月,第831页。

次,他特别提到,设备更新的需要与考虑折旧费究竟有无关系是可以怀疑的。"许多会计师将坚决主张,折旧会计只不过是分摊原始成本的一种手段,与设备更新的需要完全无关。"①

艾斯纳在另外的地方主张说,1954年"国内税收法典"中的改变,即明白规定(a)支付折旧的"下降差额"法,其比率为直线法比率的两倍,和(b)"历年数字总和"法,通过它们对公司利润计算的影响,对公司税款的支付不能不产生巨大的影响。这两种任择其一的公式,容许做出快速折旧。② 他粗略地估计,由于1954年税法改变的结果,到1960年,财政部每年税收损失大约为30亿美元,假定纳税义务的改变对国民生产总值的数量没有影响。这个数字意味着,1960年由于这一来源的超额折旧估计将近60亿美元。* 这样它就意味着,单单由于1954年税法改变的结果,1960年的商业利润应当比所报告的高出将近60亿美元。

艾斯纳在1959年坚决主张说,他的预测的正确性和保守性已由财政部和商务部以及由联合经济委员会的工作人员所做的公司实际折旧费的估计和报告所证实。财政部的报告表明,公司的折旧和加速摊提扣除数总额从1953年的120亿美元增至1956年的176亿美元。商务部的估计表明,公司的折旧和摊提从1953年的180亿美元增至1957年的197亿美元,联合经济委员会工作人员估计在1958年将进一步增至213亿美元。再加上非公司化企业

---

① 罗伯特·艾斯纳:《折旧费,设备更新需要和成长》,《美国经济评论》,1952年12月,第820页。
② 罗伯特·艾斯纳:《新税法下的折旧》(Depreciation Under the New Tax Law),《哈佛商业评论》,1955年1—2月,第66—74页。
* 这里是按公司所得税税率为50%计算的,实际上是52%。——译者

的折旧摊提,1953—1958年间折旧摊提额的增长,估计到1958年时,将使财政部的税收损失达每年50亿美元以上。这"除了折旧方法的改变之外,还包括总资本增加额增长率的直接效果",但损失部分"能明确归之于折旧方法改变的无疑在25亿美元以上",这是艾斯纳根据总资本增加额的增长率为4%时给1958年预测的数字。① 这样,到1958年,从这个来源的超额折旧费已经接近60亿美元,从此以后还会迅速增加。

这些估计表明了仅仅从一个来源——1954年国内税收法典中的改变——产生的超额折旧数。很有根据可以推断,美国企业长久以来就有夸大折旧费的趋势。考虑到法布里坎特的估计——美国固定资产的平均寿命大约为30年,这已为多马从商务部得到的口头估计所证实——似乎甚至在1954年的税法改变以前,国内税收法典所允许的折旧的速度就比更新的实践所要求的高。② 就许多类型的设备来说,法典允许的折旧都是根据不到30年的寿命估计的。

苏联经济学家M.戈兰斯基曾试图估计"美国的实际折旧":

> 美国统计大大地高估了固定资本磨损的更新成本。除了折旧之外,这一项目(资本消耗折扣)还包括固定资本和投

---

① 罗伯特·艾斯纳:《折旧费对税收目的的效果》(Effects of Depreciation Allowances for Tax Purposes),《税收法修正概略》(Tax Revision Compendium),众议院筹款委员会印行,华盛顿,1959年,第2卷,第794页。

② 所罗门·法布里坎特(Solomon Fabricant):《资本消耗与调整》(Capital Consumption and Adjustment),纽约,1938年,第34页;埃夫塞·D.多马:《经济成长理论论文集》,纽约,1957年,第158页脚注。多马指出,由于各商号的可以折旧的资产中设备较诸建筑物的重要性有所增长,平均寿命在过去一段时间可能正在下降。

资的意外损失的更新成本,这种损失是当作普通支出处理的。……也不可能利用官方的折旧数据。折旧代表着固定资本磨损价值更新所需的货币数量。这指的是实际参加物质生产过程的固定资本。但是美国统计忽视了生产领域和非生产领域的区别,在固定资本的折旧中包括了不参加生产的住宅和其他建筑物与财产的磨损。

此外,固定资本更新基金由折旧率的规定过高而大为夸张了。

显然,这样大加歪曲了的数据是不能作为固定资产折旧的正确指标的……(使用它们)会导致国民收入被低估了几十亿美元。

由于缺乏适当的统计,我们不能从官方折旧总额中除去上述剩余价值因素。可是,根据美国制造工业各部门可得的折旧资料,可以粗略估计物质生产部门固定资本折旧的实际价值。我们暂定折旧在制造业最终产品的价值中所占的份额,等于一切物质生产领域的最终产品中的折旧份额。……1947年的记录是:在美国制造业最终产品的价值中折旧所占的百分比为最低(4%)。这个百分数最正确地反映了固定资本的实际磨损,我们把它当作折旧在我们所考虑的整个时期内在美国的最终物质产品的价值中所占份额的指标。[①]

[①] 《重新计算美国国民收入所使用的方法》(Methods Employed to Recalculate the National Income of the U. S. A.),《经济问题》(Problems of Economics),1960年3月,第162—163页。译自苏联《世界经济与国际关系》(Mirovaia Economika i Meghdunarodnye Otnocheniia),1959年第11期。

戈兰斯基得出了下列折旧估计(单位：百万美元)，我们将其同商务部相同年份的总数作比较：

年　份	戈兰斯基	商务部①
1929	2,838	7,698
1947	6,532	12,150
1950	7,831	18,042
1955	10,425	28,110

不可能把戈兰斯基的估计方法应用于其他年份，因为他对估计最后物质产品的某些步骤，特别是关于间接税方面的步骤，未加充分说明。可是，我们把他的折旧估计当作相应年份中生产者耐用设备和非住宅建筑方面私人总投资的百分比。这个百分比是从25%—26.8%。这样它们就同多马对苏联的折旧对总投资的比率的估计数28%②密切相应。如果我们把1929—1963年生产者耐用设备和非住宅建筑的私人投资总额的26%当作我们估计折旧的根据，我们就得出在此35年中的折旧总额为2,043.5亿美元。

另一种估计是这样得到的：把戈兰斯基对1929年、1947年、1950年和1955年的折旧估计数总额当作商务部对这些年份的修

---

① 《国民收入》(National Income)，1954年版，第162—163页；《商业现况调查》，1957年7月，第8—9页。这些是戈兰斯基(Golanskii)使用的资料来源，因此我们用来作为比较，虽则折旧估计后来已经修正了。

② 《经济成长理论论文集》，第160页。多马引证了诺曼·卡普兰(Norman Kaplan)的苏联投资估计［《苏联的资本形成和工业化：兰德公司研究》(Soviet Capital Formation and Industrialization: A Rand Corporation Study)(第277页)，圣莫尼卡，加利福尼亚，1952］，来表明苏联的折旧对总投资的比率在1930—1950年期间按现行价格计算平均为12%—25%，但他认为这个变动范围由于急剧的通货膨胀而意义不大。因此，多马做出了他自己对苏联的折旧对总投资比率的估计，其根据是卡普兰对苏联投资实际增长率的估计，和他自己对苏联投资资产平均寿命的估计。

正折旧估计(减去了自用住宅折旧和公共机构的折旧)相应总额的百分比。这个百分比等于 48.2,当应用到 1929—1963 年期间商务部的折旧总额(经过按上述办法的调整)时,得出这一时期的折旧估计数为 2,576.55 亿美元。

采用了这两种估计中的较大的数字作为 1929—1963 年期间的商业折旧总额。这个总额按下述指数来逐年分配:这个指数反映了商务部折旧数列的逐年分配,但经过调整,以消除自用住宅的折旧和公共机构的折旧,并减少 1954 年及以后年份国内税收法典变动的影响。①

然后把这样得出的折旧估计数从各商号的净收入总额中减去,就得出我们对纳税前商业利润的估计数。(参阅表 18)

(三)地租,利息和其他财产收入

国民收入核算中所列的另一类习惯上列为财产收入的,是个人的租金收入。近年来,也像在 20 世纪 30 年代一样,国民收入核算中出现的这类收入有一半以上是归在自用住宅上的净租金。把这个因素包括在经济剩余中似乎是不恰当的,因此,将它从个人租金收入中减去,来得到调整后的租金收入,包括在经济剩余的估计中。

利息是财产收入的另一个因素。在我们的估计中,包括在经

---

① 后一个调整是这样做出的:从商务部的数列中减去艾斯纳对超额折旧的估计,这种超额折旧在这些年份中是由每年在折旧中使用"历年数字总和法"去代替"直线法"造成的。减去的数字见经济报告联合委员会,《促进经济成长和稳定的联邦税收政策》,华盛顿,1955 年,第 6 栏,表 4,第 520 页。艾斯纳后来指出,这些估计被证明是太保守了。《税法修正概略》,第 794 页。

济剩余中的是净利息,而不是个人利息收入。在国民收入核算中出现的个人利息收入包括净利息(它不包括政府支付的利息)和政府支付的利息。由于政府的全部支出稍后都包括在我们对经济剩余的估计中,为了避免重复计算,政府支付的净利息已从我们的利息这个成分中除去。

在这里需要考虑的唯一的另一收入因素,是对公司高级职员的补偿。这种收入中有很大一部分代表着利润的一份,虽然对它不是这样明白处理的。在我们的估计中,把公司高级职员补偿费总额的一半包括在该年份的经济剩余中。这种估计见表20。

二、商业过程中的浪费

重要的是,对于采取商业过程中的浪费形式的经济剩余因素要做出某种考虑,而表22包括了其中一些的估计数字。一般说来,这种浪费的最大部分是同推销商业产品的过程有关的。这包括许多这样的支出:刊登广告,市场研究费用,招待费,过多数量的销售点的维持,以及销售人员的薪金和额外津贴。密切有关的是这一类支出:公共关系和议会院外活动,华丽的办公大楼的租金和维持费,以及商业诉讼。

得出了从1929年起的各年在分配方面的成本估计数字。为了这样做,我们把巴杰对1929年分配所增价值(占全部零售商品的零售价值的百分比)的估计数应用于1929—1934年的零售额,把他对1939年的估计数应用于1935—1945年的零售额,把他对

1948年的估计数应用于1946—1963年的零售额。① 由于贸易方面的利润(公司的和非公司的)和净利息已包括在我们所估计的剩余中,其中有一个相应的份额已从我们估计的分配增加价值中减去。留下来被看作是剩余的那一部分分配成本是这样任意得出的:即每年把剩下的成本的35%加在剩余之上。非贸易公司的公司广告也包括在经济剩余中。

除了在分配中所消费的那部分经济剩余之外,在同金融、保险、不动产和法律服务等行业有关的成本中也用去了很大一部分经济剩余。② 在这些行业中所产生的利润、地租和净利息,已包括在我们对经济剩余的计算中。剩下来的最大成分是雇员补偿金。这个成分也被看作是经济剩余的一部分。在这些部门的非公司化企业中我们看作是对所有主的劳动报偿的那一部分收入,没有试图将其包括在经济剩余之内。

三、政府吸收的剩余

对政府所吸收的剩余的估计,是根据政府全部开支做出的。从政府开支中减去了联邦对州和地方政府的补助金(因为否则它

---

① 哈罗德·巴杰(Harold Barger):《1869年以来分配在美国经济中的地位》(*Distribution's Place in the American Economy Since 1869*),第57—60页。他的百分比不包括生产者和最初的分配者之间的运输支出,但包括最初的分配者、随后的各级分配者以及消费者之间的运输支出。1929年的数字为36.6%,1939年的数字为37.3%,1948年的数字为37.4%。

② 即使在管理得最合理的经济中,自然也会有这样产生的一些成本:需要有企业相互之间的财务核算,需要有律师的服务,来对人民提供法律帮助或帮助解决各经济单位之间的争端。可是,这些成本还得由经济剩余中支付。

们就会出现两次——作为联邦支出,又作为州和地方支出)。这些估计数字见表21。

最后估计的剩余总数见表22。这种全部剩余估计数字,当作为国民生产总值的百分比表现出来时(图5),近年来比在第二次世界大战以前或紧接第二次世界大战的时期要高一些。

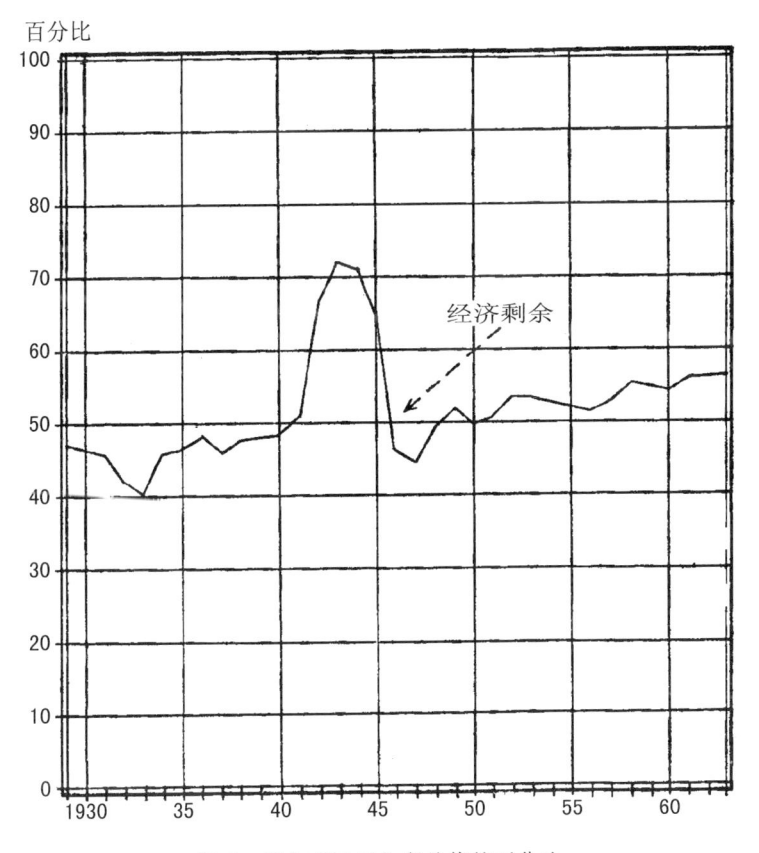

图5 剩余对国民生产总值的百分比

四、销售努力对生产过程的渗透

由于销售努力对生产过程本身的渗透所用去的经济剩余的数量,只能非常粗略地予以估计。我们在这里所处理的是这一类成本:汽车及其他耐用消费品型式改变的支出,这时不牵涉质量或效用的根本改变;提供表面上的产品多样性和差异性的成本;以及其他类似的支出。这样一种现象构成了美国经济的重大特征,是许多商业行政人员所承认的。《哈佛商业评论》在它的订户中进行了一次调查,发出调查表,询问他们对"计划的陈旧"是否感到是一个问题,在3,100起回答中约有三分之二是肯定的。[①]

当凯弗维尔委员会调查汽车工业中的管理价格时,向它提供的证词表明:"汽车工业中有很大一部分普通管理费用,是由于强调式样竞争,而不是由于价格竞争引起的。"福特汽车公司副总经理西奥多·O.英特马估计,福特在所有汽车型号上的型式改变的正常开支每年为3.5亿美元,虽则1957年这种开支达到4.4亿美元。这些数字包括式样设计、工程技术以及购买特殊的商业工具,但不包括型式改变中的设备支出或重新布置的成本等任何费用。通用汽车公司的弗雷德里克·唐纳作证说,他的公司在汽车和卡车的式样改变方面"每年约费5亿美元"。克莱斯勒的代表声明,为了使他们的新型汽车投入市场,每年平均大约花费2亿美元以

---

① 约翰·B.斯图亚特(John B. Stewart):《考察中的问题:计划的陈旧》(Problems in Review: Planned Obsolescence),《哈佛商业评论》,1959年9—10月,第14页。

上。这样,三家主要的汽车制造商为了采用他们的新型式,每年一共花费了 10 亿美元左右。

式样设计成本增长的规模,由福特汽车公司提供的一张图显示出来了,这张图表明了 1948—1957 年它的工具摊提、工程技术和式样设计等方面的成本改变。这些成本在 1948—1951 年间保持稳定,在 1951—1953 年间增加一倍,1957 年比 1948 年水平增加 5.5% 倍。型式改变成本对销售收入的比率,1957 年比 1948 年大约高 1.5% 倍。

式样设计成本上涨的另一个标志,表现在特殊商业工具的成本摊提中。这些工具包括为生产特殊模型的汽车所定购的工具和冲模,它们按照为之购买的那种模型的流行期限,作为生产成本,实行折旧摊提。三个主要的汽车制造商这一成本项目的总计,从 1950 年的 1.82 亿美元左右增至 1957 年的 7.62 亿美元。这种增长的一部分是由于通货膨胀,但大部分是由于型式的更大的复杂性和更频繁的改变所造成的。这种成本的依存于式样改变由英特马指出了,他在作证时说,1955 年福特型(他用它作为实例)的特殊工具成本有 72% 是用在车身和前后部件上,这些是最容易在式样上变得陈旧。底盘安装工具占 12%,引擎安装工具占其余的 16%。在这些 1955 年的工具中,按价值计算,只有 3.5% 在 1958 年的模型上还在使用。[①]

---

① 所有上列数字均引自《管理价格:汽车》,美国参议院司法委员会反托拉斯和垄断小组委员会报告,第 85 届国会,第 2 次会议(1958 年),第 121—123 页。关于汽车型式改变对整个经济的成本的讨论,参阅上面第五章。

关于销售努力渗透到生产过程的情报，在其他工业部门比较难于得到。强调式样改变，以便说服买主，使之相信他们的旧型式已经过时，是大多数其他耐用消费品工业的特色，并反映在频繁的，有时是一年一度的型式改变中。可是，其他耐用消费品的型式改变在设计、工程和投入生产上的所费一般不那么昂贵。既然汽车工业中型式改变的成本每年约在 10 亿美元以上，对所有其他耐用消费品工业中型式改变的成本粗略地估计为每年 5 亿美元似乎是合理的，因为消费者在它们上面的支出约为对汽车支出的一倍半。

这种估计并不包括在已经做出型式改变后的每一辆汽车上用铬化合物进行印染，在汽车尾部安上突起状装饰物，以及其他不必要的装饰上所花费的劳动、材料和其他成本，也不包括任何由于产品过分的多样化和差异化所引起的成本。这些成本可能比型式改变的成本还要高一倍或两倍，与销售努力渗透到生产过程有关的各种成本，很可能占消费者在耐用品上付款的 10%—20%。

在非耐用消费品工业中，与式样改变有关的额外生产成本同其他生产成本或同销售成本的比例，比在耐用消费品中要小得多。可是，在这些工业中也广泛存在着产品的多样化和差异化，显示了生产过程中的"互相渗透效果"。似乎可以合理地假定：这些因素在消费者对这些工业的产品的支出中至少要占 5%。

可见，由于销售努力渗透到生产过程所产生的成本，总计一定会达到消费者在商品上的支出的 10% 左右。

附录 经济剩余的估计

表18 经济剩余中的利润收入因素[①]
（单位：百万美元）

	纳税后的公司利润	非公司化企业的利润收入	企业利润合计，未调整 (1)+(2)	官方折旧估计，所有企业	净收入总数 (3)+(4)	经过调整的折旧估计	企业利润合计，已调整 (5)-(6)
	(1)	(2)	(3)	(4)	(5)	(6)	(7)
1929	$8,731	$5,449	$14,180	$6,627	$20,807	$3,556	$17,251
1930	5,740	3,512	9,252	6,660	15,912	3,578	12,334
1931	1,136	1,148	2,284	6,493	8,777	3,482	5,295
1932	-2,355	-822	-3,177	5,995	-2,818	3,217	-399
1933	-2,513	-797	-3,310	5,612	-2,302	3,011	-709
1934	347	911	1,258	5,531	6,789	2,967	3,822
1935	1,967	2,129	4,096	5,593	9,689	3,004	6,685
1936	3,593	2,957	6,550	5,616	12,166	3,018	9,148
1937	4,702	3,591	8,293	5,811	14,104	3,121	10,983
1938	3,234	2,635	5,869	5,836	11,705	3,136	8,569
1939	4,248	3,181	7,429	6,004	13,433	3,225	10,208
1940	6,286	4,553	10,839	6,170	17,009	3,313	13,696
1941	6,901	7,036	13,937	6,872	20,809	3,688	17,121
1942	8,263	10,010	18,273	7,878	26,151	4,226	21,925
1943	9,707	11,608	21,315	8,485	29,800	4,557	25,243
1944	10,084	11,726	21,810	9,334	31,144	5,014	26,130
1945	7,724	10,909	18,633	9,695	28,328	5,205	23,123
1946	8,177	11,183	19,260	7,468	26,728	4,012	22,716
1947	12,343	12,696	25,039	9,314	34,353	4,999	29,354
1948	18,365	15,767	34,132	11,186	45,318	6,007	39,311
1949	17,851	13,699	31,550	13,016	44,566	6,987	37,579
1950	17,798	16,017	33,815	14,210	48,025	7,627	40,398
1951	18,507	17,682	36,189	16,208	52,397	8,702	43,695
1952	18,213	16,058	34,271	18,077	52,348	9,703	42,645
1953	17,092	14,793	31,885	20,020	51,905	10,749	41,156
1954	16,523	13,600	30,123	21,888	52,011	11,426	40,585
1955	21,299	16,251	37,550	24,290	61,840	12,022	49,818
1956	20,763	15,512	36,275	26,447	62,722	12,589	50,133
1957	20,747	14,948	35,695	28,972	64,667	13,296	51,371
1958	18,509	14,291	32,800	30,422	63,222	13,539	49,683
1959	24,004	16,882	40,686	32,131	72,817	13,922	58,895
1960	22,201	15,452	37,653	33,577	71,230	14,164	57,066
1961	21,868	15,506	37,374	34,740	72,114	14,356	57,758
1962	25,261	16,334	41,595	38,366	79,961	15,872	64,089
1963	26,277	16,652	42,929	40,009	82,938	16,380	66,558

[①] 表18—22的资料来源列在第418—421页。

表 19 非公司化企业利润收入估计

(单位:百万美元)

	非公司化企业的收入	公司收入中归于雇员的部分所占百分比	非公司化企业中的劳动收入 (1)×(2)	非公司化企业中劳动收入以外的收入 (1)-(3)	非公司化企业中的净利息	非公司化企业中的利润收入 (4)-(5)
	(1)	(2)	(3)	(4)	(5)	(6)
1929	$23,941	74.6	$17,860	$6,081	$632	$5,449
1930	20,052	78.7	15,781	4,271	759	3,512
1931	15,912	87.9	13,987	1,925	777	1,148
1932	10,838	101.0	10,946	-108	714	-822
1933	10,564	101.6	10,733	-169	628	-797
1934	12,515	88.3	11,051	1,464	553	911
1935	16,330	83.8	13,685	2,645	516	2,129
1936	17,155	80.0	13,724	3,431	474	2,957
1937	20,175	79.9	16,120	4,055	464	3,591
1938	18,359	83.0	15,238	2,121	486	2,635
1939	19,285	80.9	15,602	3,683	502	3,181
1940	21,230	76.2	16,177	5,053	500	4,553
1941	27,632	72.7	20,088	7,544	508	7,036
1942	37,005	71.7	26,533	10,472	462	10,010
1943	43,045	72.2	31,078	11,967	359	11,608
1944	45,938	73.8	33,902	12,036	310	11,726
1945	48,629	77.0	37,444	11,185	276	10,909
1946	56,963	79.9	45,513	11,450	267	11,183
1947	57,978	77.5	44,933	13,045	349	12,696
1948	64,253	74.8	48,061	16,192	425	15,767
1949	58,863	75.9	44,677	14,186	487	13,699
1950	62,684	73.6	46,135	16,549	532	16,017
1951	70,238	73.9	51,906	18,332	650	17,682
1952	71,933	76.7	55,173	16,760	702	16,058
1953	71,859	78.4	56,337	15,522	729	14,793
1954	71,353	79.9	57,011	14,342	742	13,600
1955	74,722	77.2	57,685	17,037	786	16,251
1956	79,020	79.2	62,584	16,436	924	15,512
1957	81,091	80.2	65,035	16,056	1,108	14,948
1958	82,992	81.4	67,555	15,437	1,146	14,291
1959	86,360	79.0	68,224	18,136	1,254	16,882
1960	88,013	80.9	71,203	16,810	1,358	15,452
1961	91,228	81.3	74,168	17,060	1,554	15,506
1962	95,725	81.0	77,537	18,188	1,854	16,334
1963	99,106	81.0	80,276	18,830	2,178	16,652

附录　经济剩余的估计

表20　其他各种财产收入
（单位：百万美元）

	企业利润合计，已调整	个人租金收入	净利息	公司高级职员补偿费中的利润因素	财产收入合计
	(1)	(2)	(3)	(4)	(5)
1929	$17,251	$2,703	$6,445	$1,668	$28,067
1930	12,334	2,352	5,985	1,570	22,241
1931	5,295	1,721	5,839	1,349	14,204
1932	-399	1,190	5,434	1,066	7,291
1933	-709	876	5,042	977	6,096
1934	3,822	801	4,869	1,086	10,578
1935	6,685	766	4,751	1,172	13,374
1936	9,148	792	4,741	1,356	16,037
1937	10,983	924	4,708	1,404	18,019
1938	8,569	1,200	4,636	1,295	15,700
1939	10,208	1,309	4,604	1,348	17,460
1940	13,696	1,410	4,490	1,475	21,071
1941	17,121	1,773	4,544	1,736	25,174
1942	21,925	2,490	4,291	1,845	30,551
1943	25,243	2,722	3,658	1,872	33,495
1944	26,130	2,734	3,342	1,880	34,086
1945	23,123	2,750	3,185	2,059	31,117
1946	22,716	3,580	3,113	2,571	31,980
1947	29,354	4,055	3,792	3,013	40,214
1948	39,311	4,535	4,179	3,366	51,391
1949	37,579	4,974	4,773	3,371	50,697
1950	40,398	5,250	5,469	3,803	54,920
1951	43,695	5,435	6,272	4,061	59,463
1952	42,645	5,724	7,084	4,169	59,622
1953	41,156	5,610	8,196	4,338	59,300
1954	40,585	5,563	9,145	4,503	59,796
1955	49,818	5,279	10,381	5,178	70,656
1956	50,133	5,249	11,716	5,500*	72,598
1957	51,371	5,511	13,427	5,900*	76,209
1958	49,683	5,221	14,827	6,200*	75,931
1959	58,895	5,181	16,384	6,700*	87,160
1960	57,066	5,329	18,050	7,000*	87,445
1961	57,758	5,239	20,100	7,300*	90,397
1962	64,089	5,232	22,084	7,800*	99,205
1963	66,558	5,368	24,392	8,300*	104,618

* 估计数。

表21 政府吸收的剩余
（单位：百万美元）

	联邦政府支出	州和地方政府支出	政府支出合计 (1)+(2)	联邦对州和地方政府的补助	政府吸收的剩余 (3)-(4)
	(1)	(2)	(3)	(4)	(5)
1929	$2,645	$7,699	$10,344	$117	$10,227
1930	2,766	8,381	11,147	125	11,022
1931	4,183	8,448	12,631	313	12,318
1932	3,188	7,553	10,741	134	10,607
1933	3,986	7,192	11,178	502	10,676
1934	6,394	8,069	14,463	1,633	12,830
1935	6,527	8,519	15,046	1,706	13,340
1936	8,501	8,105	16,606	724	15,882
1937	7,225	8,366	15,591	764	14,827
1938	8,451	8,916	17,367	778	16,589
1939	8,955	9,555	18,510	988	17,522
1940	10,089	9,235	19,324	857	18,467
1941	20,539	9,021	29,560	807	28,753
1942	56,141	8,779	64,920	888	64,032
1943	85,972	8,369	194,341	942	93,399
1944	95,585	8,434	04,019	947	103,072
1945	84,826	8,987	93,813	870	92,943
1946	37,104	11,098	48,202	1,108	47,094
1947	31,135	14,414	45,549	1,738	43,811
1948	35,414	17,567	52,981	1,986	50,995
1949	41,599	20,156	61,755	2,228	59,527
1950	41,027	22,428	63,455	2,339	61,116
1951	58,045	23,790	81,835	2,478	79,357
1952	71,613	25,447	97,060	2,635	94,425
1953	77,715	27,136	104,851	2,811	102,040
1954	69,570	30,053	99,623	2,882	96,741
1955	68,915	32,713	101,628	3,050	98,578
1956	71,844	35,715	107,559	3,257	104,302
1957	79,721	39,638	119,359	4,086	115,273
1958	87,921	44,108	132,029	5,445	126,584
1959	91,417	46,957	138,374	6,727	136,747
1960	93,064	49,984	143,048	6,301	136,747
1961	102,602	54,413	157,015	7,241	149,774
1962	110,424	57,341	167,765	8,000	159,765
1963	115,176	61,966	177,142	9,134	168,008

附录 经济剩余的估计

表22 经济剩余合计及其主要成分
(单位：百万美元)

	财产收入合计	分配中的浪费	贸易公司以外的公司广告	雇员补偿费中的剩余		政府吸收的剩余	剩余合计	剩余对国民生产总值的百分比
				金融，保险和不动产	法律服务			
	(1)	(2)	(3)	(4)	(5)	(6)	(7)	(8)
1929	$28,067	$5,714	$1,799	$2,989	$124	$10,227	$48,920	46.9
1930	22,241	5,050	1,277	2,308	131	11,022	42,529	46.7
1931	14,204	4,477	1,118	2,527	132	12,318	34,776	45.6
1932	7,291	3,572	797	2,145	126	10,607	24,538	41.9
1933	6,096	3,177	638	1,939	118	10,676	22,644	40.4
1934	10,578	3,473	797	2,031	116	12,830	29,825	45.9
1935	13,374	3,988	828	2,111	121	13,340	33,762	46.6
1936	16,037	4,488	932	2,313	126	15,882	39,778	48.1
1937	18,019	4,982	1,015	2,524	135	14,827	41,502	45.7
1938	15,700	4,836	933	2,460	138	16,589	40,456	47.5
1939	17,480	4,946	970	2,522	142	17,522	43,562	47.8
1940	21,071	5,288	1,023	2,599	144	18,467	48,592	48.3
1941	25,174	5,991	1,095	2,752	151	28,753	63,916	50.8
1942	30,551	6,028	1,056	2,864	150	64,032	104,681	65.8
1943	33,495	6,547	1,223	3,013	149	93,399	137,826	71.6
1944	34,086	7,423	1,335	3,166	159	103,072	149,241	70.6
1945	31,117	8,507	1,351	3,436	169	92,943	137,523	64.4
1946	31,980	11,012	1,616	4,307	184	47,094	96,193	45.7
1947	40,214	13,097	2,037	4,722	209	43,811	104,090	44.4
1948	51,391	14,458	2,295	5,295	228	50,995	124,662	48.1
1949	50,697	15,059	2,486	5,554	242	59,527	133,565	51.7
1950	54,920	16,005	2,739	6,159	265	61,116	141,249	49.6
1951	59,463	17,928	3,064	6,747	294	79,357	166,863	50.7
1952	59,622	19,049	3,454	7,344	325	94,425	184,219	53.1
1953	59,300	20,088	3,787	7,991	358	102,040	193,564	53.0
1954	59,796	20,280	4,026	8,720	386	96,741	189,949	52.3
1955	70,656	21,635	4,530	9,535	421	98,578	205,355	51.7
1956	72,598	22,391	4,918	10,393	459	104,302	215,061	51.3
1957	76,209	23,946	5,432	11,134	496	115,273	232,490	52.5
1958	75,931	24,191	5,597	11,905	542	126,584	244,750	55.1
1959	87,160	25,608	6,191	13,006	601	131,647	264,213	54.7
1960	87,445	26,636	6,578	13,948	670	136,747	272,024	54.1
1961	90,397	26,469	6,779	14,972	730	149,774	289,121	55.7
1962	99,205	28,380	7,200*	15,835	809	159,765	311,794	56.0
1963	104,618	29,749	7,700*	16,780	870	168,008	327,725	56.1

* 估计数。

附录各表的资料来源

表 18

(1) 1929—1955 年:美国商业经济局,《美国的收入和产量》,华盛顿,美国政府印刷局,1958 年,行列 18 减行列 20,表 I—8 第 126—127 页。

1956—1963 年:《商业现况调查》,1964 年 7 月,行列 18 减行列 20,表 2,第 8 页。

(2) 表 19,栏(6)。

(4) 1929—1945 年:美国商业经济局,《国民收入,1954 年版》,华盛顿,美国政府印刷局,1954 年,行列 3,表 4,第 164—165 页,减行列 12 和行列 14,表 39,第 214 页。

1946—1955 年:《美国收入和产量》,行列 5,表 V—1,第 188 页,减行列 12 和行列 14,表 VII—17,第 229 页。

1955—1958 年:《商业现况调查》,1961 年 7 月,行列 1,表 59,第 29 页,加行列 1,表 60,第 30 页,减行列 12 和行列 14,表 73,第 33 页。

1959—1963 年:《商业现况调查》,1964 年 7 月,行列 1,表 61,第 32 页,加行列 1,表 47,第 28 页,减行列 12 和行列 14,表 72,第 35 页。

(6) 参阅正文。

表 19

(1) 1929—1955 年:《美国收入和产量》,行列 15,表 I—12,第 134—135 页。

1956—1958 年:《商业现况调查》,1961 年 7 月,行列 13,表 9,第 11 页。

1959—1963 年:《商业现况调查》,1964 年 7 月,行列 13,表 8,第 13 页。

(2) 1929—1955 年:《美国收入和产量》,行列 4 除以行列 3,表 I—12,第 134—135 页。

1956—1958 年:《商业现况调查》,1961 年 7 月,行列 4 除以行列 3,表

附录 经济剩余的估计 419

9,第 11 页。

1959—1963 年:《商业现况调查》,1964 年 7 月,行列 4 除以行列 3,表 8,第 13 页。

(5)1929—1955 年:《美国收入和产量》,行列 24,表 I—12,第 134—135 页。

1956—1958 年:《商业现况调查》,1961 年 7 月,行列 22,表 9,第 11 页。

1959—1963 年:《商业现况调查》,1964 年 7 月,行列 22,表 8,第 13 页。

表 20

(1)表 18,栏(7)。

(2)1929—1955 年:《美国收入和产量》,行列 17,表 I—8,第 126—127 页,减行列 5,表 VII—17,第 229 页。

1956—1958 年:《商业现况调查》,1961 年 7 月,行列 17,表 2,第 6 页,减行列 5,表 73,第 33 页。

1959—1963 年:《商业现况调查》,1964 年 7 月,行列 17,表 2,第 8 页,减行列 5,表 72,第 35 页。

(3)1929—1955 年:《美国收入和产量》,行列 25,表 I—8,第 126—127 页。

1956—1963 年:《商业现况调查》,1964 年 7 月,行列 25,表 2,第 8 页。

(4)1929—1955 年:《美国收入和产量》,行列 6,表 I—12,第 134—135 页,除以 2。

1956—1963 年:按 1955 年至 1962—1963 年《收入统计,公司所得税报表》的资料估计。

(5)栏(1)至(4)的总和。

表 21

(1)1929—1945 年:《国民收入,1954 年版》,行列 2,表 9,第 172 页。

1946—1955 年:《美国收入和产量》,行列 21,表 III—1,第 164 页。

1956—1958 年:《商业现况调查》,1961 年 7 月,行列 21,表 20,第

16 页。

1959—1963 年:《商业现况调查》,1964 年 7 月,行列 21,表 19,第 18 页。

(2) 1929—1945 年:《国民收入,1954 年版》,行列 18,表 9,第 172 页。

1946—1955 年:《美国收入和产量》,行列 24,表 III—2,第 165 页。

1956—1958 年:《商业现况调查》,1961 年 7 月,行列 24,表 21,第 17 页。

1959—1963 年:《商业现况调查》,1964 年 7 月,行列 24,表 20,第 19 页。

(4) 1929—1945 年:《国民收入,1954 年版》,行列 13,表 9,第 172 页。

1946—1955 年:《美国收入和产量》,行列 23,表 III—2,第 165 页。

1956—1958 年:《商业现况调查》,1961 年 7 月,行列 23,表 21,第 17 页。

1959—1963 年:《商业现况调查》,1964 年 7 月,行列 23,表 20,第 19 页。

表 22

(1) 表 20,栏(5)。

(2) 参阅正文。

(3)《收入统计,公司所得税报表》,1929 年至 1961—1962 年年刊。所有现行公司的广告支出减批发和零售公司的广告支出(后两类支出反映在本表栏(2)的估计数中)。财政年度数字按其上半年所属年份归入年历年度。1962 年和 1963 年的数字是计划数字。

(4) 1929—1945 年:《国民收入,1954 年版》,行列 44,表 14,第 168—179 页。

1946—1955 年:《美国收入和产量》,行列 44,表 VI—1,第 200 页。

1956—1958 年:《商业现况调查》,1961 年 7 月,行列 41,表 48,第 26 页。

1959—1963 年:《商业现况调查》,1964 年 7 月,行列 44,表 50,第 29 页。

(5) 1929—1945 年:《国民收入,1954 年版》,行列 76,表 14,第 178—

179 页。

1946—1955 年:《美国收入和产量》,行列 76,表 VI—1,第 200 页。

1956—1958 年:《商业现况调查》,1961 年 7 月,行列 73,表 48,第 26 页。

1959—1963 年:《商业现况调查》,1964 年 7 月,行列 76,表 50,第 29 页。

(6) 表 21,栏(5)。

(7) 栏(1)至(6)合计。

(8) 栏(7)除以国民生产总值:

1929—1955 年:《美国收入和产量》,行列 1,表 I—17,第 138—139 页。

1956—1958 年:《商业现况调查》,1961 年 7 月,行列 1,表 1,第 6 页。

1959—1963 年:《商业现况调查》,1964 年 7 月,行列 1,表 1,第 8 页。

图书在版编目(CIP)数据

垄断资本:论美国的经济和社会秩序/(美)保罗·巴兰,(美)保罗·斯威齐著;杨敬年译.—北京:商务印书馆,2021(2024.8重印)
(经济学名著译丛)
ISBN 978-7-100-19477-8

Ⅰ.①垄… Ⅱ.①保… ②保… ③杨… Ⅲ.①垄断资本主义—研究 Ⅳ.①F038

中国版本图书馆 CIP 数据核字(2021)第 034836 号

权利保留,侵权必究。

经济学名著译丛
垄 断 资 本
论美国的经济和社会秩序
〔美〕保罗·巴 兰 著
保罗·斯威齐
杨敬年 译

商 务 印 书 馆 出 版
(北京王府井大街36号 邮政编码100710)
商 务 印 书 馆 发 行
北京市艺辉印刷有限公司印刷
ISBN 978-7-100-19477-8

2021年4月第1版 开本 850×1168 1/32
2024年8月北京第3次印刷 印张 13¾
定价:63.00 元